攻克新托业考试语法1000题

（原书第2版）

（日）TEX加藤 著

林梅 译

TOEIC

2016年，托业考试的出题形式发生了部分变化，为了应对这一变化，本书针对TOEIC L&R Part 5（短句填空）中出现的题型，收录了1049道语法题目，并对这些题目的答案进行了详细的解析。题目按照考点类型进行了分类编排，题目难度由浅入深，设置了“牛刀小试”和“实战演练”两个版块，读者可以有针对性地进行练习和测试。

本书是为已经掌握高中基础水平的语法和基本单词并想要通过大量题目练习来提升托业考试分数的读者而准备的。

图书在版编目（CIP）数据

攻克新托业考试语法1000题：原书第2版 /（日）TEX加藤著；林梅译. — 北京：机械工业出版社，2021.9

ISBN 978-7-111-69208-9

Ⅰ.①攻…　Ⅱ.①T… ②林…　Ⅲ.①英语－语法－高等教育－习题集　Ⅳ.①H314-44

中国版本图书馆CIP数据核字（2021）第196443号

机械工业出版社（北京市百万庄大街22号　邮政编码100037）
策划编辑：郑文斌　　责任编辑：郑文斌
责任校对：尹小云　　封面设计：马精明
责任印制：李　昂
北京联兴盛业印刷股份有限公司印刷

2022年1月第1版第1次印刷
148mm × 210mm · 20.625印张 · 841千字
标准书号：ISBN 978-7-111-69208-9
定价：80.00元

电话服务	网络服务
客服电话：010-88361066	机　工　官　网：www.cmpbook.com
010-88379833	机　工　官　博：weibo.com/cmp1952
010-68326294	金　　书　　网：www.golden-book.com
封底无防伪标均为盗版	机工教育服务网：www.cmpedu.com

前言

本书被读者亲切地称为《1000 题》，是在原销量突破 6 万册的畅销书《新 TOEIC 考试语法问题 1000 题》（2015 年 5 月发行）基础上修订并增补的新书。2016 年 5 月，TOEIC Listening and Reading（以下称 TOEIC L&R）的部分出题形式发生了变化，因此我们针对以下几点进行了修改（除了追加的 30 题以外，其余的问题和解析与旧版相同）。

和旧版的主要区别

- 将“语法模拟测试卷”的构成改为 30 题 ×12 套
- 单色印刷改为双色印刷
- “语法模拟测试卷”中追加第 13 套（30 题）
- 解析中增加简单的注释

本书仅针对TOEIC L&R的Part 5（短句填空）中出现的题型，收录了1049道语法问题（不涉及词汇问题和Part 6）。

本书包含我个人100多次的考试通过经验、从实际考试和官方教材中获得的TOEIC研究成果以及在每天的实际授课中所总结的分析窍门等全部精华。在出题时，本书还得到了深谙TOEIC之道的Ross Tulloch老师的帮助。

◎TOEIC L&R 中“精而深”的语法学习

TOEIC L&R的Part 5的一大特征就是基本上每次都出相同类型的问题。因此，尤其是在语法问题上，可以通过缩小出题范围并采取“精而深”的学习方法来更高效地提高分数。实际上，在我平日指导的专业学校里，也有很多在短期内快速提高语法得分的学生。分数100（零失误）的学生也不在少数。

◎ 本书的构成

1 问题的解法

按照“词性问题”“动词问题”等问题类型，学习基本的解题方法。

2 练习

在实际解答问题的同时，了解各种问题类型的特点，掌握解题方法。

3 实战演练

通过大量练习相同类型的题目，培养快速正确答题的能力。

4 语法模拟测试卷（30 题 ×13 套）

我们在最后准备了 13 套语法模拟测试卷。

附录（单独成册）语法问题突破 1000 题

将本书中收录的 1049 道题打乱顺序排列成册，以方便希望连续练习 1049 道题目的高水平学习者，以及想在上班、上学等外出过程中学习的人士。

◉ 本书的使用方法

本书原则上需要从第 1 章的“词性问题”开始按顺序解答，但是如果想先从薄弱的语法环节入手，则不一定非要从第 1 章开始练习。

不需要阅读详细解说的高水平学习者或爱好 TOEIC 的人士，可以直接挑战附录分册《语法问题突破 1000 题》，并只参照做错的题目和不确定部分的解析与翻译，这样使用也很高效。

一般读者推荐第 1 遍从第 1 章开始按顺序解答，第 2 遍以后则重点着手薄弱的语法环节。

◉ 使用对象

本书是为已经掌握高中基础水平的语法和基本单词并想要通过大量题目的练习提高分数的人士而准备的。

担心基础语法和单词的朋友，建议首先打好基础。没有最起码的英语能力就去挑战1000题是有些莽撞的。（P.228推荐了一些语法书和Part 5对策练习，也请作为参考。）

正如棒球中要挥 1000 棒一样，如果完成了本书中的约 1000 道题目，那么无论过来的是什么样的球（语法问题），应该都可以从容应对。坚持做完 1000 题绝不轻松，但就像跑全程马拉松一样，终点处等待着你们的，一定是只有跑完全程的人才能懂得的充实感和成长后的自己。

最后，多亏了努力准备 TOEIC L&R 考试并取得 990 分的编辑老师——竹田直次郎先生的细心工作，本书才有了“直击 TOEIC 提分的力量”。借此机会，也向其表达感激之情。

希望本书能够帮助大家突破 TOEIC L&R 这一壁垒，为你们开拓未来！

TEX 加藤

2017 年 5 月

使用说明

本书从第 1 章到第 7 章，按照 Part 5 语法问题中出现的问题类型来学习，之后则是挑战单独由语法问题构成的模拟测试卷（各 30 题 ×13 套）

◉按照问题类型学习（第1章~第7章）

1 解题方法

分别按照“词性问题”“动词问题”“介词 / 连词问题”等问题类型，学习基本的解题方法。

第5章 “介词问题”的解题方法

从in，at，to，from，on等介词中，选择正确的介词将一个固定表达或习惯用语补充完整。如果没有掌握特定的表达或固定用法就无法解题（因此，从严格意义上说，介词问题不算语法问题，而可以说是词汇问题的一种），所以需要注意此类问题不要花太多的时间。如果实在不知道正确答案，就凭直觉来选。

下面看一下例题。

例题

0541 从 A~D 选项中选择 1 个填入空格中。

Anyone spending time outdoors _____ hot weather should drink at least four cups of water per hour.

(A) at
(B) on
(C) in
(D) from

基本的解题方法

① 检查选项
快速检查选项，判断是否为介词问题。需要注意的是，如果选项中有连词，那么题目就是“介词 / 连词问题”。

② 重视介词的基本含义
表示天气的介词是（C）in。可以通过“人们在炎热的天气里”来加深记忆。

③ 相信自己的直觉
如果不知道 in 可以表示天气，那么无论怎么思考都不会选（C）。“介词问题”需要快速确定答案。所以，在这种情况下也可以相信“好像选这个”的直觉。这是因为即使平时没有特地去记忆，也应该在什么地方看过 in hot weather 这种表达方式，而这种无意识的记忆很有可能会影响自己的直觉。

正确答案 (C)
翻译 在天气炎热的户外，每小时至少应该喝四杯水。

250

主要介词基本含义示意图

建议大家记住以下介词的基本含义。

① at 表示（某一个点）
② in / inside 表示（在里面）
③ on 表示（接触）
④ over 表示（悬在上方）

251

2 练习

在挑战练习题的同时，实践 1 的“解题方法”。另外，还有典型出题模式的例题，可以了解各种问题类型的特点。

3 实战演练

练习大量的题目。通过反复实践在 1 2 中学到的知识，快速掌握正确解答的技巧。

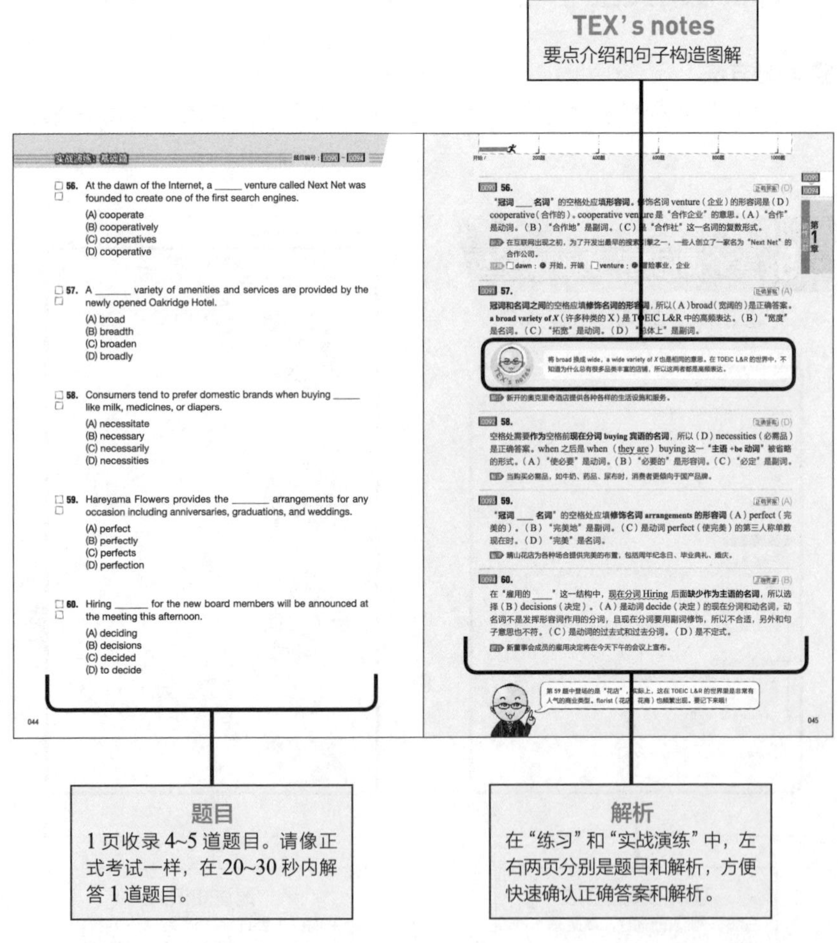

◉语法模拟测试卷（30题×13套）

最后的收官。在“语法模拟测试卷”部分，请使用书末的答题卡，连续做完30道题。在每套模拟测试卷题目的后面都附有解析。

测试卷 1

1. You may renew your driver's license 60 days in advance of the date of _____.
   (A) expire
   (B) expired
   (C) expiring
   (D) expiration

2. Ms. Moreau in the PR department worked diligently to ensure that the new portable audio player was well _____.
   (A) publicly
   (B) publicized
   (C) publicizing
   (D) publicity

3. Tasty Beverage Co. has decided to give a more _____ title to Mr. Takahashi, who has led a successful national campaign.
   (A) prestige
   (B) prestigious
   (C) prestigiously
   (D) prestidigitation

4. Max Wilson has negotiated _____ a local sporting team to have players wear his company's logo on their uniforms.
   (A) upon
   (B) toward
   (C) into
   (D) with

5. InfoTech, a leading provider of management service technology, announced a 20 percent revenue increase last year despite unfavorable market _____.
   (A) conditions
   (B) conditioned
   (C) conditionally
   (D) conditional

314

6. Local residents are _____ that Wilcox Castle's 500-year heritage will be preserved for years to come thanks to a generous federal grant.
   (A) delight
   (B) delighted
   (C) delighting
   (D) delightful

7. _____ supplement his income as an art teacher, Mr. Khatri illustrated children's books for various publishers.
   (A) As long as
   (B) Provided that
   (C) Due to
   (D) In order to

8. A study published in February says that _____ few employees use their time as effectively as they could.
   (A) little
   (B) none
   (C) very
   (D) neither

9. Jupiter Technology executives had _____ planned on selling at least 130,000 computers this year, but it now seems doubtful they will sell even 100,000.
   (A) initial
   (B) initialize
   (C) initials
   (D) initially

10. Organizers are _____ trying to find an alternative venue for the product launch but it may be too late.
   (A) except
   (B) still
   (C) very
   (D) while

315

TOEIC® L&R 考试概要

1 TOEIC® L&R 是什么?

TOEIC（托业），是 Test of English for International Communication 的简称，是由位于美国的世界最大教育研究机构 Educational Testing Service 所设计的考试。
目前，TOEIC 有以下 3 种类型的考试。

① TOEIC® Listening & Reading 考试

从1979年开始。用于检测“听”和“读”的英语能力。本书所涉及的是该考试的Part 5。

② TOEIC® Speaking & Writing 考试

从2006年开始。用于检测“说”和“写”的英语能力。

③ TOEIC BRIDGE® 考试

从2001年开始。用于检测“听”和“读”的英语能力。比①简单，是面向初中级学习者的考试。

至今为止所称呼的“TOEIC”或“TOEIC考试”，都是指①（因为①开始最早）。但是，从2016年8月起，其正式名称改为TOEIC Listening & Reading。本书中基本上采用“TOEIC L&R”的简称。

很多知名企业及跨国公司，都有要求员工必须在TOEIC L&R中达到一定分数的规定。**TOEIC L&R已经成为了衡量商务英语运用能力的一项标准。**

2 关于分数

TOEIC L&R 中不设置考试级别，因此也不判定是否合格。考试的评定按照听力 5~495 分、阅读 5~495 分，总计 **10~990 分**的标准进行。

3 题目构成

TOEIC L&R 分为听力和阅读 2 个部分，答题均在答题卡上进行。

答题时间为 2 小时，共设 200 道题目。必须沉浸式地听英语、阅读英语并解答问题。除理解英语的能力以外，更考验快速正确处理信息的能力。特别是本书所涉及的 Part 5，更是需要迅速处理的部分。

	听力				阅读		
	Part 1	Part 2	Part 3	Part 4	Part 5	Part 6	Part 7
题目类型	图片描述	应答问题	简短对话	简短文章	短句填空	短文填空	阅读理解
题目数量	6	25	39	30	30	16	54
答题时间	约 45 分钟				75 分钟		

Part 5（短句填空）总体情况

1 Part 5 的出题模式

TOEIC L&R Part 5的一大特点，就是**几乎每次都由相同类型的题目构成**。采用新形式以后，在题目构成上也没有大的变化。例如，我所参加的2016~2017年的TOEIC L&R公开考试中，题目的基本构成如下所示（该数据是我个人在每次考试后凭记忆总结的，并非官方数据）。

◉Part 5的平均出题数（2016~2017年）

问题类型	平均出题数
词汇	10
词性	7
动词	3
介词 / 连词	2
代词	2
介词	3
关系词	1
其他	2
总计	30

当然，有时多多少少会有些不一样，比如可能某次考试没有考“代词问题”，或者某次考试“关系词问题”考了3题等，但都不会与该出题趋势偏离太大。

TOEIC L&R Part 5中出现的英文，都是在外国生活的商务人士日常阅读的内容。因为商务文书的基本原则是要将自己想说的简洁地传达给对方，那么从某种程度上来说，**不出现复杂的句式和难懂的语法点**也是理所当然的。

此外，站在出题者的立场上看，为了不让题目的种类对考生造成有利或不利的影响，需要每次都保持一定的问题难易度。

基于以上原因，Part 5的出题内容基本每次都相同。所以，只要**盯准这个出题范围并集中训练**，就可以高效提分。

在本书中，我以自己过去的考试经验为基础，并在精通TOEIC L&R的英语母语者的帮助下，**单单是TOEIC L&R中出现的语法问题就收录了1049道题目**。我本人敢断言，这1049道题目**网罗了Part 5中出现的各种语法点**。请各位读者一定要反复翻阅练习，为提分助一臂之力。

2 Part 5 的解题节奏

TOEIC L&R阅读部分的时间限制是75分钟。在此期间，理想的时间分配是给Part 7的阅读理解留出54分钟左右的时间。为此，Part 5/6需要按照下面的安排在**大约20分钟**内快速解答。

Part 5（30题）：10分钟（1题20秒）
Part 6（16题）：8分钟（1题30秒）
Part 7（54题）：54分钟（1题60秒）

托业采用新形式以后，Part 6/7的题目数量有所增加，每个部分中也引入了难度较高的问题。想要拿到高分，就不能缺少快速正确解答Part 5的技巧。

在做本书的练习时，也请按照"**1题20秒**"或"**3题1分钟**"的节奏计时作答。虽然在尚未习惯的阶段按照1题20秒来作答会比较困难，但随着英语能力的提高和解题窍门的掌握，解题速度就会逐渐加快。

3 Part 5 的解题方法

Part 5中有部分习题只需阅读空格的上下文就能解决。但是，如果养成了只读一部分的坏习惯，可能会在正式考试中因粗心而出现错误，而且如果解决不了就得再从头重读一遍，也会造成时间的浪费。

题目句子的长度基本在15~20个词（最多25个词）。建议大家**从头读起，逐步在规定时间内增加解题数量**。

◎ **中级英语水平学习者的解题方法**

❶ 看一眼选项，检查题目类型
❷ 语法问题以句子构造为中心，词汇问题则以语境为中心考虑，从头读起
❸ 知道答案时填在答题卡上

◎ **高级英语水平学习者的解题方法**

❶ 从句子构造和语境两方面来理解，从头开始阅读
❷ 到空格处时，看一眼选项，把握出题要点
❸ 再往下读，知道答案时填在答题卡上

哪种解题方法都可以，但是至少请在**将题目和选项通读一遍**之后再答题。因为一是没有多次从头到尾读的时间，二是再犹豫正确率也不会改变（反而有很多把选项改来改去而答错的情况）。

英语能力得到提升后，凭直觉做题的准确度也会渐渐提升，所以一定要相信自己，记住要毫不犹豫地做出选择。

4 Part 5 的学习方法

核对答案的时候，不要只是单纯地对照答案的选项，一定要**掌握答案正确和错误的原因**，也要**理解句子的意思**。

这时，并不是简单地看翻译，比如，就像“这句话的意思是，出差过程中垫付的住宿费及交通费之类的经费，需要上司的批准，才能由公司报销”这样，一定要**用“自己的话”去理解内容**。之后，再迅速地开始读题。

通过这样的重复，枯燥无味的考试题目就会慢慢变成活的英语，变成自己的东西，就能够培养自身灵活应对问题的英语能力。

另外，本书收录的题目中**汇集了TOEIC必备单词**，所以本书也是一本**词汇问题对策练习**。所以请大家不光是要练习本书中的题目，最好连书中的英文也都变成你们自己的东西。

5 关于 Part 6

本书没有收录Part 6（短文填空）。这是因为Part 6中出现的语法点和Part 5是一样的。

Part 6特有的题目，是根据前后语境判断正确答案，也就是说理解了意思就能解答的问题。由于Part 6中并没有单独出现的语法点，所以**如果能够解答Part 5的语法点，解答Part 6也就没有问题了。**

本书中收录的题目不仅包括了Part 5的语法点，而且包括了Part 6中出题的语法点。因此请放心练习。

好了，那么，现在就从下一页开始本书的练习吧！

目录

第 6 章　关系词问题 277

第 7 章　固定搭配 / 词汇 / 数量 / 比较问题 289

语法模拟测试卷

【附录分册】**《语法问题突破 1000 题》**

将本书中收录的 1049 道题打乱顺序编排成册。尺寸小巧便携，适合在上下班、上下学途中等闲暇时间里学习。

第 1 章

词性问题

在 Part 5 中出现的语法问题中，“词性问题”占到了将近一半。通过本章中大量的题目练习，来掌握解决“词性问题”的诀窍吧！

得“词性问题”者，得 Part 5！

题目数

334 题

题目编号

0001 ~ 0334

“词性问题”的解题方法

这部分的问题，是在由相同字母拼写变化得来的派生词选项中选择正确的词性。每次考试会有 7 题左右，所以快速正确地解答词性问题是解决 Part 5 的最强战术。TOEIC L&R 的词性问题可以大致区分为以下 2 种类型。

1 缺少句子要素（SVOC）的类型

缺少构成句子的主语（S）、谓语动词（V）、宾语（O）、补语（C）中的某一个，需选择合适词性填空的问题。

2 不缺少句子要素（SVOC）的类型

作为句子主干的主语（S）、谓语动词（V）、宾语（O）、补语（C）完整，但缺少修饰要素的问题。基本上，如果空格处修饰名词，则需填形容词，如果修饰名词以外的其他词类及句子，则需填副词。

让我们通过解答以下例题，一起来学习要点吧！

1 缺少句子要素（SVOC）的类型

例题

0001 从 A~D 选项中选择 1 个填入空格中。

______ to the Queensland Museum from local residents and corporations are welcome but entirely optional.

(A) Donate
(B) Donating
(C) Donated
(D) Donations

基本的解题方法

① 检查选项

通过浏览选项，可看出 Donate，Donating，Donated，Donations 是由相同的字母拼写变化得来的派生词，因此是“词性问题”。

② 检查句子结构（SVOC）

接下来再看英语句子的结构，作为基本要素的是主语和谓语动词。开头的空格处为主语，to...corporations 为主语的修饰语，谓语动词是 are。也就是说，空格处需要填上充当主语的复数形式的名词。因此，正确答案为（D）Donations。（B）也可以作为动名词发挥名词的作用，但由于看作单数，和谓语动词形式不一致。（A）为动词原形，（C）是其过去式 / 过去分词，两者都不能作为主语。

正确答案 (D)

翻译 欢迎当地居民和企业对于昆士兰博物馆的捐赠，但捐赠完全是自愿的。

复习 5 种句型

先复习一下英语中 5 种基本句型各自的要素。

第 1 种句型 SV： Sales [S] rose. [V] （销售额增长了。）

第 2 种句型 SVC： Mr. Smith [S] is [V] a doctor. [C] （史密斯先生是一名医生。）

第 3 种句型 SVO： The company [S] employs [V] 100 people. [O] （那家公司雇用了 100 人。）

第 4 种句型 SVOO： The shop [S] has sent [V] me [O] a letter. [O] （那家店给我送来了一封信。）

第 5 种句型 SVOC： Ms. White [S] left [V] the door [O] open. [C] （怀特女士把门开着。）

我们来想一想，类型1的问题中，缺少以下要素时，需要什么样的词性呢？

① S（主语） ➡ ____________

② V（谓语动词） ➡ ____________

③ C（补语） ➡ ____________

※ 主要跟在 be 动词后面，和主语是对等关系的单词

④ O（宾语） ➡ ____________

※ 跟在及物动词后面，表示动作和活动目的的单词

缺少 S 则填“名词”，缺少 V 则填“动词”，缺少 C 则填“形容词”或“名词”，缺少 O 则填“名词”，这是类型1问题的大原则。这点要牢牢记住！

2 不缺少句子要素（SVOC）的类型

例 题

0002 从 A~D 选项中选择 1 个填入空格中。

Roux Corporation conducted an ______ analysis on its new product by surveying its customers.

(A) extend
(B) extensive
(C) extensively
(D) extension

基本的解题方法

① 检查选项

所有选项都是 extend 的派生词。在了解这是“词性问题”以后，再着手问题的句子。

② 检查句子结构（SVOC）

该句的主语（S）为 Roux Corporation，谓语动词（V）为 conducted，宾语（O）为 analysis。

Roux Corporation (S) conducted (V) an analysis (O)

句子不缺少要素，即使没有空格，“Roux 公司进行了一项分析”这个句子依然成立。因此，空格处缺少的是修饰词。

③ 检查空格处修饰什么部分

接下来要思考空格处修饰的是什么。在这里是“冠词 ____ 名词”的形式，空格处修饰紧跟其后的名词 analysis。由于修饰名词的是形容词，所以（B）extensive（广泛的，详细的）是正确答案。（A）是动词，（C）是副词，（D）是名词。（C）虽然也是修饰词，但副词修饰名词以外的其他词类及句子。

正确答案 (B)

翻译 Roux 公司通过调查其客户，对其新产品进行了一项详细的分析。

形容词和副词的区别

SVOC 句子的要素完整，也就是说，即使没有空格，句子也成立时，空格处就应该填修饰词。英语中的修饰词有以下 2 种。

① 形容词：修饰名词
② 副词：修饰名词以外（动词、形容词、副词、句子整体）

所以，空格处修饰的是名词就选择形容词，修饰名词以外的词类或句子则选择副词，这是类型 2 的基本解题方法。

另外，这部分题目的答案有时也会以“名词 + 名词”的形态出现。就像 construction plan（建设计划）和 production plant（产品工厂）这样，是一种前面名词修饰后面名词的复合名词。（实战演练中涉及了）

总结

☐ **整理各种词性的作用**

- **名词** ➡ 作为主语、及物动词的宾语、介词的宾语、补语
- **动词** ➡ 作为谓语
- **形容词** ➡ 作为补语或修饰名词
- **副词** ➡ 常作修饰名词以外词类及句子的修饰词

☐ **解答问题时，确认句子要素（SVOC）是否完整**

- **不完整时** ➡ 根据欠缺的要素，填补“名词”“动词”“形容词”
- **完整时** ➡ 根据被修饰的语句，填补“形容词”或“副词”

☐ **记住各词性的特征性词尾**（参照下一页）

主要词性的词尾

虽然可以判断空格处应填的词性，但在选项当中，如果不知道哪个是相应的词性也不能正确回答。我们需要能够通过词尾判断单词的词性。

◎ 主要的名词词尾

-ance	performance（表演）、maintenance（维修保养）、distance（距离）
-cy	policy（政策）、emergency（突发情况）、agency（代理处）
-sion	decision（决定）、extension（延伸）、permission（许可）
-tion	position（职位）、presentation（展示）、information（信息）
-ty	community（团体）、facility（设施）、opportunity（机会）
-ness	business（商业）、effectiveness（效果）、fitness（健康）
-ment	document（文件）、department（部门）、management（经营）
-sis	analysis（分析）、emphasis（强调）、basis（基础）
-ee	employee（职员）、trainee（实习生）

◎ 主要的动词词尾

-fy	identify（识别）、notify（通知）、modify（更改）
-ize	realize（实现）、organize（组织）、specialize（专攻）
-en	broaden（扩大）、widen（加宽）、sharpen（削尖）
-ate	create（创造）、indicate（指出）、donate（捐赠）

◉ 主要的形容词词尾

-ous	delicious（美味的）、serious（严肃的）、previous（之前的）
-ble	available（可利用的）、possible（可能的）、reasonable（合理的）
-ful	successful（成功的）、careful（小心的）、useful（有用的）
-cal	local（当地的）、historical（历史的）、economical（经济的）
-cial	financial（财政的）、special（特别的）、official（正式的）
-nal	international（国际的）、additional（额外的）、personal（私人的）
-ive	expensive（昂贵的）、effective（有效的）、competitive（有竞争力的）

◉ 主要的副词词尾

-ly	usually（通常地）、recently（最近）、frequently（频繁地）

※【注意】词尾是 ly 的形容词

"名词 +ly"形式基本上为形容词。

costly（贵重的）、friendly（友好的）、likely（可能的）、unlikely（不大可能的）、nightly（夜间的）、orderly（整齐的）、timely（及时的）、daily（每天的）、weekly（每周的）、monthly（每月的）、yearly（每年的）

※ 副词去掉 ly 变成形容词

recently（副词） ➡ recent（形容词）

下一页开始是练习题。一起来实践到目前为止学到的"解题方法"吧！

牛刀小试

题目数 32 题

“词性问题”基础32题

◉ 从 A~D 选项中选择 1 个填入空格中。

☐ ☐ **1.** The weather in Merizo is very _____ year-round, though there are showers almost daily from December through March.

(A) agreeable
(B) agree
(C) agreement
(D) agreeably

☐ ☐ **2.** _____ for the competition should be submitted by November 28 at the latest.

(A) Enter
(B) Entered
(C) Entering
(D) Entries

☐ ☐ **3.** Creek County approved _____ to create a transportation council, which will coordinate the planning of new roads and tunnels.

(A) legislation
(B) legislate
(C) legislated
(D) legislates

☐ ☐ **4.** The award ceremony _____ with a speech by the Chief Executive Officer, Harry Robinson.

(A) opening
(B) to open
(C) opener
(D) opened

0003 **1.**

正确答案 (A)

“**be 动词 + 副词 ____**”的空格处应该填的是**作为补语的形容词**。即使选项是不认识的单词，也可以判断带有形容词词尾 -able 的（A）agreeable（惬意的）是正确答案。名词（C）“同意”虽然也可以作为补语，但和句子意思不符，也不被副词 very 所修饰。（B）“同意”是动词，（D）“惬意地”是副词，都不能作补语。空格后面的 year-round（全年）在这里是副词。

翻译 梅里佐全年的天气都十分惬意，虽然从 12 月到 3 月几乎每天都有阵雨。

注释 □ agreeable：形 舒适的，惬意的

0004 **2.**

正确答案 (D)

____ should be submitted 是全句的主干，空格处需要句子的**主语**。能作主语的是**名词**，所以表示“参赛作品”的名词（D）Entries 是正确答案。（A）“进入”是动词，（B）是其过去式 / 过去分词，都不能作主语。（C）如果被当作“进入”这一动名词的话，那么句子的意思就变成了“进入应当被提交”，明显语意不通。

翻译 参加比赛的作品，最迟应在 11 月 28 日前提交。

0005 **3.**

正确答案 (A)

该句的主语是Creek County，谓语动词是approved（批准）。空格处需要**作宾语的名词**，带有名词词尾-tion的（A）legislation（法律）是正确答案。approve legislation是“批准法律”的意思。（B）“批准”是动词，（C）是其过去式 · 过去分词，（D）是动词的第三人称单数现在时，都不能作宾语。

翻译 克里克县批准了设立协调新道路和隧道规划的交通委员会的法令。

注释 □ legislation：名 法律

0006 **4.**

正确答案 (D)

主语是 The award ceremony（颁奖典礼），空格处缺少**谓语动词**。因此，在空格处填上**动词** open 的过去式（D）opened，句子就变成了“颁奖典礼在……的演讲中开始了”这样的正确形式。（A）频繁出现在 a job opening（一个就业名额）之中（用作名词），以及 the opening speech（开幕致辞）之类的表达中（用作形容词）。（B）是不定式。（C）“用来开（罐头或信封）的东西”，是名词。

翻译 颁奖典礼在首席执行官哈里 · 罗宾逊的演讲中开始了。

☐ **5.** The ensemble's performance was _____ impressive because
☐ they decided to enter the contest at the last minute.

(A) particular
(B) particularity
(C) particulars
(D) particularly

☐ **6.** Ogawara Electronics is going to relocate its corporate
☐ headquarters to a larger facility in order to accommodate the _____ of a legal department.

(A) additive
(B) addition
(C) added
(D) add

☐ **7.** The shareholders meeting will begin _____ at 2 P.M. so all
☐ presenters should be well prepared by that time.

(A) prompt
(B) prompted
(C) promptly
(D) promptness

☐ **8.** During yesterday's press conference, Mr. Shimura _____ denied
☐ that the company would acquire Seattle-based White Corporation.

(A) emphasized
(B) emphatic
(C) emphatically
(D) emphasis

☐ **9.** A proposal to upgrade the data security software will be
☐ considered at the next _____ scheduled meeting.

(A) regulating
(B) regularly
(C) regulate
(D) regulation

0007 5. 正确答案 (D)

空格前是 was，后面是作为其补语的形容词 impressive（令人印象深刻的），句子要素 SVC 完整。也就是说，空格处应填的是修饰语。**修饰空格后形容词的是副词**（D）particularly（特别地）。"**be 动词 ____ 形容词**"是一种经常出现在词性问题中且正确答案为副词的句式。（A）为形容词"特别的"或名词"详情"。（B）为名词"特殊性"。（C）为名词的复数形式。

翻译 那个乐团的演奏令人印象非常深刻，因为他们在最后一刻才决定参加比赛。

注释 □ ensemble：名 乐团（人数较少的乐团）

0008 6. 正确答案 (B)

空格前面的冠词 the 是放在名词前面的词，空格后面的"of + 名词"是前面名词的修饰语。也就是说，空格处要填**名词**，因此带有名词词尾 -tion 的（B）addition（追加）是正确答案。这种"**冠词 ____ 介词**"中间的空格中填入名词的模式也频繁出现在词性问题中。（A）是表示"添加物"的名词，但是与句子意思不符。（D）是动词"添加"，（C）是其过去式 / 过去分词。

翻译 Ogawara 电器为了容纳增设的法务部，要将其公司总办事处搬迁至更大的办公地点。

注释 □ accommodate：动 容纳 □ additive：名（食品等的）添加剂

0009 7. 正确答案 (C)

排除空格，S will begin at 2 P.M. 这个句子成立，所以空格处应该填修饰语。**修饰**空格后 **at 2 P.M. 这一时刻**，表示"恰好在 2 点"的是**副词**（C）promptly。（A）经常作为形容词"迅速的"或动词"催促"出现。（B）是动词的过去式和过去分词。名词（D）（敏捷）如果被看作 begin 的宾语，则句子意思不通。

翻译 股东大会将在下午 2 点准时召开，所有发言的人都要在此之前做好准备。

0010 8. 正确答案 (C)

排除空格，Mr. Shimura S denied V... 这个句子成立，所以空格处应填修饰语。修饰其后动词 denied（否认）的是**副词**（C）emphatically（有力地）。（A）是动词 emphasize（强调）的过去式和过去分词。（B）"有力的"是形容词。（D）"强调"是名词。在词性问题中，**SV 中间**的空格处填副词，这在词性问题中也是经常出现的一种题目类型。

翻译 在昨天的记者会上，志村先生断然否认公司会收购总部位于西雅图的 White 集团。

注释 □ acquire：动 获得 □ emphatically：副 有力地，强调地

0011 9. 正确答案 (B)

即使排除空格，at the next scheduled meeting 也是前后衔接的，所以空格处应该填修饰语。修饰空格后形容词 scheduled 的是**副词**（B）regularly（定期地）。这样就成了"定期预先安排的会议"，句子意思也通顺。（A）为动词（C）regulate（制约）的现在分词和动名词。（D）（规章）是名词。由于也会有"____ 形容词 + 名词"的空格处填形容词的情况，所以，如果选项中两者都有，就要考虑句子的意思。

翻译 下次的定期例会将讨论一项升级数据保护软件的提案。

☐ **10.** Job _____ will be posted on the college Web site and normally
☐ remain open for one to two weeks depending on the position.

(A) open
(B) opens
(C) opened
(D) openings

☐ **11.** During the company banquet, David Thomas was presented with
☐ a watch in _____ of his thirty years of service.

(A) appreciate
(B) appreciated
(C) appreciating
(D) appreciation

☐ **12.** Shipping costs will be calculated _____ at the sales counter
☐ based on the product weight, size, and destination.

(A) automatic
(B) automatically
(C) automation
(D) automated

☐ **13.** Passengers on Air Atlanta may cancel their _____ for a nominal
☐ fee, if the requests are filed one week in advance.

(A) book
(B) booked
(C) bookings
(D) bookable

☐ **14.** Ms. Kelly was able to solve the issues with the new software ____
☐ after consulting Mr. Lee in the technical support department.

(A) easily
(B) easy
(C) eased
(D) ease

0012 **10.** 正确答案 (D)

空格处需要句子的**主语**，名词（D）openings 是正确答案。job openings（职位空缺）是 TOEIC L&R 中的高频词。（A）是动词“打开”或形容词“开着的”。（B）是动词第三人称单数现在时。（C）是动词的过去式和过去分词。

正如开头的 Job 那样，**可数名词的单数形式**按照没有冠词等的原形使用时，很有可能是作为修饰紧跟其后名词的形容词而发挥作用，是一种“名词 + 名词”的**复合名词**。

翻译 职位空缺会登载在大学网站上，根据职位种类通常保留 1~2 周。

0013 **11.** 正确答案 (D)

空格前是介词 in，空格后的“of+ 名词”是前面名词的修饰语。空格处需要作为介词 in 宾语的**名词**，所以（D）appreciation（感激）是正确答案。**in appreciation of *X***（感谢 X）是一个重要表达。（A）“感谢”是动词。（B）是其过去式和过去分词。（C）是现在分词和动名词。**“介词 ____ 介词”**在词性问题中是一种正确答案为名词的常见类型。

翻译 在公司宴会上，戴维 · 托马斯被赠予了一块手表以表达对他工作 30 年的感谢。

0014 **12.** 正确答案 (B)

如果排除空格，S will be calculated at... 这一被动句也成立，所以空格处应填修饰语。添加在完整句子中，修饰动词部分 will be calculated 的是**副词**（B）automatically“自动地”。（A）是形容词“自动的”或名词“自动汽车”。（C）是名词“自动化”。（D）是形容词“被自动化的”。**被动语态的后面**也是放置副词的一个基本位置。

翻译 运费会根据产品重量、尺寸、目的地在销售柜台自动计算。

0015 **13** 正确答案 (C)

空格前是代词的所有格 their，空格处需要**作为其所有物的名词**。符合“乘客可以取消……”意思的名词是（C）bookings（预订）。名词（A）“书”和句子意思不符。（B）是动词 book（预订）的过去式和过去分词。（D）“可以预订的”是形容词。另外，也有类似 their online bookings 这种在所有格和名词之间填形容词的情况，所以空格后面也要确认。

翻译 亚特兰大航空公司的乘客如果提前一周申请，就可以花很少的钱取消预约。

注释 □ nominal：形 极少的，名义上的 □ file：动 提出

0016 **14.** 正确答案 (A)

Ms. Kelly S was able to solve V the issues O，空格前的这个句子成立。添加在这种要素完整的句子中、修饰谓语动词的是**副词**，所以（A）easily（容易地）是正确答案。在词性问题中，**完整句子的句末**填入副词也是词性问题中常见的一种题型。（B）“简单的”是形容词。（C）是动词 ease（使缓和）的过去式 / 过去分词。（D）是动词或名词“简单”。

翻译 凯利女士咨询了技术支持部的李先生，可以用新软件轻松地解决问题。

☐ **15.** Mr. Garcia's _____ for updating the current inventory control
☐ system will be reviewed at the next board meeting.

(A) recommend
(B) recommending
(C) recommendation
(D) recommendable

☐ **16.** Department managers are required to ensure all the staff
☐ members they supervise have a _____ understanding of the company mission.

(A) clear
(B) clearly
(C) clarity
(D) clears

☐ **17.** Yearly utility costs for the new energy efficient headquarters will
☐ be about 50% lower than those of _____ designed buildings.

(A) conventionally
(B) convention
(C) conventions
(D) conventional

☐ **18.** New and transferred employees must become _____ with
☐ company policies and procedures in order to perform their jobs safely and efficiently.

(A) familiar
(B) familiarize
(C) familiarizing
(D) familiarization

☐ **19.** Dream Painting Ltd. is a painting contractor with a solid
☐ reputation for _____ completing projects by tight deadlines.

(A) success
(B) successful
(C) successfully
(D) succeed

0017 **15.** 正确答案 (C)

句子开头的 Mr. Garcia's 的“'s”表示所有格（……的），空格处需要作为**所有物的名词**。因此，（C）recommendation（推荐，建议）是正确答案，在这里作为句子主语发挥作用。（A）“推荐”为动词。（B）为其现在分词和动名词。作动名词时，要像 Thank you for recommending the book. 这样接宾语。（D）“可推荐的”是形容词。

翻译 加西亚先生关于升级现行库存控制系统的建议将在下次董事会会议上讨论。

0018 **16.** 正确答案 (A)

作为及物动词 have 宾语的名词 understanding（理解）在空格之后，所以空格处应填**修饰名词的形容词**（A）clear（明确的）。（B）“明确地”是副词。（C）“明晰”是名词。（D）是动词 clear（整理）的第三人称单数现在时。为了不将词尾是 -ing 的 understanding 看作动名词或现在分词而选择副词，看清句子结构是关键。

翻译 部门经理需要确保其管理的所有员工都对公司的使命有明确的认识。

注释 □ ensure：动 确保

0019 **17.** 正确答案 (A)

“_____ 形容词 + 名词”的空格中应该填的是副词（A）或形容词（D）。空格处如果填副词（A）conventionally（按常规地，按常例地），就是“按常规设计的建筑物”，**修饰**紧跟在后面的**过去分词 designed（被设计的）**，句子意思成立。如果填形容词（D），则是“常规的被设计的建筑”，意思不通。（B）（C）是名词“会议”及其复数形式。

翻译 相比传统设计的建筑，高能效的新总部每年的照明取暖费用将降低约 50%。

注释 □ utility costs：照明取暖费 □ conventionally：副 按常规地，按常例地

0020 **18.** 正确答案 (A)

空格前是动词 become，句子采用 SVC 的形式，所以空格处需要补语。**作为补语的是形容词或名词**，空格处如果填上形容词（A）familiar，句子意思成立。**become familiar with** *X* 是“熟悉 X”的意思。名词（D）“使知晓”也可作补语，但是和主语 employees 不构成对等关系，句子意思也不通。（B）“使通晓”是动词。（C）是其现在分词和动名词。

翻译 新员工和职位变动的员工应知悉公司政策和程序以便安全高效地完成工作。

0021 **19.** 正确答案 (C)

空格前介词 for 的宾语动名词 completing projects（完成项目）在空格的后面，没有空格，前后内容也能衔接。因此，空格处要填的是修饰语。由于**修饰动名词的是副词**，所以（C）successfully（成功地）是正确答案。（A）“成功”是名词。（B）“成功的”是形容词。（D）“成功”是动词。要记住“由于**动名词原本是动词**，所以修饰它的应该是**副词**”。

翻译 Dream Painting 有限公司是一家涂装承包商，因其能在紧迫的期限内出色完成工作而享有良好的声誉。

注释 □ contractor：名 承包人 □ solid：形 可信赖的，确实的

□ **20.** Over the past few years as the domestic market has matured,
□ manufacturers in Japan have _____ turned to overseas markets.

(A) increase
(B) increases
(C) increasing
(D) increasingly

□ **21.** The purpose of the survey is to collect information from our
□ customers in order to make our operations more efficient and _____.

(A) rely
(B) reliable
(C) reliably
(D) reliance

□ **22.** The most recently completed section of the water tunnel is
□ considered to be the largest _____ project ever undertaken in Nagasaki.

(A) construct
(B) constructed
(C) constructs
(D) construction

□ **23.** Some of the _____ for employees at Sky Manufacturing include
□ a company car and company stock options.

(A) benefit
(B) benefits
(C) beneficial
(D) beneficially

0022 **20.**

正确答案 (D)

S have turned to *X*，即使排除空格，现在完成时的句子依然成立，所以空格处应填修饰语。修饰前后的动词部分 have turned 的是**副词**（D）increasingly（愈加地）。（A）是动词"增加"或名词"增加"。（B）是动词第三人称单数现在时或名词的复数形式。（C）是现在分词和动名词。**现在完成时的 has/have 和过去分词中间**也是副词填入的一个基本位置。

翻译 随着过去几年国内市场的成熟，日本的制造业开始越来越多地转向海外市场。

注释 □ domestic：形 国内的 □ mature：动 成熟，长成

0023 **21.**

正确答案 (B)

空格前的并列连词 and 基本上通过 *X* and *Y* 或 *X*,*Y*, and *Z* 的形式，将**相同词性排列连接**（该形式称为平行结构）。在这里，and 前面是 efficient（有效的）这个形容词，所以空格处如果填上同为**形容词**的（B）reliable（可信赖的），就能作为 make O C 的 C（补语）发挥作用，成为正确的句子。（A）"依赖"是动词。（C）"确实地"是副词。（D）"依靠"是名词。

翻译 调查的目的是收集客户的信息，以保证我们的操作更高效、更值得信赖。

0024 **22.**

正确答案 (D)

如果空格处填入修饰紧跟在空格后面的名词 project 的过去分词（B）constructed，就成了"被建设的项目"，句子意思不通。如果空格处填入名词（D）construction（建设），就成了 **construction project**（建设工程）这一**复合名词**，句子意思成立。（A）"建设"为动词。（C）是动词的第三人称单数现在时。

翻译 该水下隧道最近完成的部分被认为是迄今为止在长崎施工的最大建设项目。

注释 □ undertake：动 接受，着手

0025 **23.**

正确答案 (B)

"**冠词 ____ 介词**"的空格处应该填**名词**，正确答案应该在（A）（B）之中。该句的谓语动词 include 没有第三人称单数现在时的 s。也就是说，对应的**主语必须是复数形式**。所以（B）benefits（好处）是正确答案。表示"公司的各种补贴和福利"时通常用复数形式。（A）是单数形式，主语和谓语形式不符。（C）"有益的"是形容词，（D）"有益地"是副词。

如果遇到高难度的词性问题，不仅要判断词性，而且要考虑一些要素的添加（这道题中是"主谓一致"），才能做出正确的选择。

翻译 Sky 制造公司的员工福利包括一辆公司用车和本公司股票购买权。

☐ **24.** Francesco Romano opened a new wellness _____ on the first
☐ floor of his house after quitting his job as a television repairman.

(A) facilitate
(B) facility
(C) facilitates
(D) facilitation

☐ **25.** According to the event manager, it is important to complete
☐ urgent _____ in order of importance.

(A) task
(B) tasked
(C) tasking
(D) tasks

☐ **26.** Harold's Ice Cream recently launched a newly _____ Web site
☐ that showcases its innovative ice-cream desserts.

(A) design
(B) designs
(C) designed
(D) designing

☐ **27.** The demand for electric automobiles has increased by _____ 50
☐ percent over the past 10 years in Australia.

(A) nears
(B) nearly
(C) nearing
(D) nearness

☐ **28.** Half of the board members of Bell Corporation are appointed on
☐ a _____ two-year basis.

(A) rotate
(B) rotates
(C) rotating
(D) rotation

0026 **24.**

正确答案 (B)

空格前的名词 wellness（健康）是不可数名词，虽然不需要冠词，但其前有一个 a。另外，作为谓语动词 opened 的宾语，意思也不通。如果填上名词（B），就成了 **wellness facility**（用于保持健康的设施场所）这一**复合名词**，并且是一个正确的句子。名词（D）facilitation（促进）与句子意思不符，而且是不可数名词，不加 a。（A）“促进”是动词。（C）是其第三人称单数现在时。

翻译 弗朗西斯科 · 罗马诺辞去电视修理员的工作以后，在自家的 1 层开了一家新的用于保持健康的设施场所。

0027 **25.**

正确答案 (D)

空格处需要一个作为及物动词 complete（完成）的**宾语**，且被形容词 urgent（紧急的）修饰的**名词**。在选项中，名词有单数形式的（A）和复数形式的（D）。task（任务、工作）是可数名词，**不可以单独使用没有冠词（a/an/the）等限定的单数形式和原形**，所以正确答案是复数形式的（D）tasks。（B）是动词 task（给～分配任务）的过去式和过去分词，（C）是其现在分词和动名词。

翻译 按照活动负责人的说法，根据重要程度完成紧急任务是非常重要的。

0028 **26.**

正确答案 (C)

“**冠词 + 副词 ____ 名词**”的空格处应填**形容词**。选项当中，作为形容词发挥作用的是分词（C）或（D）。空格后面的名词 Web site 和动词 design 之间，有“被设计”的**被动关系**，所以正确答案是过去分词（C）designed。如果是现在分词（D），Web site 就成了设计动作的发出者，意思不通。（A）是名词或动词。（B）是名词复数形式或第三人称单数现在时。

翻译 哈罗德冰淇淋公司最近发布了一个新设计的网站来展示它们新颖的冰淇淋甜点。

0029 **27.**

正确答案 (B)

排除空格，S has increased by 50 percent 这句话也成立，所以空格处应填修饰语。空格处如果填入**副词**（B）nearly（几乎），就是修饰空格后的**数词** 50，nearly 50 percent 意思是“近 50%”。要记住数词是**形容词的一种**，接受副词的修饰。（A）是动词 near（接近）的第三人称单数现在时。（C）是其现在分词和动名词。（D）“近”是名词。

翻译 在澳大利亚，过去 10 年电动汽车的需求增长了近 50%。

0030 **28.**

正确答案 (C)

“**冠词 ____ 形容词** + 名词”的空格处应该填形容词或副词。选项中没有副词，那就选择作为形容词发挥作用的**现在分词**（C）rotating（交替的）。on a rotating basis 是“按照轮流制”的意思。（A）“交替”是动词。（B）是其第三人称单数现在时。（D）“轮流制”是名词，不应放在形容词 two-year（带连字符的单词通常为形容词）的前面，而是放在后面。

翻译 贝尔公司一半的董事会成员按照两年期限轮流任命。

☐ **29.** Restoration work on the Marysville Museum is ______ much slower than residents had hoped.
☐

(A) regret
(B) regretful
(C) regrettable
(D) regrettably

☐ **30.** On many ______ Ms. Humphrey sketched and painted until after midnight, when the only sound was the cooing of pigeons on the roof.
☐

(A) occasionally
(B) occasions
(C) occasional
(D) occasion

☐ **31.** Word-of-mouth ______ is considered highly effective, but remains a rarely studied phenomenon.
☐

(A) advertise
(B) advertised
(C) advertising
(D) advertisements

☐ **32.** It is the job of flight attendants to make passengers feel as ______ as possible during the flight.
☐

(A) comfortable
(B) comfortably
(C) comfort
(D) comforting

0031 **29.** 正确答案 (D)

排除空格，S is much slower than ... 这句话成立，所以空格处应填修饰语。空格后的 slower 是形容词 slow 的比较级，也是 is 的补语（much 是加强语气的副词）。**在 be 动词和形容词之间**，修饰紧跟其后形容词的是副词，所以正确答案是（D）regrettably（遗憾地）。（A）是动词“后悔”或名词“后悔”。（B）“悲伤的”和（C）“遗憾的”是形容词。

翻译 非常遗憾，Marysville 博物馆的修复工作要远远慢于居民们的设想。

注释 □ restoration：名 修复，修补 □ regrettably：副 遗憾地

0032 **30.** 正确答案 (B)

空格前面的 many **修饰复数形式的名词**，所以空格处应填（B）occasions。（A）“偶尔，有时”是副词，（C）“偶尔的，有时的”是形容词。（D）虽然是名词，但由于是单数形式，和 many 数量不相符。

occasion（时刻，事情，活动）是 TOEIC L&R 中的高频词汇，on many occasions 是“多次，屡次”的意思。类似的表达如 on several occasions（有几次）也希望大家掌握。

翻译 汉弗莱女士经常画画或素描直到午夜以后，那时唯一的声响就是屋顶上鸽子的咕咕叫声。

注释 □ occasion：名 时刻，机会，事情

0033 **31.** 正确答案 (C)

空格处需要一个受句子开头的 Word-of-mouth（口头传达的）的修饰，同时又**作为句子主语的名词**。由于紧跟在后面的谓语动词是 is，所以正确答案是**视为单数的不可数名词**（C）advertising（宣传，广告，广告业）。advertising 也经常作为动词 advertise（宣传）的现在分词或动名词出现。复数形式的名词（D）“宣传，广告”在意思上没有问题，但是和谓语动词数量不相符。（B）是动词的过去式和过去分词。

翻译 口碑宣传虽然被认为是非常有效的，但基本上依旧是一种很少被研究的现象。

注释 □ word-of-mouth：形 口头传达的 □ rarely：副 极少 □ phenomenon：名 现象

0034 **32.** 正确答案 (A)

原级比较“**as ____ as**”中间应填形容词或副词，所以正确答案应该在（A）（B）（D）中。去掉空格前的副词 as，...make passengers feel ____ 是原来的形式，**动词 feel 在 SVC 句式中要接补语**。因此，只剩下**形容词**（A）（D），根据句子意思选择（A）comfortable（舒适的）。（D）“令人欣慰的”与句子意思不符。（B）“舒适地”是副词。（C）“舒适”是名词。

翻译 确保乘客在飞行过程中尽可能感到舒适是乘务员的工作。

实战演练：基础篇

题目数 100 题

夯实基础100题

◉ 请按照 1 题 20 秒的速度作答。

☐ ☐ **1.** Mr. Tomiyasu returned the _____ merchandise to the manufacturer at his own expense.

(A) defect
(B) defective
(C) defectively
(D) defection

☐ ☐ **2.** Mr. Santos, who joined Wood Eco Institute just three months ago, has already proved himself to be a _____ employee.

(A) value
(B) valuable
(C) valuing
(D) valuation

☐ ☐ **3.** A customer placing an order through our Web site should receive a _____ within 24 hours.

(A) response
(B) respond
(C) responded
(D) responding

☐ ☐ **4.** After 30 years of _____ to Johnson City, Donna Stover stepped down as mayor and council secretary.

(A) serve
(B) served
(C) serves
(D) service

☐ ☐ **5.** Mr. Sanders won this quarter's Best Employee award for his _____ service to clients and early achievement of his yearly sales target.

(A) except
(B) exceptional
(C) exceptionally
(D) exceptions

0035 **1.**

正确答案 (B)

定冠词 the 和名词 merchandise（商品）中间应该填**修饰紧跟其后名词的形容词**（B）defective（有欠缺的）。（A）“欠缺”是名词。（C）“不完全地”是副词。（D）“背叛”是名词。

即使不知道意思，词尾是 -ly 的单词（这里是 defectively）也可以判断是**副词**。这个单词去掉 -ly 后是**形容词**（defective）。使用这个诀窍，即使不认识选项中的单词，有时也能正确解答。这点要记住。

翻译 富安先生自己掏腰包把瑕疵品退还给了厂家。

注释 □ defective：形 有欠缺的，不完整的

0036 **2.**

正确答案 (B)

“**冠词 ____ 名词**”的空格中应该填**修饰紧跟其后名词 employee（职员）的形容词**（B）valuable（有价值的）。（A）是名词“价值”或动词“珍视”。（C）是动词的现在分词和动名词，即使作为动名词填入空格，意思也不通。（D）“估价”是名词。

翻译 三个月前刚加入伍德生态研究所的桑托斯先生已经证明自己是一名有价值的员工了。

0037 **3.**

正确答案 (A)

空格处需要的是**作为**前面谓语动词 receive 的**宾语的名词**，所以（A）response（回复）是正确答案。（B）是动词“回答”。（C）是其过去式和过去分词。（D）是现在分词和动名词。另外，由于表示行为的动名词不可计数，所以通常不加冠词 a。在这类问题中注意不要选错。

翻译 通过我们的网站下单的顾客，都应在 24 小时内收到回复。

0038 **4.**

正确答案 (D)

空格处需要**作为**前面介词 of 的**宾语的名词**，所以（D）service（服务）是正确答案。“**介词 ____ 介词**”中填入**名词**的类型也经常出现在词性问题中。（A）“端上食物，服务”是动词。（B）是动词的过去式和过去分词。（C）是动词的第三人称单数现在时。

翻译 在约翰逊市服务了 30 年之后，唐娜 · 斯托弗辞去了市长和市议会秘书的职务。

注释 □ secretary：名 长官，秘书

0039 **5.**

正确答案 (B)

“**所有格 ____ 名词**”的空格处应填**修饰紧跟其后名词 service 的形容词**（B）exceptional（杰出的）。（A）是介词“除……外”或动词“除外”。（C）是副词“非常”。（D）“例外”是名词的复数形式。不能只看空格前的所有格就选择名词（D）。

翻译 桑德斯先生因其对顾客的优质服务和提前完成今年的销售目标而获得了本季度最佳员工奖。

注释 □ exceptional：形 杰出的，优秀的

☐ **6.** The appearance of the CEO at the Beijing Motor Show was a ___ that his company is eager to expand into China.
☐

(A) reminder
(B) remind
(C) reminded
(D) reminding

☐ **7.** Public health inspectors monitor pools ______ to ensure that they meet specific guidelines and local laws.
☐

(A) regular
(B) regulate
(C) regularly
(D) regularity

☐ **8.** The final chapter is the most ______ part of *Amazing Ads*, in which the author provides reviews, remarks, and analyses of a number of advertising strategies.
☐

(A) essence
(B) essential
(C) essentially
(D) essentiality

☐ **9.** A change in the price of ______ is expected by the end of the year.
☐

(A) electrify
(B) electrical
(C) electrically
(D) electricity

☐ **10.** Employees are reminded to record their vacation days ______ on their time sheets.
☐

(A) careful
(B) more careful
(C) carefully
(D) carefulness

0040 **6.** 正确答案 (A)

空格处需要的是作为空格前**谓语动词 was 的补语**。作为补语的是形容词或名词，空格前**有冠词 a**，所以**名词**(A)reminder(提示)是正确答案。(B)“使回想起”是动词。(C)是其过去式和过去分词。（ D ）是现在分词和动名词。分词可以紧跟在 be 动词后面，但这里有冠词，所以不合适。

翻译 北京车展上，那位首席执行官的出现提醒了人们，他的公司对于进军中国的渴望。

0041 **7.** 正确答案 (C)

S monitor V pools O，空格之前的这句话完整且成立。添加在这种**句子要素完整的形式中修饰动词的是副词**，所以（ C ）regularly（ 定期地 ）是正确答案，在这里修饰动词 monitor（ 监视 ）。（ A ）“定期的”是形容词。（ B ）“制约”是动词。（ D ）“规则性”是名词。

翻译 公共卫生检查员定期检查泳池以确保其符合特定的标准和当地法律。

注释 □ inspector：名 检查员

0042 **8.** 正确答案 (B)

作为谓语动词 is 的补语的名词 part 在空格之后，所以空格处应填**修饰该名词的形容词**（ B ）essential（ 不可欠缺的 ）。the most essential part of *X*（ X 的最重要部分 ）是最高级形式。（ A ）“本质”是名词。（ C ）“本质地”是副词。（ D ）“必要性”是名词。

翻译 最后一章是《绝妙的广告》一书的核心部分，作者在书中就许多广告策略提供了评价、意见和分析。

注释 □ remark：名 意见，感想

0043 **9.** 正确答案 (D)

空格处需要作为**介词 of 的宾语的名词**，所以(D) electricity(电)是正确答案。基本上，词尾是 -ty 的单词都是名词。像（ A ）“使感动”那样，词尾是 -fy 的单词为动词。像（ B ）“电气的”那样，词尾是 -cal 的单词是形容词。像（ C ）“凭借电力地”那样，词尾是 -ly 的单词是副词。

翻译 电费预计会在年末之前变化。

0044 **10.** 正确答案 (C)

排除空格，句子依然成立，所以空格处应填修饰语。从句子开头到空格前是完整句子，所以添加在完整句子中**修饰动词的副词**（ C ）carefully（ 慎重地 ）是正确答案，在这里修饰动词 record（ 记录 ）。（ A ）“慎重的”是形容词。（ B ）是其比较级。（ D ）“慎重”是名词。

翻译 员工们被提醒要在时间表上认真记录他们的休假天数。

☐ **11.** Sun Watch Corporation offers _____ replacement batteries for all
☐ of its products.

(A) free
(B) freely
(C) freeing
(D) freedom

☐ **12.** Mr. Yashima spoke _____ with the vice president about his
☐ decision to step down as CEO.

(A) exclusively
(B) exclusive
(C) exclusivity
(D) exclusiveness

☐ **13.** Summaries of the _____ among the hiring committee will be
☐ distributed to board members by the end of the week.

(A) discuss
(B) discussed
(C) discusses
(D) discussions

☐ **14.** The best way to help people reduce their _____ on
☐ non-renewable energy sources is to educate consumers about the potential of solar energy.

(A) dependent
(B) dependently
(C) dependable
(D) dependence

☐ **15.** It is important that the materials used for the building be _____
☐ for the climate of the area.

(A) suit
(B) suitable
(C) suitably
(D) suitability

0045 **11.**

正确答案 (A)

排除空格，句子依然成立，所以空格处应该填**修饰紧跟其后名词replacement batteries（备用电池）的形容词**（A）free（免费的）。（B）“自由地”是副词。（C）是动词free（使自由）的现在分词和动名词。即使作为现在分词填入空格，意思也不通。（D）“自由”为名词。

翻译 太阳钟表公司为其所有的产品提供免费的备用电池。

0046 **12.**

正确答案 (A)

排除空格，句子依然成立，所以空格处应该填修饰语，**修饰前面动词spoke的是副词**（A）exclusively（=only）。（B）是形容词“独有的”或名词“独家新闻”。（C）（D）是名词“独占”。speak虽然有作为及物动词的用法，但在句中表示“说（话）”，所以不能以（C）（D）为宾语。

翻译 矢岛先生只和副总裁说了他打算卸任首席执行官的决定。

0047 **13.**

正确答案 (D)

空格前冠词the的后面**缺少名词**，所以要补上（D）discussions（讨论）。“**冠词 ____ 介词**”的空格中填**名词**的题型也频繁地出现在词性问题中。（A）“讨论”是动词。（B）是其过去式和过去分词，（C）是第三人称单数现在时。

翻译 雇用委员会上的讨论概要将于本周末之前分发给董事会成员。

0048 **14.**

正确答案 (D)

代词所有格their后面需要表示所有物的名词，所以（D）dependence（依存）是正确答案，作为及物动词reduce（减少）的宾语发挥作用。（A）是形容词“依靠的”或名词“被扶养人”，名词和句子意思不符。（B）“依赖地”是副词。（C）“可信赖的”是形容词。

翻译 帮助人们减少对于不可再生能源依赖性的最佳方法，就是教导消费者太阳能的潜力。

0049 **15.**

正确答案 (B)

空格处需要作为前面be动词原形**be的补语的形容词或名词**。和that从句的主语the materials（材料）是对等关系，且使句子意思通顺的是形容词（B）suitable（合适的）。名词（D）“合适性”与句子意思不符。（A）是动词“符合”或名词“西服”。（C）“恰当地”是副词。

在important和necessary之类表示“重要性或必要性”等的形容词后面的that从句中要使用动词原形（这里是be），这点要注意。这是第2章“动词问题”的出题要点。

翻译 建筑物中使用的材料需要适应这片区域的气候，这点非常重要。

□ **16.** There are blankets and pillows in the overhead compartments for
□ the passengers' _____ during the flight.

(A) comfortable
(B) comforted
(C) comfortably
(D) comfort

□ **17.** Please view the written _____ of the product online before
□ contacting a company representative with a question.

(A) describe
(B) describes
(C) described
(D) description

□ **18.** Lucky Corporation often receives interest from the most
□ promising applicants because of the _____ package it offers to its staff.

(A) attract
(B) attractive
(C) attractively
(D) attraction

□ **19.** The Westchester Philharmonic received a _____ award for its
□ education program three years ago.

(A) nation
(B) national
(C) nationality
(D) nationally

□ **20.** City employees _____ endorsed the new benefits plan proposed
□ by the city's Department of Health.

(A) enthusiastically
(B) enthusiastic
(C) enthusiasm
(D) enthuse

0050 **16.** 正确答案 (D)

空格前的**所有格 passengers'（乘客们的）后面需要名词**，所以（D）comfort（舒适）是正确答案，作为介词 for 的宾语发挥作用。（A）“舒服的”是形容词（-ble）。（B）是动词 comfort（安慰）的过去式和过去分词（-ed）。（C）“舒适地”是副词（-ly）。

翻译 乘客们头顶上的隔层里有毯子和枕头以保证他们旅途中的舒适。

0051 **17.** 正确答案 (D)

空格前的谓语动词 view(看)的后面是 the written(被写的)，仅凭此点可判断**缺少宾语**。作为宾语的是**名词**，所以选择词尾有 -tion 的（D）description（说明）。（A）“说明”是动词。（B）是其第三人称单数现在时。（C）是过去式和过去分词。

翻译 在咨询企业代表问题之前，请先阅读网上写的产品说明。

0052 **18.** 正确答案 (B)

“**冠词 ____ 名词**”的空格中应填修饰**名词的形容词**，所以（B）attractive（有魅力的）是正确答案。紧跟其后的名词 package 指“津贴和医疗保险等，由公司提供给员工的整套东西”。（A）“吸引”是动词。（C）“有魅力地”是副词。（D）“吸引”是名词。

翻译 Lucky 公司因其提供给员工的吸引人的福利待遇，经常受到最有前途的求职者的青睐。

注释 □ promising：形 可期待的，有前途的

0053 **19.** 正确答案 (B)

冠词和名词中间的空格应该填修饰紧跟其后的**名词 award（奖励）的形容词**（B）national（全国性的）。a national award（国家性奖励）作为动词 received（接受）的宾语发挥作用。（A）“国家”是名词。（C）“国籍”是名词。（D）“全国性地”是副词。

翻译 韦斯特切斯特爱乐乐团因其 3 年前的教育项目而获得了一项国家级奖励。

0054 **20.** 正确答案 (A)

在 City employees S ____ endorsed V 中间**修饰紧跟其后谓语动词的是副词**（A）enthusiastically（热心地）。这种 **SV 之间**空格处填副词的题型经常出现在词性问题中。（B）“热心的”是形容词。（C）“热情”是名词。（D）“兴奋地说”是动词。

翻译 市政府雇员们热情地支持市健康部门发起的新福利计划。

注释 □ endorse：动 支持 □ enthusiastically：副 热情地

☐ **21.** It is estimated that Coyote Oil's net profit last year was in _____ of 1 billion dollars.
☐

(A) excessive
(B) excess
(C) excessively
(D) exceed

☐ **22.** The Department of Transportation has _____ requested information about Mr. Becker's updated address.
☐

(A) repeat
(B) repeated
(C) repeatedly
(D) repeats

☐ **23.** Buy one of our surfboards and get a free _____ to *Surfing Life* magazine.
☐

(A) subscription
(B) subscribe
(C) subscribed
(D) subscribing

☐ **24.** The supermarket chain has had a very successful year under the _____ of its new CEO, Aditya Kumar.
☐

(A) direct
(B) direction
(C) directed
(D) directly

☐ **25.** No seats for the concert are guaranteed unless you make _____ and payments in advance.
☐

(A) reserve
(B) reserves
(C) reserved
(D) reservations

0055 **21.** 正确答案 (B)

“**介词 ____ 介词**”的空格中应填**名词**(B)excess(过量)。**in excess of *X***是“超过X”的意思。(A)“过量的”是形容词。(C)“过量地”是副词。(D)“超过”是动词，应该像exceed expectations(超出预期)这样使用。

翻译 据估计，Coyote石油去年的纯利润超过了10亿美元。

注释 □net profit：纯利润 □in excess of *X*：超过X，在X之上

0056 **22.** 正确答案 (C)

排除空格，Ⓢ has requested information ... 这个现在完成时的句子依然成立，因此空格处应填修饰语。**修饰前后谓语动词的是副词**(C)repeatedly(重复地)。(A)“重复”是动词。(B)是其过去式和过去分词。(D)是第三人称单数现在时。

翻译 交通部门反复询问后得到了贝克尔先生更新过的地址信息。

0057 **23.** 正确答案 (A)

空格部分是“冠词 + 形容词 ____ ”结构，缺少动词**get的宾语**。作为宾语的是名词，所以(A)subscription(订阅)是正确答案。(B)“订阅”是动词。(C)是过去式和过去分词。(D)是现在分词和动名词。动名词虽然也可以作为宾语，但是不加a，而是像regularly subscribing to *X*这样由副词修饰，所以用在空格处不合适。

翻译 购买一块我们的冲浪板，可免费订阅《冲浪生活》杂志。

注释 □subscription：名 订阅

0058 **24.** 正确答案 (B)

“**冠词 ____ 介词**”空格处应填**名词**，所以(B)direction(指示)是正确答案。**under the direction of *X***(在X的指示下)是重要表达。(A)是形容词“直接的”或动词“瞄准”或副词“直接地”。(C)是动词的过去式和过去分词。(D)“直接地”是副词。

翻译 那家超市连锁店在新首席执行官阿迪蒂亚·库马尔的领导下，度过了非常成功的一年。

0059 **25.** 正确答案 (D)

空格处需要空格前及物动词make的宾语。**作为宾语的是名词**，所以(D)reservations(预约)是正确答案。(A)是动词“预约”或名词“储备”，名词可作宾语，但是与句子意思不符。(B)是动词第三人称单数现在时或名词的复数形式。(C)是动词的过去式和过去分词。

翻译 那场音乐会不保证有座位，除非你提前预约和支付。

☐ **26.** The new sales manager has been putting an _____ on attracting
☐ new clients rather than just selling higher volumes.

(A) emphasize
(B) emphasized
(C) emphasis
(D) emphasizes

☐ **27.** A reviewer who attended the opening night of Max Cabernet's
☐ new musical reported that it was exciting and _____.

(A) memory
(B) memorable
(C) memorize
(D) memorably

☐ **28.** The TexPhone was found to be unattractive to consumers due to
☐ weaknesses in terms of color, design, and _____ of use.

(A) easy
(B) easily
(C) ease
(D) easier

☐ **29.** Experts _____ that new building insulation regulations will reduce
☐ the state's dependency on fossil fuels.

(A) predict
(B) predicting
(C) predictable
(D) prediction

☐ **30.** If the City Council _____ the renovation plan for the airport,
☐ workers will begin construction late this year.

(A) approves
(B) approvable
(C) approval
(D) approvingly

0060 **26.** 正确答案 (C)

“**冠词 ____ 介词**”的空格中应填**名词**，所以（C）emphasis（强调）是正确答案。**put** [place] **an emphasis on** ***X***（重视 X，将重点置于 X 上）是重要表达。（A）“强调”是动词。（B）是其过去式和过去分词。（D）是动词的第三人称单数现在时。

翻译 新销售经理一直将重点放在吸引新顾客上，而不仅仅是售卖更多的数量。

注释 □ put an emphasis on *X*：重视 X，将重点置于 X 上

0061 **27.** 正确答案 (B)

空格前连词 and 用于 *X* and *Y* 的形式中时，**基本上前后排列相同的词性**。这里是“形容词 +and ____”的形式，所以空格处应填**形容词**（B）memorable（难忘的）。（A）“记忆”是名词。（C）“记忆”是动词。（D）“留在记忆中地”是副词。

翻译 一位参加了马克斯·卡本妮新音乐剧首夜演出的评论家评价其是振奋人心且难忘的。

0062 **28.** 正确答案 (C)

空格前连词 and 用于 *X*, *Y*, and *Z* 的形式中时，**XYZ 为相同词性排列连接在一起**。这里 X 和 Y 部分是名词，所以空格处也应填**名词**（C） ease（简单）。ease 也作动词，是“使缓和”的意思。（A）“简单的”是形容词。（B）“简单地”是副词。（D）是形容词的比较级。

翻译 TexPhone 由于其在颜色、设计、使用便捷度方面的缺点而无法吸引消费者。

注释 □ in terms of *X*：就 X 而言

0063 **29.** 正确答案 (A)

Experts Ⓢ ____ that Ⓢ Ⓥ. 抓住这句话整体的结构是关键点。空格处需要句子的谓语动词，所以将 **that 从句作为宾语的及物动词**（A）predict（预测）是正确答案。（B）是现在分词和动名词。（C）“可预测的”是形容词。（D）“预测”是名词。

翻译 专家预测，新建筑隔热规定会减少国家对于化石燃料的依赖。

注释 □ insulation：名 隔热（材料） □ dependency：名 依赖 □ predict：动 预测

0064 **30.** 正确答案 (A)

由于缺少和 If 从句（SV）的主语 the City Council（市议会）**对应的谓语动词**，所以动词（A）approves（认可）是正确答案。（B）“能够认可的”是形容词。（C）“认可”是名词。（D）“赞成地”是副词。

（C）**approval** 和 **proposal**（提案）一样，词尾虽然是 -al，但不是形容词，而是**名词**。这点要注意。

翻译 如果市议会同意机场翻新计划，那么工人们今年晚些时候就可以开始动工建设了。

☐ **31.** Dr. Matthews has received a _____ large number of calls in
☐ response to her lectures at medical schools nationwide.

(A) surprise
(B) surprised
(C) surprisingly
(D) surprises

☐ **32.** BioTech's corporate structure and financial information are _____
☐ accessible to customers on the Web site at www.biotech.com.

(A) ready
(B) readying
(C) readily
(D) readiness

☐ **33.** There has been speculation that Techsoft's board is trying to find
☐ a _____ for its chief executive by the end of the year.

(A) replace
(B) replaced
(C) replacing
(D) replacement

☐ **34.** Our design consultants generate concepts combining visual
☐ impact, clear messages, and a high level of _____.

(A) create
(B) creative
(C) creatively
(D) creativity

☐ **35.** Bookmart.com promises to make _____ to the Web site, and
☐ there could be an updated version as early as November.

(A) improve
(B) improvements
(C) improves
(D) improving

0065 **31.** 正确答案 (C)

空格处如果填上**修饰紧跟其后形容词 large 的副词**（C）surprisingly（令人惊讶地），就是“令人惊讶的大数字”，句子意思通顺。如果将（B）看成作为形容词发挥作用的过去分词填入空格，就成了“惊讶的大数字”，意思不通。（A）是名词“惊奇”或动词“使惊讶”。（D）是名词的复数形式或动词第三人称单数现在时。

翻译 马修斯博士在全国范围内的医学校的演讲，听众打来的反馈电话数量惊人。

0066 **32.** 正确答案 (C)

空格后面是作为前面 be 动词 are 补语的形容词 accessible，所以空格处应填修饰语。**修饰紧跟其后形容词的是副词**（C）readily（简单地）。（A）是形容词“准备好的”或动词“准备”。（B）是动词 ready（使准备好）的现在分词和动名词。（D）“准备就绪状态”是名词。

翻译 顾客可以很容易地通过 www.biotech.com 得到 BioTech 的公司架构和财务信息。

注释 □accessible：形 易得到的，可使用的 □readily：副 简单地，迅速地

0067 **33.** 正确答案 (D)

空格处需要空格前**及物动词 find 的宾语**，所以**名词**（D）replacement（代替）是正确答案。（A）“代替，调换”是动词。（B）是其过去式和过去分词。（C）是现在分词和动名词。动名词需要像 replacing its CEO（代替其 CEO）一样伴随宾语。

翻译 据推测，Techsoft 的董事会打算在年末之前寻找一位总经理的替代者。

注释 □speculation：名 猜测，推断

0068 **34.** 正确答案 (D)

空格处需要**介词 of 的宾语**，所以**名词**（D）creativity（创造性）是正确答案。如果不认识这个单词，也可以通过 -ty 这个词尾判断为名词。（A）“创造”是动词。（B）是形容词“创造性的”或名词“创作者”，名词虽可作宾语，但与句子意思不符。（C）“创造性地”是副词。

翻译 我们的设计顾问提出了结合视觉冲击力、明确信息和高水平独创性的概念。

注释 □generate：动 产生，做出 □combine：动 组合，混合

0069 **35.** 正确答案 (B)

空格处需要前面**及物动词 make 的宾语**，所以名词（B）improvements（改善）是正确答案。（A）“改善”是动词。（C）是其第三人称单数现在时。（D）是现在分词和动名词，作动名词时，需要像 improving the Web site（改良网站）一样伴随宾语。

翻译 Bookmart.com 承诺改进网站，快的话 11 月就会有一个更新的版本。

☐ **36.** The company will provide an _____ day of paid vacation when an annual leave day falls on a public holiday.
☐

(A) add
(B) additional
(C) additionally
(D) additive

☐ **37.** Travelpal Luggage is the perfect choice for travelers whether they are traveling on business or for _____.
☐

(A) pleased
(B) pleasant
(C) pleasure
(D) please

☐ **38.** All visitors to the hotel during the construction phase must wear _____ goggles and helmets at all times.
☐

(A) protect
(B) protects
(C) protective
(D) protectively

☐ **39.** The client's files must be arranged _____ rather than by date to allow for easier searching.
☐

(A) alphabet
(B) alphabets
(C) alphabetical
(D) alphabetically

☐ **40.** Kaseguma Design has brightly colored meeting spaces, which are intended to help employees think _____.
☐

(A) create
(B) creative
(C) creatively
(D) creation

0070 **36.** 正确答案 (B)

“**冠词 ____ 名词**”的空格中应填**修饰紧跟其后名词 day 的形容词**，所以（B）additional（追加的）是正确答案。（A）“添加”是动词。（C）“除此之外”是 Part 6 中的高频副词。（D）“添加物”是名词。

由于（D）additive 词尾是 -tive，所以感觉像是形容词，但其却是意思为“添加物”的名词，这点要注意。

翻译 当年假撞上公共假日时，那家公司会额外提供一天的带薪休假。

0071 **37.** 正确答案 (C)

空格处需要前面**介词 for 的宾语**，所以**名词**（C）pleasure（喜悦）是正确答案。（A）是动词 please（使高兴）的过去式或形容词“高兴的”。（B）“愉快的”是形容词。（D）是动词原形。注意，像 on business or for pleasure 这样，并列连词 or 的前后应是相同的形式。

翻译 Travelpal Luggage 对于旅行者来说是最好的选择，不论他们是商务出行还是休闲娱乐。

0072 **38.** 正确答案 (C)

空格后是作为空格前谓语动词 must wear 的宾语的名词 goggles，空格处应该填**修饰名词的形容词**（C）protective（保护的）。其在 TOEIC L&R 中作为表示在研究所或工厂内穿着的防护衣物的形容词频繁出现。（A）“保护”是动词。（B）是其第三人称单数现在时。（D）是副词“保护地”。

翻译 在施工期间，所有酒店参观者必须时刻佩戴防护镜和头盔。

注释 □ phase：名 阶段，时期

0073 **39.** 正确答案 (D)

在空格前面，s must be arranged 这一被动语态成立。添加在句子要素完整的句子中**修饰动词部分的副词**（D）alphabetically（按字母顺序地）是正确答案。（A）“字母”是名词。（B）是其复数形式。（C）“按字母顺序的”是形容词。

翻译 为了搜索方便，客户档案必须按字母顺序排列而不是按日期排列。

0074 **40.** 正确答案 (C)

空格前的 think 在这里作为**不及物动词**使用，所以后面不需要宾语。空格中应填**修饰动词的副词**（C）creatively（有创造性地）。（A）“创造”是动词。（B）是形容词“创造的”或名词“创作者”。think 作及物动词时，通常采用 think that SV 的形式，不采用单独的名词（D）“创造”作宾语。

翻译 Kaseguma 设计公司的会议空间色彩明亮，旨在帮助员工进行创造性思考。

□ **41.** TAA Airlines has a _____ dress code which all staff adhere to
□ diligently.

(A) strict
(B) strictly
(C) strictness
(D) strictest

□ **42.** The spokesperson for Carter Robotics says its new room
□ cleaning robot will _____ be revolutionary.

(A) assured
(B) assuredness
(C) more assured
(D) assuredly

□ **43.** The office manager is _____ for regularly checking the inventory
□ of office supplies and placing orders if needed.

(A) responsibilities
(B) responsibility
(C) responsible
(D) responsibly

□ **44.** Shares of Wellington Depot rose _____ after the retailer reported
□ record sales in December.

(A) sharp
(B) sharpen
(C) sharply
(D) sharpness

□ **45.** A professional _____ is one of the key elements of a successful
□ job interview.

(A) appearance
(B) appear
(C) appeared
(D) appears

0075 **41.** 正确答案 (A)

"**冠词 ____ 名词**"的空格处应填**修饰名词的形容词**。修饰空格后作为句子宾语的复合名词 dress code（着装规定）的形容词是（A）strict（严格的）。（B）"严格地"是副词。（C）"严格"是名词。（D）是形容词的最高级，冠词不用 a 而要用 the。

翻译 TAA 航空全体员工认真遵守严格的着装规定。

注释 □adhere to *X*：遵守 X □diligently：副 勤勉地，卖力地 □strict：形 严格的

0076 **42.** 正确答案 (D)

放在空格前的**助动词 will 和后面的动词原形 be 之间修饰动词的是副词**，所以（D）assuredly（无疑问地）是正确答案。（A）"自信的"是形容词。（B）"自信"是名词。（C）是（A）的比较级。虽然正确答案的词汇水平较高，但是助动词和动词原形之间是副词放置的一个基本位置，所以即使不知道意思也能通过形式来解答。

翻译 卡特机器人公司的发言人表示，他们的新型家居清洁机器人将毫无疑问是革命性的。

注释 □revolutionary：形 划时代的，革命性的 □assuredly：副 毫无疑问地

0077 **43.** 正确答案 (C)

空格处需要作为空格前 **be 动词 is 的补语**。作为补语的是形容词或名词，使句子意思通顺的是形容词（C）responsible（有责任的）。**be responsible for *X***（对 X 负有责任）是重要表达。名词（A）（B）"责任"可作补语，但句子意思不通。（D）"可靠地"是副词。

翻译 办公经理需要负责常规检查办公用品的库存，如有需要，还需负责订购。

0078 **44.** 正确答案 (C)

空格前的 rose 是主语 Shares（股票）的谓语动词，也是不及物动词 rise 的过去式。在这个**动词后面修饰该动词的是副词**（C）sharply（急剧地）。"**不及物动词 ____**"中填副词的题型也经常出现在词性问题中。（A）"锋利的"是形容词。（B）"削尖"是动词。（D）"锐利"是名词。

翻译 Wellington Depot 公司的股票在其零售商于 12 月报告了最高销售纪录后急剧升值。

注释 □share：名 股票，股份 □retailer：各零售商，零售店

0079 **45.** 正确答案 (A)

"冠词 + 形容词 ____ is"这一句式中**缺少谓语动词 is 的主语**，所以**名词**（A）appearance（外观）是正确答案。professional appearance 是"与工作相称的形象"的意思。（B）"出现"是动词。（C）是其过去式和过去分词，（D）是第三人称单数现在时。

翻译 与职业相称的形象在成功的求职面试中是一个关键要素。

注释 □appearance：名 外观

□ **46.** Located in the heart of Manhattan, Gilford's café offers a large
□ _____ of traditional and contemporary American, Japanese, and Chinese dishes.

(A) select
(B) selection
(C) selects
(D) selecting

□ **47.** Although Michael Young has been performing as a guitarist
□ for many years, he is _____ unknown in the Japanese music industry.

(A) relative
(B) relatively
(C) relation
(D) relate

□ **48.** Ms. Patel's _____ novel, *Clipped Wings*, has been translated into
□ 13 languages since it was first published.

(A) late
(B) lately
(C) latest
(D) lateness

□ **49.** The residents of Jamestown and Tomasville _____ approved the
□ construction of a highway to connect the two cities.

(A) overwhelm
(B) overwhelming
(C) overwhelmingly
(D) overwhelmed

□ **50.** The most imaginative _____ in the photography competition will
□ receive a new laptop computer from Candy Computers.

(A) submission
(B) submitted
(C) submit
(D) submitting

0080 **46.**

正确答案 (B)

由于缺少空格前**及物动词 offer 的宾语**，所以空格处填**名词**（B）selection（供选择的范围）。（A）是动词“选择”或形容词“挑选出来的”。（C）是动词的第三人称单数现在时。（D）是现在分词和动名词。

翻译 吉尔福德咖啡馆坐落于曼哈顿的中心，提供包括传统与现代美式、日式和中式菜肴的广泛选择。

0081 **47.**

正确答案 (B)

空格前后是 he is unknown，SVC 结构的句子已经成立，所以空格处应该填修饰语。**修饰紧跟其后形容词 unknown（不知名的）的是副词**（B）relatively（相对地）。（A）是形容词“相对的”或名词“亲戚”。（C）“关系”是名词。（D）“使互相关联”是动词。

翻译 虽然迈克尔·杨已经作为一名吉他手表演了很多年，但相对来说，他在日本音乐界没有那么大的名声。

0082 **48.**

正确答案 (C)

该句主语是空格后的名词 novel（小说），空格处需要**修饰它的形容词**。在形容词（A）（C）之中，填在“Patel 女士的 ____ 小说”的空格里，使意思通顺的是（C）latest（最近的）。（A）“迟的”，意思不通。（B）“近来”是副词。（D）“迟”是名词。

翻译 帕特尔女士最新的小说《折翼》自第一次出版以来，已被译成 13 种语言。

0083 **49.**

正确答案 (C)

The residents Ⓢ ____ approved Ⓥ ... 这句话 **SV 之间**应填的是修饰空格后**动词 approve 的副词**（C）overwhelmingly（压倒性地）。（A）“压倒”是动词。（B）“压倒的”是形容词。（D）是动词的过去式和过去分词。

翻译 詹姆斯敦和托马斯维尔的居民以压倒性的多数同意修建连接两座城市的高速公路。

注释 □ overwhelmingly：副 压倒性地

0084 **50.**

正确答案 (A)

由于**缺少句子的主语**，所以空格处填**名词**（A）submission（提交物）。（B）是动词 submit（提交）的过去式和过去分词。（D）是其现在分词和动名词。动名词可以作主语，但由于 submit 是及物动词，需要像 Submitting a photo is ... 这样带有宾语。

翻译 摄影比赛中最有想象力的作品会得到由 Candy Computers 提供的新型笔记本电脑。

注释 □ submission：名 提交（物）

Patel（帕特尔）一定是在 TOEIC L&R 世界中最常见的 3 个姓氏之一，出场频率非常高。另外，也经常能看到 Gupta（吉普塔）同学。

□ **51.** A great _____ of employees use public transport to get to work
□ because of the cost of parking in the city.

(A) major
(B) majority
(C) majors
(D) majoring

□ **52.** The communications manager from Golden Egg Appliances says
□ the company is studying the _____ of retooling its factory in Ohio.

(A) feasible
(B) more feasible
(C) feasibility
(D) feasibly

□ **53.** Hospital staff members are not permitted to share patients' _____
□ details with outside parties without written consent.

(A) private
(B) privatize
(C) privately
(D) privatization

□ **54.** The large drugstore includes a pharmacy with a doctor on hand
□ for _____ during the week.

(A) consulted
(B) consultation
(C) consultant
(D) to consult

□ **55.** The fashion chain announced that it expected to record a
□ substantial _____ in the second quarter.

(A) lost
(B) loss
(C) lose
(D) losing

0085 **51.** 正确答案 (B)

空格处需要**作为主语的名词**，所以（B）majority 是正确答案。a great majority of *X*是“X的大部分”的意思。（A）是形容词“主要的”、名词“主修科目”或动词“主修”，名词和句子意思不符。（C）是名词的复数形式或动词第三人称单数现在时。（D）是现在分词和动名词。

翻译 考虑到城市里的停车费用，大部分员工使用公共交通去上班。

0086 **52.** 正确答案 (C)

空格前后是“**冠词 ____ 介词**”，所以空格处应填名词（C）feasibility（可行性）。**study the feasibility of *X***（研究 X 的可行性）是重要表达。形容词（A）“可行的”也是重要词汇。（B）是其比较级。（D）“可行地”是副词。

翻译 来自 Golden Egg 电器的宣传部长表示，公司正在研究重新装备俄亥俄州工厂的可行性。

注释 □retool：动 替换（工厂等的）机械设备 □feasibility：名 可行性

0087 **53.** 正确答案 (A)

“**所有格 ____ 名词**”的空格处应填修饰紧跟其后**名词 details（详情）的形容词**（A）private（私人的）。（B）“使私有化”是动词。（C）“个人地”是副词。（D）“私营化”是名词。不能只看到空格前的所有格就选择名词（D），空格后也一定要确认。

翻译 没有书面同意，医院职员不允许对外透露病人的个人信息。

注释 □consent：名 同意，准许

0088 **54.** 正确答案 (B)

“**介词 ____ 介词**”的空格中应填**名词**（B）或（C）。由于空格前没有冠词，所以选择**不可数名词**（B）consultation（咨询）。（C）“顾问”是可数名词，不能按单数或无冠词形式来使用。（A）是动词 consult（向……咨询）的过去式和过去分词。（D）是不定式，不能紧跟在介词后面。

翻译 那家大型药店有一间用药咨询室，里面每天都有值班医生负责接受咨询。

注释 □pharmacy：名（医院等的）药房 □consultation：名（对专业人士的）咨询

0089 **55.** 正确答案 (B)

空格部分是 a substantial ____（大量的……），**缺少**动词 record（记录）的**宾语**。作为宾语的是**名词**，所以（B）loss（损失）是正确答案。（A）是动词 lose（失去）的过去式和过去分词。（D）是现在分词和动名词，动名词不加冠词 a 且不被形容词修饰，而是被副词修饰。

翻译 那家时装连锁店宣布预计第二季度会有大规模亏损。

注释 □substantial：形 很多，大量的

☐ **56.** At the dawn of the Internet, a ______ venture called Next Net was
☐ founded to create one of the first search engines.

(A) cooperate
(B) cooperatively
(C) cooperatives
(D) cooperative

☐ **57.** A _______ variety of amenities and services are provided by the
☐ newly opened Oakridge Hotel.

(A) broad
(B) breadth
(C) broaden
(D) broadly

☐ **58.** Consumers tend to prefer domestic brands when buying ______
☐ like milk, medicines, or diapers.

(A) necessitate
(B) necessary
(C) necessarily
(D) necessities

☐ **59.** Hareyama Flowers provides the _______ arrangements for any
☐ occasion including anniversaries, graduations, and weddings.

(A) perfect
(B) perfectly
(C) perfects
(D) perfection

☐ **60.** Hiring ______ for the new board members will be announced at
☐ the meeting this afternoon.

(A) deciding
(B) decisions
(C) decided
(D) to decide

0090 **56.** 正确答案 (D)

“**冠词 ____ 名词**”的空格处应填**形容词**。修饰名词 venture（企业）的形容词是（D）cooperative（合作的）。cooperative venture 是“合作企业”的意思。（A）“合作”是动词。（B）“合作地”是副词。（C）是“合作社”这一名词的复数形式。

翻译 在互联网出现之初，为了开发出最早的搜索引擎之一，一些人创立了一家名为“Next Net”的合作公司。

注释 □dawn：名 开始，开端 □venture：名 冒险事业，企业

0091 **57.** 正确答案 (A)

冠词和名词之间的空格应填**修饰名词的形容词**，所以（A）broad（宽阔的）是正确答案。**a broad variety of *X***（许多种类的 X）是 TOEIC L&R 中的高频表达。（B）“宽度”是名词。（C）“拓宽”是动词。（D）“总体上”是副词。

将 broad 换成 wide，a wide variety of *X* 也是相同的意思。在 TOEIC L&R 的世界中，不知道为什么总有很多品类丰富的店铺，所以这两者都是高频表达。

翻译 新开的奥克里奇酒店提供各种各样的生活设施和服务。

0092 **58.** 正确答案 (D)

空格处需要**作为**空格前**现在分词 buying 宾语的名词**，所以（D）necessities（必需品）是正确答案。when 之后是 when（they are）buying 这一“**主语 +be 动词**”被省略的形式。（A）“使必要”是动词。（B）“必要的”是形容词。（C）“必定”是副词。

翻译 当购买必需品，如牛奶、药品、尿布时，消费者更倾向于国产品牌。

0093 **59.** 正确答案 (A)

“**冠词 ____ 名词**”的空格处应填**修饰名词 arrangements 的形容词**（A）perfect（完美的）。（B）“完美地”是副词。（C）是动词 perfect（使完美）的第三人称单数现在时。（D）“完美”是名词。

翻译 晴山花店为各种场合提供完美的布置，包括周年纪念日、毕业典礼、婚庆。

0094 **60.** 正确答案 (B)

在“雇用的 ____”这一结构中，现在分词 Hiring 后面**缺少作为主语的名词**，所以选择（B）decisions（决定）。（A）是动词 decide（决定）的现在分词和动名词，动名词不是发挥形容词作用的分词，且现在分词要用副词修饰，所以不合适，另外和句子意思也不符。（C）是动词的过去式和过去分词。（D）是不定式。

翻译 新董事会成员的雇用决定将在今天下午的会议上宣布。

第 59 题中登场的是“花店”，实际上，这在 TOEIC L&R 的世界里是非常有人气的商业类型。florist（花店，花商）也频繁出现。要记下来哦！

□ **61.** The photographs featured on our Web site may be purchased ___ from the photographers using the links provided below.
□
(A) direction
(B) directing
(C) directed
(D) directly

□ **62.** Attendees will be asked to complete a _____ survey at the beginning and end of the training program.
□
(A) brief
(B) briefed
(C) briefest
(D) briefly

□ **63.** Mr. Hamilton pointed out that most clerical errors are _____, and suggested a system of checks to resolve the problem.
□
(A) preventable
(B) prevent
(C) preventing
(D) prevention

□ **64.** Urbandale City College provides several management courses that will improve your employment prospects and add to your _____.
□
(A) qualify
(B) qualified
(C) qualifications
(D) qualifier

□ **65.** The use of recyclable materials has expanded _____ in the last few years, thanks to the conscientious effort of manufacturers.
□
(A) consider
(B) considerate
(C) considerable
(D) considerably

0095 **61.** 正确答案 (D)

S may be purchased 这一被动语态的句子成立，所以加在完整句子中**修饰动词部分的副词**（D）directly（直接地）是正确答案。（A）“指示”是名词。（B）是动词 direct（使朝向）的现在分词和动名词，（C）是过去式和过去分词。副词紧跟在**被动语态后面**的题型也是经常出现的。

翻译 通过下方提供的链接，就可以直接从摄影家那里购买我们网站上展出的摄影作品。

0096 **62.** 正确答案 (A)

冠词和名词之间需要修饰名词 survey（调查）的形容词，所以（A）brief（简短的）是正确答案。（B）是动词 brief（向～介绍情况）的过去式和过去分词。如果填过去分词，就成了“传达信息的调查”，意思不通。（C）最高级前的冠词是 the 不是 a。（D）“简洁地”是副词。

翻译 出席者需要在培训计划开始和结束时完成一项简短的问卷调查。

0097 **63.** 正确答案 (A)

空格处需要 **be 动词 are 的补语**。在可作补语的形容词（A）和名词（D）中，能使句子意思通顺的是（A）preventable（可预防的）。（D）“防止”和主语的“错误”不构成对等关系。（B）“防止”是动词。（C）是现在分词和动名词。如果将现在分词填入空格，就成了防止错误的一方，句意不通。

翻译 汉密尔顿先生指出大多数笔误都是可以避免的，而且推荐了一个解决这些问题的检查系统。

注释 □ clerical error：笔误 □ preventable：形 可以预防的

0098 **64.** 正确答案 (C)

“**所有格 ____.**”的空格处需要**作为所有物的名词**，所以（C）qualifications（资格）是正确答案。（A）“具有资格”为动词，**qualify for *X***（有 X 的资格）是重要表达。（B）“胜任的”是高频形容词。（D）“预选赛”也是名词，但和句意不符。

翻译 Urbandale 城市学院提供几门可以帮你拓宽职业可能性和资历的管理课程。

注释 □ prospect：名 前景，可能性 □ qualifications：名 资格，合格

0099 **65.** 正确答案 (D)

排除空格，S has expanded in... 这句话依然成立，所以空格处应填修饰现在完成时动词部分 has expanded（扩大了）的副词（D）considerably（相当大地）。（A）“考虑”是动词。（B）“体贴的”和（C）“相当大的”是形容词。

翻译 多亏了制造商的认真努力，在过去几年里可回收材料的使用大量增加。

注释 □ conscientious：形 认真的，勤恳的 □ considerably：副 大幅地，相当大地

□ **66.** Torres Furniture's old location has been ______ since last
□ February, when the store moved to 1630 Sherman Avenue.

(A) vacant
(B) vacating
(C) vacancy
(D) vacantly

□ **67.** The results of recent water quality monitoring in the area
□ verify that community health and safety concerns have been ____ addressed.

(A) effect
(B) effective
(C) effectively
(D) effectiveness

□ **68.** The curtains, designed by Elaine Hutton, are ______ by such
□ distinctive motifs as tulips, stylized birds, and other animals.

(A) identify
(B) identifies
(C) identity
(D) identifiable

□ **69.** The ______ use of office space and equipment in the Tokyo
□ branch has been emulated by several of the other international branches.

(A) economize
(B) economical
(C) economy
(D) economist

□ **70.** For the agreement to be ______, you need to fill out the attached
□ application form and submit it to the human resources manager.

(A) valid
(B) validate
(C) validity
(D) validates

0100 **66.** 正确答案 (A)

空格处如果填**形容词**（A）vacant“空的”，就可作为 **be 动词 been 的补语**发挥作用，句意也通顺。（C）“（工作或房间的）空隙”和主语不构成对等关系，而且是可数名词，需要冠词。（B）如果看作及物动词 vacate（腾出）的现在分词的话，则需要宾语。（D）“空白地”是副词。

翻译 自从去年 2 月搬到了谢尔曼大街 1630 号之后，托雷斯家具店的老地址就空了。

0101 **67.** 正确答案 (C)

排除空格，...have been addressed 这一被动语态的句子依然成立，所以**修饰前后动词部分 have been addressed（被处理）的副词**（C）effectively（有效地）是正确答案。（A）“效果”是名词。（B）“有效的”是形容词。（D）“有效性”是名词。

翻译 该地区最近的水质监测结果表明，社区健康安全问题已得到有效的解决。

注释 □verify：动 证实，验证 □address：动 处理，对付

0102 **68.** 正确答案 (D)

空格处需要空格前 **be 动词 are 的补语**，所以正确答案应该在名词（C）和**形容词**（D）之中。其中，符合句意的是形容词（D）identifiable（可辨认的，可识别的）。（C）“本身”和主语窗帘不构成对等关系，且句意不通。（A）“识别”是动词。（B）是其第三人称单数现在时。

翻译 这些由伊莲·赫顿设计的窗帘很容易通过那些特别的图案如郁金香、非写实的鸟和其他动物来鉴别。

注释 □distinctive：形 独特的

0103 **69.** 正确答案 (B)

空格前是冠词，空格后面的 use 是名词，由 of 短语修饰，意为“利用”。也就是说，这是“**冠词 ____ 名词**”的形式，所以空格处应填**修饰名词的形容词**（B）economical（经济的，节俭的）。（A）“节约”是动词。（C）“经济”和（D）“经济学家”是名词。

翻译 东京分店节约型办公空间及设备的使用被其他几家国际分店所效仿。

注释 □emulate：动 模仿

0104 **70.** 正确答案 (A)

空格处需要 **be 动词原形 be 的补语**。可作补语的是形容词（A）或名词（C）。其中符合句意的是**形容词**（A）valid（有效的）。名词（C）“有效性”和 agreement（同意，协议）不构成对等关系，且意思不通。（B）“使生效”是动词。（D）是动词第三人称单数现在时。

翻译 为使协议生效，你需要填完所附的申请表并把它交给人力资源经理。

☐ **71.** Huber Online Bookstore guarantees _____ of your order within
☐ two working days, provided you order before 4 P.M.

(A) deliver
(B) delivers
(C) delivering
(D) delivery

☐ **72.** One of the _____ of the office manager is to identify volunteers
☐ for the emergency evacuation team.

(A) responsible
(B) responsibly
(C) responsibility
(D) responsibilities

☐ **73.** Ms. Kim received a _____ just three months after being hired as
☐ a sales representative at Wilson Manufacturing.

(A) promote
(B) promoting
(C) promotion
(D) promoted

☐ **74.** The product concept is derived from the Karaoke sing-along, a
☐ popular pastime in Japan that has been _____ successful in the U.S. as well.

(A) moderate
(B) moderately
(C) moderating
(D) moderator

☐ **75.** Due to positive reviews and popular demand, the theatrical
☐ production will continue for an _____ period of time.

(A) extend
(B) extended
(C) extensively
(D) extension

0105 **71.** 正确答案 (D)

空格处需要谓语动词 guarantee（保证）的宾语，所以**名词**（D）delivery（递送）是正确答案。（A）“投递”是动词。（B）是其第三人称单数现在时。（C）是现在分词或动名词。作动名词时，需要像 delivering your order 这样伴随宾语，后面不直接接 of。

翻译 Huber 网上书店保证，如果您在下午 4 点前下单，则会在 2 个工作日内发货。

注释 □provided：连 以……为条件

0106 **72.** 正确答案 (D)

one of the *X*（X 之一）的 X **一定是复数名词**，所以（D）responsibilities（职责）是正确答案。（A）“需负责的”是形容词。（B）“可靠地”是副词。名词（C）是单数形式，数量不一致。

one of the *X* 为主语部分时，主语是 one，谓语动词的形式要和 one 一致。这点要注意。

翻译 办公室经理的职责之一就是为紧急疏散小组确定志愿者人选。

注释 □evacuation：名 疏散

0107 **73.** 正确答案 (C)

空格前冠词 a 后面缺少**谓语动词 received 的宾语**。作宾语的是**名词**，所以（C）promotion（晋升）是正确答案。**receive a promotion**（晋升）是重要表达。（A）“晋升，促进”是动词。（B）是其现在分词和动名词。（D）是过去式和过去分词。

翻译 金女士在被聘为威尔逊制造公司的销售代表后仅仅三个月就得到了晋升。

0108 **74.** 正确答案 (B)

排除空格，句子依然成立，所以空格处应填修饰词。修饰**紧跟其后形容词 successful 的是副词**（B）moderately（适度地）。（A）是形容词“适度的”或动词“节制”。（C）是现在分词和动名词。（D）“仲裁人”是名词。be 动词和形容词之间是经常放置副词的一个位置。

翻译 卡拉 OK 跟唱在日本是一种流行的娱乐方式，在美国也收获了一定程度的成功。而本产品的概念就源于此。

注释 □be derived from *X*：从 X 衍生，来自 X □moderately：副 适度地

0109 **75.** 正确答案 (B)

“**冠词 ____ 名词**”的空格中应填**修饰紧跟其后名词的形容词**。选项中，形容词只有（B）extended（延伸的）。an extended period of time 是“长时间”的意思。（A）“延伸”是动词。（C）“广阔地”是副词。（D）“延伸；分机”是名词。

翻译 由于积极的评论和广泛的需求，这一戏剧作品将持续（演出）很长时间。

注释 □theatrical：形 戏剧的 □production：名 作品；创造物 □extended：形 延长的

☐ **76.** R&D managers must _____ find a way to reduce the production
☐ cost of the new portable computer.

(A) quick
(B) quicker
(C) quickest
(D) quickly

☐ **77.** A well-designed logo that is _____ recognizable makes a
☐ company seem more dependable.

(A) universe
(B) universal
(C) universally
(D) universality

☐ **78.** Located approximately 150 miles south of Rome, Deer Island can
☐ _____ be reached by plane from Napoli Airport.

(A) easily
(B) easy
(C) ease
(D) easiness

☐ **79.** The age of its components and the cost of repair can indicate
☐ whether or not it is _____ to purchase a new computer.

(A) necessitate
(B) necessity
(C) necessary
(D) necessarily

☐ **80.** Employee training is _____ to running a smooth business and
☐ maintaining compliance with industry standards.

(A) vitalize
(B) vitality
(C) vital
(D) vitally

0110 **76.** 正确答案 (D)

排除空格，S must find a way 这个句子依然成立，所以空格处应填修饰语。**修饰紧跟其后动词 find 的是副词**（D）quickly（快地）。（A）“快的”是形容词。（B）是其比较级，（C）为形容词最高级。**助动词和动词原形之间填副词**也是词性问题的一种题型。

题目中的 R&D 是 research and development（研究开发）的缩写。

翻译 研究开发的经理们必须快速找到一种方法来降低新便携式电脑的生产成本。

0111 **77.** 正确答案 (C)

空格前是 be 动词 is，后面是作为其补语的形容词 recognizable（易辨识的），所以空格处应填修饰语。**修饰形容词的是副词**（C）universally（普遍地）。（A）“宇宙”是名词。（B）“全体的”是形容词。（D）“普遍性”是名词。**be 动词和形容词之间是副词**放置的一个位置。

翻译 一个设计得好且具有普遍辨识度的标志会让一个企业显得更加可靠。

注释 □ dependable：形 可靠的

0112 **78.** 正确答案 (A)

排除空格，S can be reached ... 这一被动语态的句子依然成立，所以空格处应填**修饰前后动词部分 can be reached 的副词**（A）easily（简单地）。（B）“简单的”是形容词。（C）是名词“简单”或动词“缓解”。（D）“容易”是名词。

翻译 Deer 岛位于罗马以南大约 150 英里处，可以从那不勒斯机场乘飞机轻松到达。

注释 □ approximately：副 大约

0113 **79.** 正确答案 (C)

将不定式转换成主语，即 To purchase *X* is ____. 来考虑。作为 **is 的补语**，且使句子意思通顺的是形容词（C）necessary（必要的）。名词（B）“必要”也可作补语，但这样就成了“购买是必要”，意思不通。（A）“使必要”是动词。（D）“必定地”是副词。

翻译 零部件的寿命和修理费用可以表明是否有必要购买一台新电脑。

0114 **80.** 正确答案 (C)

空格处需要 **be 动词 is 的补语**。作为补语的是名词（B）或形容词（C）。两者之中，表示主语“员工培训”的重要性，且使句子意思通顺的是**形容词**（C）vital（必不可少的）。名词（B）“活力”不能构成“员工培训＝活力”这一关系。（A）“激活”是动词。（D）“极其”是副词。

翻译 员工培训对于企业的顺利运营和遵守行业标准来说至关重要。

注释 □ compliance：名 遵从（规则、命令等） □ vital：形 极重要的，必不可少的

☐ **81.** Once the board of directors approves the plan, construction of
☐ the new _____ will begin.

(A) build
(B) builder
(C) to build
(D) building

☐ **82.** Strong Steels Inc. is _____ regarded as one of the leading steel
☐ engineering companies in Asia.

(A) wider
(B) widened
(C) widening
(D) widely

☐ **83.** Ms. Anderson is looking for a dress that is both _____ and
☐ comfortable to wear to her supervisor's retirement party.

(A) elegant
(B) elegance
(C) elegantly
(D) more elegantly

☐ **84.** Iznik, the site of the ancient Greek Council of Nicaea, has _____
☐ been an important center for ceramics production.

(A) history
(B) historian
(C) historical
(D) historically

☐ **85.** Most of the business travelers surveyed rated Starlight Hotel
☐ highly because of the _____ of the rooms and its convenient
location.

(A) clean
(B) cleanly
(C) cleanliness
(D) cleans

0115 **81.** 正确答案 (D)

在“of+ 冠词 + 形容词 _____”结构中，缺少**介词 of 的宾语**，所以空格处应填**名词**（B）或（D）。填在“新的 _____ 建设”的空格中，且使句意通顺的是（D）building（建筑物）。（B）“建设者”和句意不符。（A）是动词“建造”。（C）是不定式。

翻译 一旦董事会同意这项计划，就会开始新大楼的建设。

0116 **82.** 正确答案 (D)

排除空格，被动语态依然成立，所以空格处应填修饰语。**修饰前后动词部分 is regarded（被看作）的是副词**（D）widely（广泛地）。（A）是形容词 wide（广泛的）的比较级。（B）是动词 widen（拓宽）的过去式和过去分词。（C）是其现在分词和动名词。

翻译 斯特朗钢铁公司被广泛认为是亚洲的一家领头的钢铁工程公司。

0117 **83.** 正确答案 (A)

基本上，在 both *X* and *Y*（X 和 Y 都）的形式中，**并列连词 and 前后的 X 和 Y 词性相同**。在这里，由于 Y 部分是形容词 comfortable，所以 X 部分也应填同为形容词的（A）elegant（精美的）。（B）“优雅”是名词。（C）“优雅地”是副词。（D）是副词的比较级。

翻译 安德森女士正在为主管的退休晚会挑选一件既优雅又舒适的连衣裙。

0118 **84.** 正确答案 (D)

排除空格，现在完成时的句子依然成立，所以空格处应该填修饰词。**修饰前后动词部分 has been 的是副词**（D）historically（历史上地）。（A）“历史”和（B）“历史学家”是名词。（C）“历史的”是形容词。现在完成时的 **has/have 和过去分词之间**也是一个**放副词**的位置。

翻译 古希腊尼西亚议会遗址 Iznik，在历史上是一个重要的陶瓷生产中心。

注释 □ site：名 场地，现场，遗址

0119 **85.** 正确答案 (C)

“**冠词 ____ 介词**”的空格处应填**名词**，所以要从选项中选择有名词词尾 -ness 的（C）cleanliness（清洁）。（A）是形容词“干净的”、动词“清洁”或副词“彻底地”。（B）“干净地”是副词。（D）是动词第三人称单数现在时。

翻译 大多数接受调查的商务旅行者都给星光酒店打了高分，因为其干净的房间和方便的地理位置。

注释 □ rate：动 评价

□ **86.** Venture capital firms are considering contests that offer
□ competing entrepreneurs multimillion-dollar prizes if they come up with _____ technologies.

(A) innovate
(B) innovative
(C) innovates
(D) innovatively

□ **87.** The company's recent rise in _____ can be attributed to the
□ managerial acumen of the newly appointed CEO, Leonie Wagner.

(A) profitability
(B) profitable
(C) profited
(D) to profit

□ **88.** Smile Fitness Center, an exclusive fitness club in Seoul, is _____
□ seeking full-time personal trainers.

(A) urgent
(B) most urgent
(C) urgency
(D) urgently

□ **89.** _____ of your order will be sent within 24 hours to the e-mail
□ address you have provided.

(A) Confirmation
(B) Confirms
(C) Confirmed
(D) Confirming

□ **90.** Smokey Joe's café has three _____ in Tokyo, including one
□ recently opened in Aoyama.

(A) locate
(B) locates
(C) located
(D) locations

0120 **86.** 正确答案 (B)

“**介词 ____ 名词**”的空格处应填**修饰紧跟其后名词 technologies（技术）的形容词**（B）innovative（创新的）。（A）“改革”是动词。（C）是其第三人称单数现在时。（D）“创新地”是副词。作为派生词的名词 innovation（创新）也要掌握。

翻译 风险资本公司正在考虑举行一些竞赛，如果参加竞赛的企业家想出了创新性的技术，将获得数百万美元的奖金。

注释 □ competing：形 竞争的 □ entrepreneur：名 企业家 □ come up with *X*：想出 X

0121 **87.** 正确答案 (A)

从句子开头到空格处是主语，空格处需要前面**介词 in 的宾语**。作为宾语的是名词，所以选择有名词词尾 -ty 的（A）profitability（收益性）。（B）“有利润的”是形容词。（C）是动词 profit（对……有益）的过去式和过去分词。（D）是不定式。

翻译 那家公司最近在收益上的增长可以归功于新任命的首席执行官莱昂尼·瓦格纳在管理上的敏锐。

注释 □ attribute *X* to *Y*：动 把 X 归因于 Y □ managerial：形 经营的

□ acumen：名 精明，敏锐

0122 **88.** 正确答案 (D)

排除空格，现在进行时的句子依然成立，所以空格处应填修饰语。**修饰前后动词部分 is seeking（在寻找）的是副词**（D）urgently（紧急地）。（A）“紧急的”是形容词。（B）是其最高级。（C）“急迫”是名词。**be 动词和分词之间填副词**也是一种常出的题型。

翻译 Smile 健身中心，一家位于首尔的高级健身俱乐部，正在紧急寻找全职私教。

0123 **89.** 正确答案 (A)

空格处需要**句子主语**，所以**名词**（A）Confirmation（确认）是正确答案。（B）是动词 confirm（确认）的第三人称单数现在时。（C）是其过去式和过去分词。（D）是现在分词和动名词。动名词可以作主语，但要像 Confirming your order is ... 这样，需要接宾语。

翻译 您的订单确认信息会在 24 小时内发送到您提供的邮箱地址。

0124 **90.** 正确答案 (D)

“S 在东京有三个 ____ ”这句话中**缺少谓语动词 has 的宾语**。作宾语的是**名词**，所以从选项中选择有名词词尾 -tion 的（D）locations（场所）。（A）“把……安置在”是动词。（B）是其第三人称单数现在时。（C）“位于”是形容词。

翻译 Smokey Joe's 咖啡馆在东京有三家店，包括最近在青山新开的。

□ **91.** During the probationary period, all newly hired engineers of
□ Thunder Engineering work very _____ with their supervisors.

(A) close
(B) closely
(C) closer
(D) closest

□ **92.** The company's annual strategy meeting was held at the
□ headquarters on Tuesday to discuss steps to enhance _____ among the different departments.

(A) cooperate
(B) cooperated
(C) cooperative
(D) cooperation

□ **93.** The strategic partnership agreement with a leading Canadian
□ business publisher will enable Bear Publishing to reach a _____ group of readers.

(A) diverse
(B) diversity
(C) diversely
(D) diversify

□ **94.** Situated in the center of Budapest, Royal Sky Hotel is easily ____
□ to business travelers using public transport.

(A) access
(B) accesses
(C) accessible
(D) accessibility

□ **95.** Please show _____ for other guests by refraining from conversing
□ during the performance.

(A) consider
(B) considerate
(C) consideration
(D) considerably

0125 **91.** 正确答案 (B)

空格处需要**修饰谓语动词 work 的副词**，所以（B）closely（密切地）是正确答案（副词 very 修饰 closely）。（A）虽然也有动词和形容词以外的副词用法，但要像 I work close to home.（我在家附近工作）这样使用。（C）是比较级。（D）是最高级。

翻译 在试用阶段，Thunder 工程所有的新聘工程师都和他们的主管密切共事。

注释 □ probationary：形 见习的，试用的 □ supervisor：名 上司，监督人

0126 **92.** 正确答案 (D)

该句缺少空格前**及物动词 enhance（加强，提高）的宾语**。作为宾语的是**名词**，所以空格处填（D）cooperation（合作）。（A）"合作"是动词。（B）是其过去式和过去分词。（C）是形容词"合作的"或名词"合作社"，该名词不符合句意。

翻译 为了讨论加强不同部门间合作的步骤，公司年度战略会议于周二在总部召开。

0127 **93.** 正确答案 (A)

空格前是冠词，空格后是名词，所以**修饰名词的形容词**（A）diverse（多样的）是正确答案。基本上，副词（C）diversely（多样地）去掉ly后就是形容词，仅通过字母拼写就可以判断词性。（B）"多样性"是词尾为-ty的名词。（D）"使多样化"是词尾为-fy的动词。

翻译 与加拿大领军商务出版社的战略伙伴协议会使 Bear 出版社能够触及更多样化的读者群体。

注释 □ diverse：形 多样的

0128 **94.** 正确答案 (C)

"**be 动词 + 副词 ____**"的空格处应填**作为补语的形容词**，所以选择有形容词词尾 -ble 的（C）accessible（可接近的）。（A）是名词"接近"或动词"访问（计算机）"。（B）是动词第三人称单数现在时。（D）"易接近"是名词。

翻译 由于位于布达佩斯的中心，商务旅行者可以使用公共交通轻松到达皇家天空酒店。

0129 **95.** 正确答案 (C)

由于缺少**作为谓语动词 show（展示）的宾语的名词**，所以（C）consideration（关心）是正确答案。（A）"考虑"是动词。（B）"体贴的"是形容词，show 作不及物动词时，是"（直接）显露（感情等）"的意思，空格处如果填副词（D）"相当大地"，则意思不通。

翻译 在演出过程中，请考虑到其他观众，不要交谈说话。

注释 □ refrain from doing：节制，忍耐 □ converse：动 交谈

□ consideration：名 关心，体贴

☐ **96.** Ms. Carter's presentation included a ______ explanation of the hiring practices leading companies use to find suitable candidates.

(A) length
(B) lengthy
(C) lengthily
(D) lengthen

☐ **97.** Sales figures from the Shinjuku, Shibuya, and Yokohama stores showed a ______ rise in the volume of winter clothing sold during September and October.

(A) notice
(B) noticing
(C) noticeable
(D) noticeably

☐ **98.** Mr. Ali ______ threw away the copies of his itinerary for his trip to Mumbai, so he had to have new ones printed.

(A) mistake
(B) mistakenly
(C) mistakes
(D) mistook

☐ **99.** Repairs on Highway 12 are likely to cause ______ in the delivery of supplies to local restaurants.

(A) delays
(B) delayed
(C) to delay
(D) be delayed

☐ **100.** The ______ in the produce section of the Freshone Supermarket will feature exotic fruit from Australia.

(A) display
(B) displaying
(C) displayed
(D) displayable

0130 **96.**

正确答案 (B)

“**冠词 ____ 名词**”的空格处应填**修饰其后名词 explanation（解释）的形容词**（B）lengthy（长的）。（A）“长度”是名词。（C）“冗长地”是副词。（D）“延长”是动词。可以通过各自的词尾 -th（名词）、-ly（副词）、-en（动词）来判断词性。

翻译 卡特女士的展示中大段介绍了领军企业用来寻找合适候选人的招聘活动。

0131 **97.**

正确答案 (C)

“**冠词 ____ 名词**” 的空格处应填**修饰紧跟其后名词 rise（上升）的形容词**（C）noticeable（显著的）。（A）是动词“注意”或名词“通知”。（B）是现在分词或动名词。如果空格处填现在分词，就成了“注意的上升”，意思不通。（D）“显著地”是副词。

翻译 新宿、涩谷、横滨店的销售额显示，9 月和 10 月的冬衣销量显著上升。

注释 □noticeable：形 显眼的，明显的

0132 **98.**

正确答案 (B)

Mr. Ali Ⓢ _____ threw away Ⓥ 的空格处应填**修饰其后谓语动词 threw away（丢掉）的副词**（B）mistakenly（错误地）。（A）是名词（错误）或动词（误解）。（C）是名词的复数形式或动词第三人称单数现在时。（D）是动词的过去式。

翻译 阿里先生把他去孟买的旅行行程的复印件误扔了，所以他不得不重印了一批。

注释 □itinerary：名 旅行计划，行程（表）

0133 **99.**

正确答案 (A)

空格处需要空格前**及物动词 cause（引起）的宾语**。作为宾语的是**名词**，所以从选项中选择复数形式的名词（A）delays（延迟）。delay 作为表示“延迟”的动词也经常出现。（B）是动词的过去式和过去分词。（C）是不定式。（D）是被动语态“be 动词 + 过去分词”。

翻译 12 号公路的维修可能导致当地餐馆供给的配送延迟。

0134 **100.**

正确答案 (A)

“**冠词 ____ 介词**”的空格处应填**名词**，所以（A）display（展示）是正确答案。（B）是动词 display（展示）的现在分词或动名词。动名词需要像 displaying fruit 这样接宾语。（C）是动词的过去式和过去分词。（D）“可显示的”是形容词。

翻译 Freshone 超市果蔬区摆放将以澳大利亚的异域水果为特色。

注释 □produce：名 农产品，蔬菜水果

实战演练：应用篇

运筹帷幄100题

题目数 100题

◉ 请按照 1 题 20 秒的速度作答。

☐ **1.** The company picnic will be held on a beach, but the weather
☐ ______ is predicting heavy rain.

(A) forecast
(B) forecasts
(C) will forecast
(D) to forecast

☐ **2.** The board conducted a second round of ______ with the four
☐ selected candidates for the position on Tuesday.

(A) interview
(B) interviews
(C) interviewed
(D) interviewer

☐ **3.** More than half of the respondents said television was more ______
☐ than any other form of advertising.

(A) memory
(B) memorize
(C) memorable
(D) memorably

☐ **4.** All students who wish to be considered for financial aid for the
☐ fall semester should file their ______ by May 30.

(A) applications
(B) applicants
(C) applicability
(D) applies

☐ **5.** Texas Carbide is looking for three marketing professionals who
☐ have work experience in the textile ______.

(A) industry
(B) industrialize
(C) industrial
(D) industrialist

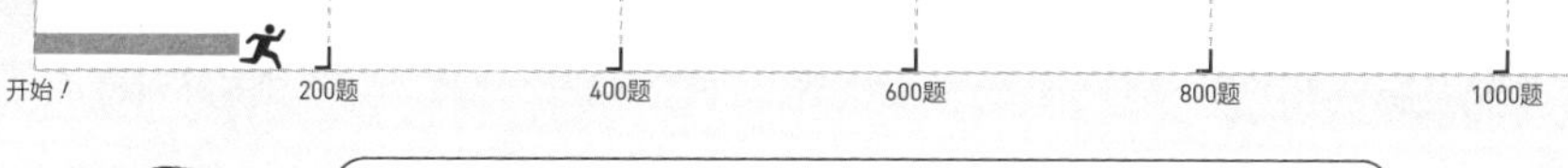

接下来挑战应用篇！都要正确回答这一水平的题目哦！

0135 **1.** 正确答案 (A)

空格处需要**作为谓语动词 is 的主语的单数形式的名词**，所以（A）forecast（预测）是正确答案。weather forecast（天气预报）是 <**名词** + **名词**> 形式的复合名词。（B）是动词 forecast（预测）的第三人称单数现在时或名词的复数形式。（C）是动词的将来时。（D）是不定式。

翻译 公司野餐计划在海边举行，可天气预报说会有大雨。

0136 **2.** 正确答案 (B)

介词和介词之间的空格应填**名词**。对于空格前的 a roundof *X*（一连串的 X）来说，X 是**复数名词**（因为多次进行 X），所以（B）interviews（面试）是正确答案。（A）是名词“面试”或动词“面试”。（C）是动词的过去式和过去分词。（D）“主持面试者”是名词。

翻译 董事会在星期二对该职位 4 名脱颖而出的候选人进行了第二次面试。

0137 **3.** 正确答案 (C)

如果将**作为**空格前 **be 动词 was 补语的形容词**（C）memorable（难忘的）填入空格，就成了 *X* was more memorable than *Y*.（X 比 Y 难忘。）这一比较级的表达。（A）“记忆”是名词。（B）“记住”是动词。（D）“留在记忆中地”是副词。

翻译 超过半数的受访者表示电视比其他任何一种广告形式都令人难忘。

注释 □respondent：名 调查对象

0138 **4.** 正确答案 (A)

空格处需要表示代词**所有格 their 的所有物的名词**。在名词（A）（B）（C）中，作为 file（提出……）的宾语且使意思通顺的是（A）applications（申请书）。（B）“申请人”、（C）“适用性”与句意不符。（D）是动词 apply（申请）的第三人称单数现在时。

翻译 所有希望得到秋季学期资助的学生，都要在 5 月 30 日前提交申请材料。

注释 □aid：名 援助

0139 **5.** 正确答案 (A)

如果将空格前名词 textile（纺织品）看作介词 in 的宾语，则正确答案应是副词，但选项中没有。如果空格处填**名词**（A）industry（行业），就成了**复合名词“纺织行业”**，句子意思通顺。名词（D）“实业家”和句意不符。（B）“工业化”是动词。（C）“工业的”是形容词。

翻译 Texas Carbide 公司正在寻找三位具备纺织行业工作经验的营销专家。

注释 □textile：名 纺织品，织物

☐ **6.** The company performed well this year and _____ surpassed last
☐ year's profits.

(A) neared
(B) nearly
(C) nearest
(D) nearness

☐ **7.** After the six-month probationary period, new employees may be
☐ eligible for an _____ in salary.

(A) increase
(B) increasing
(C) increasingly
(D) increased

☐ **8.** It took several days for the managers to decide on which
☐ applicant was the most _____ for the position.

(A) qualify
(B) qualified
(C) qualification
(D) qualifies

☐ **9.** In December, toy stores usually receive lots of shipments and
☐ prices remain _____ until after the holidays.

(A) compete
(B) competitive
(C) competitively
(D) competition

☐ **10.** Because of its cool climate, the eastern region of Hokkaido is ___
☐ for dairy farming.

(A) ideal
(B) idea
(C) ideally
(D) idealistic

0140 **6.** 正确答案 (B)

由于是S V and ____ surpassed V ... 的形式，所以在 **SV 之间修饰其后谓语动词的副词**（B）nearly（几乎）是正确答案。（A）是动词 near（接近）的过去式和过去分词。（C）是形容词 near（近的）的最高级。名词（D）“近”如果填在空格处，则意思不通。

翻译 那家公司今年业绩很好，收益几乎超过了去年。

注释 □ surpass：动 超过，超出

0141 **7.** 正确答案 (A)

<**冠词 ____ 介词**>的空格处应该填**名词**（A）increase（增加）。increase 作意思是“增长，增加”的动词也经常出现。（B）是动词的现在分词和动名词。表示行为的动名词不可数，所以不加冠词 an。（C）“越来越”是副词。（D）是动词的过去式和过去分词。

翻译 经过六个月的实习期，新员工们应该有资格要求涨工资了。

注释 □ eligible：形 有资格的

0142 **8.** 正确答案 (B)

空格处需要 **be 动词 was 的补语**，所以**形容词**（B）qualified（有资格的）是正确答案。the most qualified（最合适的）是最高级形式。名词（C）“资格”也可作补语，但和主语“申请人”不构成对等关系。（A）“取得资格”是动词。（D）是动词的第三人称单数现在时。

翻译 经理们花了几天的时间来决定哪个申请人最有资格得到这个岗位。

注释 □ qualified：形 有资格的，合适的

0143 **9.** 正确答案 (B)

空格前动词 remain（保持），其后需要采用**接补语的 SVC 形式**。在作为补语的形容词（B）和名词（D）中，符合句子意思的是形容词（B）competitive（有竞争力的）。名词（D）“竞争”和主语“价格”不构成对等关系。（A）“竞争”是动词。（C）“有竞争力地”是副词。

翻译 12 月，玩具店通常都会收到一大批货，直到假期结束，价格都非常有竞争力。

注释 □ competitive：形 有竞争力的，不输其他的

0144 **10.** 正确答案 (A)

空格处需要空格前 **be 动词 is 的补语**。作为补语的是形容词或名词，所以只剩下（A）（B）（D）三个选项。其中符合“北海道的东部 ____”句意的是形容词（A）ideal（**理想的**）。名词（B）“想法”和形容词（D）“理想主义的”不符合句意。（C）“理想地”是副词。

翻译 由于气候凉爽，北海道东部是理想的乳品业农场。

注释 □ dairy：名 乳品业

☐ **11.** Seth Greene agreed to undertake the _____ task of redesigning
☐ the mining equipment.

(A) challenge
(B) challenges
(C) challenged
(D) challenging

☐ **12.** Mr. Song was recently awarded a prestigious research grant,
☐ which should come as no surprise to anyone _____ with his work.

(A) familiar
(B) familiarize
(C) familiarizing
(D) familiarity

☐ **13.** A week has been set aside in February for new and current staff
☐ to undergo employee _____.

(A) train
(B) trainer
(C) trainable
(D) training

☐ **14.** Members of the finance _____ have been in deliberations since
☐ 10 A.M., discussing the proposed budget cuts.

(A) committed
(B) committing
(C) commitment
(D) committee

☐ **15.** Fujiyama Restaurant offers a variety of dishes made from fresh
☐ seasonal and _____ grown vegetables.

(A) local
(B) locally
(C) locality
(D) localize

0145 **11.** 正确答案 (D)

冠词和名词之间的空格处应该填**修饰名词的形容词**。在形容词（C）（D）之中，修饰名词 task（工作）且使意思通顺的是（D）challenging（挑战性的）。（C）“残疾的”意思不通。（A）是名词“挑战”或动词“质疑”。（B）是名词的复数形式或动词的第三人称单数现在时。

翻译 赛思 · 格林同意接受重新设计采矿设备这一具有挑战性的工作。

注释 □ mining：名 采矿 □ challenging：形 挑战性的

0146 **12.** 正确答案 (A)

和空格后的语句结合，**且在后面修饰代词 anyone 的是形容词**（A）familiar。anyone（who is）familiar with *X* 是“任何人都熟悉 X”的意思。（B）“使（人）熟悉”是动词。（C）是其现在分词和动名词。现在分词需要宾语。（D）“熟悉”是名词。

翻译 宋先生最近得到了一项颇具权威的研究经费，然而对于任何熟知他的工作的人来说，这没什么值得惊讶的。

注释 □ prestigious：形 有威望的，声誉高的 □ grant：名 拨款

0147 **13.** 正确答案 (D)

空格处如果填名词（D）“培训”，就成了 **employee training**（员工培训）这一**复合名词**，且作为及物动词 undergo（经受）的宾语，句意通顺。（A）是名词“火车”或动词“训练”。（B）“教员”，与句意不符，且是可数名词，需要冠词。（C）“可训练的”，是形容词。

翻译 2 月份留出了一个星期，来为新老职员进行员工培训。

注释 □ set aside：留出（钱、时间等） □ undergo：动 经受

0148 **14.** 正确答案 (D)

主语 Members 如果只是属于 the finance 的话，显然不自然，所以要加上名词（D）“委员会”。于是，就成了 **finance committee**（财政委员会）这一**复合名词**，句意通顺。名词（C）“承诺”，意思不通。（A）“尽心尽力的”，是形容词。（B）是动词 commit（犯罪等）的现在分词和动名词。

翻译 财政委员会的成员们自从上午 10 点就一直在讨论提出的预算削减。

注释 □ deliberation：名 审议，商议

0149 **15.** 正确答案 (B)

< ____ **形容词** + **名词** >的空格处应该填形容词或副词，这由句意决定。空格处如果填副词（B）locally（**在当地**），则是修饰 grown（栽培的），意思是“在当地栽培的→蔬菜”，意思通顺。若填形容词（A），则成了“当地的→栽培的蔬菜”，意思不通。（C）是名词。（D）是动词。

翻译 富士山餐厅提供由当地栽培的新鲜时令蔬菜制作的多种菜肴。

☐ **16.** The tables at the banquet were prepared in a style that was _____ yet elegant.
☐

(A) simple
(B) simply
(C) simplify
(D) simplification

☐ **17.** Conference organizers made arrangements for all _____ guests to be presented with an information package.
☐

(A) arrive
(B) arrives
(C) arrival
(D) arriving

☐ **18.** The number of orders for the month of May was estimated extremely _____ resulting in a substantial reduction in waste.
☐

(A) accurate
(B) accurately
(C) accuracy
(D) accuracies

☐ **19.** The store display attracted a lot of attention from customers with its _____ colored packages and entertaining animated mannequins.
☐

(A) brighten
(B) brightly
(C) brightened
(D) brightness

☐ **20.** As one of the fastest _____ distributors in the country, Falcon Supply Inc., is known for its commitment to quality.
☐

(A) grow
(B) grew
(C) growing
(D) growth

0150 **16.** 正确答案 (A)

空格处需要前面 **be 动词 was 的补语**。在作补语的形容词和名词之中，使句意通顺的是**形容词**（A）simple（简单的）。名词（D）“简化”，意思不通。（B）“简单地”是副词。（C）“使……简化”是动词。

空格后的 yet 在这里是“然而”的意思，是并列连词，要注意前后是相同词性（elegant 也是形容词）。

翻译 宴会上的宴席准备得简单而不失优雅。

0151 **17.** 正确答案 (D)

空格处需要**修饰其后名词 guests（宾客）的形容词**。选项当中作为形容词发挥作用的是**现在分词**（D）arriving（到达的）。（A）“到达”是动词。（B）是其第三人称单数现在时。（C）“到达”是名词。

（C）arrival，虽然词尾是 -al，但不是形容词而是名词，这点要注意。另外，虽然有复合名词 arrival time（到达时间）之类的形式，但 arrival 不修饰人。

翻译 会议组织者向所有到场的获奖宾客提供了一份资料。

0152 **18.** 正确答案 (B)

S was estimated. 这一被动语态句子已经成立（extremely 是修饰空格处的副词），所以**修饰谓语动词 was estimated（被估计）的副词**（B）accurately（正确地）是正确答案。（A）“正确的”是形容词。（C）“正确性”是名词。（D）是其复数形式。

翻译 由于相当正确地估算了 5 月份的订单数，所以大幅减少了资源浪费。

0153 **19.** 正确答案 (B)

空格处如果填副词（B）brightly（鲜明地），则是修饰形容词 colored（有色彩的），意思是“色彩鲜明的→包装”，句意通顺。（A）“使明亮”是动词。（C）是其过去式和过去分词，作过去分词时，意思是“变明亮的→有色彩的包装”，句意不通顺。（D）“明亮”是名词。

翻译 那家商店的展览靠着色彩鲜明的包装和栩栩如生的人形模特吸引了许多顾客的注意。

0154 **20.** 正确答案 (C)

<**副词（最高级）____ 名词**>的空格处需要**形容词**。选项中作为修饰紧跟其后名词 distributors（分销商）的形容词发挥作用的是**现在分词**（C）growing（正在成长的）。（A）“成长，养育”是动词。（B）是其过去式。（D）“成长”是名词。

翻译 作为国内成长最快的分销商之一，Falcon Supply 公司因其质量承诺而出名。

☐ **21.** Crown Corporation has been the leading _____ of innovative
☐ fabrics for over 25 years.

(A) produce
(B) produced
(C) production
(D) producer

☐ **22.** If all single rooms are already booked, guests will be offered a
☐ double room for single use at a _____ higher rate.

(A) correspond
(B) corresponding
(C) correspondingly
(D) correspondence

☐ **23.** Dylan Clarke has been promoted to the position of marketing
☐ manager because he organized a national campaign _____.

(A) commend
(B) commendable
(C) commendably
(D) commended

☐ **24.** Although construction has already been approved, the city is still
☐ looking for an _____ to coordinate the project.

(A) architect
(B) architecture
(C) architectural
(D) architecturally

☐ **25.** Since his appointment as CEO, Nathan Lee has been running the
☐ company much _____ than his predecessor.

(A) efficient
(B) efficiently
(C) more efficient
(D) more efficiently

0155 **21.** 正确答案 (D)

<**冠词 + 形容词 ____ 介词**>的空格处应填**名词**。选项当中能使句意通顺的名词是（D）producer（生产者）。（A）除动词“生产”以外也有名词“农产品”的用法，但是和句意不符。（C）“生产”也是名词，但是和主语“公司”不构成对等关系。（B）是动词的过去式和过去分词。

翻译 皇冠公司 25 年来一直是引领革新型布料的生产商。

注释 □ fabric：名 布料，织物

0156 **22.** 正确答案 (C)

<**冠词 ____ 形容词 + 名词**>的空格处应填副词或形容词。如果空格处填副词（C）correspondingly（**相应地**），则修饰形容词的比较级 higher，意思是“相对高的→价格”，句意通顺。形容词（B）“相应的”，意思不通。（A）“相一致”是动词。（D）“信，通信”是名词。

翻译 在所有的单间都已被预订的情况下，客人将会被提供双人间当作单间使用，而价格也会相应地提高。

注释 □ correspondingly：副 相应地

0157 **23.** 正确答案 (C)

在 because 后面，he S organized V a national campaign O 这句话成立。在这种**完整句子的句尾修饰动词的是副词**（C）commendably（出色地）。（A）“表扬”是动词。（B）“很好的”是形容词。（D）是动词的过去式和过去分词。

翻译 迪兰·克拉克因为出色地组织了一项全国性竞赛而晋升为市场经理。

注释 □ commendably：副 出色地

0158 **24.** 正确答案 (A)

冠词 an 后面缺少**作为**空格前**介词 for 的宾语的名词**。在名词（A）（B）之中，放在“协调项目的____”的空格中且使意思通顺的是（A）architect（**建筑师**）。（B）“建筑风格”和句意不符。（C）“建筑学的”是形容词。（D）“建筑上地”是副词。

翻译 尽管建设工程已经被批准，但该市依然在寻找一名能协调项目的建筑师。

0159 **25.** 正确答案 (D)

空格后面是 than，所以正确答案在比较级（C）（D）之中。由于在空格之前，句子要素完整（much 是用于加强比较级的副词），所以**在完整句子末尾修饰动词 run（经营）的副词**（D）more efficiently（更有效地）是正确答案。（A）“有效的”是形容词，（C）是其比较级。

翻译 自从 Nathan Lee 被任命为首席执行官以来，纳森 · 李就一直比前任首席执行官更高效地运营着公司。

注释 □ appointment：名 任命 □ run：动 经营 □ predecessor：名 前辈

□ **26.** The Independent School Association has welcomed some of the
□ _____ lecturers, authors, and performing artists in California.

(A) more prominent
(B) most prominent
(C) more prominently
(D) most prominently

□ **27.** The City University offers masters programs in civil engineering,
□ construction, project _____, and information technology.

(A) manage
(B) managed
(C) manageable
(D) management

□ **28.** Some contractors use special _____ tools to help pinpoint the
□ source of common home problems.

(A) diagnose
(B) diagnosed
(C) diagnostic
(D) diagnostically

□ **29.** The policy that late fees are charged for books returned after the
□ due date is stated quite _____ in the agreement.

(A) clear
(B) clearly
(C) clarity
(D) clearer

□ **30.** Tullox Shoes are constructed in South East Asia according to the
□ _____ standards for durability and comfort.

(A) strictly
(B) more strictly
(C) strictest
(D) strictness

0160 **26.**

正确答案 (B)

冠词和名词之间的空格处应填**形容词**。在形容词（A）（B）中，如果将**最高级**（B）most prominent（最著名的）填入空格，则句子意思通顺。比较级（A）在句中没有比较对象，句意不通顺。（C）（D）是副词 prominently（显著地）的比较级和最高级，不修饰名词。

翻译 独立学校协会请来了一些加州最有名的演说家、作者和表演艺术家。

注释 □prominent：形 杰出的，著名的

0161 **27.**

正确答案 (D)

由于是<名词、名词、project ____and 名词>的形式，所以空格处如果填名词（D），就成了 **project management**（工程管理）这一复合名词，也就构成了**平行结构**。（A）“管理”是动词。（B）是其过去式和过去分词。（C）“可处理的”是形容词。

翻译 那所市立大学提供土木工程、建设、项目管理和信息技术方面的硕士课程。

0162 **28.**

正确答案 (C)

S use V tools O这一句子成立（special 是修饰 tools 的形容词）。因此，空格处应填修饰语。**修饰空格后名词 tools（工具）的是形容词**（C）diagnostic（诊断的）。（A）“诊断”是动词。（B）是其过去式和过去分词，作过去分词时意思不通。（D）“诊断地”是副词。

翻译 一些承包商会使用特殊的诊断工具来帮助确定常见的房屋问题。

注释 □diagnostic：形 诊断的 □pinpoint：动 正确指出（原因等）

0163 **29.**

正确答案 (B)

S is stated ____. 是句子整体的形式（quite 是修饰空格处的副词）。**填在空格处修饰谓语动词 is stated 的是副词**（B）clearly（清晰地）。（A）是动词“整理”或形容词“明确的”。（C）“清楚”是名词。（D）是形容词的比较级。

翻译 协议上清楚地写着，在期限日期后归还的图书需要缴纳滞纳金。

0164 **30.**

正确答案 (C)

冠词和名词之间的空格处应填**修饰名词 standards（标准）的形容词**。在选项当中，形容词只有最高级（C）strictest（最严格的）。（A）“严格地”是副词。（B）是副词的比较级。（D）“严格”是名词。according to 在这里是“根据（计划或规则等）”的意思。

翻译 Tullox Shoes 创立于东南亚，并遵照有关耐用性和舒适度的最严格标准。

注释 □according to *X*：遵照 X □durability：名 耐用性 □comfort：名 舒适

☐ **31.** The highly anticipated second album of William Roy is _____ from the first but no less remarkable.
☐

(A) distinct
(B) distinguish
(C) distinction
(D) distinctly

☐ **32.** The mission of the university store is to provide a wide range of _____ priced merchandise to students and faculty members.
☐

(A) compete
(B) competitive
(C) competitively
(D) competition

☐ **33.** Easy to handle, light, maneuverable, and powerful, the lawnmower is perfectly _____ to small lawns of up to 2,000 square feet.
☐

(A) suit
(B) suited
(C) suiting
(D) suits

☐ **34.** Japanese cuisine has received a lot of attention in the last 10 years, and _____ has gained popularity all over the world.
☐

(A) consequent
(B) consequently
(C) consequence
(D) consequences

☐ **35.** Should you require _____ with your selection of tools, please talk to one of our experienced advisors.
☐

(A) assist
(B) assisted
(C) assistance
(D) assists

0165 **31.** 正确答案 (A)

空格处需要空格前 **be 动词 is 的补语**。在作补语的形容词（A）和名词（C）中，能使句意通顺的是**形容词（A）distinct（有区别的）**。名词（C）“差别”也可作补语，但和主语“专辑”不构成对等关系，句意也不通。（B）“区别”是动词。（D）“明显地”是副词。

翻译 威廉·罗伊的第二张专辑被高度期待，虽和第一张截然不同，却毫不逊色。

注释 □anticipated：形 被期待的 □remarkable：形 非凡的 □distinct：形 截然不同的

0166 **32.** 正确答案 (C)

< ____ **形容词 + 名词** >的空格处应填副词或形容词。如果填副词（C）**competitively（有竞争力地）**，就是修饰形容词 priced（有定价的），句意通顺。形容词（B）则是“有竞争力的→有定价的商品”，意思不通。（A）“竞争”是动词。（D）“竞争”是名词。

翻译 大学商店的责任就是为学生和教职员工提供多种价格有竞争力的商品。

注释 □faculty：名（大学的）教职工 □competitively：副 有竞争力地

0167 **33.** 正确答案 (B)

< **be 动词 + 副词** ____ >的空格处应填**作为补语的形容词**（B）suited（合适的）。（A）是动词“适合”或名词“西服”。（C）是现在分词和动名词。现在分词可填入空格，但由于 suit 是及物动词，空格后需要作宾语的名词。（D）是动词的第三人称单数现在时或名词的复数形式。

翻译 这款除草机操作简单、轻巧灵活、动力强劲，非常适合 2000 平方英尺以下的小草坪。

注释 □maneuverable：形 操纵灵活的 □lawnmower：名 除草机

0168 **34.** 正确答案 (B)

如果将名词（C）“结果”填入空格，作为谓语动词 has gained 的主语，则意思不通。那么，S has..., and (S) has... 之类的句子可以考虑为是省略了 S 的形式，故选择**修饰谓语动词的副词**（B）consequently（因此）。（A）“随之发生的”是形容词。（D）是名词的复数形式。

翻译 日本料理在过去 10 年中受到了极大的关注，并且风靡全球。

0169 **35.** 正确答案 (C)

空格处需要空格前**及物动词 require（要求）的宾语**，所以选择**名词**（C）assistance（帮助）。（A）是动词“帮助”或名词“（体育方面的）助攻”，作名词时和句意不符。（B）是动词的过去式和过去分词。（D）是动词的第三人称单数现在时或名词的复数形式。

句子开头的 Should you... 是省略条件从句引导词 if 后的倒装形式。

If you should require assistance...

↓省略 If 后

Should you require assistance...

※should 出现在主语之前。

翻译 如果你选择工具时需要帮助，那么请咨询我们经验丰富的顾问。

□ **36.** Not only does the new sedan have an _____ design, but it also
□ offers its passengers more luggage room.

(A) appeal
(B) appealed
(C) appealing
(D) appealingly

□ **37.** _____ scheduling vacation leave of one full week or more must
□ obtain permission from their supervisors in advance.

(A) Employs
(B) Employed
(C) Employment
(D) Employees

□ **38.** New _____ are eligible for a 30 day free trial period and will
□ receive one free song download upon signing up.

(A) subscribe
(B) subscriptions
(C) subscribed
(D) subscribers

□ **39.** Rubber _____ are working hard to fill orders from the automobile
□ industry which is expecting to sell record numbers of vehicles this year.

(A) produce
(B) produces
(C) productions
(D) producers

□ **40.** Fast & Falls is a Dallas-based interior design firm, known for _____
□ service and a sophisticated style.

(A) personalized
(B) personalize
(C) personalizes
(D) personalizing

0170 **36.**

正确答案 (C)

冠词和名词之间的空格应填**形容词**（C）appealing（有吸引力的）。（A）是动词“申诉”或名词“申诉”。（B）是动词的过去式和过去分词。过去分词 appealed 要像 a design appealed to *X*（吸引 X 的设计）这样后置修饰名词。（D）是副词。

注意该句中使用的固定搭配 not only ... but also ...。在这里，由于 not only 位于句子开头，所以其后部分倒装。

翻译 这款新型轿车不仅在设计上很吸引人，而且为乘客提供了更多存放行李的空间。

注释 □ appealing：形 有吸引力的

0171 **37.**

正确答案 (D)

_____ S must obtain V permission O 是句子的主干。在能作主语（S）的**名词**（C）（D）之中，符合句意的是（D）Employees（职员）。选（C）“雇用”的话，则句意不通。（A）是动词 employ（雇用）的第三人称单数现在时。（B）是其过去式和过去分词。

翻译 计划休假一个星期或更长时间的职工，必须提前得到主管的批准。

0172 **38.**

正确答案 (D)

空格处需要主语。在**作主语的名词**（B）（D）之中，使句意通顺的是（D）subscribers（用户）。（B）“订阅”，意思不通。（A）“订阅”是动词。（C）是其过去式和过去分词。subscribe 通常指支付会费以享受杂志或网络等的会员服务。

翻译 新用户可以享受 30 天的免费体验期，而且在登录时可以免费下载一首歌。

0173 **39.**

正确答案 (D)

作为谓语动词are的主语的复数形式名词（C）（D）应该是备选答案。其中，填在“橡胶_____在努力地工作”的空格中且使句子意思通顺的是（D）**producers（生产者）**。（C）“作品”和句意不符。（A）是动词“生产”或名词“农产品”。（B）是动词的第三人称单数现在时。

翻译 今年，汽车销量预计会创下纪录，而橡胶工人正在拼命工作以满足汽车行业的订单。

0174 **40.**

正确答案 (A)

介词和名词之间的空格应填**修饰其后名词 service 的形容词**（A）personalized（个性化的）。（B）“个性化”是动词。（C）是其第三人称单数现在时。（D）是现在分词和动名词。如果填现在分词，“服务”就成了实施“个性化”这一行为的一方，意思不通。

翻译 Fast & Falls 是一家位于达拉斯的室内设计公司，因其个性化的服务和精致的风格而闻名。

注释 □ sophisticated：形 精致的 □ personalized：形 个性化的

□ **41.** This _____ should only be taken as directed by a qualified
□ physician.

(A) medication
(B) medically
(C) medicated
(D) medications

□ **42.** The jewelry box is covered in a thin layer of hand-stitched black
□ leather stretched _____ around the frame.

(A) tightening
(B) tightly
(C) tighten
(D) tightness

□ **43.** Fun Toys is pleased to announce two shipments of the popular
□ game will arrive this month, the first of which should come _____.

(A) shortly
(B) shorten
(C) short
(D) shortness

□ **44.** Ms. Watanabe's new coffee tumbler, which cost over 30 dollars,
□ is stylish as well as _____.

(A) function
(B) functioned
(C) functional
(D) functionally

□ **45.** When placing an order during holiday seasons, please note that
□ it will take _____ five to seven days for the delivery.

(A) approximate
(B) approximately
(C) approximation
(D) approximates

0175 **41.**

正确答案 (A)

空格处需要**作为句子主语的名词**，所以（A）（D）是备选答案。空格前的指示代词This修饰**可数名词的单数形式或不可数名词**，所以（A）medication（药物）是正确答案。修饰复数形式（D）的，不是This而应该是These。（B）“医学上地”是副词。（C）“药物的”是形容词。

翻译 这种药只能在有资质的医生的指导下服用。

注释 □ qualified：形 具有资格或资历的 □ physician：名 医生 □ medication：名 药物

0176 **42.**

正确答案 (B)

排除空格，leather stretched around *X*（在X周围抻开的皮革）前后依然是可以衔接的，所以空格处应该填修饰词。**修饰空格前过去分词stretched的是副词**（B）tightly（紧紧地）。（A）是动词（C）“使变紧”的现在分词和动名词。（D）“紧密”是名词。

翻译 那个珠宝盒上面罩着一层紧紧抻在框架上、手工缝制的黑色薄皮革。

0177 **43.**

正确答案 (A)

空格前是**不及物动词come**，后面是句号，所以**修饰动词的副词**（A）shortly（马上）是正确答案。shortly是soon的同义词，在TOEIC L&R中经常出现。（B）“使变短”是动词。（C）“短的”是形容词。（D）“短小”是名词。

翻译 趣味玩具公司很高兴地宣布本月会有两批人气游戏到货，最早一批应该快到了。

0178 **44.**

正确答案 (C)

空格前的as well as在这里可以替换成and。也就是说，这是stylish（形容词）and _____的形式。由于**并列连词and连接相同的词性**，所以空格处应填**形容词**（C）functional（功能的）。（A）是动词“起作用”或名词“功能”。（B）是动词的过去式和过去分词。（D）“功能地”是副词。

翻译 渡边女士花30多美元买的新玻璃咖啡杯真是既时尚又实用。

注释 □ functional：形 功能的，实用的

0179 **45.**

正确答案 (B)

由于空格后面是及物动词take的宾语five to seven days，所以空格处应填修饰语。由于空格后的**数词（five to seven）是形容词的一种**，所以修饰它的**副词**（B）approximately（大约）是正确答案。（A）是形容词“大约的”或动词“接近”。（C）“粗略估计”是名词。（D）是动词的第三人称单数现在时。

翻译 如果是在节假日期间下单的话，请注意配送需要大约5到7天。

☐ **46.** Justin Moore's ______ jazz album from Spark Records combines
☐ modern rhythms with traditional elements.

(A) newer
(B) newly
(C) newest
(D) newness

☐ **47.** The Darren Theater opened on Oct. 5, 1987, ______ eight years
☐ before Ms. Gonzalez was hired.

(A) precise
(B) precision
(C) precisely
(D) preciseness

☐ **48.** Mr. McConnell studied Japanese business culture and practices
☐ ______ before transferring to the Sendai branch.

(A) exhaustive
(B) exhaustion
(C) exhausting
(D) exhaustively

☐ **49.** Located near the Dallas Convention Center, Hotel Camel is the
☐ perfect choice for convention ______ who want accommodations close to the venue.

(A) attendance
(B) attendees
(C) attend
(D) attended

☐ **50.** Mr. Larsen's name, which appeared in the original movie, was
☐ mistakenly removed from the ______ version.

(A) edit
(B) edited
(C) editing
(D) edits

0180 **46.** 正确答案 (C)

< 所有格 ____ 名词 > 的空格处应填**修饰其后名词 jazz album 的形容词**。形容词（A）（C）当中能使句意通顺的是**最高级**（C）newest（最新的）。如果填比较级（A），就成了“更新的爵士乐专辑”，但由于没有比较对象，所以意思不通。（B）“最近”是副词。（D）“新”是名词。

翻译 火花唱片公司发行的贾斯汀・摩尔的最新爵士乐专辑，将现代节奏与传统元素结合在了一起。

0181 **47.** 正确答案 (C)

空格后面是 < eight（数词）+years（名词）> 的形式，**数词是形容词的一种**。空格处如果填修饰数词的**副词**（C）precisely（恰好地），就成了 precisely eight years（正好 8 年），句意通顺。（A）“准确的”是形容词。（B）“精确”和（D）“准确”都是名词。

“修饰数词的是副词”，这点一定要牢牢记在脑子里。

翻译 达伦剧院成立于 1987 年 10 月 5 日，刚好是冈萨雷斯女士被聘用的 8 年前。

注释 □ precisely：副 恰好地，准确地

0182 **48.** 正确答案 (D)

添加在 Ⓢ studied *X* and *Y* 这一完整句子中且**修饰动词**的是**副词**（D）exhaustively（彻底地）。如果将空格前的名词 practices（习惯）看作动词“练习”而填名词（B）“筋疲力尽”，则意思不通。（A）“详尽的”和（C）“使人疲惫不堪的”都是形容词。

翻译 麦康奈尔先生在调到仙台分店之前，彻底地学习了日本商务文化与习惯性处理方式。

注释 □ practice：名 习惯 □ exhaustively：副 彻底地

0183 **49.** 正确答案 (B)

空格后主语关系代词 who 的先行词（被关系代词之后整体所修饰的关系代词之前的名词）一定是 **< 人 >**。因此，意思为“参加者”的**名词**（B）attendees 是正确答案。（A）“出席人数，出席”虽然是名词，但不是 < 人 >，所以不合适。（C）“参加”是动词。（D）是其过去式和过去分词。

翻译 由于位置距离达拉斯会展中心较近，Camel 酒店成了希望住在会场周边的参展者的最佳选择。

0184 **50.** 正确答案 (B)

冠词和名词之间的空格处应填**作为形容词的分词**（B）或（C）。名词 version（版本）和动词 edit（编辑）之间存在“被编辑”的被动关系，所以过去分词（B）是正确答案。（C）是“正在编辑的版本”，意思不通。（A）“修订，编辑”是动词。（D）是第三人称单数的一般现在时。

翻译 拉森先生的名字在完整版电影中是出现过的，在删减版中却被误删了。

☐ **51.** Only one year after its ______, Denton Publishing was awarded
☐ the Prize for Exceptional Creativity at an international competition in Vienna.

(A) found
(B) foundations
(C) founded
(D) foundation

☐ **52.** Grape Computers is known for running ______ commercials to
☐ promote its innovative electronic devices.

(A) imaginative
(B) imagination
(C) imagine
(D) imaginary

☐ **53.** Original copies of *Pirate Island* are ______ rare, with only 18
☐ copies in existence, of which 12 are in private hands.

(A) excessive
(B) exceed
(C) excess
(D) exceedingly

☐ **54.** Most users agree that the new smartphone has a ______ better
☐ picture and sound quality.

(A) notice
(B) noticeable
(C) noticeably
(D) noticing

☐ **55.** While Fire Art's new video games have already been launched in
☐ Asia, they will not be available ______ anytime soon.

(A) globe
(B) global
(C) globally
(D) globalization

0185 **51.** 正确答案 (D)

空格前为代词 it 的**所有格 its**，所以空格处应填入**名词**。(B)(D)是名词，其中符合题意的是(D) foundation(创建)，表示该意义时是**不可数名词**。作为**可数名词**时，表示“基础，基金”，所以(B)不符合句意。(A)“创立”是动词。(C)为过去式/过去分词。

翻译 创立仅 1 年后，丹顿出版社就在维也纳的国际竞赛中获得了优秀创意奖。

0186 **52.** 正确答案 (A)

空格前动名词 running 的宾语(名词 commercials)紧跟其后，所以空格处应填入**修饰名词的形容词**。在形容词(A)(D)中，符合句意的是(A) imaginative(富有想象力的)。(D)“想象中的”，句意不通。(B)“想象力”是名词。(C)“想象”是动词。

翻译 Grape Computers 公司以传播富有想象力的广告来推广其创新的电子设备而闻名。

注释 □promote: 动 促销 □imaginative : 富有想象力的，独创的

0187 **53.** 正确答案 (D)

即使除去空格，Original copies (S) are (V) rare (C) 这一句子也成立，所以空格中应填入修饰语。**修饰空格后形容词 rare(罕见的)的是副词**(D) exceedingly(非常)。(A)“过剩的”是形容词。(B)“超过”是动词。(C)“过剩”是名词。

翻译 《海盗岛》的初版极为罕见，现存只有 18 部，其中 12 部为私人所有。

注释 □exceedingly: 副 非常

0188 **54.** 正确答案 (C)

<**冠词 ____ 形容词(比较级)** + **名词**>的空格处填入副词(C) noticeably(显著地)时，修饰 better，表示“显著地改善了”，句意通顺。填入形容词(B)表示“显著地改善了的……”，句意不通。(A)是动词“通知”，作名词时表示“告知”。(D)为现在分词/动名词。

翻译 这款新智能手机的图像和声音质量有了明显的改善，得到了大多数用户的认可。

注释 □noticeably : 副 显著地，显眼地

0189 **55.** 正确答案 (C)

即使除去空格，they will not be available anytime soon. 也是前后衔接的，所以填入空格的应为修饰语。在完整句基础上**修饰动词的为副词**(C) globally(在世界上)。(A)“地球”是名词。(B)“世界性的”是形容词。(D)“全球化”是名词。

翻译 Fire Art 公司的新电子游戏已经在亚洲上市，但在世界范围内暂时还无法获得。

☐ **56.** Presented by Whole Family Foods, the event will feature cooking
☐ _____ and activities for kids.

(A) demonstrations
(B) demonstrates
(C) demonstrator
(D) demonstrated

☐ **57.** Paul Tanaka, the founder of Wheaton Technology, will come to
☐ the Seattle headquarters to participate in _____ and interact with employees.

(A) lecture
(B) lectured
(C) lectures
(D) lecturer

☐ **58.** All staff members of Premium Promotion have extensive
☐ experience in _____ or a related field.

(A) advertising
(B) advertiser
(C) advertised
(D) advertises

☐ **59.** The award ceremony would not have been possible without _____
☐ from several members, notably Mal Benjamin, who chairs the award committee.

(A) contribute
(B) contributed
(C) contributions
(D) contributor

☐ **60.** Since the benefits seemed evident, Mr. Tucker was _____ that
☐ his proposal would be accepted by the board of directors.

(A) confident
(B) confidential
(C) confidently
(D) confidence

0190 **56.** 正确答案 (A)

如果把复数名词（A）填入空格处，**cooking demonstrations**（烹饪演示）这一**复合名词**（cooking 是动名词）就完整了，形成<复数名词 +and+ 复数名词>的正确并列结构。（B）为动词的第三人称单数现在时。（C）“演示者”是可数名词，需要冠词。（D）是过去式 / 过去分词。

翻译 在全家福食品公司举办的活动上，特色项目是烹饪演示和儿童活动。

注释 □ feature：动 以……为特色

0191 **57.** 正确答案 (C)

由于**空格前介词 in 需要宾语**，所以名词（A）（C）（D）皆为备选项。lecture（演讲）与 lecturer（演讲者）都是可数名词，原则上不可使用单数、无冠词形式。因此，复数形式的（C）lectures 是正确答案。（D）项句意不通。（B）是动词 lecture（演讲）的过去式 / 过去分词。

翻译 惠顿科技公司创始人保罗 · 田中将访问西雅图总部，参加讲座并与员工交流。

注释 □ founder: 名 创始人 □ interact: 动 交流

0192 **58.** 正确答案 (A)

由于**空格前介词 in** 需要宾语，所以**名词**（A）（B）是备选项。因为没有冠词，所以应选择不可数名词（A）advertising（广告业）。（B）“广告主”为可数名词，需加冠词，且句意不通。（C）是动词 advertise（宣传）的过去式 / 过去分词，（D）是第三人称单数现在时。

翻译 Premium Promotion 公司的所有员工在广告业或相关领域都拥有丰富的经验。

注释 □ extensive: 形 广泛的

0193 **59.** 正确答案 (C)

介词和介词之间的空格处应填入**名词**（C）或（D）。“没有几位成员的 ____ ”，填入空格处使句意通顺的是（C）**contributions（贡献）**。（D）“捐赠者”不符合句意，而且是可数名词，需要冠词。（A）“为……做贡献”是动词。（B）是（A）项的过去式 / 过去分词。

翻译 如果没有几位成员的贡献，特别是担任颁奖委员会主席的马尔 · 本杰明，颁奖仪式就不可能举行。

注释 □ notably：副 特别地 □ chair：动 担任～的主席 □ contribution：名 贡献

0194 **60.** 正确答案 (A)

空格处应填入 **be 动词 was 的补语**。能作补语的是形容词（A）（B）以及名词（D）。其中，与主语 Mr. Tucker 搭配，且使句意通顺的是（A）**confident（自信的）**。（B）“机密的”和（D）“自信”可以作为补语，但主语不能是人。（C）“有自信地”是副词。

翻译 由于利益明显，塔克先生很有信心自己的提案会被董事会批准。

注释 □ evident: 形 明白的，明显的

□ **61.** All requests for personal time off must be submitted for _____ using the appropriate request form.
□

(A) approve
(B) approved
(C) approval
(D) approvingly

□ **62.** The assistant office manager, Ms. Reed, will explain the _____ paper recycling policy at the next weekly meeting.
□

(A) revise
(B) revised
(C) revising
(D) revision

□ **63.** Pacific Home Designs has been a reliable _____ of home furnishings for more than 30 years.
□

(A) manufacture
(B) manufactures
(C) manufacturing
(D) manufacturer

□ **64.** Mr. Li should be available to meet with the newly hired employees this week as he has no _____ travel plans.
□

(A) schedule
(B) scheduled
(C) scheduling
(D) scheduler

□ **65.** To spread the workload more _____ within the organization, the project team has decided to assign roles to specific individuals.
□

(A) even
(B) evens
(C) evening
(D) evenly

0195 **61.** 正确答案 (C)

把空格后的动名词 using 作为介词 for 的宾语，把修饰它的副词（D）项“赞成地”放入空格处的话，则句意不通。如果填入名词（C）“承认”作为 **for 的宾语发挥作用**，则句意通顺（现在分词 using 后为分词结构）。（A）“承认”是动词。（B）是过去式 / 过去分词。

翻译 所有个人休假申请必须使用适当的申请表提交，以待批准。

0196 **62.** 正确答案 (B)

空格处需要填入修饰空格后名词 paper recycling policy（纸张回收政策）的形容词。作为形容词发挥作用的是分词（B）（C）。名词 paper recycling policy 和动词 revise（修正）之间存在“政策被修正”的**被动关系**，因此过去分词（B）是正确答案。（D）“修正”是名词。

翻译 办公室经理助理里德女士将在下次周会上就修改后的纸张回收政策进行说明。

注释 □ revise：动 修订，修改

0197 **63.** 正确答案 (D)

<**冠词** + **形容词** _____> 的空格处应填入**名词**，所以（D）manufacturer（制造商）是正确答案。（A）除了作为动词表示“制造”之外，还可作为名词表示“制造”，但因为是不可数名词，所以不加冠词 a。（B）是动词的第三人称单数现在时或名词“制造品”的复数形式。（C）是现在分词 / 动名词。

翻译 30 多年来，太平洋家居设计公司一直是一家值得信赖的家用家具制造商。

注释 □ reliable：形 可信赖的 □ furnishings：名（包括地毯、窗帘等）家具类

0198 **64.** 正确答案 (B)

因为空格后是**名词 travel plans（出差计划）**，所以空格处应填入**修饰它的形容词**。作为形容词发挥作用的是**分词**（B）（C）。“出差计划”是接受 schedule（制订计划）这一行为的一方，所以**表示被动关系的过去分词**（B）scheduled 是正确答案。（D）“日程管理软件”是名词。

翻译 李先生本周没有出差计划，所以他应该能够会见新雇员。

0199 **65.** 正确答案 (D)

由于空格前的句子要素齐全，所以应在完整句子基础上补充**修饰动词 spread（使分散）**的副词（D）evenly（均等地）。这里是与前面的 more 关联的比较级形式。（A）作形容词表示“均等的”，作副词表示“甚至”，作动词表示“使分数相同”，作为副词时用在此处句意不通。（B）是动词的第三人称单数现在时。（C）是名词“傍晚”。

翻译 为了在整个组织中更均匀地分配工作量，项目组决定单独分配任务。

注释 □ workload：名 工作量 □ assign：动 分配

☐ **66.** _____ are nearly complete for the product demonstration at the press conference on Friday next week.
☐

(A) Preparations
(B) Prepare
(C) Prepares
(D) Preparers

☐ **67.** An _____ large number of our customers now make reservations online rather than by phone.
☐

(A) increase
(B) increases
(C) increasing
(D) increasingly

☐ **68.** News of Felix Schneider's retirement spread quickly as he had made many friends and _____ during his 20 years on the job.
☐

(A) acquaint
(B) acquainted
(C) acquaintance
(D) acquaintances

☐ **69.** The advertising campaigns Mr. Weyden had developed before he left were _____ implemented by his colleagues.
☐

(A) subsequent
(B) most subsequent
(C) subsequently
(D) subsequence

☐ **70.** Under _____ and CEO Jack Thompson, Thompson Legal has become a successful law firm within a relatively short span of time.
☐

(A) foundation
(B) founder
(C) found
(D) founded

0200 **66.** 正确答案 (A)

空格处应填入**作主语的复数名词**，所以（A）（D）是备选项。其中，填入“____ 基本**完成**”的空格处且使句意通顺的是（A）Preparations（准备）。（D）“准备者”与句意不符。（B）“准备”是动词。（C）是动词第三人称单数现在时。

翻译 将在下周五记者会上进行的产品演示，其准备工作已基本完成。

0201 **67.** 正确答案 (D)

空格处应填入副词或形容词，通过句意可**判断正确答案**。如果填入副词（D）increasingly（渐增地）修饰后面的形容词 large，表示“**逐渐增长的数量**”，句意通顺。形容词（C）填入后是“增长的大数量”，句意不通。（A）是动词或名词。（B）是动词第三人称单数现在时或名词复数形式。

翻译 现在越来越多的客户在网上预订，而不是通过电话预订。

0202 **68.** 正确答案 (D)

如果在 <he had made many+ 复数名词 +and ____ > 的空格处填入复数名词（D）acquaintances（熟人），则可在**并列连词 and** 前后构成正确的并列结构。（A）“使熟悉”是动词。（B）是动词的过去式 / 过去分词。名词（C）是单数形式，数量不符。

翻译 费利克斯 · 施耐德在他 20 年的职业生涯中结识了许多朋友和熟人，因此他退休的消息很快就传开了。

注释 □ acquaintance：名 熟人

0203 **69.** 正确答案 (C)

The campaigns were implemented. 是句子的主干。即使除去空格，句子依旧成立，所以填入空格的应是修饰前后动词部分的副词。正确答案是（C）subsequently（之后）。（A）“之后的”是形容词。（B）是形容词最高级。（D）“结果”是名词。

主语部分变复杂了，变成了以下结构

修饰

The advertising campaigns (that) Mr. Weyden had developed before he left...

[S] [定语从句]

※ 从句内还包含 before 引导的从句

翻译 韦登先生在离开前创建的广告活动随后被他的同事们实施了。

注释 □ implement：动 实施 □ subsequently：副 随后

0204 **70.** 正确答案 (B)

空格处应填入作句首介词 Under 宾语的名词。空格后的 and 和 CEO 表示这个 <人>。因此，在名词（A）（B）中，如果选择表示“创业者”的（B）founder，并列结构成立且句意通顺。（A）“创建”与 and 之后的意思衔接不上。（C）“创建”是动词。（D）是过去式 / 过去分词。

翻译 在创始人兼首席执行官杰克 · 汤普森的带领下，汤普森律师事务所在较短的时间内成了一家成功的律师事务所。

☐ ☐ **71.** Mr. Aiden Roy, an award-winning _____ at *Calgary Daily Press*, has agreed to chair an ad hoc committee on the newspaper's 75th anniversary.

(A) journal
(B) journalism
(C) journalist
(D) journalistic

☐ ☐ **72.** The award will promote workplace values within the company by giving recognition to successful managers who demonstrate _____ for subordinates.

(A) respect
(B) respected
(C) respecting
(D) respectable

☐ ☐ **73.** Small manufacturers operating using a limited workforce with _____ skills have recently been on the rise.

(A) specialize
(B) specialized
(C) specializing
(D) specialization

☐ ☐ **74.** Happy Wholesale is the main _____ of Wonder Toys' products including toys, video games, and kids' PCs.

(A) distributor
(B) distributing
(C) distribute
(D) distribution

☐ ☐ **75.** Current plant workers will be given hiring preference for the newly _____ jobs at the company's production facility in Kawasaki.

(A) creates
(B) creating
(C) created
(D) creation

0205 **71.** 正确答案 (C)

<冠词 + 形容词 ____ 介词>的空格处应填入**名词**。空格处是主语 Mr. Aiden Roy 的补充说明（同位语），所以（C）journalist（记者）是正确答案。名词（A）“专业杂志”和（B）“新闻业”与 Mr. Aiden Roy 不是对等关系。（D）“新闻业的”是形容词。

像这样，把两个名词并列，中间用逗号隔开，再加上补充说明的形式称为同位语。

Mr. Aiden Roy, an award-winning journalist at Calgary Daily Press, ...

[名词] [名词（词组）]

※ 作为前面名词的补充说明

翻译 《卡尔加里日报》的获奖记者艾登 · 罗伊先生已同意担任该报 75 周年纪念活动的特别委员会主席。

0206 **72.** 正确答案 (A)

因为空格前**及物动词 demonstrate（明确地表示）需要宾语**，所以应在空格处填入名词（A）respect（敬意）。respect 作为动词，表示“尊敬”也经常出现。（B）是动词过去式 / 过去分词。（C）是现在分词 / 动名词，用作动名词时，及物动词应接宾语。（D）“值得尊敬的”是形容词。

翻译 该奖项将通过表彰对下属表示尊重的成功管理者来提升公司内部的职场价值观。

注释 ☐ workplace：名 职场 ☐ recognition：名 评价 ☐ subordinate：名 下属

0207 **73.** 正确答案 (B)

在**介词和名词之间修饰名词 skills 的形容词**（B）specialized（专业的）是正确答案。（A）“使专业化”是动词。（C）是现在分词 / 动名词，如 a firm specializing in *X*（专业从事 X 的公司），现在分词后置修饰名词。（D）“专业化”是名词。

翻译 最近，利用有限劳动力和专业技能经营的小型制造商在不断增加。

0208 **74.** 正确答案 (A)

空格处需要**作为 be 动词 is 补语的名词**。在名词（A）（D）中，与主语 Happy Wholesale 公司对等的是（A）distributor（销售商）。（D）表示“分发，流通”，意思不通。（C）是动词，（B）是 distribute（分配）的现在分词和动名词。因为是及物动词，所以动名词需要宾语，且句意也不通。

翻译 Happy Wholesale 公司是 Wonder Toys 公司产品的主要销售商，包括玩具、电子游戏和儿童电脑。

0209 **75.** 正确答案 (C)

填入<冠词 + 副词 ____ 名词>的空格处的应是作为形容词发挥作用的分词（B）或（C）。名词 jobs 和动词 create（创造）之间存在“被创造”的**被动关系**，所以过去分词（C）created 为正确答案。（A）为动词的第三人称单数现在时。（D）“创造”为名词。

翻译 现有的工厂工人将被优先录用到该公司在川崎新创造的工作岗位上。

注释 ☐ plant：名 工厂 ☐ preference：名 优先

□ **76.** As of February 1, the no-smoking policy at the Mountain Tower apartments will be more ______ enforced.
□
(A) strict
(B) strictly
(C) stricter
(D) strictness

□ **77.** In the last decade, there has been a ______ rapid increase in the number of public locations for wireless Internet usage.
□
(A) remark
(B) remarks
(C) remarking
(D) remarkably

□ **78.** All products made by Trust Computers come with a user's manual that contains ______ for installation as well as operating procedures.
□
(A) explain
(B) explanatory
(C) explanations
(D) explaining

□ **79.** During the workshop, small business owners will learn how to develop ______ business relationships with their clients.
□
(A) prosper
(B) prosperity
(C) prosperous
(D) prospered

□ **80.** Green Net Corporation reported a net profit of 40 million dollars for the third quarter, ______ exceeding analysts' forecasts.
□
(A) easy
(B) easing
(C) ease
(D) easily

0210 **76.** 正确答案 (B)

The policy will be enforced 是句子的主干（more 是副词）。即使除去空格，句子也依旧成立，所以，正确答案是**修饰前后被动态动词部分的副词**（B）（严格地）。（A）“严格的”是形容词，（C）是其比较级。（D）“严格”是名词。

“as of + 时间”是“……以后”的意思，是在表示法律、合同等生效日期的句子中经常使用的重要表达。

翻译 2 月 1 日之后，Mountain Tower 公寓的禁烟规定将被更加严格地执行。

注释 □ as of *X*: X（日期）以后 □ enforce: 动 执行

0211 **77.** 正确答案 (D)

在 < **冠词** _____ **形容词** + **名词** > 的空格处，应填入**副词**（D）remarkably（惊人地），修饰形容词 rapid（急速的），句意通顺。（A）是名词“评论”，还可作动词“评论”。（B）是名词复数形式或动词第三人称单数现在时。（C）是现在分词或动名词，作现在分词时句意不通。

翻译 在过去的 10 年中，使用无线互联网的公共场所数量在以惊人的速度增长。

0212 **78.** 正确答案 (C)

因为空格前为**及物动词 contains（包含）**，所以需要在空格处填入**宾语**，因此**名词**（C）explanations（说明）为正确答案。（A）“说明”是动词。（B）“说明性的”是形容词。（D）是现在分词 / 动名词。动名词虽然可以作宾语，但以 explaining *X*（说明 X）的形式接宾语。

翻译 Trust Computers 公司制造的所有产品都配有用户手册，包括操作说明和安装说明。

0213 **79.** 正确答案 (C)

动词 develop 的**宾语 business relationships（交易关系）**紧跟在空格之后。修饰该名词的**形容词**（C）prosperous（繁荣的）是正确答案。（A）“繁荣”是动词。（B）“繁荣”是名词。（D）是动词的过去式 / 过去分词形式。不及物动词 prosper 的过去分词表示“已经繁荣了”的完成意义，句意不通。

翻译 在研讨会上，小企业主将学习如何与客户建立良好的交易关系。

0214 **80.** 正确答案 (D)

即使除去空格，S V，exceeding... 形式的分词结构也成立，所以填入空格的应为修饰语。**修饰其后现在分词 exceeding 的是副词**（D）easily（简单地）。（A）“简单的”是形容词。（B）为动词 ease（使缓和）的现在分词 / 动名词。（C）是动词或名词（简单）。

翻译 Green Net 公司报告第 3 季度的净收入为 4000 万美元，轻而易举地超过了分析师的预期。

在 TOEIC L&R 的世界里，到处都是 prosperous（繁荣的）城市和企业，这是个非常繁荣的社会。

□ **81.** Tiger Motors intentionally cut back on fleet sales, which are less
□ _____ than sales to individual customers.

(A) profit
(B) profitable
(C) profitably
(D) profits

□ **82.** Newly hired staff members are required to attend a three-day
□ training course on airport _____.

(A) secure
(B) secured
(C) security
(D) securely

□ **83.** Diego Martinez is going to appear on a prime-time news program
□ as a _____ for the anchor, David Lee.

(A) substitute
(B) substitutive
(C) substitutions
(D) substitutes

□ **84.** Charlie Evans starts his day with a cup of coffee at Turner's Café
□ _____ every morning.

(A) practical
(B) practically
(C) practice
(D) practicing

□ **85.** If you wish to enroll in the course, please complete the _____
□ application form and send it to us as quickly as possible.

(A) attach
(B) attaching
(C) attached
(D) attachment

0215 **81.** 正确答案 (B)

空格处应填入 **be 动词 are 的补语**，且与空格前后的 less than 组合构成比较级表达的**形容词**，所以正确答案是（B）profitable（有利的）。（A）是名词“利益”，或作动词表示“从……中获得利益”。（C）“有益地”是副词。（D）是名词复数形式或动词第三人称单数现在时。

翻译 Tiger 汽车公司有意地缩减了对企业的车辆销售，这比对个人客户的销售利润要低。

注释 □ intentionally：副 有意地 □ cut back on *X*：减少 X

0216 **82.** 正确答案 (C)

空格前的 airport 是可数名词，不能用单数、无冠词的形式，应把它看作后面不可数名词的修饰词，把名词（C）补进空格，构成 airport security（机场安全）这一**复合名词**。（A）是形容词“安全的”，还是动词“固定”。（B）是动词的过去式 / 过去分词。（D）是副词。

翻译 新员工被要求参加为期 3 天的机场安全培训课程。

0217 **83.** 正确答案 (A)

填入**冠词 a 和介词 for 之间**空格处的是**单数形式的名词**，所以正确答案是（A）substitute(替换者)。（B）“代替的”是形容词。（C）是名词“代替”的复数形式。（D）是动词的第三人称单数现在时或名词的复数形式。

substitute 是动词、名词同形的单词。除了“替换者”这一名词外，substitute *X* for *Y*（用 X 代替 Y）这一动词用法也很重要。

翻译 迭戈 · 马丁内斯将在黄金时段的新闻节目中代替主播大卫 · 李。

0218 **84.** 正确答案 (B)

即使去掉空格，句子依旧成立，所以应将修饰语填入空格。**修饰空格后形容词 every 的副词**（B）practically（几乎 = almost）是正确答案。（A）是形容词“实用的”，还是名词“实习”。（C）是名词“练习，习惯”，或作动词表示“练习”。（D）是现在分词 / 动名词。

翻译 查理 · 埃文斯几乎每天都是在特纳咖啡馆喝杯咖啡开始他的一天。

注释 □ practically：副 几乎

0219 **85.** 正确答案 (C)

<**冠词 ____ 名词**>的空格处应填入**修饰名词的形容词**。作为形容词发挥作用的分词（B）（C）为备选项。因为“申请书”是 attach（附上）这一行为的接受方，所以正确答案是表示**被动意义的过去分词**（C）attached。（B）为现在分词，句意不通。（D）“附件，附属物”是名词。

翻译 如果你想报名参加该课程，请尽快填写附件中的申请书并交给我。

☐ **86.** The delayed departure of the plane added a further _____ to Mr. Gonzalez's journey.
☐
(A) complications
(B) complicated
(C) complicating
(D) complication

☐ **87.** Nelson College of Marketing will take on a more _____ strategy to attract participants for its training workshops.
☐
(A) aggressive
(B) aggressively
(C) aggression
(D) aggressor

☐ **88.** Charmody skin cream is only effective if applied _____ and immediately after the skin has been washed.
☐
(A) correction
(B) correctly
(C) correcting
(D) corrects

☐ **89.** Every business owner knows that quality of service is a top _____ to attract and retain customers.
☐
(A) prior
(B) priority
(C) prioritize
(D) prioritized

☐ **90.** Lion Construction reported yesterday that its net income had increased by nearly 20 percent in the second quarter, mainly because of _____ market conditions.
☐
(A) improve
(B) improved
(C) improves
(D) improvement

0220 **86.** 正确答案 (D)

<冠词 + 形容词 ____ 前置词>的空格处应填入名词（D）complication（复杂）。（A）虽然也是名词，但因为是复数形式，所以不加冠词 a。（B）“复杂的”是形容词。（C）是动词 complicate（使复杂化）的现在分词 / 动名词。动名词可作宾语，但不加冠词 a 或形容词。

翻译 航班起飞的延迟使冈萨雷斯先生的旅行更加困难。

注释 □ complication: 名 困难，复杂

0221 **87.** 正确答案 (A)

在冠词 a 和名词 strategy（战略）之间（more 是副词，修饰空格处），**修饰名词 strategy 的形容词**（A）aggressive（积极的）是正确答案。（B）“积极地”是副词。（C）“故意”和（D）“侵略者”是名词。TOEIC L&R 的世界中不存在攻击性的人，所以类似（C）（D）的名词是正确答案的可能性很小。

翻译 纳尔逊市场营销学院将采取更积极的战略来吸引参加其培训研讨会的人。

注释 □ take on *X*：决定做 X

0222 **88.** 正确答案 (B)

修饰空格前**过去分词 applied（涂抹）的应为副词**（B）correctly（正确地）。有空格的 if 从句是 if（it is）applied **的省略**形式（**省略主语 +be 动词**）。（A）“订正”是名词。（C）是动词 correct（纠正）的现在分词 / 动名词。（D）是动词的第三人称单数现在时。

翻译 Charmody 护肤霜只有在清洁皮肤后立即正确地使用才有效。

0223 **89.** 正确答案 (B)

<冠词 + 形容词 ____ >的形式（把 top 看作名词会使句意不通）中缺少 **is 的补语名词**。因此，（B）priority（优先事项）是正确答案。（A）是形容词“事先的”或名词“修道院院长”，名词与句意不符。（C）“赋予……优先顺序”，是动词。（D）是动词过去式 / 过去分词。

翻译 每个企业老板都知道，服务质量是吸引和留住客户的首要任务。

注释 □ retain：动 保持

0224 **90.** 正确答案 (B)

空格处需要填入**修饰名词 market conditions（市场状况）的形容词**，所以正确答案是（B）improved（被改善了的）。（A）“改善”是动词，（C）是其第三人称单数现在时。（D）“改善”是名词。

翻译 Lion 建设公司昨天报告说，其第二季度净利润增长近 20%，主要是由于市场状况的改善。

注释 □ net income：净利润

□ **91.** With time running out before the busy season, the board _____ approved a plan to hire temporary factory workers until production targets were met.
□

(A) swiftly
(B) swift
(C) swiftness
(D) swifts

□ **92.** The hiring committee have _____ decided that they will appoint Mr. Tremblay as the next CEO.
□

(A) seeming
(B) seemingly
(C) to seem
(D) seems

□ **93.** Tracy Hahn is a _____ trained pastry chef who has been working professionally with chocolate for over 10 years.
□

(A) formal
(B) formally
(C) formalize
(D) formality

□ **94.** Mr. Gao _____ grants interviews and almost never allows journalists onto his company's campus.
□

(A) rare
(B) rarely
(C) rarity
(D) rareness

□ **95.** Big Buy, an appliance _____ serving New Jersey, has recently opened a new store on Route 17 in Paramus.
□

(A) retailer
(B) retail
(C) retailed
(D) retailers

0225 **91.** 正确答案 (A)

即使除去空格，the board approved a plan... 这一句子也是成立的，所以应将修饰语填入空格处。**修饰**其后**谓语动词 approved 的应是副词**（A）swiftly（迅速地）。（B）“迅速的”是形容词。（C）“迅速”是名词。（D）是名词 swift（雨燕）的复数形式。

翻译 距离旺季到来的时间越来越短，董事会迅速批准了一项雇用工厂临时工人的计划，直到完成生产目标。

注释 □ swiftly：副 敏捷地，快速地

0226 **92.** 正确答案 (B)

填入现在完成时 have decided（已经决定）之间**修饰前后动词部分**的应为**副词**（B）seemingly（看起来）。（A）“形式上的”是形容词。（C）是动词 seem（好像）的不定式，但考虑到 have to do 的形式，句意不通。（D）是动词的第三人称单数现在时。

翻译 招聘委员会似乎已经决定将任命特雷姆布雷先生为下任首席执行官。

注释 □ seemingly：副 貌似，表面上

0227 **93.** 正确答案 (B)

如果将**副词**（B）formally（正式地）补充到空格处，**修饰其后形容词 trained**，意思为“正式→受过训练的→厨师”，句意通顺。（A）为形容词，表示“正式的，形式的”，修饰教育、活动、服装等词，不修饰“受过训练的厨师”这样的＜人＞。（C）是动词，表示“使……成为正式的东西”。（D）是名词“形式上的礼节、拘谨”。

翻译 特雷西·哈恩是一位经过正式培训的烘焙厨师，从事巧克力制作工作已超过 10 年。

0228 **94.** 正确答案 (B)

即使除去空格，在 Mr. Gao (S) grants (V) interviews 中，句子必要的要素都齐全了，所以填入空格处的应是修饰语。**在 SV 之间修饰谓语动词的应是副词**（B）rarely（很少）。（A）“稀有的”是形容词。（C）“珍品”和（D）“稀奇”是名词。

翻译 高先生很少接受采访，也几乎从不允许记者进入公司。

注释 □ grant：动 给予，准许 □ campus：名（企业等）用地

0229 **95.** 正确答案 (A)

需要在空格处填入充当主语 Big Buy 公司**同位语的名词**，填入（A），可构成 **appliance retailer**（家电零售店）这一**复合名词**。（B）是形容词“零售的”，或作为名词表示“零售”，作名词时，因为不可数，所以不加 a。（C）是动词 retail（零售）的过去式 / 过去分词。（D）是名词的复数形式。

翻译 在新泽西州经营的家电零售商 Big Buy 公司最近在帕拉莫斯的 17 号线上开了一家新店。

96. Janet Morris _____ declined an award for product design, as she felt others had contributed much more than her.

(A) respect
(B) respectful
(C) respectfully
(D) respects

97. After their flight was canceled, the airline assured passengers that _____ had been made for them to stay at a hotel.

(A) arrange
(B) arranges
(C) arranging
(D) arrangements

98. Walter Kling, an accomplished fashion _____, has been hired by the company to create images for the May catalog.

(A) photograph
(B) photography
(C) photographic
(D) photographer

99. A team of animators was employed to create _____ unique animated logos for the company's television advertisements.

(A) visualize
(B) visuals
(C) visually
(D) visualizes

100. Please refer to the product identification _____, which is printed in the upper right hand corner of the warranty.

(A) number
(B) numbers
(C) numbered
(D) numbering

0230 **96.** 正确答案 (C)

由于空格前后是<S ____ V>的形式，所以应填入空格的是**修饰其后动词 declined（拒绝了……）的副词**（C）respectfully（礼貌地）。（A）是动词“尊敬”，或名词“尊敬”。（B）“尊敬的”是形容词。（D）是动词的第三人称单数现在时或名词的复数形式。

翻译 珍妮特 · 莫里斯礼貌地拒绝了产品设计奖，因为她认为其他人的贡献比自己更大。

注释 □decline：动（礼貌地）拒绝 □contribute：动 贡献 □respectfully：副 礼貌地

0231 **97.** 正确答案 (D)

由于 **that 从句 (SV) 缺少主语**，所以**名词**（D）arrangements（安排）是正确答案。（A）arrange（安排）是动词。（B）是第三人称单数现在时。（C）是现在分词 / 动名词。动名词虽然可作主语，但 arranging (for) *X*（安排 X）这一形式需接补充信息。

翻译 航班取消后，航空公司向乘客保证，已经为他们安排了酒店住宿。

注释 □assure：动 保证，承诺

0232 **98.** 正确答案 (D)

包含空格、夹在两个逗号之间的部分，是充当主语 Walter Kling（人物）同位语的补充信息。也就是说，应在空格填入**表示<人>的名词**，所以（D）photographer（摄影家）是正确答案。（A）“照片”和（B）“摄影”也是名词，但与主语（人）不对等，句意不通。（C）“摄制的”是形容词。

翻译 沃尔特 · 克林是一位卓有成就的时尚摄影家，他被公司聘请来 5 月的商品目录制作图片。

注释 □accomplished：形 熟练的

0233 **99.** 正确答案 (C)

除去空格，create unique animated logos 与前后句相联系，所以空格处应填入修饰语。**修饰形容词 unique 的是副词**（C）visually（视觉上地）。（A）“视觉化”是动词。（B）是名词 visual（视觉资料）的复数形式。（D）是动词的第三人称单数现在时。

翻译 动画师团队被雇用来为公司的电视广告创作一个视觉上独特的动画标识。

0234 **100.** 正确答案 (A)

如果在空格处补充名词（A），就构成了 **product identification number**（产品识别编号）这一复合名词，句意通顺。关系代词 which 后面的动词是 is，所以复数形式的（B）数量不符。（C）是动词 number（给……加上编号）的过去式 / 过去分词。（D）是现在分词 / 动名词。

翻译 请参考保修证明右上角的产品识别编号。

题目编号：0235 ~ 0299

题目数 100题

实战演练：发展篇

冲上顶峰100题

◉ 请按照 1 题 20 秒的速度作答。

☐ ☐ **1.** Residents were concerned about increased traffic and _____ so, considering the size of the housing project approved for their suburb.

(A) understood
(B) understandable
(C) understandably
(D) understanding

☐ ☐ **2.** Any information about the impending merger with Sakura First Bank should be kept strictly _____.

(A) confide
(B) confides
(C) confidential
(D) confidentially

☐ ☐ **3.** The Archeological Museum of New York is an inexpensive attraction that is not listed in major guidebooks but well _____ a visit.

(A) worth
(B) worthy
(C) worthwhile
(D) worthless

☐ ☐ **4.** _____ the most important invention of the last 60 years, computers are used in almost every aspect of our lives.

(A) Argue
(B) Arguing
(C) Arguably
(D) Argument

☐ ☐ **5.** _____ with this letter is a survey, which should be returned using the self-addressed envelope also supplied.

(A) Enclosed
(B) Enclose
(C) Enclosing
(D) Enclosure

0235 **1.** 正确答案 (C)

虽然空格后的 so 是一个普通副词，但在这里，so 相当于 residents were so（= concerned），so 作为补语，替代已经出现过的形容词（类似 I think so. 中的替代作用）。所以，空格处要填修饰形容词的副词，（C）“合乎情理地”为正确答案。（A）是动词的过去式，句意不通。（B）“能够理解的”，为形容词。（D）是动词的现在分词 / 动名词。

翻译 从获得许可的郊外住宅计划规模来看，居民们担心交通量的增长问题也是非常合乎情理的事情。

注释 □suburb: 名 郊外，（郊外的）地区

0236 **2.** 正确答案 (C)

动词 keep 一般用于以下句型：keep O C（将 O 保持为 C）。在本题中，O（宾语）在被动句中出现在主语位置上。空格内需要填入能成为 **C（补语）的形容词**，所以选项（C）confidential（机密的）为正确答案。（A）“吐露”是动词。（B）是动词第三人称单数现在时。（D）“秘密地”为副词。

翻译 与樱花第一银行即将合并的所有信息都应严格保密。

注释 □impending: 形 即将发生的 □merger: 合并 □confidential: 形 机密的，保密的

0237 **3.** 正确答案 (A)

本题题干为 S is an attraction but（S is）____ a visit。将形容词（A）worth（具有价值的）放到空格中，worth a visit 是形容词短语作补语。建议记住 **be worth *X***（具有 X 的价值）这个结构。（B）作形容词，意为“具有价值的”，作名词，意为“知名人士”。（C）“值得做的”，（D）“没有价值的”，为形容词。此形容词不能越过冠词修饰名词。

翻译 虽然主流旅游指南中一般不会列出纽约考古学博物馆，但该博物馆是很有参观价值的观光胜地，而且价格便宜。

0238 **4.** 正确答案 (C)

从分词构句的角度出发，如果将现在分词形态的（B）选项填在空格内，整句话就会变成主语电脑在 argue（争论），句意不通。如果将起修饰作用的副词（C）**Arguably（恐怕）**放入空格中，则变为**省略了 Being 的分词结构**，即（Being）Arguably the most important invention...，句意通顺，符合题意。（A）是动词。（D）是名词。

翻译 要说这 60 年内最重要的发明，恐怕就是电脑了，如今我们生活的方方面面几乎都离不开它。

0239 **5.** 正确答案 (A)

在 A survey is...with this letter. 中，空格后面的内容出现在句首，故原题为倒装句。Survey（调查）和动词 enclose（随函附上）之间存在**被动关系**，所以过去分词（A）Enclosed 是正确答案。（C）是现在分词 / 动名词。（D）“附件”为可数名词，需要加冠词。

翻译 这份随信附上的调查问卷，应该需要用附在信内的回信信封寄回去。

☐ **6.** The Green Scholars Program offers undergraduate students who have a _____ interest in environmental issues an opportunity to attend the Oslo Green Forum.
☐

(A) demonstrate
(B) demonstrated
(C) demonstrating
(D) demonstration

☐ **7.** The ideal candidate for the position will require at least 10 years of work experience in human resources at a _____ level.
☐

(A) manage
(B) manageable
(C) manageably
(D) managerial

☐ **8.** To ventilate your home during the summer, windows and internal doors should be left _____ overnight in a secure manner.
☐

(A) open
(B) opening
(C) opener
(D) opens

☐ **9.** Scientists at Warsaw's Central Laboratory have been trying to find cleaner ways of _____ coal.
☐

(A) burn
(B) burned
(C) burning
(D) burns

☐ **10.** All _____ must be picked up from the storage room at least one hour before the store opens.
☐

(A) delivery
(B) deliveries
(C) delivers
(D) delivering

0240 **6.** 正确答案 (B)

空格位于冠词和名词之间，所以此处只能填入可以作为形容词使用的分词（B）和（C）。因为空格后的名词 interest（兴趣）和动词 demonstrate（明确表示）之间存在**被动关系**——“兴趣被清晰地表现出来”，所以过去分词形态的（B）demonstrated 为正确答案。（D）是名词，意为“示范表演”。

翻译 “绿色学者”计划会为明显关注环境问题的大学生提供参加奥斯陆环境论坛的机会。

0241 **7.** 正确答案 (D)

空格在冠词和名词之间，所以本题答案只能从**形容词**（B）和（D）中选择。能填入空格并使原句——“在……级别，且至少具备 10 年人事方面的工作经验”通顺的只有选项（D）**managerial（管理的）**。（B）“能够管理的”，句意不通。（A）是动词，意为“管理”。（C）是副词，意为“以便可管理”。

翻译 这个职位的最佳人选必须至少具备 10 年人事管理层工作经验。

注释 □ managerial：形 管理的

0242 **8.** 正确答案 (A)

动词 leave 的搭配句型为 leave O C（将 O 保持 C 的状态），本题为该句的被动语态形式。如果将形容词选项（A）open 填入空格，open 在句中作 **C（补语）**，符合题意。选项（B）是现在分词，表示“保持正在打开的状态”，句意不通。（C）是名词，意为“开启的工具”。（D）是动词的第三人称单数现代时。

将原题变成主动语态，则如下所示：

S should leave windows and internal doors open ...
[V] [O] [C]

翻译 如果想在夏天给房子通风，建议在晚上做好安全措施后，将窗户和室内的门保持敞开状态即可。

注释 □ ventilate：动 使通风

0243 **9.** 正确答案 (C)

本题能放在介词和名词之间的选项只有（B）和（C）。符合题意的只有**动名词**形式（C）burning。**a way of doing *X***（做 X 的方法）是重要的表达方式。如果选择过去分词形式（B）选项，意思为“忌燃烧的煤炭的方法”，不符合题意。（A）作动词时意为“燃烧”；作名词时意为“烧伤”。（D）是动词第三人称单数现在时或名词复数形式。

翻译 华沙中心研究所的科学家们一直在尝试寻找产生污染较少的燃烧煤炭方式。

注释 □ coal：名 煤炭

0244 **10.** 正确答案 (B)

本题能够作主语的名词只有（A）和（B）。从题意来看，**delivery** 在这里是“配送品”的意思，且为**可数名词**。all 用来修饰**可数名词的复数形式**，所以（B）deliveries 为正确答案。如果将选项（A）理解为“配送”，则词性为不可数名词，不符合题意。（C）是动词的第三人称单数现在时。（D）是现在分词 / 动名词。

翻译 在开店的至少一个小时之前，所有货物必须从仓库中取出来。

☐ **11.** A survey shows that only an _____ 30 percent of the workforce
☐ in the textile industry is female.

(A) estimate
(B) estimates
(C) estimated
(D) estimating

☐ **12.** Nishiwaki Corporation has been acquired by Blue Ocean
☐ Electronics in a deal _____ at 1 billion yen.

(A) value
(B) valued
(C) valuation
(D) values

☐ **13.** The rules _____ employee use of company-owned mobile
☐ phones are outlined in the employee handbook.

(A) concerning
(B) concern
(C) concerns
(D) concerned

☐ **14.** Factory workers were _____ of the company for its failure to
☐ keep them informed about the shutdown plans.

(A) critical
(B) critic
(C) criticized
(D) criticism

☐ **15.** FastLine Computers opened 10 call centers last year and plans
☐ to add another 10 this year as part of its growth _____.

(A) initial
(B) initially
(C) initiative
(D) initialization

0245 **11.** 正确答案 (C)

在本题四个选项中，只有分词形式的（C）和（D）能够修饰其后＜**数词（形容词）+名词**＞。动词 estimate（估算）和 30 percent 之间存在**被动关系**，所以**过去分词**（C）estimated 为正确答案。（A）作动词时意为“估算”，作名词时意为“估价，估计”。（B）是第三人称单数现在时或名词复数形式。

翻译 一项调查显示，纺织业中估计只有 30% 的劳动力是女性。

0246 **12.** 正确答案 (B)

如果将过去分词（B）valued 放入空格，句型变为 a deal（which was）valued at *X*（被估价为具有 *X* 价值的交易），符合题意。如果选名词（A）（价值），则应为 <a deal value of+ 金额>。（C）是名词，意为“估值，评价”。（D）是名词的复数形式或动词的第三人称单数现在时。

翻译 蓝海电子以 10 亿日元的价格收购了西瓦基公司。

0247 **13.** 正确答案 (A)

如果将**介词**（A）concerning（关于，涉及）放入空格内，The rules concerning *X*（涉及 X 的规则）可以和前后的名词连起来，构成主语。（B）作名词时，意为“担心”；作动词时意为“让（某人）担心”。（C）是名词的复数形式或动词的第三人称单数现在时。（D）为形容词，意为“担忧的”。

翻译 员工手册中概述了有关员工使用公司专有手机的相关规定。

注释 □ outline：动 说明要点，概述

0248 **14.** 正确答案 (A)

如果将形容词（A）**critical（批判性的）**放入空格中，则句型为 be critical of *X*（对 *X* 持批判态度）。（C）的句型应为 be criticized for [by] *X*（因为 X 的事情 [由于 *X*] 被批判谴责）。（B）“批评家”，为单数形式，与主语的复数形式不符。（D）是名词，意为“批判”。

形容词 critical 的意思除了“批判性的”，还有“至关重要的”，比如 a critical issue（一个重要的问题）。不管是哪种意思，都属于高频词汇，请重点记忆。

翻译 工厂的工人谴责公司没有及时向他们通报停业计划。

注释 □ critical：形 批判性的，重要的

0249 **15.** 正确答案 (C)

如果将**名词**（C）**initiative（新方案，战略）**放入空格中，该词便和前面的 growth 构成了一个复合名词（**发展战略**），符合题意。如果选择副词（B）“当初”，该词通常位于句首或动词前后，且句意不通。（A）作形容词时意为“最初的”；作名词时意为“首字母”；作动词时意为“写首字母”。（D）是名词，意为“起始化”。

翻译 FastLine 电脑公司去年开设了 10 个呼叫中心，并计划今年再增设 10 个，作为其发展战略的一部分。

注释 □ initiative：名 新方案，战略

□ **16.** _____ to the state from Europe consist of food and beverages
□ despite the large farming industry that exists here.

(A) Imports
(B) Importing
(C) Importers
(D) Imported

□ **17.** Only applications from candidates who meet all eligibility _____
□ will be replied to.

(A) require
(B) requirement
(C) requirements
(D) requires

□ **18.** Some industry experts predict that Sunrise Computers will
□ continue to make _____ in computer technology.

(A) advance
(B) advances
(C) advancing
(D) advanced

□ **19.** Icon Air confirmed today that it plans to resume aircraft _____ at
□ its factory in Kerrville in January after a five-year absence from the market.

(A) product
(B) produced
(C) produce
(D) production

□ **20.** Furniture _____ made online may be returned for any reason, so
□ long as the packaging has not been removed.

(A) purchase
(B) purchases
(C) purchased
(D) purchasing

0250 **16.** 正确答案 (A)

本题空格处需要填一个**能作主语的名词**。谓语动词 consist 后面没有加第三人称单数形式的 s，说明该词应为**复数名词**，因此答案从（A）和（C）中选。（A）**Imports（进口的产品）**，符合题意。（C）意为“进口商”，不符合题意。（B）是动词 import（进口）的现在分词 / 动名词形式。（D）是动词的过去式 / 过去分词形式。

翻译 尽管这里的农业规模很庞大，但还是会从欧洲进口食品和饮料。

0251 **17.** 正确答案 (C)

如果在本题的空格处填入**名词复数形式的**（C）选项，则和前面构成一个复合名词 **eligibility requirements**（资格要求），正好可以作动词 meet（满足）的宾语，符合题意。all 一般用来修饰可数名词的复数形式，所以单数形式的（B）选项不符合题意。（A）是动词，意为“需要”。（D）是动词第三人称单数形式。

翻译 只有符合所有资格要求的候选人的申请才会得到答复。

注释 □eligibility：名 合格（性）

0252 **18.** 正确答案 (B)

本题空格前面是一个及物动词 make，及物动词缺少宾语，所以空格处只能填名词（A）或（B）。名词 advance 意为“进步，发展”，属于**可数名词**（在短语 in advance 中则为不可数名词）。可数名词单数形式必须加冠词才能使用，所以**复数形式**的（B）选项 advances 为正确答案。（C）正在前进。（D）是形容词，意为“高级的”。

翻译 一些业内专家预测，日出电脑将继续在计算机技术方面取得进步。

0253 **19.** 正确答案 (D)

如果将**名词**（D）选项填入空格内，**aircraft production**（飞机生产）就构成了一个复合名词，作动词 resume（重新开始）的宾语，符合题意，句意通顺。（A）“产品”为可数名词，前面需要加冠词。（B）是动词 produce（生产）的过去式 / 过去分词。（C）是动词，也可作名词，意为“农作物”。

翻译 在退出市场 5 年后，Icon 航空公司于今天发布消息表示，计划将于今年 1 月在其位于 Kerrville 的工厂恢复飞机生产。

0254 **20.** 正确答案 (B)

本题如果单单将 Furniture 当作主语，则后面不需要一个空格，所以空格处应该填一个名词，两者组成复合名词一起作主语。根据题意可判断，此处的 purchase 意为“**购买的东西**”，属于**可数名词**。由于可数名词单数形式前要加冠词才能使用，所以**复数形式**的（B）选项 purchases 为正确答案。（C）是动词的过去式 / 过去分词。（D）是现在分词 / 动名词。

空格后面的 made 不是整句话的谓语动词，而是用来修饰主语的过去分词。

修饰

Furniture purchases (which are) made online ...

[S]

翻译 只要没有拆除包装，在网上购买的家具可以无理由退货。

☐ **21.** Prospective students are required to complete the introductory
☐ course prior to _____ for Advanced Programming Theory.

(A) register
(B) registered
(C) registering
(D) registrar

☐ **22.** Far more calls were received from disappointed fans than _____
☐ after the concerts by Jack Chan were canceled.

(A) anticipate
(B) anticipation
(C) anticipating
(D) anticipated

☐ **23.** The Indiana Mineral Association has secured a room rate of $109
☐ per night _____ taxes at the Marion Hotel during the annual convention.

(A) exclude
(B) excluded
(C) excluding
(D) excludes

☐ **24.** Cooper House dental surgery recognizes that all members
☐ of the team have a legal and ethical duty to keep patient _____ confidential.

(A) informed
(B) informative
(C) informatively
(D) information

☐ **25.** The amount of traffic the company Web site attracted before the
☐ product launch was an _____ sign for the marketing division.

(A) encourage
(B) encouraged
(C) encouraging
(D) encourages

0255 **21.** 正确答案 (C)

空格前面是**介词 to**，所以空格处需要填可以作宾语的名词。（A）“登记簿”和（D）“登记员”均为可数名词，可数名词单数前必须有冠词，所以（A）（D）两项排除。**动词 register（登记）的动名词形式**，即（C）registering 可以用作名词，如果将其填入空格中，前后搭配均符合语法规则。（D）是动词的过去式 / 过去分词。

翻译 在注册高级编程理论之前，预备学生必须先完成入门课程。

注释 □ prospective：形 预期的，即将发生的 □ prior to *X*：在 X 之前

0256 **22.** 正确答案 (D)

本题如果将（D）填入空格处，正好与前面的 than 构成固定搭配 **than anticipated（超出预期）**。虽然是 than （they were）anticipated 的省略形式，但一般以固定搭配的形式进行考查。（A）是动词，意为“预期”。（C）是动词的现在分词 / 动名词。（B）是名词，意为“预期”。

翻译 成龙的演唱会被取消后，接到了许多失望歌迷打来的电话，数量远远超出预期。

0257 **23.** 正确答案 (C)

空格前的语句成分齐全，是一个完整的句子。空格后面跟着名词 taxes（税金），能连接名词的选项只有**介词**（C）excluding（除了），所以（C）是正确答案。（A）是动词，意为“不包括”。（B）是动词的过去式 / 过去分词。过去分词一般表被动，不符合题意，也不能接名词。（D）是动词第三人称单数现在时。

翻译 在年会期间，印第安纳矿物协会确保了马里恩酒店每晚 109 美元的房价（不含税）。

注释 □ secure：动 获得，确保

0258 **24.** 正确答案 (D)

如果将名词（D）information 填入空格中，前后搭配便可以构成一个复合名词 **patient information**（患者信息），**keep** O C（将 O 保持为 C）的结构也成立（patient information 作 keep 的宾语）。（A）是动词 inform（通知）的过去式 / 过去分词。（B）是形容词，意为“有用的”。副词（C）（有帮助地）和 confidential（机密的）搭配，意思不通。

翻译 Cooper House 牙科手术部承认，从法律和道德方面来说，团队的所有成员都有义务对患者的信息保密。

注释 □ ethical：形 伦理的，道德的

0259 **25.** 正确答案 (C)

冠词和名词之间的空格处应该填**形容词**，即（C) 选项 encouraging（令人鼓舞的）。网站访问量增加这个迹象（sign）属于鼓舞（encourage）市场部的主动方，所以含有被动意义的过去分词（B）“被鼓舞”不符合题意。（A）是动词。（D）是动词的第三人称单数现在时。

翻译 对营销部门来说，公司网站在产品发布前吸引的流量是一个振奋人心的征兆。

☐ **26.** As a special benefit for conference attendees, complimentary
☐ Wi-Fi service will be available in hotel rooms _____ through this Web site.

(A) book
(B) booked
(C) books
(D) booking

☐ **27.** It was decided to post the important safety video on the Internet
☐ to ensure that it reached the _____ possible audience.

(A) broadest
(B) broad
(C) broadly
(D) broaden

☐ **28.** The parks department has plans for three new inner city parks
☐ and has made the information _____ accessible from its Web site.

(A) readily
(B) ready
(C) readying
(D) readiness

☐ **29.** Eagle Joe's Pizza delivers to Mermaid Waters and _____ areas at
☐ no extra cost.

(A) surround
(B) surrounding
(C) surrounded
(D) surrounds

☐ **30.** Alan Chan was entrusted with a _____ and costly project due to
☐ the high degree of success he had been enjoying.

(A) challenge
(B) challenged
(C) challenging
(D) challengingly

0260 **26.** 正确答案 (B)

空格后面的内容是对空格前面的名词 rooms（房间）的补充说明。如果将过去分词（B）booked 填入空格内，意思就变成了“通过网站被预约的房间”，符合题意。现在分词选项（D）表主动，即预约房间的主动方，意思不通。（A）作动词时意为“预约”，作名词时意为“书”。（C）是动词的第三人称单数现在时 / 名词的复数形式。

翻译 作为会议与会者的一项特殊福利，通过本网站预订的酒店客房将提供免费的 Wi-Fi 服务。

0261 **27.** 正确答案 (A)

空格后面的**形容词 possible** 有强调最高级的用法，如果选择（A）broadest，则表示“**范围尽可能广的观众**”，符合题意。如果选形容词（B），则表示“可能广泛的观众”，意思不通。副词（C）“宽广地”也不能接 possible。（D）是动词，意为“变宽”。

翻译 为确保能让更多的观众看到，这段有关安全说明的重要视频将被公布在互联网上。

0262 **28.** 正确答案 (A)

即使去掉空格，S has made O C（S 将 O 变成 C）这个句子也成立，所以空格中应填入修饰语。能**修饰空格后面形容词 accessible 的只有副词（A）readily（简单地）。**（B）作形容词意为“准备好的”，作动词意为“做好……的准备”。（C）是现在分词 / 动名词。（D）是名词，意为“准备”。

将空格前后梳理后的句型结构如下所示。

... and (the parks department) has made the information readily accessible ...
[S] [V] [O] [C]

翻译 公园署计划兴建三个新型市内公园，并已在官网上公布了相关资料，（人们可以）从上面轻松获取相关信息。

0263 **29.** 正确答案 (B)

本题空格处需要填一个**修饰名词areas（地域）的形容词**，所以（B）surrounding（周围的）为正确答案。周边地区是环绕Mermaid Waters的主动方，所以表被动的过去分词（C）不符合题意。（A）作动词意为“环绕”，作名词意为“饰边”。（D）是动词第三人称单数现在时和名词复数形式。

翻译 Eagle Joe's Pizza 可以不收取任何额外的费用配送到美人鱼水域和周围地区。

0264 **30.** 正确答案 (C)

本题考查的重点为句型＜冠词 ____ and+ 形容词 + 名词＞（注意 costly 不是副词）。因为有并列连词 and，所以空格处应填一个**形容词**，即（C）challenging（挑战性的）为正确答案。形容词（B）意为“有残疾的”，不符合题意。（A）作名词意为“挑战”，作动词意为“对……提出质疑”。（D）是副词，意为“挑衅地”。

翻译 由于艾伦 · 陈一直享有高度的成功，所以被委任了一项具有挑战性且耗资不菲的工程。

☐ **31.** _____ housed in a facility designed by a Swiss architecture firm,
☐ the Nagano Youth Museum reopened in October 2012.

(A) New
(B) Newest
(C) Newness
(D) Newly

☐ **32.** The apparel catalog is divided into _____ by clothing type so that
☐ customers can easily locate the items they wish to purchase.

(A) section
(B) sections
(C) sectioning
(D) sectioned

☐ **33.** With its spas, saunas, massage rooms, and fitness center,
☐ Stallard Towers Hotel provides a _____ stay for business and leisure travelers alike.

(A) refresh
(B) refreshed
(C) refreshing
(D) refreshments

☐ **34.** Colorado Café will introduce a new line of coffee with a free _____
☐ at Braxton Supermarket on Thursday, June 16, from 2 P. M.

(A) tasting
(B) tasty
(C) tasted
(D) taste

☐ **35.** A recent survey found that more than a quarter of Japanese
☐ mobile broadband subscribers are _____ to renew their contracts.

(A) unlike
(B) unlikable
(C) unlikely
(D) unlikeness

0265 **31.**

正确答案 (D)

即使去掉空格，本题中的句型 <过去分词……，S V> 依然成立，所以空格中应填入修饰语。**能够修饰空格后面的过去分词 housed（被安置）的只有副词**（D）选项 Newly（最近）。（A）"崭新的"是形容词。（B）是该词的最高级。（C）是名词，意为"新颖"。house 本身还可以用作动词，这一点需注意。

翻译 于 2012 年 10 月重新开放的长野青年博物馆最近被安置到由一家瑞士建筑公司设计的设施里。

注释 □ house：动 安置、收留

0266 **32.**

正确答案 (B)

本题空格位于两个介词之间，所以空格处应该填入名词（A）或（B）。**名词 section** 为可数名词，可数名词单数形式必须加冠词才能使用，同时从题意"被分成"来看，本题正确答案应该选择**复数形式**的（B）sections。（C）是动词 section（切开）的现在分词 / 动名词。（D）是动词的过去式 / 过去分词。

翻译 根据服装类型，服装目录被分成了几个部分，以便顾客能轻而易举地找到他们想要购买的商品。

0267 **33.**

正确答案 (C)

本题空格位于冠词和名词之间，所以答案应从形容词（B）和（C）中选择。**名词 stay**（停留处）**为让旅客恢复精力的主动方**，所以（C）refreshing（令人耳目一新的，使人精力充沛的）为正确答案。（B）"神清气爽的"，表示停留处被恢复精力，不符合题意。（A）是动词。（D）"饮料小吃"，属于 TOEIC L&R 的高频名词。

翻译 史泰勒德塔楼酒店内部配有温泉、桑拿、按摩室和健身中心，为商务人士和休闲的观光游客提供了一个可以消除疲劳的好去处。

注释 □ alike：副 同样地

0268 **34.**

正确答案 (A)

本题空格前后结构为 <**冠词 + 形容词 _____ 介词**>，所以空格处应填入**名词**（A）或（D）。题意为"在超市的免费"，所以填入空格中意思最通顺的是（A）**tasting（品尝会）**。（D）意为"味道"，意思不通。（B）是形容词，意为"美味的"。（D）是动词 taste（品尝出……味道）的过去式 / 过去分词。

翻译 科罗拉多咖啡馆将在 6 月 16 日星期四下午 2 点于布拉克斯顿超市举办一场免费的品尝会，届时会推出新的咖啡系列。

0269 **35.**

正确答案 (C)

从题意来看，本题只有将形容词（C）unlikely 填入空格中，句意才最通顺。**be unlikely to do** 的意思为"不太可能做……"。（A）作介词意为"与……不同"，作形容词意为"不像"。（B）是形容词，意为"不被喜爱的"。（D）是名词，意为"不可能的事情"。除了正确答案（C）选项，其他形容词都不接动词 to 不定式，且句意也不通顺。

翻译 最近的一项调查发现，超过四分之一的日本移动宽带用户都不太可能更新合同。

☐ **36.** After having lived in a small town in Ohio for ten years, Ms.
☐ Wright wants to move to a more _____ city like New York.

(A) stimulate
(B) stimulated
(C) stimulates
(D) stimulating

☐ **37.** This book contains 15 tips to help improve _____ morale and
☐ boost productivity within an organization.

(A) employ
(B) employed
(C) employs
(D) employee

☐ **38.** Now the owner of a large restaurant chain, Mr. Lim believes that
☐ persistence is a _____ of a successful entrepreneur.

(A) characterize
(B) characters
(C) characteristic
(D) characterization

☐ **39.** According to a recent survey, real estate agencies remain
☐ cautiously _____ about the housing market in Miami.

(A) optimistic
(B) optimize
(C) optimistically
(D) optimism

☐ **40.** In her recent book, *Marketing Success*, the author claims that
☐ _____ targeting specific audiences are often the most successful.

(A) advertisements
(B) advertised
(C) advertising
(D) advertises

0270 **36.** 正确答案 (D)

本题空格前后结构为 < **冠词** + **副词** _____ **名词** >，所以空格处应填入**可以修饰名词 city 的形容词**，即（D）stimulating（刺激性的）为正确答案。因为城市是给 Ms. Wright 刺激的主动方，所以表被动的过去分词（B）不符合题意。（A）是动词，意为“刺激”。（C）是动词第三人称单数现在时。

翻译 在俄亥俄州的一个小镇住了 10 年后，赖特女士想搬到一个像纽约一样更有刺激性的城市去住。

0271 **37.** 正确答案 (D)

如果将**名词**（D）employee（员工）填入空格内，**employee morale**（员工的士气）这个复合名词就可以作动词 improve 的宾语，符合题意。如果将（B）作为修饰名词的过去分词来考虑，意思就会变为“被雇用的士气”，意思不通。（A）是动词，意为“雇用”。（C）是动词第三人称单数现在时。

翻译 这本书包含 15 个技巧，可以帮助提高组织内部员工的士气和工作效率。

0272 **38.** 正确答案 (C)

本题空格处需要填一个**单数名词**，用作 **be 动词 is 的补语**，所以答案要从单数名词（C）和（D）中选择。主语 persistence（锲而不舍）是一种**特征**，所以（C）**characteristic** 为正确答案。（D）意为“人物描写”，意思不通。（A）是动词，意为“让……有特点”。（B）是名词复数形式，意为“人物，角色”。

characteristic 除了可以作名词表示“特征”，还可以作为形容词使用，意为“具有特征的、独有的”，这一点还需多加注意。

翻译 作为一家大型连锁餐厅的老板，林先生认为坚持是一个成功企业家的特征。

注释 □ persistence：名 锲而不舍 □ characteristic：名 特征

0273 **39.** 正确答案 (A)

谓语动词 remain（将……保持不变）用于 SVC 句型中，所以空格处需要填一个**可以作为 C（补语）的形容词**。在四个选项中，只有（A）optimistic（乐观的）是形容词。（B) 是动词，意为“使……最优化”。（C）是副词，意为“乐观地”。名词（D）“乐观主义”虽然也可以作补语，但前面的副词 cautiously 无法修饰它，所以不符合题意。

翻译 最近的一项调查显示，房地产中介机构依然对迈阿密的房地产市场保持谨慎乐观的态度。

0274 **40.** 正确答案 (A)

the author claims that S V 中的 V（谓语动词）是 are，所以 **S（主语）应该选复数名词**（A）advertisements（广告）。（B) 是动词 advertise（宣传）的过去式 / 过去分词。（C）作名词时，只能用作单数名词，数量和 are 不匹配。（D）是动词的第三人称单数现在时。

翻译 在她最近出版的《营销成功》一书中，作者声称针对特定受众的广告往往是最成功的。

☐ **41.** Thanks to clear skies and careful _____, the seventh annual Greenfield Road Race saw its biggest turnout yet, with approximately 500 runners.
☐
(A) plan
(B) planned
(C) planning
(D) planner

☐ **42.** The Axis 3000, a new energy-efficient hybrid car, has extraordinary _____ for global sales, said automotive writer, Alex Tokudaiji.
☐
(A) potent
(B) potential
(C) potentially
(D) potentiality

☐ **43.** Mr. Hoffman, a company spokesperson, said on TV that Nile Electronics Ltd. has raised worker _____ through consistent training programs.
☐
(A) productivity
(B) produces
(C) to produce
(D) productively

☐ **44.** Since its _____ 50 years ago, the Richmond Chamber of Commerce has worked tirelessly to build the local economy.
☐
(A) establish
(B) establishment
(C) establishments
(D) established

☐ **45.** Seaside Resort Hotel is offering _____ of up to 40 percent on all stays until September 30 as long as they are booked by July 1.
☐
(A) discounts
(B) discount
(C) discounter
(D) discounting

0275 **41.**

正确答案 (C)

句首的**介词 to 需要一个名词作宾语**，所以答案应从（A）（C）（D）中选择。由于空格前没有冠词，所以**不可数名词**（C）planning（计划）为正确答案。（A）“计划”和（D)“策划人”都是可数名词，以单数形式使用时，前面必须加冠词。（B）是动词 plan（计划）的过去式 / 过去分词。

翻译 多亏了晴朗的天空和周密的计划，每年一次的格林菲尔德公路赛在今年第 7 届比赛中迎来了大约 500 位选手，是迄今为止参赛人员最多的一届。

注释 □ turnout：名 出席人数，游客量

0276 **42.**

正确答案 (B)

梳理本题结构得知题干为 < S has+ 形容词 ____ >。**谓语动词 has 缺少宾语**，所以答案要从名词（B）和（D）中选择。由于空格前没有冠词，所以**不可数名词**（B）选项 potential（潜力）为正确答案。（D）选项的“潜力”为可数名词，以单数形式使用时需加冠词。（A）是形容词，意为“强壮有力的”。（C）是副词，意为“潜在地”。

翻译 汽车作家亚历克斯·德大寺表示，Axis 3000 是一款新型节能混合动力汽车，在国际市场上具备非凡的商业潜力。

注释 □ extraordinary：形 特别的，意想不到的

0277 **43.**

正确答案 (A)

空格前的 **worker 为可数名词**，秉承可数名词单数必须加冠词才能使用的原则，如果将该词作为句子的宾语，则意思不通。如果将**名词**（A）productivity（生产能力）填入空格内，两者就能构成一个复合名词“**员工的生产能力**”，符合题意。（B）是动词 produce（生产）的第三人称单数现在时。（C）是动词不定式。（D）是副词，意为“有成果地”。

翻译 公司发言人霍夫曼先生在电视上表示，尼罗电子有限公司通过持续不断的培训项目提高了员工的生产能力。

注释 □ consistent：形 始终如一的

0278 **44.**

正确答案 (B)

替代名词的**所有格 its 后面缺少名词**，所以答案要从（B）和（C）中选。选项（B）**establishment（设立）**符合题意，且该词的意思为“设立”时，为不可数名词。选项（C）是 establishment 的复数形式（作可数名词使用时），意为设施、店铺、机构等“被设立的东西”，不符合题意。（A）是动词，意为“设立”。（D）是形容词，意为“已确立的”。

翻译 自 50 年前成立以来，里士满商会一直不辞辛劳地发展当地经济。

注释 □ Chamber of Commerce：商会 □ tirelessly：副 不辞辛劳地

0279 **45.**

正确答案 (A)

动词 offer（提供）后面缺少名词作宾语，所以答案要从（A）（B）（C）中选。由于空格前面没有冠词，所以本题答案为**复数形式**的（A）discounts（折扣）。（B）“折扣”和（C）“折扣商店”为可数名词，以单数形式使用时必须加冠词。（D）是动词 discount（给……打折）的现在分词 / 动名词。

翻译 只要在 7 月 1 日前预订海滨度假酒店，酒店将对 9 月 30 日前入住的顾客提供最高 40% 的折扣。

☐ **46.** If guests find noise from the renovation work _____, they may
☐ transfer to another local hotel after the first day.

(A) object
(B) objected
(C) objecting
(D) objectionable

☐ **47.** When renovations are required, a completed building _____ form
☐ must be forwarded to the department head.

(A) modify
(B) modifiable
(C) to modify
(D) modification

☐ **48.** Superior Design Company has held _____ among its employees
☐ to create its new company logo.

(A) competes
(B) competing
(C) competitions
(D) competitively

☐ **49.** As part of the marketing study, customers were given samples of
☐ three different fruit juices with brand labels _____ concealed.

(A) purposeless
(B) purpose
(C) purposeful
(D) purposely

☐ **50.** Some business leaders believe increasing the size of their
☐ organizations will lead to corporate _____.

(A) prosperity
(B) prosperous
(C) prosperously
(D) prospered

0280 **46.** 正确答案 (D)

动词 find 用于句型 find O C（发现 O 是 C）。noise 为 O（宾语），所以应该在空格处填一个 C（补语）。noise 是 objectionable（不愉快的），从常识角度出发，最符合题意的是形容词选项（D）。如果将不及物动词 object（反对）的分词形式（B）（C）填入空格内，意思就变成"噪音反对 / 正在反对"，不符合题意。

句首的 if 结构解析如下。

对等关系

If guests find noise from the renovation work objectionable, ...
[S] [V] [O] [C]

翻译 如果客人因为装修工程产生的噪音而感到不快，他们可能第二天就会转到当地的其他酒店。

0281 **47.** 正确答案 (D)

如果将**名词**（D）modification（修改）填入空格中，前后搭配可构成复合名词，即 **building modification form**（建筑物整修表），符合题意。（A）是动词，意为"修改"。（B）modifiable（可修改的）为形容词。（C）是动词不定式，前后意思不通顺。

翻译 当需要翻修时，必须向部门主管提交一份完整的建筑整修表。

0282 **48.** 正确答案 (C)

及物动词 hold 的**现在完成式 has held 需要宾语**，所以空格处要填一个名词作宾语，因此（C）competitions（比赛，竞争）为正确答案。（A）意为"竞争"，是动词第三人称单数现在时。（B）是形容词，意为"相互冲突的"。（D）是副词，意为"好竞争地"。

翻译 Superior 设计公司为了制作公司的新商标，在员工当中举办了商标大赛。

0283 **49.** 正确答案 (D)

即使去掉空格，with brand labels concealed（在品牌名被隐藏起来的状态下）也能和前后组成完整的句子，所以空格处应该填一个**副词（D）purposely（故意地），用来修饰后面的过去分词 concealed**。（A）是形容词，意为"无目的的"。（B）是名词，意为"目的"。（C）是形容词，意为"坚毅的"。

翻译 作为市场调研的一环，三种不同的果汁都被故意藏起了品牌标签，并分发给了顾客。

0284 **50.** 正确答案 (A)

根据 <介词 + 形容词 _____> 可知，**介词 to 后面缺少一个名词作宾语**，所以（A）prosperity（繁荣）为正确答案。即使不认识这个单词，凭借词尾 -ty 也可以判断其为名词。（B）是形容词，意为"繁荣的"。（C）是副词，意为"兴旺地"。（D）是动词 prosper（繁荣，兴旺）的过去式 / 过去分词

翻译 一些商业领袖认为，扩大企业规模将会为企业带来繁荣。

虽然第 48 题中也出现了"举办 competition（竞赛）"，但在 TOEIC L&R 的世界中，为了增强公司员工的动力，也会经常组织一些比赛。

☐ **51.** The application deadline for Speedsoft's summer internship program is drawing _____, so interested students should contact the office by April 30.

(A) near
(B) nearly
(C) nears
(D) nearby

☐ **52.** Classic Line perfume is the _____ of one of the most well-known fragrance designers in Asia.

(A) creation
(B) creator
(C) created
(D) creating

☐ **53.** There is still some uncertainty among the employees as to how _____ the new advertising campaign will be in boosting sales.

(A) effect
(B) effectively
(C) to effect
(D) effective

☐ **54.** The Flagstaff city council is committed to _____ the environment and has approved a plan to encourage more residents to commute by bicycle.

(A) preserve
(B) preserved
(C) preserving
(D) preserves

☐ **55.** The new range of McGinty silicon mobile phone covers are fashionable and _____ priced.

(A) afford
(B) affordable
(C) affordably
(D) affordability

0285 51. 正确答案 (A)

本题空格处需要填一个副词，用来修饰**不及物动词 draw**。在副词（A）（B）（D）中，如果将（A）near 填入空格中，则会构成词组 **draw near**（缓缓靠近），符合题意。（B）“几乎”和（D）“（地方）在附近”均不符合题意。（C）是动词 near（靠近）的第三人称单数现在时。

翻译 Speedsoft 公司的夏季实习项目申请渐近尾声，所以感兴趣的同学请在 4 月 30 日之前联系事务所。

注释 □ draw near：（人、事情等）靠近

0286 52. 正确答案 (A)

空格在冠词和介词之间，答案为**名词**，排除（C）（D）选项。在（A）（B）当中，从题意判断，主语 perfume（香水）属于物，所以正确答案为（A）**creation（创作品）**。（B）“创造者”为人，不符合题意。（C）是动词 create（创造）的过去式 / 过去分词。（D）是现在分词 / 动名词。

翻译 Classic Line 香水是由一位亚洲最有名的香水设计师制成的。

0287 53. 正确答案 (D)

疑问句放在句中，属于间接疑问句。将疑问词之后的句子恢复正常语序，则会出现 How **effective will** ... be？，所以形容词（D）选项 effective（有效的）为正确答案。（A）用作名词时意为“效果”，用作动词时意为“引起”。（B）是副词，意为“有效地”。（C）为动词不定式。

翻译 至于用新广告来提高销售额的效果如何，员工们仍有些半信半疑。

注释 □ uncertainty：名 半信半疑，不确定 □ as to *X*：关于 X

0288 54. 正确答案 (C)

空格处的单词与其后面的名词 the environment 相连，一起作空格前面**介词 to**（此处不是动词不定式结构）的宾语。四个选项中，**能构成名词词组的只有动名词**（C）preserving（保护）。（A）。用作动词时意为“保护……”，用作名词时意为“领域”。（B）是过去式 / 过去分词。（D）是名词复数形式和动词的第三人称单数现在时。

be committed to *X*（致力于 X）中的 to 和 look forward to X 中的 to 用法相同，都是介词，后面需要加宾语，这一点还需多加留心。

翻译 Flagstaff 市议会致力于环境保护事业，并批准了一项鼓励更多居民骑自行车上下班的计划。

注释 □ be committed to *X*：致力于 / 专心做 X □ commute：动 通勤，上下学

0289 55. 正确答案 (C)

题干为 <Ⓢ are+ 形容词 +and ____ 过去分词>，所以空格处需要填一个**副词，用来修饰后面的过去分词 priced（被定价）**，正确答案为（C）affordably（不太昂贵地）。（A）是动词，意为“提供，（有时间）能做”。（B）是形容词，意为“买得起的”，不能修饰过去分词。（D）是名词，意为“可负担性”。

翻译 麦金蒂手机专用硅胶壳的新系列不仅款式时尚，价格也很公道。

☐ **56.** Max Davis's books are borrowed from the library so _____ that it
☐ has become necessary to purchase additional copies.

(A) frequent
(B) frequency
(C) frequencies
(D) frequently

☐ **57.** An _____ 10 percent discount is available to shoppers who show
☐ their loyalty card to staff at the register.

(A) additive
(B) additional
(C) additionally
(D) addition

☐ **58.** The seminar started about 30 minutes later than _____
☐ scheduled, as many of those who had signed up were delayed by the weather.

(A) original
(B) originally
(C) originate
(D) origin

☐ **59.** Professor Santiago is _____ that he can find a qualified assistant
☐ by the end of the month.

(A) doubt
(B) doubted
(C) doubtful
(D) doubtfully

☐ **60.** Barrow Construction is committed to providing the highest
☐ quality service to our customers in a _____ and efficient fashion.

(A) time
(B) timely
(C) timing
(D) timeliness

0290 **56.** 正确答案 (D)

句型结构为 so ____ that S V，所以能填入空格的只有形容词或副词。S are borrowed from the library 是一个完整的句子，所以跟在其后且**能修饰动词的只有副词**（D）frequently（频繁地）。（A）是形容词，意为“频繁的”。（B）是名词，意为“频度”。（C）为名词的复数形式。

翻译 麦克斯 · 戴维斯的书在图书馆被频繁借阅，所以有必要再多买一些。

0291 **57.** 正确答案 (B)

如果将**形容词**（B）additional（附加的）填入空格内，该词可以修饰**后面的名词 10 percent discount（打九折）**，符合题意。（C）选项副词“此外，另外”一般以 Additionally, S V. 的固定句型搭配出现在句首，表示对前文信息的补充说明。（A）虽然词尾是 -ive，但该词不是形容词，而是名词，意为“添加剂”。（D）是名词，意为“加法，添加物”。

翻译 顾客在收银台向工作人员出示会员卡，可额外再享受九折优惠。

注释 □ loyalty card：（面向顾客的）积分卡，会员卡

0292 **58.** 正确答案 (B)

去掉空格后，前后搭配是 later than scheduled，所以空格中应填入修饰语。**能修饰过去分词 scheduled 的只有副词**（B）originally（起初）。（A）作形容词时意为“原来的”，作名词时意为“原件，正本”。（C）是动词，意为“发源，起源”。（D）是名词，意为“起源”。

翻译 受天气的影响，许多之前报名参加研讨会的人都迟到了，所以研讨会的开始时间比预定的晚了大约 30 分钟。

0293 **59.** 正确答案 (C)

空格处的单词**不仅要作 be 动词 is 的补语，后面还要接 that 从句（SV）**，所以正确答案为形容词（C）**doubtful（不确定的）**。（A）作动词时意为“怀疑”，作名词时意为“疑惑”。（B）是动词的过去式 / 过去分词，被动式不接 that 从句（可以说 S is doubting that）。（D）是副词，意为“犹豫不决地，迟疑地”。

翻译 圣地亚哥教授不确定是否能在这个月底之前找到一名合适的助手。

0294 **60.** 正确答案 (B)

句型结构为 < ____ and + 形容词 >，所以空格处应为**形容词**，正确答案为（B）timely（及时的）。虽然该词词尾为 -ly，但词性是形容词，这一点需要注意。（A）作名词时意为“时间”，作动词时意为“选择……的时机”。（C）是动词的现在分词 / 动名词。如果将现在分词填入空格中，意思就会变为“选择……时机的方法”，意思不通。（D）是名词，意为“适时，及时”。

in a timely fashion（用及时的方法）请参考固定搭配 in a timely manner，此为高频词组搭配，需要多加注意。

翻译 巴罗建设公司用及时高效的方法，竭尽全力为顾客提供最优质的服务。

☐ **61.** Now that Alex Gupta has hired additional sales clerks for the
☐ store, he hopes that there will be fewer _____ from shoppers.

(A) complains
(B) complainer
(C) complaining
(D) complaints

☐ **62.** All inquiries _____ the Orange Appliance returns policy should be
☐ directed to the e-mail address provided on the warranty form.

(A) regard
(B) regarding
(C) regarded
(D) regards

☐ **63.** All car batteries sold at Oil World come with a _____ two-year
☐ warranty.

(A) comprehensive
(B) comprehensively
(C) more comprehensively
(D) comprehensiveness

☐ **64.** All of the negotiations that had been held between the two
☐ companies became _____ after ownership changed hands this month.

(A) point
(B) pointing
(C) pointed
(D) pointless

☐ **65.** Breakthrough Business School is rated highly among students as
☐ its teachers _____ engage in discussions with students before and after classes.

(A) active
(B) actively
(C) activate
(D) activity

0295 **61.** 正确答案 (D)

空格中需要填入谓语动词 will be 的**补语**以及比较级形容词 **fewer 可修饰的复数名词**，因此（D）complaints（投诉）是正确的。（A）是动词 complain（投诉）的第三人称单数现在时。名词（B）“发牢骚的人”是单数，不能接 fewer。（C）是现在分词/动名词。

翻译 亚历克斯·古普塔为店里雇用了新的销售员，他希望可以因此减少顾客的投诉。

0296 **62.** 正确答案 (B)

空格中填入**介词（B）regarding（关于）**后，可将All inquiries regarding *X*（关于X的所有咨询）这一句子的主语补充完整。（A）是动词“把……视为……”或名词“注意”。（C）是动词的过去式/过去分词。（D）是动词的第三人称单数现在时或复数名词。

翻译 关于所有 Orange 设备公司退货政策的咨询，请发送至保修卡中的邮件地址。

注释 □ direct：动（将书信）送往

0297 **63.** 正确答案 (A)

< **冠词 ______ 形容词 + 名词** > 的空格中只能填入形容词或名词。填入形容词（A）comprehensive（综合性的）后，可将【**两年的综合→保修**】补充完整。（B）“完全地”是修饰形容词的副词，“完全有→两年的保修”不自然。（C）是副词的比较级。（D）“综合性”，是名词。

翻译 Oil World 公司销售的汽车电池都有两年的综合保修。

注释 □ come：动 附带（商品的配件等） □ comprehensive：形 综合的，全面的

0298 **64.** 正确答案 (D)

空格前的谓语动词 became 用于 SVC 句型，因此空格中**需要填入 C（补语）**。四个选项都可作为补语，从句意来看，形容词（D）pointless（**无意义的**）是正确的。名词（A）“点”和（B）“勾缝”、形容词（C）“尖的，尖刻的”都与主语“谈判”意思不符。

翻译 本月，在所有权易手之后，两家公司之间进行过的所有谈判都变得毫无意义了。

注释 □ change hands：（家、公司等）的所有权易主 □ pointless：形 无意义的

0299 **65.** 正确答案 (B)

即使去掉空格，its teachers S engage V in... 也是成立的，因此空格中应该填入修饰语。修饰 SV **中谓语动词 engage 的应该是副词**（B）actively（积极地）。（A）“活跃的”是形容词。（C）“激活”是动词。（D）“活动”是名词。

翻译 Breakthrough Business School 在学生中的评价很高，因为这里的老师们在课前和课后都积极与学生进行讨论。

注释 □ engage in *X*：参加 / 从事 X

☐ **66.** In recent years, municipal governments have taken on _____ more responsibilities for social services and community development than in the past.
☐
(A) considerable
(B) consideration
(C) considerate
(D) considerably

☐ **67.** Lorenzo Rossi, the CEO of Rossi Cosmetics, announced his decision to appoint Ms. Moretti as vice-president, _____ next month.
☐
(A) effective
(B) effect
(C) effects
(D) effectively

☐ **68.** All of the artwork used in the short film was painted by John English, a local animation _____.
☐
(A) enthusiastic
(B) enthusiastically
(C) enthusiasm
(D) enthusiast

☐ **69.** Donations to the school's art department are strictly _____ and contributions are only accepted anonymously.
☐
(A) voluntary
(B) volunteer
(C) volunteering
(D) volunteered

☐ **70.** Tullworth Stores provide refunds and exchanges only for items _____ by the original receipts.
☐
(A) accompany
(B) accompanies
(C) accompanying
(D) accompanied

0300 **66.** 正确答案 (D)

在空格中填入副词（D）**considerably（大幅地）**后，可修饰形容词 more，使**“大幅增加的→责任和义务”**意思通顺。填入形容词（A）“相当多的”后，意思变为了“相当多的→增加了的责任和义务”，不够自然。（B）“仔细考虑，顾及”是名词。（C）“考虑周到的”也是形容词，但需要注意和（A）的意思不同。

翻译 近年来，地方政府在社会服务和社区发展上，承担了比过去更多的责任和义务。

注释 □ municipal：形 地方政府的 □ take on *X*：承担 / 接受 X

0301 **67.** 正确答案 (A)

形容词（A)effective **（有效的）**后面接 < 时间 >，是表示**“（法律、合同等）从～开始生效”**的习惯用语。（B）是名词“效果”或动词“带来”。（C）是其复数形式或第三人称单数现在时。副词（D）“有效地”与句子意思不符。

翻译 罗西化妆品的首席执行官洛伦佐 · 罗西宣布下个月起将任命莫雷蒂为副总裁。

0302 **68.** 正确答案 (D)

逗号后面的部分是对前面 John English 的补充说明，空格中需要填入与 John English 相同的**表示人的名词**，因此正确答案是（D）**enthusiast（热心者，爱好者）**。（A）“热心的”是形容词。（B）“热心地”是副词，如果单纯认为句尾应该填入副词，句子意思将不通顺。名词（C）“热情”也和句子意思不符。

翻译 这部电影短片中使用的所有插画都出自当地的动漫爱好者约翰 · 英格利什之手。

注释 □ enthusiast：名 热心者，爱好者

0303 **69.** 正确答案 (A)

<be 动词 + 副词 ________> 的空格中应填入**主语“捐款”的补语、并且能够使句子含义通顺的形容词（A）voluntary（自愿的）**。（B）是名词“志愿者”或动词“自愿、无偿做”。如果选（C）现在分词，主语则变成了 < 人 >。（D) 是动词的过去式和过去分词，过去分词与句子意思不符。

翻译 给学校艺术部门的捐款完全是自愿的，仅接受匿名捐款。

注释 □ strictly：副 严格地，完全地 □ anonymously：副 匿名地 □ voluntary 形 自愿的

0304 **70.** 正确答案 (D)

空格前是完整的句子，空格之后是 **items（物品）的补充信息**。填入**过去分词**（D）accompanied（附加的）后，可使“附加了原始收据的物品”意思通顺。accompany 是及物动词，因此现在分词（C）需要宾语。（B）是动词的第三人称单数现在时。

翻译 塔尔沃斯商店只对有原始收据的物品进行退货和换货。

□ **71.** As _____, Nobel Corporations' new advertising campaign has
□ increased its sales substantially in the southern region of the country.

(A) predict
(B) prediction
(C) predictably
(D) predicted

□ **72.** At *Metal Rock Magazine*, rules regarding the submission
□ deadlines for articles are applied _____ than at other publications.

(A) stringent
(B) stringently
(C) more stringent
(D) more stringently

□ **73.** The Thomas Walker Comic Fair's director of public relations said
□ that he was surprised at how _____ the tickets had been sold.

(A) quicker
(B) quickly
(C) quickness
(D) quickest

□ **74.** With thousands of visitors attending the Harbor Markets' events,
□ all vendors must park their cars in the _____ area.

(A) designate
(B) designated
(C) designating
(D) designation

□ **75.** BookOn has reported that Oliver Harris, a senior vice president,
□ is a _____ candidate to take over from Ms. Hoffmann as CEO.

(A) like
(B) liking
(C) likely
(D) likeness

0305 **71.** 正确答案 (D)

在空格中填入过去分词（D）predicted 后，可将 as predicted（正如预测的一样）这一习惯用语补充完整。这是 as（it was）predicted 在连词后省略了＜主语 +be 动词＞的用法。（A）是动词“预测”。（B）是名词“预测”。（C）“正如预测的一样”是副词。

翻译 不出所料，诺贝尔公司的新广告活动大大提高了这个国家南部地区的营业额。

注释 □ substantially：副 大幅地

0306 **72.** 正确答案 (D)

由于空格后有一个 **than**，因此**比较级**（C）（D）都有可能是正确答案。但 rules are applied 与空格前的内容本身就是成立的，因此在**一个完整句子中修饰动词 are applied 的副词**比较级（D）more stringently 是正确的。（C）是形容词 stringent（严格的）的比较级。

翻译 《金属摇滚杂志》对文章截止日期的相关规定比其他杂志社更加严格。

注释 □ apply：动 采用 □ stringently：副 严格地

0307 **73.** 正确答案 (B)

此处是由疑问句构成的从句。单看从句部分，how 引导的疑问句是：**How quickly** had the tickets been sold？因此副词（B）quickly（很快地）是正确答案。（A）是形容词 quick（快的）的比较级。（C）是名词“速度”。（D）是形容词的最高级。

翻译 托马斯 · 沃克漫画展的公关总监对门票销售速度之快表示惊讶。

0308 **74.** 正确答案 (B)

冠词与名词之间应该填入**形容词**（B）designated（被指定的）。名词 area 和动词 designate（指定）之间有“被指定”的**被动关系**，因此现在分词（C）意思不符。（D）是名词“指定”。此外，棒球中的 DH 就是 Designated Hitter 的简写哦。

翻译 港口市场的活动有数千人参加，因此销售商的车辆必须停在指定的区域。

注释 □ vendor：名 摊贩，销售公司 □ designated：形 指定的

0309 **75.** 正确答案 (C)

冠词与名词之间的空格中应该填入最符合句子含义的形容词（C）likely（可能的，似乎合适的）。虽然词尾是 -ly，但基本都是作为形容词使用。（A）是动词“喜欢”或介词“像……一样”，还有“类似的”这一含义的形容词用法，但与句意不符。（B）“喜好”和（D）“相似”都是名词。

翻译 BookOn 报道称，高级副总裁奥利弗 · 哈里斯是接替霍夫曼女士担任 CEO 的可能人选。

注释 □ take over from *X*：由 X 接班

☐ **76.** Your mailing and e-mail addresses are kept entirely _____ and
☐ used solely for the purpose of notifying you of upcoming shows at Roadside Theater.

(A) private
(B) privatize
(C) privatizing
(D) privately

☐ **77.** When making an online flight booking, passengers are requested
☐ to specify their meal _____.

(A) preferable
(B) preferred
(C) preferably
(D) preferences

☐ **78.** The results of the survey were declared _____ when an error was
☐ found in the counting system.

(A) invalid
(B) invalidly
(C) invalidity
(D) invalided

☐ **79.** The Glasgow Glass Factory recently issued important updates to
☐ its _____ regulations for employees.

(A) safe
(B) safely
(C) safety
(D) safes

☐ **80.** According to a recent survey, a company's performance
☐ is _____ on employees' perceptions that they are receiving fair performance evaluations.

(A) depended
(B) dependence
(C) dependable
(D) dependent

0310 **76.**

正确答案 (A)

题目中，keep O C（保持 O 为 C）中的 O 处于被动句中的主语位置上，因此空格中**需要填入的是 C（补语）**。表示主语“地址”的状态、且使意思通顺的是形容词（A）**private（秘密的）**。（B）privatize（使私营化）是动词。（C) 是动词的现在分词和动名词。（D）“秘密地”是副词。

翻译 您的邮寄地址和电子邮件地址将被完全保密，仅用于 Roadside 剧院通知您今后的演出。

注释 □ solely：副 仅，只

0311 **77.**

正确答案 (D)

在空格中填入**名词**（D）preferences（喜好）后，可将**“对食物的喜好”这一复合名词**补充完整，与句子意思相符。(A）“更合适的”是形容词。(B）是动词 prefer（更喜欢）的过去式 / 过去分词，过去分词单独使用时不能接在名词后面，而是置于名词之前。副词（C）“最好，宁可”与句子意思不符。

翻译 在网上订机票时，乘客被要求指定他们的用餐偏好。

0312 **78.**

正确答案 (A)

句中的动词 declare（宣布）用于 **declare** O C结构，题目中是被动语态。空格中需要填入**形容词或名词作 C（补语）**。选项中，符合句子意思的是形容词（A）**invalid（无效的）**。名词（C）“不能自理”和（D）“因伤病使……退役”与句子意思不符。（B）“无效地”是副词。

翻译 统计系统中发现了错误，调查结果被宣布无效。

注释 □ declare *X Y*：动 宣布 X 为 Y □ invalid：形 无效的

0313 **79.**

正确答案 (C)

空格前是所有格，空格后是名词，所以形容词（A）safe（安全的）有可能是正确答案，但“很安全的规定”意思不通。因此，选择名词（C）safety（安全）后，可将 safety regulations（安全规定）这一**复合名词**补充完整，且意思通顺。(B）“安全地”是副词。（D）是名词“保险柜”的复数形式。

翻译 格拉斯哥玻璃厂最近向工作人员发布了安全规定的重要更新信息。

0314 **80.**

正确答案 (D)

用作前面 be 动词 is 的补语且使句子意思通顺的是形容词（D）dependent，构成 be dependent on *X*（取决于 X）。动词 depend（依赖）必须使用主动语态，而填入过去分词（A）则变成了被动语态。名词（B）“依赖”和形容词（C）“可靠的”也可以作为补语，但与句子意思不符。

翻译 最近的调查显示，一家公司的业绩取决于公司员工是否认为他们得到了公平的工作表现评价。

注释 □ perception：名 看法，见解

□ **81.** An ______ from Ms. Nielsen's award-winning novel, *Number the*
□ *Stars* was printed in today's *Copenhagen Times*.

(A) extract
(B) extractable
(C) extracted
(D) extractability

□ **82.** Mr. Schulz said that results in the first half of the fiscal year were
□ not always ______ of outcomes for the full year.

(A) indicate
(B) indicative
(C) indicated
(D) indication

□ **83.** Mars Motors' new clamping system makes their vehicles ______
□ even during emergency braking.

(A) controlling
(B) controllable
(C) controllability
(D) controls

□ **84.** The newspaper recently employed an interior designer to match
□ the drapes and wallpaper ______ with the antique desk in the editor's office.

(A) perfect
(B) perfected
(C) perfectly
(D) perfection

□ **85.** The walls of the main dining room were decorated with a pattern
□ ______ different from the other dining areas to create a sense of exclusivity.

(A) distinct
(B) distinctly
(C) distinguish
(D) distinction

0315 **81.** 正确答案 (A)

冠词与介词之间的空格中填入的应当是**名词**。在名词（A)（D）中，符合“小说的________”这一含义的是（A）**extract（摘录）**。（D）“提取性”，意思不通。（A）除了用作名词以外，也可以用作动词“提取，提炼”。（B）“可提取的”是形容词。（C）是动词的过去式 / 过去分词。

翻译 今天的《哥本哈根时报》刊登了尼尔森女士获奖小说《数星星》的摘录。

注释 □ extract：名 摘录

0316 **82.** 正确答案 (B)

空格中应当填入作为were的补语的形容词（B）或作为被动语态的过去分词（C）。而与句子意思相符的是（B）indicative。意思是be indicative of *X*“表示X，预示X”。（C）不与介词of搭配，意思也不通顺。（A）“表示”是动词。（D）“表明，象征”是名词。

翻译 舒尔茨先生说上半财年的结果未必总是全年业绩的反映。

注释 □ fiscal year：财年 □ be indicative of *X*：表示X，预示X

0317 **83.** 正确答案 (B)

题目是make O C（将O做成C）结构，空格中需要**C（补语）**。由于有“O = C”这一层关系，因此正确答案应该是表现车辆状态的形容词（B）**controllable（可控的）**。名词（C）“可控制性”和D“控制”也可以作为补语，但是与句子意思不符。不选择（A）是因为没有make O doing这一结构。

翻译 Mars汽车公司新的夹紧系统让车辆在紧急制动状态下也是可控的。

0318 **84.** 正确答案 (C)

去掉空格，match *X* and *Y* with *Z*的结构也是成立的，因此正确答案应该是**在完整句子基础上修饰动词match（结合）的副词**（C）perfectly（完美地）。（A)是形容词“完美的”或动词“使完美”。（B）是动词的过去式 / 过去分词。（D）“完美”是名词。

翻译 这家报社最近聘请了一位室内设计师，以便让编辑室的窗帘和壁纸能与古董办公桌完美结合。

注释 □ drapes：名 帘子

0319 **85.** 正确答案 (B)

即使去掉空格，a pattern different from...（与……不同的图案）与上下文也可以衔接，因此空格中应当填入的是修饰语。**修饰形容词different的应当是副词**（B）distinctly（明显地）。（A）“截然不同的”是形容词。（C）“区分”是动词。（D）“区别”是名词。

翻译 主餐厅的墙壁为了营造一种独特的感觉，装饰了与其他餐厅空间明显不同的图案。

注释 □ exclusivity：名 独特性，排他性 □ distinctly：副 明显地，清楚地

□ **86.** Yamato Insurance Group has designed a new automobile
□ insurance policy _____ to appeal to senior drivers.

(A) specify
(B) specifying
(C) specifications
(D) specifically

□ **87.** OnePhone is getting ready to send a software update to its
□ customers that will allow the device to more _____ display signal reception.

(A) accurate
(B) accurately
(C) accuracy
(D) accuracies

□ **88.** A number of major airlines are planning to offer Internet _____ to
□ passengers on international flights for a fee.

(A) connect
(B) connecting
(C) connections
(D) connects

□ **89.** Mr. Lydon is an _____ musician who has performed with several
□ of the world's most famous symphonic orchestras.

(A) accomplish
(B) accomplished
(C) accomplishing
(D) accomplishment

□ **90.** Due to low _____ last year, it has been decided that this year's
□ conference will be held in a smaller venue.

(A) attend
(B) attendees
(C) attendance
(D) attending

0320 **86.**

正确答案 (D)

即使去掉空格，S has designed a policy to appeal... 这一句子也是成立的，因此空格中填入的应当是修饰语。**修饰 to 引导的状语短语的应当是副词**（D）specifically（特意地）。（A）“明示”是动词。（B）是动词的现在分词 / 动名词。（C）是名词“规格书”的复数形式。

翻译 大和保险集团专门为吸引高龄驾驶人员而制订了新的汽车保险政策。

0321 **87.**

正确答案 (B)

to more ________ display *X*，空格在不定式中，因此正确答案应是**修饰动词 display 的副词**（B）accurately（正确地）。（A）“正确的”是形容词。（C）“正确”是名词。（D）是名词的复数形式。

本考试中也出现过这种在不定式中加入副词来修饰动词的题目哦！

翻译 OnePhone 公司正在准备向用户发送软件更新，这将使设备能够更准确地显示信号接收。

0322 **88.**

正确答案 (C)

空格中填入**名词**（C）后，可将动词的宾语 Internet connections（互联网连接）这个**复合名词**补充完整。（A）“连接”是动词。（B）是现在分词 / 动名词，动名词的形式应该是 connecting the Internet。（D）是动词的第三人称单数现在时。

翻译 很多大型航空公司正在计划在国际航班中为乘客提供付费的互联网连接。

0323 **89.**

正确答案 (B)

在**冠词与名词之间**应当填入的是**形容词**（B）accomplished（熟练的）。（A）“完成”是动词。（C）是动词的现在分词 / 动名词，如果作为现在分词，“正在完成的音乐家”语意不通顺。（D）“完成”是名词。

翻译 莱顿先生是一位娴熟的音乐家，曾与全球最著名的几个交响乐团合作演出。

0324 **90.**

正确答案 (C)

空格中需要填入**作为介词 to 的宾语的名词**。在名词（B）（C）中，使“较低的________”意思通顺的是（C）**attendance（参加人数）**。如果选（B）“参加者”，则应改为 the low number of attendees。（A）“参加”是动词。（D）是现在分词和动名词。

翻译 由于去年的参加人数较少，因此今年的会议决定在较小的会场举行。

注释 □venue：名 会场 □attendance：名 参加人数

在 TOEIC L&T 的世界里，各行各业的顶级专业人士非常多，所以第 89 题中的形容词 accomplished（娴熟的、熟悉的）一定要牢牢记住！

☐ **91.** Tropical Hotel's central location makes it _____ for business and
☐ leisure travelers who wish to stay in the hub of Melbourne.

(A) ideal
(B) idealize
(C) ideally
(D) idealization

☐ **92.** Many restaurants in the state have been selling their
☐ _____ cooking oil for use as an alternative fuel source.

(A) use
(B) used
(C) using
(D) uses

☐ **93.** Some delays can be expected during the _____ of the Southeast
☐ Freeway from two lanes to four.

(A) widening
(B) wide
(C) widely
(D) width

☐ **94.** Seminar _______ who filled in the survey on the last day were
☐ awarded a pen marked with the logo of the organizers.

(A) participate
(B) participant
(C) participation
(D) participants

☐ **95.** Lucas Janssen has requested that the marketing department
☐ examine trends _______ when imple menting promotional campaigns.

(A) attentive
(B) attention
(C) most attentive
(D) more attentively

0325 **91.**

正确答案 (A)

题目中的谓语动词处于 **SVOC 句型中**，空格中需要 **C（补语）**。由于有“O = C”这一层关系，因此正确答案是**修饰宾语 it（= 酒店）的形容词**（A）ideal（理想的）。名词（D）“理想化”也可以作为补语，但意思不通顺。（B）“将……理想化”是动词。（C）“理想地”是副词。

翻译 Tropical 酒店位于，市中心，是希望逗留于墨尔本中心位置的商务和休闲旅客的理想选择。

注释 □hub：名 中心，核心

0326 **92.**

正确答案 (B)

所有格和复合名词cooking oil(食用油)之间，应当填入修饰名词的形容词(B)used(**用过的，二手的**)。（A）是名词或动词“使用”。（C）是动词的现在分词 / 动名词。但填入现在分词后，oil 成为 use（使用）的一方，意思不通。（D）是动词的第三人称单数现在时或名词的复数形式。

翻译 这个州的许多餐馆一直在出售使用过的食用油，用于替代燃料。

注释 □alternative：形 替代的

0327 **93.**

正确答案 (A)

冠词与介词之间应当填入名词，因此有可能选择（D）“横幅”，但与表示时间的介词 during 搭配意思不通。因此正确答案是**动词 widen（加宽，拓宽）的动名词**（A）widening（扩张）。（B）是形容词“宽的”或副词“充分地”。（C）“广泛地”是副词。

翻译 在东南高速公路从两车道拓宽到四车道的过程中，预计会出现一些延迟。

注释 □lane：名 车道 □widening：名 扩张

0328 **94.**

正确答案 (D)

空格中需要填入关系代词 who 的先行词，作为句子主语**表示“人”的名词**。由于谓语动词是 were，所以正确答案是**复数名词**（D）participants（**参加者**）。（B）是单数形式，所以与谓语不一致。（A）“参加”是动词。（C）“参加”，不是“人”，无法作为关系代词 who 的先行词。

翻译 在最后一天填写了调查问卷的研讨会参加者都获得了一支印有主办方标志的钢笔。

0329 **95.**

正确答案 (D)

空格之前的内容 S examine V trends O 也是成立的，因此**在完整句子中修饰动词 examine（仔细检查）的副词**比较级（D）more attentively（更仔细地）是正确答案。（A）“注意的”是形容词。（B）“注意”是名词。（C）是形容词最高级。

翻译 卢卡斯 · 詹森要求营销部门在促销活动开始前更仔细地分析趋势。

注释 □attentively：副 注意地，专心地

☐ **96.** Each _______ is asked to fill out an evaluation form to provide
☐ comments and suggestions for improving the workshop.

(A) individual
(B) individuals
(C) individualistic
(D) individualism

☐ **97.** The acknowledgements section of a book usually appears on the
☐ page _____ the table of contents.

(A) follow
(B) following
(C) follows
(D) follower

☐ **98.** Philips Pharmaceuticals announced to _______ that its sales
☐ revenue in the fourth quarter is likely to exceed expectations.

(A) invest
(B) investments
(C) investors
(D) investing

☐ **99.** Of all the _____ in the museum, the landscape painting by Susan
☐ Owen is by far the most famous.

(A) work
(B) works
(C) working
(D) worked

☐ **100.** Please ensure that your submissions are _______ with the
☐ requirements of the Jules Mann Art Prize as outlined in the rulebook.

(A) complied
(B) compliance
(C) comply
(D) compliant

0330 **96.** 正确答案 (A)

空格中填入的应当是谓语动词 is 的**主语**，因此**单数名词**（A）（D）都有可能正确，而符合句子含义的是（A）**individual（个人）**。（D）“个人主义”的意思不通顺，而且不可数名词不能使用 each 修饰。（B）是名词复数，与谓语不符。（C）“个人主义的”是形容词。

翻译 每个人都被要求在评估表中填写意见和建议，以改善讲座。

注释 □ evaluation：名 评估，评价

0331 **97.** 正确答案 (B)

连接空格前的名词 page 和之后的名词短语 the table of contents（目录）的应当是**介词**（B）following（在……之后 =after）。following 还有作为形容词“接着的”、名词“下述”等重要用法。（A）“跟随”是动词。（C）是它的第三人称单数现在时。（D）“追随者”是名词。

翻译 一本书的致谢部分一般在目录之后的那一页。

注释 □ acknowledgements：名（作者的）致谢

0332 **98.** 正确答案 (C)

空格前的 **to 是介词**，掌握了 <announce to+ 人 +that S V> 这个句型，就可以得知正确答案是**名词（C）investors（投资家）**。动词 announce 不能接不定式，因此动词（A）“投资”是错误的。（B）“投资”是名词。（D）是动词的现在分词 / 动名词。

翻译 Philips 制药公司向投资者们宣布，第四季度的总销售额很可能会超出预期。

注释 □ exceed：动 超过

0333 **99.** 正确答案 (B)

空格中需要填入名词（A）或（B）。而可以表示包括句中**主语 landscape painting（风景画）**在内的集合名词是（B）**works（作品）**。空格前的 all 如果接可数名词，应当使用复数形式，因此单数形式的（A）是错误的，作为不可数名词时的意思“工作”也与句意不符。（C）“工作的”是形容词。（D）是动词的过去式 / 过去分词。

翻译 在博物馆的所有作品中，苏珊 · 欧文的风景画显然是最有名的。

注释 □ landscape：名 风景，景色 □ by far：（强调最高级、比较级）显然……得多

0334 **100.** 正确答案 (D)

空格中填入形容词（D）后，可构成 be complaint with ***X***（遵从 X）这一用法。动词 comply（遵从）是**不及物动词**，如果（A）是 complying 则是正确的。如果选择名词（B）“遵从”，则需要改为 S are in compliance with ***X*** 的句型。

翻译 报名时请确认您的作品符合规则手册中 Jules Mann 艺术奖的要求。

注释 □ be complaint with *X*：遵从 X

词性问题的基本公式

这里将频繁出现的词性问题总结成了一览表。虽然基本的解题思路是从句首开始，理解题目的含义，但如果实在无法理解时，可以牢记以下公式帮助解题(当然也有例外的情况)。

答案	公式	示例
正确答案是 < 名词 >	< 冠词 _______ 介词 >	a **store** in Tokyo
	< 冠词 + 形容词 _______ 介词 >	a large **store** in Tokyo
	< 及物动词 _______ 介词 >	open **stores** in Tokyo
	< 介词 _______ 介词 >	for **stores** in Tokyo
正确答案是 < 形容词 >	< 冠词 _______ 名词 >	a **nice** restaurant
	< 冠词 + 副词 _______ 名词 >	a really **nice** restaurant
	< 所有格 _______ 名词 >	his **nice** restaurant
	<be 动词 + 副词 _______ >	The weather was really **nice**.
正确答案是 < 副词 >	<have[has/had]_______ 过去分词 >	Tex has **easily** solved the problem.
	< 主语 _______ 谓语动词 >	Tex **easily** solved the problem.
	< 完整句子 _______.(句号)>	Tex solved the problem **easily**.
	< 不及物动词 _______.(句号)>	The tickets sold **easily**.
	< 助动词 _______ 动词原形 >	Tex can **easily** solve the problem.
	<be 动词 _______ 形容词 >	The problem was **easily** avoidable.
	<be 动词 _______ 分词([V] ing/ [V] ed)>	The problem was **easily** solved.
	<be 动词 + 过去分词 _______ >	The problem was solved **easily**.

第 2 章

动词问题

在“词性问题 ”之后，第二种常见的出题类型是“动词问题”。攻下“动词问题”，我们的着眼点要放在“主谓一致”“语态”和“时态”上。让我们通过充分利用这 3 个着眼点来掌握解答问题的诀窍吧。

题目数

102 题

题目编号

0335 ~ 0436

“动词问题”的解题方法

继“词性问题”之后，出题频率最高的就是“动词问题”。每次出 3 道题左右。选项包括相同动词的不同形式。这类问题，我们从以下 3 个角度来解答。

1 从“主谓一致”的角度求解

“主谓一致”指主语的人称和数量与动词的形式一致。这是很基本却很容易被忽略的一点。

☑ 确认要点

- **确认 SV**
- **三单现（第三人称单数一般现在时，下同）的 s**

2 从“语态”的角度求解

主语“做”什么是主动语态，“被做”什么是被动语态。需进行此项确认。

☑ 确认要点

- **确认是“做”还是“被做”**
- **空格处有无宾语**

3 从“时态”的角度求解

动词所表示的动作、状态是什么时候的事情？是过去、现在还是未来……需找到能指定时态的关键词。

☑ 确认要点

- **时间关键词**

让我们通过解答各类例题，一起来学习要点吧！

1 从“主谓一致”的角度求解

例题

0335 从 A ~ D 选项中选择 1 个填入空格中。

The new supervisor ______ an open-door policy for staff to come in and talk about their concerns with day-to-day operations.

(A) institute
(B) is instituting
(C) to institute
(D) have instituted

基本的解题方法

① 检查选项

选项中排列着动词 institute 的各种不同形式，（A）为原形或现在时 /（B）为现在进行时 /（C）不定式 /（D）现在完成时。顺便提一下，institute 作动词表示“开始、制定（制度等）”，在“动词问题”中即使不知道意思也可以解答。重要的是形式。

② 检查主语（S）和谓语动词（V）

接下来确认句子的主语 (S) 和谓语动词 (V)。本句的主语是 The new supervisor，但是找不到谓语动词（to come in and talk 是不定式）。也就是说，空格处需要谓语动词。此时，可以把不定式（C）排除在正确答案备选项之外。

③ 检查三单现的 s

下一个检查点是“三单现的 s”，即主语为第三人称单数、时态为一般现在时的情况下，动词后面的“s”。因为主语 The new supervisor（新主管）为“第三人称单数”，所以一般现在时（A）必须是 institutes，现在完成时（D）必须是 has instituted。所以，唯一主谓一致的现在进行时（B）is instituting 为正确答案。

正确答案 (B)

翻译 新主管正在制订一项开放政策，让员工进来谈论他们对于日常运作的担忧。

2 从“语态”的角度求解

例题

0336 从 A ~ D 选项中选择 1 个填入空格中。

The Employee of the Year Award ______ to Office Support Assistant, Joyce Perry for her outstanding work ethic.

(A) was presenting
(B) has presented
(C) was presented
(D) had been presenting

基本的解题方法

① 检查选项

（A）过去进行时 /（B）现在完成时 /（C）被动语态的过去时 /（D）过去完成进行时。请记住它们的不同形态。

② 检查主语（S）和谓语动词（V）

由于这个句子的主语是 (S)The Employee of the Year Award，没有找到谓语动词 (V)，所以应在空格处填入谓语动词。4 个选项都可以是谓语动词，而且都正确对应第三人称单数的主语，所以此题无法从“主谓一致”的角度求解。

③ 检查是“做”还是“被做”

其次，从“语态”的角度来看选项，（C）为被动语态“be 动词 + 过去分词”，其他为主动动态。考虑到该句的含义，主语 Award（奖项）和动词 present（授予）之间存在“被授予奖项”的被动关系。因此，唯一的被动语态（C）was presented 是正确的。

④ 检查“主动”还是“被动”

另外，因为 present 是及物动词，如果是主动语态的话，则一定要有宾语。句中空格后是介词 to，没有作为宾语的名词。从这一点也可以判断出，该句是宾语移动到主语位置上的被动句，可以选择（C）。如果在考试中不明白动词的意思，那么就着眼于空格后有无宾语。有宾语（名词）的话选择主动语态，没有宾语则选择被动语态，这是解决动词问题的固定规律。

正确答案 (C)

翻译 “年度最佳员工奖”被授予办公室业务助理乔伊斯 · 佩里，以表彰其卓越的工作态度。

注释 □ work ethic：工作精神，工作态度

3 从“时态”的角度求解

例题

0337 从 A ~ D 选项中选择 1 个填入空格中。

The accounting department ______ travel reimbursement forms at the meeting next week.

(A) distributed
(B) distributing
(C) was distributing
(D) will distribute

基本的解题方法

① 检查选项

(A)过去式和过去分词 /(B)现在分词和动名词 /(C)过去进行时 /(D)将来时。

② 检查主语（S）和谓语动词（V）

该句的主语是 accounting department，空格处需要填入谓语动词。因此，首先把（B）排除在正确答案备选项（-ing 形式作谓语动词必须有 be 动词）之外。

③ 检查“时间关键词”

剩下的选项均主谓一致，且是主动语态，所以不能从“主谓一致”“语态”的角度进一步缩小正确答案的范围。因此，从“时态”的角度来看该句，最后发现 next week（下周）这一“时间关键词”。这是空格处动词的时态，所以（D）will distribute 是正确答案。

正确答案 (D)

翻译 会计部将在下周的会议上分发差旅费报销表。

注释 □ reimbursement: 名 退还

3 种角度结合

选项中相同动词的不同形式并列的问题，基本上是从前面讲解的“主谓一致”“语态”“时态”这 3 个角度来考虑。

在这里，我们分别进行了论述，在本考试中还会出现“主谓一致与语态”“语态与时态”这样的组合题。在以后的练习中也会包含这样的问题，所以要掌握巧妙地并用 3 个角度来解题的诀窍。

-ing 形式

在实际挑战“动词问题”之前，我想先介绍一下“-ing 形式”。平时在专科学校指导 TOEIC L&R 时，初中级学生大多对“-ing 形式”的理解含糊不清。在“动词问题”中，对“-ing 形式”的正确理解是必要的，下面我们来简单总结一下。

首先，“-ing 形式”分为“现在分词”和“动名词”两种。

◎ 现在分词

有进行时、形容词、分词结构三种用法。

[1] 进行时

如例 ❶ 所示，以“be 动词 + 现在分词”的形式作为谓语动词使用。

2 形容词

称为分词的形容词用法。单独使用时，在名词前面修饰名词，如例❷It was an exciting game·原则上，如果伴随的修饰词在 2 个以上，则后置修饰名词，如例❸There is a man working in an office.

3 分词结构

如例❹ Mr. Kato entered the room，holding a cup of coffee.（加藤先生拿着咖啡杯进了房间。），可以在句子的末尾放置一个以 ing 开头的短语来表示“一边……一边……”。短语 holding a cup of coffee（拿着咖啡杯）作为修饰句子整体的副词发挥作用。

也可以以同样的方式在前句中添加补充信息，如例❺ Over 1,000 people attended the event，making it a big success.(1000 多人参加了这次活动，使之获得了巨大的成功。)

即使是现在分词在句首的 <V ing...，S V.> 形式中的分词结构，以分词开头的短语也可以作为为逗号后句子补充信息的状语发挥作用。无论哪种形式，都要确保句子的主语 (S) 和现在分词之间存在“S 做……，S 正在做……”的主动关系。

◉ 动名词

和名词一样，主要作为主语、及物动词、介词宾语、补语发挥作用（参照前文例句）。

“-ing 形式”只有在“be 动词 + 现在分词”为进行时的情况下，才作为谓语动词发挥作用。在“动词问题”中，当空格处需要谓语动词时，不要选择没有 be 动词的“-ing 形式”。

-ed 形式

在解决语法问题时，正确理解 -ed 形式和 -ing 形式都是必不可少的。

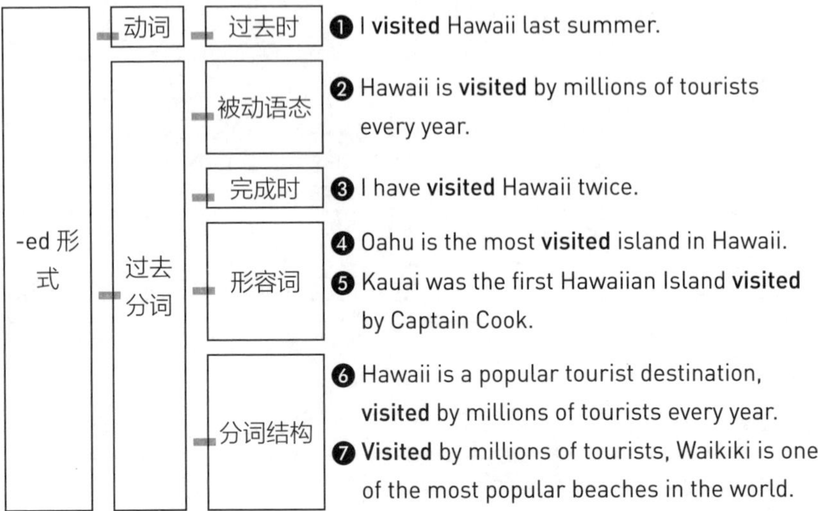

首先，-ed 形式分为“动词(过去时)”和“过去分词”两种。

◎ 动词（过去时）

如例 ❶，作句子的谓语动词。

◎ 过去分词

1 被动语态

如例 ❷ Hawaii **is visited** by millions of tourists every year.（每年有数百万游客来到夏威夷），用“be 动词 + 过去分词”的组合来表示“被……”的被动语态。

2 完成时

如例 ❸, <have [has]+ 过去分词 > 为现在完成时，<had+ 过去分词 > 为过去完成时，<will have+ 过去分词 > 为将来完成时，表示到某一时间点为止完成或持续的完成时态。

3 形容词

和 "-ing 形式" 一样，作形容词。如例 ❹ Oahu is the most **visited** island in Hawaii.（瓦胡岛是夏威夷最多人到访的岛屿。），及物动词的过去分词单独修饰名词，表示 "被……" 的被动意义。

及物动词的过去分词也可以单独修饰名词，如 fallen leaves（落下的叶子）或 returned CEO（回归的首席执行官），表示 "完成"，但实例有限。

另外，与 "-ing 形式" 和普通的形容词一样，伴随的修饰词在 2 个以上时，原则上后置修饰名词，如例 ❺ Kauai was the first Hawaiian Island **visited** by Captain Cook. 考艾岛是库克船长到访的第一座夏威夷岛屿。

4 分词结构

在 <SV，Ved...> 句式中作状语，给前句添加补充信息，如例 ❻Hawaii is a popular tourist destination，**visited** by millions of tourists every year.（夏威夷是一个很受欢迎的旅游胜地，每年有数百万游客来访。）

如例 ❼ **Visited** by millions of tourists，Waikiki is one of the most popular beaches in the world. 也有以过去分词开头的状语出现在句子开头的 <Ved... SV.> 形式。在这种情况下，要确保句子的主语 (S) 和过去分词之间存在被动关系。

总结

- ☐ 从 "主谓一致" "语态" "时态" 3 个角度求解
- ☐ "主谓一致" 的确认要点
  - 确认 SV
  - 三单现的 s
- ☐ "语态" 的确认要点
  - **确认是 "做" 还是 "被做"**
  - **空格后有无宾语**
- ☐ "时态" 的确认要点
  - **时间关键词**

下一页开始是练习题。一起来实践到目前为止学到的 "解题方法" 吧！

牛刀小试

题目数 9 题

“动词问题”基础9题

◉ 从 A~D 选项中选择 1 个填入空格中。

☐☐ **1.** Seaside Hotel is now _____ a manager for their newly opened branch in Urayasu.

(A) recruit
(B) recruits
(C) recruiting
(D) recruitment

☐☐ **2.** The new city regulation _____ only to companies with 100 or more employees.

(A) pertinent
(B) pertains
(C) pertaining
(D) pertain

☐☐ **3.** Fountain Investment could possibly _____ the goal of a 30 percent reduction in operational costs for the year.

(A) achieve
(B) achieving
(C) achieves
(D) achievable

☐☐ **4.** For a short time, Greg Smith lived in the Village of Caronport before _____ to Vancouver Island at the age of eighteen.

(A) move
(B) moves
(C) moving
(D) movement

0338 **1.** 正确答案 (C)

现在分词（C）**recruiting与空格前的is组合**，形成现在进行时的句子。（A）（B）是动词原形/现在时，不能与be动词一起使用。（D）“吸收”是名词。

recruit 在表示“录用、补充（人）”作动词的基础上，也频繁作名词表示“新职员”，如，Ms. Patel is training new recruits.（帕特尔女士正在培训新职员。）

翻译 Seaside酒店目前正在为其位于浦安的新分店招聘经理。

0339 **2.** 正确答案 (B)

The new city regulation是主语，空格处需要**谓语动词**，所以留下（B）（D）。其次，主语的数量是**单数**。因此，带有“三单现s”的（B）pertains是正确答案。pertain to *X*是“与X相关”的意思。（D）需要带s。（A）“相关的”，是形容词。（C）作为后置修饰名词的分词使用，如issues pertaining to *X*（关于X的问题）。

翻译 这项新城市条例只与拥有100名以上雇员的企业相关。

注释 □ pertain to *X*：与X相关

0340 **3.** 正确答案 (A)

因为选项是动词achieve（达到）的派生词，所以以空格前后为中心确认句子结构。因为空格前副词possibly前有**助动词could**，所以动词原形（A）achieve是正确答案。（B）是现在分词/动名词。（C）是第三人称单数现在时。（D）“可能达成的”，是形容词。<**助动词** ____ >和<**助动词+副词** ____ >是动词原形为正确答案的基本模式。

翻译 Fountain投资或许能实现今年运营成本降低30%的目标。

注释 □ investment: 名 投资　□ reduction : 名 削减，减少

0341 **4.** 正确答案 (C)

由于空格前的介词before起连接**名词和动名词**的作用，所以动词move（搬家）的动名词（C）moving是正确答案。move也有名词“搬家”的用法，但在这种情况下，是可数名词，需要a和his。（B）是名词的复数形式或动词的第三人称单数现在时，名词与句意不符。（D）“行动”是名词，但不符合句意。**介词before/after之后的空格处选择动名词的问题**出现频繁。

翻译 格雷格·史密斯在18岁时搬到温哥华岛之前，在卡伦波特村住了很短一段时间。

☐ **5.** Gary Anderson was honored by family and friends at a party ____ his retirement after nearly 35 years of service.
☐
(A) celebrate
(B) celebrating
(C) celebrated
(D) celebration

☐ **6.** To apply for a patent, several countries still require that all documents _____ into their own languages.
☐
(A) translate
(B) are translating
(C) translated
(D) be translated

☐ **7.** Future Software is a company that produces language learning materials for which it _____ numerous awards over the past ten years.
☐
(A) receives
(B) has received
(C) is receiving
(D) would receive

☐ **8.** The lounges on the third floor _____ for business and first-class passengers with a same-day return ticket.
☐
(A) reserved
(B) have been reserving
(C) reserving
(D) are reserved

☐ **9.** _____ more than 1,000 people, Sunshine Manufacturing is one of the most important businesses in the town of Bicol.
☐
(A) Employ
(B) Employed
(C) Employing
(D) Employment

0342 **5.** 正确答案 (B)

因为空格前的句子成立，所以空格后应是修饰要素。紧接空格后有作为**宾语的名词his retirement**，所以填入现在分词（B）celebrating，就会形成“庆祝他退休→派对”和修饰party的现在分词短语，从而使句意通顺。（C）作过去分词时，和现在分词一样，可以后置修饰名词。但是由于没有表现出被动的意思，所以变成了“被庆祝的派对”，句意不通。此外，后面没有伴随名词。（D）“庆祝”是名词。

翻译 加里·安德森结束了近35年的工作后，在庆祝他退休的派对上受到了家人和朋友的表扬。

0343 **6.** 正确答案 (D)

空格处需要require thatⓈ Ⓥ中的V。首先，在require之类表示**要求的动词之后的that从句中，V为原形**（虚拟语气现在时）。选项中，原形为（A）和（D）。其次，主语all documents（所有文件）和动词translate（翻译）处于“文件被翻译”的被动关系。因此，被动式（D）be translated是正确答案。如果是主动式（A），就会变成“文件翻译”。

翻译 在申请专利时，一些国家仍要求将所有文件翻译成该国语言。

注释 □ patent: 名 专利

0344 **7.** 正确答案 (B)

句末over the past ten years（在过去的10年间），是表示从过去到现在的时间段的时间关键词。因此，**现在完成时**（B）has received是正确答案。（A）（C）的时态不符。（D）是过去时和虚拟语气中使用的形式。在<**over the past**+时间段>的时态问题中，现在完成时为正确答案的关键词之一。

翻译 Future软件是一家制作语言教材的公司，在过去10年中获得了多项奖项。

0345 **8.** 正确答案 (D)

空格处需要主语The lounges的**谓语动词**。因为“休息室”和reserve（预约）之间存在“被预约”这一被动关系，所以被动语态（D）are reserved是正确答案。（A）和（B）状态不符。（C）是现在分词/动名词。因为空格后没有作为**及物动词reserve宾语的名词**，所以也可以选择宾语出现在主语位置上的被动语态。

翻译 3楼的休息室是为持有当日往返机票的商务舱和头等舱乘客保留的。

0346 **9.** 正确答案 (C)

空格在句首，选项中有现在分词和过去分词时，很可能是<分词～，Ⓢ Ⓥ.>形式中的**分词结构**。将省略的主语（Sunshine制造公司）置于句首，则为Sunshine ManufacturingⓈ employs more than 1,000 people。因为主语和动词之间存在主动关系，所以现在分词（C）Employing是正确答案。（B）表示被动，所以意思不通顺。（A）“雇用”是动词原形。（D）“雇用”是名词。

翻译 Sunshine制造公司雇用了1000多人，是比科尔镇最重要的企业之一。

实战演练

题目数 90 题

“动词问题”终极90题

◎ 请按照 1 题 20 秒的速度作答。

□ □ **1.** Before submitting a request, please _____ to the vacation policy printed in the employee manual.

(A) refer
(B) referred
(C) referring
(D) to refer

□ □ **2.** As Ms. Smith has already received a permit from the city, she looks forward to _____ construction of her driveway soon.

(A) begin
(B) began
(C) begins
(D) beginning

□ □ **3.** Apple Airways announced that it will temporarily _____ the number of weekly flights to Bangkok from June 1.

(A) reduce
(B) reduces
(C) reduced
(D) reducing

□ □ **4.** *The Tokyo Tribune* _____ 50 percent off home delivery for new readers when they sign up for a year's subscription.

(A) offer
(B) is offering
(C) offering
(D) have offered

□ □ **5.** A passenger criticized the travel agency for _____ to respond quickly to her request for discount tickets.

(A) failing
(B) was failing
(C) has failed
(D) fails

0347 **1.** 正确答案 (A)

由于 please 后面的动词是**原形**（祈使句），所以（A）refer（参照）是正确答案。即使不知道选项中的单词，只要抓住“从其他选项中，去掉 -ing/-ed 就是动词原形”这一固定规律就能得出正确答案。

在本考试中，在没有 please 的祈使句句首，以及助动词后空格处选择动词原形的题目频繁出现。

翻译 在提交申请之前，请参考员工手册中列出的休假政策。

0348 **2.** 正确答案 (D)

在空格前的 looks forward to 中，**to 是介词**，后面是**动名词**或**名词**。因此，正确答案是动名词（D）beginning。不要判断 to 为不定式符号，选择动词原形（A）。（B）是过去式，（C）是动词第三人称单数现在时。同一类型的试题在 Part 6 中也有例子。

翻译 由于史密斯女士已经收到了城市的许可证，所以她期待着尽快开始建造她的车道。

0349 **3.** 正确答案 (A)

因为空格前有**助动词 will**，所以空格应填入**动词原形**。正确答案是（A）reduce（减少）。（B）是动词第三人称单数现在时，（C）是过去式 / 过去分词，（D）是现在分词 / 动名词，都不能放在助动词后面。像本题这样，不是紧随助动词之后，而在助动词之间插入的修饰语副词之后接空格的模式频繁出现。

翻译 Apple 航空公司宣布，将从 6 月 1 日起暂时减少每周飞往曼谷的航班。

0350 **4.** 正确答案 (B)

将主语 *The Tokyo Tribune* 看作**单数**，空格处需要谓语动词。选项中，单数形式主语对应的谓语动词只有现在进行时（B）is offering。（A）需要“三单现 s”，应为 offers。（C）是现在分词 / 动名词。（D）为现在完成时，如果是 has offered 的话，则是正确答案。

翻译 《东京论坛报》为注册年度订阅的新读者提供 50% 的送货上门折扣。

0351 **5.** 正确答案 (A)

空格前的**介词 for** 后面必须有作为**宾语的名词或动名词**。动词只要转换成动名词即可，所以正确答案是（A）failing。fail to do 表示“做……失败”。（B）（C）（D）都是谓语动词的形式，所以不能用作介词的宾语。（D）也有名词“不合格”（复数形式）的用法，但是句意不通。

翻译 一位乘客批评旅行社没有迅速回应她打折机票的要求。

注释 □ criticize：动 批评

☐ ☐ **6.** Mail carriers _____ to wear comfortable shoes as their work involves considerable walking.

(A) encourage
(B) encouraging
(C) are encouraged
(D) have encouraged

☐ ☐ **7.** The DroidPhone 9000 is built for durability and should _____ being dropped from heights of up to seven meters.

(A) withstand
(B) withstood
(C) withstanding
(D) withstands

☐ ☐ **8.** The manager hired additional employees _____ in the store during the busy summer months.

(A) assist
(B) assisted
(C) assists
(D) to assist

☐ ☐ **9.** Beyond the dwindling supply, the multinational oil giant is facing a growing number of risks that could _____ its future.

(A) jeopardize
(B) jeopardized
(C) jeopardizing
(D) will jeopardize

☐ ☐ **10.** To help us assist your business further, please _____ a customer satisfaction survey.

(A) complete
(B) completed
(C) completion
(D) completely

0352 6. 正确答案 (C)

主语“邮递员”是to之后“被鼓励”的对象，正确答案是**被动语态**（C）are encouraged。空格后没有作为及物动词 encourage 宾语的名词，这也是选择被动语态的依据。本题是encourage O to do的转换。在被动句中，O（宾语）出现在主语位置上。

翻译 建议邮递员穿舒适的鞋子，因为他们的工作要求走相当远的距离。

注释 □ carrier：名 邮递员 □ considerable：形 许多，大量的

0353 7. 正确答案 (A)

因为空格前有**助动词 should**，所以正确答案是**动词原形**（A）withstand（承受）。withstand 是 Part 5 词汇题中的重要词汇。（B）是过去式 / 过去分词。空格后的 being dropped（被坠落）是＜动名词 + 过去分词＞形式的动名词短语，是withstand 的宾语。

翻译 DroidPhone 9000 的设计十分耐用，可以承受 7 米高空的跌落。

注释 □ withstand：动 承受

0354 8. 正确答案 (D)

空格之前为 The manager (S) hired (V) additional employees (O)。如果在空格处填入不定式（D）to assist，就可以为前面的名词加上补充信息“新增雇员→帮忙”。如果把（B）当作过去分词填入空格，就会变成“被帮忙的员工”，没有意义。

翻译 在夏季繁忙的几个月里，经理雇用了新增雇员到店里帮忙。

0355 9. 正确答案 (A)

因为空格前有**助动词 could**，所以填入空格的应是**动词原形**。所以，（A）jeopardize（危及）是正确答案。因为不能重复使用助动词，所以（D）不正确。

在“动词问题”中，jeopardize 之类难度很大的单词经常会出现在选项中，但是冷静下来，按照语法的基本规则来解答是很重要的。

翻译 除了供应不断减少，这家跨国石油巨头还面临着越来越多可能会危及未来的风险。

注释 □ dwindling：形 减少的 □ jeopardize：动 危及

0356 10. 正确答案 (A)

因为空格前有 **please**，所以正确答案是**动词原形**（A）complete（完成）。complete 经常作为形容词表示“完全的”。（B）是过去式 / 过去分词。（C）“完成”，是名词。（D）副词，表示“完全地”。这种词性问题和动词问题混合的类型经常会出现在考试中。

翻译 请填写客户满意度调查，以便我们更好地为您服务。

□ **11.** Premium Luxury Products experienced another year of strong
□ growth, _____ its leadership in the cosmetics industry.

(A) confirms
(B) confirmed
(C) confirming
(D) confirmation

□ **12.** Because personal computers _____ outdated so rapidly, many
□ large companies are choosing to lease.

(A) become
(B) becomes
(C) is becoming
(D) becoming

□ **13.** The newly appointed president has already _____ to resign if the
□ company does not reach profitability by the end of the year.

(A) promise
(B) promised
(C) promises
(D) promising

□ **14.** Because the warranty _____ already, the dealer will not be able
□ to cover the repair cost.

(A) is expiring
(B) has expired
(C) will expire
(D) expires

□ **15.** Ms. Adams _____ office supplies on the third Friday of each
□ month, so you should contact her if you need any.

(A) order
(B) ordered
(C) orders
(D) to order

0357 **11.** 正确答案 (C)

谓语动词 experienced 已经存在，所以填入空格处的是分词（B）或（C）。如果把空格后的名词 its leadership 作宾语，把**现在分词**（C）confirming 补充到空格处，就形成了分词结构。过去分词（B）表示被动意义，不接宾语。（A）为第三人称单数现在时，是谓语动词的形式。

翻译 Premium Luxury Products 公司在再次经历了大幅增长的 1 年后，巩固了其化妆品行业领导者的地位。

0358 **12.** 正确答案 (A)

空格处需要填入 Because 从句主语 personal computers 的**谓语动词**。因为主语是**复数名词**，所以与之对应的现在时（A）become 是正确答案。（B）不需要“三单现的 s”。（C）如果 be 动词不是 is 而是 are，则为正确答案。（D）是现在分词 / 动名词，不作谓语动词。

Because 从句的谓语动词 become 可以用于 SVC 形式，这一点也值得注意。

Because personal computers [S] become [V] outdated [C] ...

翻译 计算机的淘汰速度如此之快，许多大公司现在都采用租赁方式。

注释 □ outdated：形 过时的

0359 **13.** 正确答案 (B)

空格前的 has already 是现在完成时的一部分，所以如果在空格中补充**过去分词**（B）promised，就能构成正确的句子。另外，already（已经）是副词，不能修饰后面的名词。因此，把 promise 看作及物动词 has 的宾语名词，选择（A）和（C）在语法上是不恰当的。

翻译 新任命的总经理已经承诺，如果年底前不能盈利就辞职。

注释 □ resign：动 辞职 □ profitability：名 盈利

0360 **14.** 正确答案 (B)

空格处应填入 Because 从句主语 the warranty 的**谓语动词**。因为无法从“主谓一致”“语态”角度解题，所以“**时态**”是关键。因为空格后有过去时和完成时态中使用的 **already**（已经），所以**现在完成时**（B）has expired（已到期）是正确答案。其他选项时态不符。

翻译 由于产品质保已经到期，经销商无法承担维修费用。

0361 **15.** 正确答案 (C)

主语是 Ms. Adams，为**第三人称单数名词**，空格处需要**谓语动词**。表示每月进行的 <习惯性行为>，时态是**现在时**。因此，带有“三单现 s”的（C）orders 是正确答案。（A）主谓不符。（B）过去时与逗号之后的句意不符，如果今后还需要办公用品，就要与此人取得联系。

翻译 亚当斯女士会在每月的第 3 个星期五订购办公用品，如果有什么需要请联系她。

☐ **16.** Yesterday morning, the district supervisor ______ by a local store
☐ for her monthly visit.

(A) drop
(B) will drop
(C) dropped
(D) was dropped

☐ **17.** Attracted by lower rent and convenient access to public
☐ transportation, Magic Media Company ______ to Tarrytown next spring.

(A) was relocated
(B) to relocate
(C) will relocate
(D) relocated

☐ **18.** Twenty one percent of those surveyed believe house prices in
☐ Richland ______ by 10% or more in the next twelve months.

(A) be raised
(B) will rise
(C) rising
(D) rose

☐ **19.** Designers at Star Electronics are ______ about the prospect of
☐ winning the prestigious award.

(A) excite
(B) excited
(C) exciting
(D) excitement

☐ **20.** Transcripts of all the presentations that were ______ during the
☐ conference can be found on the official Web site.

(A) give
(B) gave
(C) given
(D) giving

0362 **16.** 正确答案 (C)

因为句首有 Yesterday morning，所以过去时（C）（D）是正确备选项。主语 the district supervisor（地区负责人）是 drop by（访问）方，所以正确答案是主动语态的（C）dropped。（D）表示“地区负责人被商店落下”，句意不通。

翻译 昨天上午，地区负责人来到当地一家商店，进行每月一次的访问。

0363 **17.** 正确答案 (C)

句末有表示将来的“时间关键词” **next spring（明年春天）**，所以正确答案是伴随 will 的将来时（C）。（A）（D）为过去时，时态不符。

relocate 为“转移，使转移”的意思，要注意有不及物动词、及物动词两种用法（will be relocated 也是正确的）。

翻译 由于低廉的租金和便利的公共交通工具，魔幻传媒公司将于明年春天搬到塔里敦。

0364 **18.** 正确答案 (B)

S believe（that）... 中连词 that 被省略，空格处需要填入 that 从句主语 house prices 的谓语动词。句末的 in the next twelve months（在今后 12 个月内）表示将来的时间段，所以（B）will rise 是正确答案。（D）时态不符。

翻译 21% 的受访者认为，里奇兰的房价在未来 12 个月内将飙升 10% 甚至更高。

0365 **19.** 正确答案 (B)

空格处需要前面 be 动词 are 的补语。主语设计师对得奖的可能性“感到兴奋”，因此，表示被动意义的过去分词（B）excited 是正确答案。现在分词（C）“令人兴奋”，句意不通，而且 excite 是及物动词，需要宾语。名词（D）“兴奋”也可以作为补语，在这里与句意不符。

翻译 Star Electronics 公司的设计师对有可能赢得这一知名奖项感到兴奋。

0366 **20.** 正确答案 (C)

空格前的 that 是主格关系代词，先行词为 the presentations。因为“发表”是“被进行”的一方，所以正确答案是与 be 动词 were 组合形成被动语态的过去分词（C）given。现在分词（D）填入后句意不通。由于空格后没有及物动词 give 的宾语，所以是被动语态，也可以根据这一语法点来解决问题。

翻译 会议期间所做的所有演示文稿记录均可在官方网站上查看。

注释 □ transcript: 名（演讲等的）笔录

☐ ☐ **21.** The information that you requested will be _____ to your e-mail address within 24 hours.

(A) send
(B) sending
(C) sent
(D) sends

☐ ☐ **22.** The addition of a new dish to the menu, featuring local food, ____ in favorable feedback from customers.

(A) resulted
(B) resulting
(C) was resulted
(D) have resulted

☐ ☐ **23.** A wonderful antique chair was _____ to the museum by an anonymous donor.

(A) contribute
(B) contributed
(C) contributing
(D) contributions

☐ ☐ **24.** Audio One has been _____ this year despite the fact that personal music players are selling at record numbers.

(A) struggle
(B) struggles
(C) struggled
(D) struggling

☐ ☐ **25.** Nippon Noodle sells most of its products online, but some of them can also _____ at Asian grocery stores.

(A) buy
(B) buying
(C) to buy
(D) be bought

0367 **21.** 正确答案 (C)

与空格前be动词原形be组合的是分词(B)或(C)。因为主语The information是“被发送”的一方，所以构成**被动语态的过去分词**（C）sent是正确答案。现在分词（B）填入后句意不通。由于空格后没有及物动词sent的宾语，所以也可以选择宾语出现在主语位置上的被动语态。

翻译 您请求的信息将在24小时内发送到您的电子邮件地址。

0368 **22.** 正确答案 (A)

空格处应填入与主语The addition对应的**谓语动词**。在谓语动词（A）（C）（D）中，result是不及物动词，因此不会成为（C）的被动语态。另外，由于主语是第三人称单数形式，现在完成时形态（D）必须是has resulted。因此，过去时（A）resulted是正确答案。

翻译 菜单中增加了以本地食材为特色的新菜品，得到了顾客的积极响应。

注释 □addition：名 增加（数） □favorable：形 赞同的，有利的

0369 **23.** 正确答案 (B)

与空格前be动词was组合的是分词（B）或（C）。主语chair（椅子）是“被捐赠”的一方，因此**过去分词作为被动语态**的（B）contributed（被捐赠）是正确答案。现在分词（C）填入后句意不通。名词（D）“捐赠，捐赠品”可以作为补语，但由于是复数形式，与单数形式的主语数量不符。

翻译 一位匿名捐赠者向博物馆捐赠了一把精美的古董椅子。

注释 □anonymous：形 匿名的 □donor：名 赠送人，捐赠者

0370 **24.** 正确答案 (D)

因为空格前是has been，所以有可能填进空格处的是分词(C)或(D)。动词struggle(挣扎)是不及物动词，不用于被动语态，所以过去分词（C）不可能。用于主动语态现在完成进行时的现在分词（D）struggling是正确答案。（A）是原形/现在时。（B）是第三人称单数现在时。

翻译 Audio One公司尽管在个人音乐播放器销量上创下了纪录，今年却一直处于挣扎中。

0371 **25.** 正确答案 (D)

空格前有**助动词can**，所以填入空格的应是**动词原形**（A）或（D）。逗号之后的从句主语some of them中的them指its products。因为产品是“被购买”的一方，所以正确答案是被动语态（D）be bought。由于产品不是“购买”的一方，因此主动语态的（A）填入后句意不通。

翻译 Nippon Noodle公司的大部分产品都在网上销售，但一些产品也可以在亚洲的食品杂货商店购买。

☐ **26.** Mr. Murphy sent a letter of complaint to the manufacturer, as two
☐ of the garden lamps he received were ______ and did not operate properly.

(A) broken
(B) breaker
(C) breaks
(D) breaking

☐ **27.** According to a national survey, purchases of cars fell 0.2 percent,
☐ while money ______ on utilities was unchanged.

(A) spend
(B) spends
(C) spent
(D) will spend

☐ **28.** First State Bank has streamlined its procedures for business
☐ clients, ______ on simplifying the process for obtaining short-term loans.

(A) focus
(B) focusing
(C) focused
(D) focuses

☐ **29.** Participants in last week's business trip ______ to submit the
☐ travel expense report as promptly as possible.

(A) have required
(B) are requiring
(C) will require
(D) are required

☐ **30.** Residents of Yankton recently received a letter from the mayor __
☐ them to attend a community meeting on May 1.

(A) inviting
(B) invite
(C) invited
(D) are invited

0372 **26.** 正确答案 (A)

S V, as S V . 为整体形式。由于逗号后 as 从句的主语 two of the garden lamps 是“被破坏”的一方，所以正确答案是与空格前 were 组合形成**被动语态的过去分词** (A) broken。空格前的部分是 the garden lamps (which) he received，其中充当宾语的关系代词被省略了。

翻译 墨菲先生向厂家发出了投诉信，原因是收到的花园灯中有两盏坏了，无法正常工作。

0373 **27.** 正确答案 (C)

while 引导的从句的主语是 money，谓语动词是 was unchanged。从空格到 utilities 是**主语的修饰语**，所以用作后置定语的**过去分词** (C) spent 是正确答案。money (which was) spent on *X* (用于 X 的钱) 中过去分词表被动。

翻译 一项全国调查显示，尽管公共费用支出金额没有变化，购车数量却下降了 0.2%。

0374 **28.** 正确答案 (B)

从句首到逗号是主句，空格后是**分词结构作状语**。分词的逻辑主语是主句主语 First State Bank。这个银行是对 on 之后的搭配进行 focus on (倾注) 的一方，所以表示**主动意义的现在分词** (B) focusing 是正确答案。表示被动意义的过去分词 (C) 填入后句意不通。

翻译 第一国家银行致力于简化使用短期借款的流程，为法人客户简化了程序。

注释 □ streamline：动 使有效率，使合理化 □ simplify：动 使简化

0375 **29.** 正确答案 (D)

空格处需要主语 Participants (参与者) 的**谓语动词**。因为参加者是“被要求”提交报告书的一方，所以**被动语态** (D) are required 是正确答案。空格后没有作为及物动词 require 宾语的名词，也表明被动语态是正确答案。正确答案以外的选项都与主动语态不一致。

翻译 上周参与出差的人被要求尽快提交旅行费用报告。

0376 **30.** 正确答案 (A)

空格前为主句，空格后是为 a letter 添加补充信息的分词短语。**现在分词** (A) inviting 伴随着宾语 them，作表主动意义的修饰语，表示“邀请他们的→信”。因为书信不是“被邀请”的一方，所以表示被动意义的过去分词 (C) 填入后句意不通。另外，过去分词不伴随宾语。

翻译 扬克顿的居民最近收到了市长的邀请函，将参加 5 月 1 日的社区集会。

TOEIC L&R 的世界是经常追求效率的合理社会，因此第 28 题中出现的 streamline(使有效率 / 合理化 / 简化)是重要的单词之一。

☐ **31.** Mr. Stallard has requested that sales representatives ______ their
☐ customers' telephone calls immediately and without fail.

(A) return
(B) returned
(C) returning
(D) to return

☐ **32.** Members of the historical society ______ a budget proposal for
☐ the exhibition to the museum's curator.

(A) are submitted
(B) have submitted
(C) submitting
(D) would submit

☐ **33.** The Tokyo Symphony Orchestra has been performing for over 20
☐ years, having ______ more than 12 countries worldwide.

(A) tour
(B) tours
(C) toured
(D) touring

☐ **34.** Smooth Communication's Chairperson, Mr. Roberts said the
☐ board had no plans ______ its CEO because they had absolute confidence in his ability.

(A) replace
(B) replaced
(C) to replace
(D) replacement

☐ **35.** The new software provides users with an option ______ higher
☐ quality prints although it takes substantially longer.

(A) request
(B) to request
(C) requested
(D) requesting

0377 **31.** 正确答案 (A)

在表示**要求和建议**的动词（如 request）后的 that 从句中，谓语动词的形式与主语的单复数和时态无关，使用动词原形（虚拟语气现在时表示想要实现的愿望）。因此，（A）return 是正确答案。过去时（B）填入后句意不通，所以即使不知道虚拟语气规则也能解答。

表示要求和建议的动词，除了 request 之外，ask，demand，insist，recommend，suggest 等也很重要。

翻译 史泰拉德先生要求销售代表能够立即回复客户的电话。

0378 **32.** 正确答案 (B)

空格后紧接宾语 a budget proposal，作为主语 Members 的谓语动词发挥作用的现在完成时（B）have submitted 是正确答案。（A）被动语态，不接宾语。（D）表示过去习惯的用法，但是"习惯性地提出了一项展览会预算方案"，句意不合适。

翻译 历史协会的会员们向博物馆馆长提交了展览预算方案。

注释 □ curator：名 馆长

0379 **33.** 正确答案 (C)

句首到逗号是主句，逗号后是以现在分词 having 开头的**分词结构 <having+ 过去分词>**（现在分词），表示谓语动词（现在完成时 has been performing）之前的事情，（C）toured 是正确答案。如果把（B）看作名词，则句意不通。此外，如果没有 tours in 和介词，则无法与后续语句衔接。

翻译 东京交响乐团在世界上超过 12 个国家巡回演出已有 20 余年。

0380 **34.** 正确答案 (C)

空格前 Mr. Roberts said（that）... 省略了关系代词 that。如果在空格处填入不定式（C）to replace，紧接着的 its CEO 作伴随宾语，"更换 CEO →计划"，不定式是修饰**名词 plans 的后置定语**。表示被动意义的过去分词（B）不接宾语。

翻译 Smooth Communication 公司董事长罗伯茨先生表示，董事会完全信任首席执行官的能力，因此不会安排换人。

注释 □ chairperson：名 会长，议长

0381 **35.** 正确答案 (B)

如果在空格处补充不定式（B）to request，紧接着的名词 higher quality prints 作伴随宾语，就可以形成"追求更高品质印刷→选项"，不定式是修饰**名词 option 的后置定语**。如果用现在分词（D），表示"选项"与"要求"存在主动关系，则句意不通。

翻译 新软件为用户提供了一种选项，虽然需要大量的时间，但能获得更高的印刷质量。

☐ **36.** It is recommended that customers _____ snow tires in November
☐ as stock is often quite limited by early December.

(A) purchase
(B) purchased
(C) purchases
(D) had purchased

☐ **37.** Swan Air has received approval _____ daily flights between
☐ St. Petersburg and Brussels starting in May.

(A) perform
(B) to perform
(C) performing
(D) performance

☐ **38.** Sophie Reid, one of the professors at Glasgow College, _____
☐ extensive research of historical sites in Scotland.

(A) have conducted
(B) conducting
(C) will be conducted
(D) has conducted

☐ **39.** Legrand Auto's new sports car is _____ with technologies
☐ designed to keep its occupants comfortable and safe.

(A) equip
(B) equipped
(C) equipping
(D) equips

☐ **40.** Study results _____ earlier this year indicated that candidates
☐ with lower-pitched voices may have an edge in a job interview.

(A) will be published
(B) were published
(C) published
(D) publishing

0382 **36.** 正确答案 (A)

在**表示重要性和愿望等的形容词**之后的 that 从句中，要使用与主语和时态无关的**动词原形**。因此（A）purchase 是正确答案。（C）带有“三单现 s”，主谓不一致。过去时（B）和过去完成时（D）填入后句意不通。

与第 31 题相同，使用动词原形是因为虚拟语气现在时。表示重要性和愿望的形容词，除了 recommended，important 和 essential 等也很重要。

翻译 12 月上旬往往库存非常有限，建议在 11 月中购买雪地轮胎。

0383 **37.** 正确答案 (B)

如果在空格处填入不定式（B）to perform，伴随后面的名词 daily flights，“为了每天运营的→许可”，不定式是修饰**名词 approval 的后置定语**。如果是现在分词（C），则表示“许可使航班每天运营”（approval 是分词的逻辑主语），句意不通。

翻译 Swan 航空公司已获得许可，从 5 月开始在圣彼得堡和布鲁塞尔之间运营每日航班。

0384 **38.** 正确答案 (D)

主语 Sophie Reid 是**第三人称单数名词**，空白处需要与其对应的谓语动词。另外，由于空格后有 extensive research 这一宾语，所以**主动语态**比较恰当。满足这两个条件的是现在完成时（D）has conducted。（A）主谓不一致，（C）语态不符。

翻译 格拉斯哥学院的一位教授索菲 · 里德对苏格兰的历史遗迹进行了广泛的研究。

0385 **39.** 正确答案 (B)

与空格前 be 动词 is 组合的是**过去分词**（B）或**现在分词**（C）。由于**空格后没有**及物动词 equip（给予～必要的东西）的**名词宾语**，所以构成被动语态的过去分词（B）equipped 是正确答案。be equipped with *X*（用 X 装备）是多次出题的重要表达。

翻译 罗格朗汽车公司的新跑车搭载了保证乘坐者舒适安全的技术。

注释 ☐ **occupant**：名（交通工具等的）乘坐者 ☐ **be equipped with *X***：用 X 装备

0386 **40.** 正确答案 (C)

与主语 Study results（调查结果）对应的谓语动词 indicated 已经存在。因此，填入空格处的是修饰主语的分词（C）或（D）。调查结果是“被发表”的一方，所以**表示被动的过去分词**（C）published 是正确答案。（D）“调查结果”是“发表”的主动方，句意不通。（A）（B）是谓语动词的形式。

翻译 今年早些时候公布的调查结果显示，声音较低沉的应聘者在求职面试中更有优势。

注释 ☐ **edge**：名 优势，优越

☐ **41.** Diego Garcia is a fashion entrepreneur whose firm is known for
☐ _____ shoes well-suited to professional athletes.

(A) create
(B) creation
(C) creates
(D) creating

☐ **42.** Copies of Mr. Sato's presentation materials _____ to all
☐ department staff by the end of this week.

(A) have been distributed
(B) will distribute
(C) are distributing
(D) will be distributed

☐ **43.** The advertising agency suggested that the packaging design
☐ _____ in order to improve the product image.

(A) be modified
(B) is modifying
(C) were modified
(D) will modify

☐ **44.** Due to routine maintenance of the equipment, production _____
☐ from March 31 to April 7.

(A) halt
(B) will be halted
(C) to halt
(D) have been halted

☐ **45.** Lighting engineers have managed _____ most of the street lights
☐ in the community with brighter, longer lasting ones.

(A) replaced
(B) replacement
(C) had replaced
(D) to replace

0387 **41.** 正确答案 (D)

因为空格前有介词 for，所以空格处需要填入作为其宾语的名词或动名词。把空格后 shoes 这一名词作为宾语的**动名词**（D）creating 补充到空格处，句意通顺。well-suited 后面是为 shoes 补充信息的修饰语。（B）名词，“创作、创作物”不直接与 shoes 相连，像 creation of shoes 这样，必须有介词在中间。

翻译 迭戈·加西亚是一位时尚界的企业家，他的公司以制作最适合职业运动员的鞋子而闻名。

注释 □ well-suited：形 合适的

0388 **42.** 正确答案 (D)

空格处必须有主语 Copies 的谓语动词。因为“复印件”是“被分发”的一方，所以保留被动语态（A）（D）。此外，句末有表示时间的 **by the end of this week**（本周末之前），所以正确答案是**将来时**（D）will be distributed。（A）时态不符。（B）（C）为主动语态，语态不符。

翻译 佐藤先生的报告复印件将在本周末前分发给所有部门成员。

0389 **43.** 正确答案 (A)

在表示**提议的动词 suggest** 之后的 that 从句中要**使用动词原形**，所以（A）be modified 是正确答案。把 the packaging design (should) be modified 中的 should 看作省略形式比较容易理解。（B）（D）可从语态、（C）可从主谓一致的角度判断不合适。

翻译 广告代理商提议修改包装设计以提升产品形象。

注释 □ modify：动 修改

0390 **44.** 正确答案 (B)

空格处需要填入与句子主语 production 对应的谓语动词。使用**第三人称单数**名词作主语以及主谓一致的是（B）will be halted。（A）应为 halts，（D）应为 has been halted。注意，动词 halt 有及物动词（使停止）和不及物动词（停止）两种用法。

翻译 由于设备的定期维护，3 月 31 日至 4 月 7 日将暂停生产。

注释 □ halt: 动 使停止，使中断

0391 **45.** 正确答案 (D)

如果在空格处填入不定式（D）to replace，则与前面的谓语动词 have managed 组合，构成 manage to do（完成，想办法做）这一表达。名词（B）虽然可作 have managed 的宾语，但与其后代词 most 后面的部分不能衔接。

翻译 照明工程师已经设法完成了将该地区的大部分路灯更换为更明亮、更持久的路灯的任务。

在 TOEIC L&R 的世界里，有很多人充满了创业的欲望，出现了很多风险企业和 entrepreneur（企业家）。

☐ **46.** Uncle Joe's Café is one of the popular coffee chains _____ light
☐ meals in addition to coffees, teas, and other beverages.

(A) sell
(B) selling
(C) are selling
(D) will sell

☐ **47.** The TBR Health Organization yesterday marked its 10th
☐ anniversary with a luncheon _____ its founding members.

(A) honor
(B) honors
(C) honored
(D) honoring

☐ **48.** Please note that the entrance to the visitor's parking lot _____ on
☐ Binkley Avenue adjacent to the Blanton Student Service Building.

(A) locates
(B) locating
(C) was locating
(D) is located

☐ **49.** The Lewiston Football Team is _____ mostly through the
☐ generous donations of local residents and businesses.

(A) fund
(B) funded
(C) funding
(D) funds

☐ **50.** Unlike their competitors, Wealth Furniture has been successful at
☐ _____ a position as a premium brand among wealthy customers.

(A) establish
(B) establishes
(C) establishing
(D) established

0392 **46.** 正确答案 (B)

因为句子有谓语动词 is，所以不能填入（A）（C）（D）这样的谓语动词。因此正确答案是现在分词（B）selling。空格后部分是 selling 的宾语，现在分词**修饰 popular coffee chains**。在动词问题上，要开阔视野，把握句子的整体结构。

翻译 Uncle Joe's 咖啡馆是一家很受欢迎的咖啡连锁店，除了咖啡、茶和其他饮料外，还出售小吃。

0393 **47.** 正确答案 (D)

如果在空格处填入现在分词（D）honoring，那么就可以把空格后的名词作为宾语，构成“表彰创始成员的→午餐会”结构，现在分词结构是为前面的 luncheon 添加补充信息的**修饰语**。因为午餐会不是“被称赞”的一方，所以过去分词（C）填入后句意不通。如果将（A）看作名词，则与空格后的名词不能衔接。

翻译 昨天，TBR 保健组织举行午餐会，表彰其创始成员，庆祝成立 10 周年。

注释 □ mark：动 庆祝 □ luncheon：名 午餐会 □ founding：形 创立时的

0394 **48.** 正确答案 (D)

空格处需要填入 Please note that 之后从句的谓语动词。如果把被动语态（D）is located 填入空格，S is located on *X* 就是表示“**S 在 X**（场所 / 位置）的表达。在（A）（C）的主动语态中，locate 是“**发现**”的意思，所以句意不通。

注意不要选择主动语态。被动语态的 be located 表示“位于”。

翻译 请注意，访客停车场的入口位于宾克利街布兰顿学生事务大楼旁边。

注释 □ adjacent：形 邻近的

0395 **49.** 正确答案 (B)

fund 是及物动词，表示“向……提供资金”。由于空格后没有名词，可见是宾语出现在**主语位置上的被动语态**，应选择过去分词（B）funded。（A）fund 是名词，有“资金、基金”的意思，可以作为补语，但由于可数名词需要冠词，句意也不通。相关表达 raise funds（募集资金）也频繁出现。

翻译 刘易斯顿足球队的大部分资金来自当地居民和公司的慷慨捐赠。

0396 **50.** 正确答案 (C)

如果把动词放在空格前的介词 at 后面，必须变成**动名词**。因此，正确答案是（C）establishing（确立）。be successful at doing 的意思是“成功地做了某事”。＜**介词 ____ 冠词**＞结构填入动名词作为正确答案是频繁出现的形式之一。

翻译 与竞争对手不同的是，Wealth 家具成功地在富裕客户中树立起了高端品牌的地位。

☐ **51.** Cherry Bank plans to upgrade its core processing system within
☐ a year ______ the quality of its service.

(A) enhance
(B) has enhanced
(C) will enhance
(D) to enhance

☐ **52.** All vacation time should be at a time agreeable to both the staff
☐ member and the supervisor and ______ well in advance.

(A) request
(B) requesting
(C) requested
(D) requests

☐ **53.** All staff members agree that Ms. Smith's dedication to the
☐ company ______ her promotion to the position of vice president.

(A) justify
(B) justifying
(C) justifies
(D) justification

☐ **54.** Please save all of your work to an external drive so that old
☐ computers ______ over the weekend.

(A) replace
(B) were replaced
(C) can replace
(D) can be replaced

☐ **55.** Collectible items from the old stadium, including seats, signage,
☐ and benches will ______ online from 6 P.M. next Wednesday.

(A) be sold
(B) have been sold
(C) selling
(D) have been selling

0397 **51.** 正确答案 (D)

因为空格前的句子是完整的，所以不能在空格处填入谓语动词的形式（A）（B）（C）。因此，不定式（D）to enhance 是正确答案。enhance 是“提高”的意思，是 TOEIC L&R 中频繁出现的及物动词。在此，“为了提高”表示目的，是不定式作状语的用法。

翻译 为了提升服务质量，Cherry 银行计划在 1 年内升级中央处理系统。

0398 **52.** 正确答案 (C)

and（an vacation time should be）_____ well in advance，这是 and 后面**省略主语和 be 动词**的形式。休假是“被要求”的一方，所以正确答案是与省略的 be 动词一起构成**被动语态**的过去分词（C）requested。空格后不存在及物动词 request 的宾语，这也是选择被动语态的线索。

翻译 所有休假时间应在工作人员和主管同意的时间内，并且需要提前申请。

注释 □ agreeable：形 一致的

0399 **53.** 正确答案 (C)

agree that 之后从句的主语是 Ms. Smith's dedication，空格处需要与其对应的谓语动词。因为主语是**第三人称单数**，所以正确答案是有“三单现 s”的（C）justifies（使正当）。（A）主谓不符。（B）现在分词 / 动名词和（D）名词不作谓语动词。

翻译 所有成员都认为史密斯女士对公司的贡献是她晋升副总裁的正当理由。

注释 □ dedication：名 贡献　□ justify：动 使正当

0400 **54.** 正确答案 (D)

空格处需要 so that 从句主语 old computers 的谓语动词。由于计算机是“被替换”的一方，所以保留**被动语态**（B）（D）。从前半部分的句意可以看出句末的 over the weekend **指的是本周末**，所以正确答案是时态与之相符的（D）can be replaced。（B）为过去时，与时态不符。

翻译 将所有工作数据保存在外部驱动器上，以便在周末更换旧计算机。

0401 **55.** 正确答案 (A)

助动词 will 后面需要加**动词原形**。句末 from 6 P.M. next Wednesday 是表示＜**将来起点**＞的表达，所以与 will 组合成**将来时被动语态**的（A）be sold 是正确答案。将来完成时的（B）（D）表示到＜将来的终点＞为止的持续、完成、经验，时态不合适。

翻译 旧体育场的座椅、标牌、长凳等收藏品将于下周三下午 6 点在网上销售。

注释 □ collectible：形 有收藏价值的

☐ **56.** If time ______, visit the local train museum, where railway enthusiasts have constructed a model of the famous Japanese Bullet Train.
☐

(A) allow
(B) allows
(C) allowed
(D) allowing

☐ **57.** Arnold Insurance is pleased to announce that the firm ______ with Drakes Ltd. by the end of the month.
☐

(A) has merged
(B) was merging
(C) will have merged
(D) had been merging

☐ **58.** No matter what type of heating system you choose, it needs to be professionally ______ for optimal performance.
☐

(A) install
(B) installing
(C) installation
(D) installed

☐ **59.** Join the workshop and learn from master painter Claudia Morales as she ______ acrylic landscape painting on November 12.
☐

(A) demonstrating
(B) demonstrated
(C) demonstrate
(D) demonstrates

☐ **60.** Later this month, Mr. Schmidt will travel to Hamburg, where his schedule ______ a client meeting, a news conference, and dinner with the mayor.
☐

(A) include
(B) is included
(C) including
(D) includes

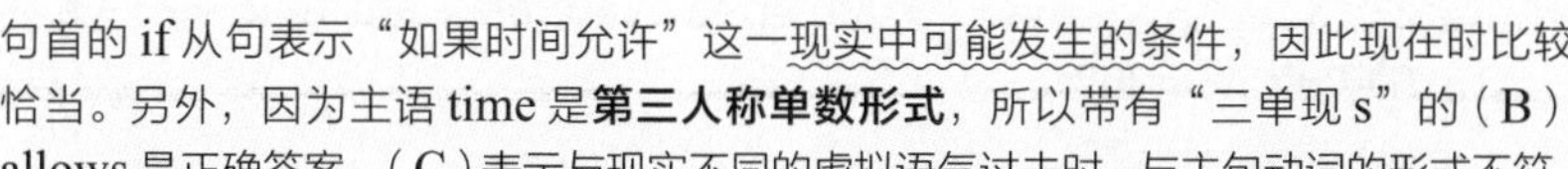

0402 **56.** 正确答案 (B)

句首的 if 从句表示“如果时间允许”这一现实中可能发生的条件，因此现在时比较恰当。另外，因为主语 time 是**第三人称单数形式**，所以带有“三单现 s”的（B）allows 是正确答案。（C）表示与现实不同的虚拟语气过去时，与主句动词的形式不符。

翻译 如果时间允许，可以参观当地的火车博物馆，在那里铁路爱好者建造了日本著名的子弹头列车模型。

0403 **57.** 正确答案 (C)

应着眼于句末by the end of the month（到本月末为止）这一表示<将来期限>的表达。以此为线索，选择<will have+过去分词>形式，即表示到将来某个时间点为止完成（也有“继续”和“经验”的意思）的将来完成时形式（C）will have merged。（A）（B）（D）的时态不符。

翻译 阿诺德保险公司高兴地宣布，与德雷克斯有限公司的合并预计将于月底完成。

0404 **58.** 正确答案 (D)

install 是及物动词，意为“安装”。逗号后从句的主语 it 指 heating system。供暖系统是“被安装”的一方，所以正确答案是与 be 动词原形 be 一起作**被动语态**过去分词的（D）installed。（B）需要宾语，也不符合句意。

翻译 不管选择什么类型的供暖系统，为了让性能发挥到极致，都需要请专业人员来安装。

0405 **59.** 正确答案 (D)

空格前的连词 as（做……时，一边做……）表示两个分句的内容同时进行。前半部分的主句内容是“呼吁参加研讨会”，由此可知 as 从句的内容也是将来的事情。在**时间状语从句**中，将来的内容也**使用现在时**，所以选择带有“三单现 s”的（D）demonstrates。

构成时间状语从句的连词还有 when，before，after，once，until，by the time，as soon as 等。

翻译 请参加 11 月 12 日的研讨会，观看并学习大师级画家克劳迪亚 · 莫拉莱斯演示的丙烯风景画。

0406 **60.** 正确答案 (D)

空格前的关系副词 where 后面跟着完整句子。空格处需要与 where 从句主语 his schedule（单数名词）对应的谓语动词。由于空格后**列举了作宾语的名词**，所以带“三单现 s”且为主动语态的（D）includes 是正确答案。（A）主谓不一致，被动语态（B）不接宾语。

翻译 本月晚些时候，施密特先生将前往汉堡，在那里与客户会面、举行新闻发布会，并与市长共进晚餐。

□ **61.** Earlier this year, the International Wilderness Conservation Society ______ over 10,000 species for their ability to survive climate change.
□
(A) evaluates
(B) evaluated
(C) has evaluated
(D) will evaluate

□ **62.** Mr. Wood predicts the construction cost for the new city library ______ the budget approved by the city.
□
(A) has surpassed
(B) will surpass
(C) surpass
(D) surpassing

□ **63.** The agreement that was reached ______ the company to continue selling products featuring the characters from a popular cartoon.
□
(A) allow
(B) allowable
(C) allowing
(D) allowed

□ **64.** Once all entries have been submitted, Daniel Miller, the advertising director, ______ the winning slogan.
□
(A) choose
(B) has chosen
(C) was choosing
(D) will choose

□ **65.** As of tomorrow, new security procedures will ______ to minimize the number of staff with access to confidential data files.
□
(A) be implemented
(B) implementing
(C) implements
(D) have implemented

0407 **61.** 正确答案 (B)

选项全部为主动语态，主谓也一致。所以“**时态**”是重点。句首的 Earlier this year（今年早些时候）是＜**过去的时间点**＞，因此空格中应填入过去式（B）evaluated。（C）现在完成时是表示从过去持续到现在的时态，不能与表示过去的时间一起使用。

翻译 今年早些时候，国际自然保护协会评估了 1 万多个物种是否有能力在气候变化中生存下来。

注释 □ conservation：名 自然保护　□ evaluate：动 评价，评估

0408 **62.** 正确答案 (B)

Mr. Wood predicts (that)... 中的关系代词 that 被省略。空格处需要 that 从句的**谓语动词**。由于动词 predict（预测）**表示对将来的预测**，所以将来时（B）will surpass 是正确答案。（A）时态不符。因为主语是单数形式，所以现在时（C）需要“三单现 s”。

翻译 伍德先生预测，新市立图书馆的建设费用将超过市政府批准的预算。

0409 **63.** 正确答案 (D)

定语从句 that was reached（达成的）修饰主语 The agreement（协议）。关键是要看清这个结构。空格处需要**谓语动词**，所以保留（A）（D）。和主语**第三人称单数**主谓一致的是过去时（D）allowed。（A）需要“三单现 s”。

翻译 达成的协议允许该公司继续销售以这部流行动画片中的角色为主题的产品。

注释 □ reach：动 达成（协议等）

0410 **64.** 正确答案 (D)

由连词 Once（一旦）引导的从句是**表示时间的状语从句**。时态是现在完成时，这是**将来的条件**（在表示时间的状语从句中用现在时态表示将来的内容）。因此，主句的动词应为**将来时**。正确答案是（D）will choose。（A）需要“三单现 s”。（B）（C）时态不符。

翻译 一旦所有参赛作品提交完毕，广告总监丹尼尔 · 米勒将选出获奖标语。

注释 □ slogan：名 宣传标语

0411 **65.** 正确答案 (A)

因为空格前是**助动词 will**，所以空格处需要**动词原形**。保留（A）和（D）。由于（A）为被动语态，（D）为主动语态，要确认空格后有无宾语，由于空格后**没有作为宾语的名词**，因此选择被动语态（A）be implemented。也可以从主语“安全程序”是“被实施”的角度来解释。

翻译 从明天开始将实施新安全程序，以最大限度地减少有权访问绝密数据文件的员工人数。

注释 □ minimize：动 将……减到最少

□ **66.** A reminder about security was sent to staff after a document containing personal information _____ in a meeting room last week.
□
(A) left
(B) is being left
(C) was left
(D) has left

□ **67.** All successful candidates _____ a letter of acceptance within a week of their interview.
□
(A) sent
(B) sending
(C) will be sent
(D) have sent

□ **68.** The company announced the appointment of Mr. Ishikawa as the new CEO, hoping it _____ its falling share price.
□
(A) improve
(B) would improve
(C) was improved
(D) improving

□ **69.** A banquet will be organized for those who _____ in the project to celebrate its completion.
□
(A) involve
(B) are involving
(C) are to involve
(D) have been involved

□ **70.** Mr. Yokoyama received a letter from a customer who _____ with the service offered at his café.
□
(A) was satisfied
(B) satisfies
(C) has satisfied
(D) satisfied

0412 **66.** 正确答案 (C)

介词 after 之后部分的主语是 a document，空格中需要填入对应的**谓语动词**。由于句尾有表示过去时间的 last week，因此过去式（A）（C）有可能正确。主语 a document 和动词 leave 之间有“被落下”的被动关系，因此正确答案是被动语态（C）was left。

翻译 上周有一份包含个人信息的文件被落在会议室后，员工们都收到了关于信息安全的提醒。

0413 **67.** 正确答案 (C)

题目开头的主语“所有合格的候选人”是 a letter of acceptance（合格通知）的被发送方，因此正确答案是**被动语态**（C）will be sent。（A）（D）是主动语态，意思不通顺。而 send 用于 SVOO 句型，所以需要注意的是，即使是被动语态，后面也需要接名词。

S **will send** all successful candidates a letter ...
[V] [O] [O]

↓ 即使变为被动语态

All successful candidates **will be sent** a letter ...

※ 动词之后需要接宾语（名词）

翻译 所有合格的候选人都将在面试后的一周之内收到合格通知。

注释 □ acceptance：名 接受，接纳

0414 **68.** 正确答案 (B)

空格部分是 hoping（that）it ________ its falling... 省略了连接词 that 的句型。空格中需要填入与 it 对应的**谓语动词**。由于空格后有**作宾语的名词** its falling share price，因此正确答案是主动语态（B）would improve。（A）主语谓语不匹配。（C）是被动语态，后面不能直接接宾语。

翻译 公司宣布任命石川先生为新首席执行官，希望以此提升下跌的股价。

0415 **69.** 正确答案 (D)

空格前的 those who 指“做……的人们”，involve 意为“使（人）参与”，为及物动词。但**空格后没有宾语**，因此此句可看作宾语＜人＞在先行词位置上出现的被动句式，所以选择（D）have been involved（参与某事）。而（A）（B）（C）都是主动语态，与句意不符。

翻译 为庆祝项目的完成，将为参与该项目的人们举办一场宴会。

注释 □ completion：名 完成，结束

0416 **70.** 正确答案 (A)

空格前关系代词 who 的先行词 a customer 是被服务“满足”的一方，因此正确答案是**被动语态**（A）was satisfied。satisfy“使满意”是及物动词，而空格后没有作宾语的名词，这也是答题思路之一。而其他选项是主动语态，因此与句意不符。

翻译 横山由纪夫先生收到了一封顾客来信，顾客表示对他的咖啡店提供的服务很满意。

□ **71.** The new CEO _____ by analysts and investors for quickly turning around his company's mobile phone business.
□
(A) praises
(B) has praised
(C) has been praising
(D) has been praised

□ **72.** All of the statistics published in the report _____ by experts from the University of Hartford.
□
(A) were verified
(B) has verified
(C) verifying
(D) verified

□ **73.** The priority of the fire department _____ the highest level of service to the citizens of Brewster and surrounding areas.
□
(A) provide
(B) is provided
(C) is to provide
(D) will have provided

□ **74.** Ms. Thomas is the author of *Small Business Survival*, a book _____ marketing strategies that help small businesses increase income.
□
(A) outline
(B) outlining
(C) outlined
(D) outlines

□ **75.** A team of the meteorologists led by Ms. Ida is _____ to providing accurate weather forecasts to the Kyoto area.
□
(A) dedication
(B) dedicating
(C) dedicated
(D) dedicatedly

0417 **71.** 正确答案 (D)

所有选项都是与主语 The new CEO 一致的谓语动词，也没有表示时间的状语。因此从 < 语态 > 角度考虑，空格后没有及物动词 praise 的宾语，而紧接表示动作主体的 <by+ 人 > 结构，因此正确答案是唯一的被动语态（D）has been praised。

翻译 新任首席执行官由于迅速重振了公司手机业务而受到分析师和投资者的称赞。

0418 **72.** 正确答案 (A)

空格中需要填入主语 All of the statistics 的谓语动词（published 是修饰主语的过去分词）。verify 是**及物动词**，意思是“验证”，主语“所有的统计数据”是“被验证”的一方。因此正确答案是被动语态（A）were verified。空格后没有宾语，而是表示动作主体的 <by+ 人 >，这一用法也是答题思路之一。

翻译 报告中公布的所有统计数据都得到了哈特福德大学专家的验证。

0419 **73.** 正确答案 (C)

空格中需要填入与 The priority 这一**第三人称单数**主语对应的谓语动词。而空格**后面有作宾语的名词**，因此应当选择主动语态的动词。在满足这两个条件的（C）（D）中，（C）is to provide（提供）与句意相符。将来完成时（D）与句意和时态都不相符。

翻译 消防队的首要任务是为布鲁斯特和周边地区的市民提供最高级别的服务。

0420 **74.** 正确答案 (B)

句首到逗号的句子本身是成立的，空格后面是对“书”的内容进行的补充说明。在空格中填入现在分词（B）outlining（说明）后，可与宾语 marketing strategies 将**修饰 a book 的现在分词短语**补充完整。（C）是过去分词，不能接宾语。如果选动词（D），逗号后面也变成了完整的句子，而两个完整句子之间不能用逗号相连。

翻译 托马斯女士是《小企业生存》一书的作者，这本书总结了帮助小企业增加收入的营销策略。

0421 **75.** 正确答案 (C)

Dedicate是dedicate *X* to *Y*（将*X*奉献给*Y*）结构中的及物动词。由于**空格后没有宾语**，因此考虑宾语是处于主语位置上的**被动句式**，所以选择过去分词（C）dedicated。而be dedicated to doing （致力于）也是重要的结构（需要注意这里的to是介词）。

翻译 由艾达女士领导的气象学家小组致力于为京都地区提供准确的天气预报。

注释 □ **meteorologist**：名 气象学家 □ **be dedicated to doing**：致力于

□ **76.** According to traffic updates, all flights ______ from Haneda have
□ been delayed due to the inclement weather.

(A) originating
(B) are originating
(C) originate
(D) will originate

□ **77.** Turner Hospital has established a good reputation and has been
□ highly ______ for the professional conduct of its employees.

(A) recommend
(B) recommends
(C) recommended
(D) recommending

□ **78.** Visitors who do not have access to the Internet from home can
□ ask that documents ______ for them at the circulation desk.

(A) print
(B) printed
(C) be printed
(D) printing

□ **79.** Many businesses use online documents, which can be ______
□ from anywhere by employees, who are given usernames and passwords.

(A) access
(B) accessed
(C) accessibly
(D) accessing

□ **80.** The manager makes a point of testing all food ______ at the
□ restaurant to ensure quality.

(A) serve
(B) serves
(C) serving
(D) served

0422 76. 正确答案 (A)

空格前的 all flights 是主语，后面的 have been delayed 是谓语动词。可以与空格后的 from Haneda 连在一起**作为定语修饰主语**的是现在分词（A）originating（出发）。不能只看空格前后就选择作为谓语动词的（C）或（D）。

翻译 根据最新的交通信息，由于天气恶劣，所有从羽田起飞的航班都延误了。

注释 □ inclement：形 恶劣的 □ originate：动 发源

0423 77. 正确答案 (C)

“可以与空格前 be 动词 been 连用的是过去分词（C）或现在分词（D）。recommend 表示推荐”是及物动词。由于**空格后没有名词**，考虑是**宾语出现在主语位置上的被动句式**。因此选择过去分词（C）recommended。如果掌握了从语法角度分析问题就可以提高“动词问题”的正确率哦。

翻译 特纳医院因其员工的专业性而建立了良好的声誉，并备受推荐。

注释 □ reputation：名 名誉 □ conduct：名 行为举止

0424 78. 正确答案 (C)

像 ask 这样**表示要求的动词后面的 that 从句中的谓语动词是原形**（虚拟语气现在时）。此外，that 从句中的主语 documents(文件) 是“被打印”的一方，因此应该使用**被动语态**。所以正确答案是（C）be printed。从 documents (should) be printed 的角度考虑更容易理解。

翻译 不能在家里上网的访客可以要求在借阅柜台打印文件。

注释 □ circulation：名（图书馆的）借出

0425 79. 正确答案 (B)

空格前关系代词 which 的先行词 online documents 是被员工访问的一方，因此正确答案是表示**被动**的过去分词（B）accessed。access 意为“访问”，为及物动词，所以现在分词（D）后面需要接宾语。而（A）如果作名词，作为补语填入空格则句意不通。

翻译 许多企业都在使用在线文档，被提供了用户名和密码的员工可以在任何地方访问这些文档。

0426 80. 正确答案 (D)

空格前是 SVO 句型的完整句子，空格后是 all food 的修饰语。食物是被餐厅提供的，所以正确答案是表示被动的过去分词（D）served。这里可以认为是 all food (that is) served 的省略形式。make a point of doing 的意思是“决心做”。

翻译 为了确保质量，经理强调要对餐厅供应的所有食物都进行检验。

□ **81.** Ms. Zhao should _____ that she was required to speak at a
□ training seminar, but only found out on the day.

(A) have informed
(B) being informed
(C) have been informed
(D) was informing

□ **82.** Steven Holloway's rendition of *Starry Night* at the open air
□ concert was stellar, _____ the event organizers and audience members alike.

(A) delighting
(B) delight
(C) delighted
(D) delights

□ **83.** Employees should use the elevators at the rear entrance while
□ the ones in the lobby _____.

(A) fixes
(B) are fixing
(C) have fixed
(D) are being fixed

□ **84.** An organizing committee was assembled to arrange a farewell
□ party for Bruce Marshal, who is _____ in May.

(A) retired
(B) retiree
(C) retirement
(D) to retire

□ **85.** The event organizer announced that those who had bought
□ tickets for the canceled performance would have their money _____.

(A) refunded
(B) refund
(C) refunding
(D) to refund

0427 **81.** 正确答案 (C)

助动词 should 后面需要接**动词原形**，因此正确答案只能是（A）或（C）。动词 inform 是 <inform + 人 + that Ⓢ Ⓥ> 句型中的及物动词。空格后直接接 that 从句，所以认为**作宾语的〈人〉出现在主语位置上的被动句式**。因此选择（C）have been informed。（A）后面则需要作宾语的 < 人 >。

翻译 赵女士本应被通知要在一个培训研讨会上发言，但她直到当天才知道。

0428 **82.** 正确答案 (A)

句首到逗号是一个完整的句子。逗号后面的部分（状语短语）是分词结构。**空格后有作宾语的名词**，因此正确答案是表示主动意思的现在分词（A）delighting。delight 是及物动词“使高兴”。而过去分词（C）不能接宾语，不能是“使演奏高兴”，否则意思不通顺。

翻译 史蒂文·霍洛韦在露天音乐会上演奏的《星夜》非常精彩，令活动的主办方和观众都非常高兴。

注释 □rendition：名 演奏，上演 □stellar：形 精彩的

0429 **83.** 正确答案 (D)

在连词 while 后面的部分中，主语 the ones 指代 the elevators，空格中需要填入与之对应的谓语动词。电梯是“被修理”的一方，因此正确答案是现在进行时的被动语态（D）are being fixed。主动语态的（A）（B）（C）与句意不符，fix 是及物动词，所以需要接宾语。

翻译 大堂的电梯在修理时，员工可以使用后门的电梯。

0430 **84.** 正确答案 (D)

与前面的 **be 动词 is 连接**，表示“将要做……”的是**不定式**（D）to retire。retire 是及物动词，意为“退休”，所以不能填入（A）构成被动语态 is retired。（B）“退休人员”是可数名词，需要接冠词。（C）是名词“退休”，与句意不符。

翻译 为了给将在 5 月退休的布鲁斯·马歇尔准备欢送会，一个组织委员会被召集了起来。

0431 **85.** 正确答案 (A)

refund 是及物动词“退款”。与前面的 their money 之间是“被退还”的**被动关系**，因此正确答案是过去分词（A）refunded。have *X* done 表示“让某人完成 X”。表示主动关系的结构是 have *X* do [doing]。

翻译 活动主办方宣布将向购买了被取消的演出票的人退还票钱。

第 82 题中的 stellar 是 star（星）的形容词形式，从“星星”的意思派生出了“（表演、业绩、作品等）精彩闪耀”的意思。

☐ **86.** Before ______ to the factory, each component is carefully checked
☐ for imperfections by quality control staff hired by the supplier.

(A) deliver
(B) being delivered
(C) delivered
(D) having delivered

☐ **87.** In celebration of Wonder Words Festival, the library ______ a
☐ traveling exhibit of miniature books at the beginning of next month.

(A) hosted
(B) is hosting
(C) will be hosted
(D) had been hosting

☐ **88.** Employees must shut down their computers, printers, and other
☐ electronic devices when ______ the office for the day.

(A) leave
(B) leaves
(C) left
(D) leaving

☐ **89.** The opening of the concert hall ______ until a thorough safety
☐ inspection has been carried out.

(A) delay
(B) to delay
(C) has been delayed
(D) will be delaying

☐ **90.** ______ about 20 kilometers from the city center is the Benin City
☐ Airport.

(A) Situates
(B) Situated
(C) Situating
(D) Situation

0432 **86.** 正确答案 (B)

介词 Before 后面需要**作宾语的名词**。具有名词功能的是**动名词**（B）（D）。主语 component（部件）是"被运输"的一方，因此正确答案是被动语态（B）being delivered。介词是 before 或 after 时，和 when 或 while 不同，后面不能接过去分词，所以（C）是错误的。

翻译 在向工厂发送之前，每个部件都由供应商雇用的质量管理人员仔细检查是否有缺陷。

注释 □imperfection：名 缺点，瑕疵

0433 **87.** 正确答案 (B)

需要注意句尾 at the beginning of next month（下个月初）这一**表示将来时间**的部分。因此只能选择（B）（C）。而**空格后有作宾语的名词** a traveling exhibit，所以正确答案是（B）is hosting，是〈be 动词 + 现在分词〉表示确定的将来、计划的用法。而（C）是被动语态，所以不能接宾语。

在现在进行时表示确定的将来、计划的用法中，还包括"现在正在进行具体准备"这一含义。

翻译 为了庆祝神奇词语节，图书馆将于下个月初举办小型图书巡回展。

0434 **88.** 正确答案 (D)

空格前的连词 when 后面没有主语。考虑这是 when（they are）______ the office... **省略〈主语 +be 动词〉的句型**（当两个分句中主语相同时使用），因此选择（D）leaving。连词 while 和 if 的这种用法经常会出现在题目中。when 后面也有直接接过去分词的用法，但如果选（C），when（employees are）left the office（员工被留在了办公室），意思就不正确了。

翻译 员工结束当天工作离开办公室时必须关掉电脑、打印机和其他电子设备。

0435 **89.** 正确答案 (C)

delay"推迟"，是及物动词（作不及物动词时意思是"拖延"，与句意不符）。**空格后没有作宾语的名词**，因此正确答案是被动语态的（C）has been delayed。如果从中文的角度考虑"开放推迟了"有可能会选择（D），但开放是由于检查而"被推迟"的一方。

翻译 音乐厅的开放被推迟至进行彻底的安全检查之后。

0436 **90.** 正确答案 (B)

为了强调位置的便利性，使用了主语（机场）被移至句尾的倒装句，所以需要将句子还原成 the Benin City Airport Ⓢ is _______ about 20 kilometers...。空格中填入及物动词 situate（将……置于）的过去分词作形容词的（B）Situated（位于）后，可使句子意思通顺。（C）需要宾语。而（D）与句意不符。

翻译 贝宁城机场位于距市中心约 20 千米的位置。

答题的关键〈动名词的特征〉

参考第 1 章的题目，这里整理了动名词的一些基本特性。

◎ 同时具有“动词”和“名词”的功能

0123 ______ of your order will be sent within 24 hours to the e-mail address you have provided.

(A) Confirmation (B) Confirms (C) Confirmed (D) Confirming

confirm“确认”，是及物动词，需要接宾语。顾名思义，“动”“名”词同时具有“动词”和“名词”的功能，因此像 Thank you for confirming your order. 中一样需要宾语。而在这个题目中，空格后没有接宾语，而是介词 of，因此不能选择动名词(D)。

◎ 修饰动名词的是副词

0021 Dream Painting Ltd. is a painting contractor with a solid reputation for ______ completing projects by tight deadlines.

(A) success (B) successful (C) successfully (D) succeed

动名词虽然也具有名词的功能，但不能使用形容词修饰。由于动名词和分词原来都是动词，因此都需要用副词修饰。所以这个题目需要选择可以修饰空格后动名词 completing 的副词(C)successfully。

◎ 不接冠词

0057 Buy one of our surfboards and get a free ______ to *Surfing Life* magazine.

(A) subscription (B) subscribe (C) subscribed (D) subscribing

像在 I am interested in subscribing to the magazine. 中一样，动名词原则上作为单数使用，不接冠词 (a / an / the)。在这个题目中，空格前有冠词和形容词，因此不应该选择动名词(D)(句意也不通)。

上述整理只是解题时的基本思路。动名词也有像 the safe lifting of patients (患者的安全移动) 中丧失了动词功能、完全名词化的用法，因此和名词一样可以接冠词或形容词 (参考 0327)。

在词性问题中，由于 “及物动词应该有宾语” “应该接形容词或冠词” 等语法上的原因，经常会导致关于动名词的问题回答错误。
需要注意不能凭“好像”或“感觉”就选择动名词作为答案。

第 3 章

介词/连词问题

“介词 / 连词问题”是每次考试中选择题的必出题目。要点是正确理解介词与连词的区别，并明白题干的意思。出题范围中的介词、连词在一定程度上是固定的，所以首先要认真整理这些特点，再来看具体的题目。

题目数

67 题

题目编号

0437 ~ 0503

题目编号：0437

“介词/连词问题”的解题思路

Part 5的经典问题，最大特征是选项中会同时出现介词(despite / because of / due to等)和连词(although / because / as soon as 等)。需要选择语法、含义正确的介词或连词。这类问题的回答思路分为以下两步。

1 检查空格后的内容

空格后连接的如果是名词（性从句），则正确答案有可能是介词；如果空格后连接的是分句(SV)，那么正确答案有可能是连词。

2 检查句子含义

确定了正确的词性后，结合句子的意思，选择最符合上下文的答案。

接下来，我们一边回答例题，一边梳理一下答题的要点。

例题

0437 从 A~D 选项中选择 1 个填入空格中。

______ the Harbor Continental Hotel has been open for only two months, it has already become very popular among business travelers.

(A) Although
(B) Despite
(C) Nevertheless
(D) Because

基本的解题方法

① 检查选项

快速浏览选项，判断这是一道“介词 / 连词问题”并确认词性。(A)(D)是连词，(B)是介词，(C)是副词。

② 检查句子结构（SVOC）

空格后到逗号，以及逗号后面部分都是有主语 (S) 和谓语动词 (V) 的分句 (SV)。

—— the Harbor Continental Hotel [S] has been [V] open..., [C] it [S] has...become [V] ... popular... [C].

可以连接两个分句的是连词，所以应该选择 (A) 或 (D)，排除连词 (B) 和副词 (C)。

③ 检查句子意思

剩下的连词中（A）表示“虽然”、（D）表示“因为”。题目前半句是“Harbor Continental 酒店只开业了 2 个月”，后半句是“在商旅人士中很有人气”，需要考虑使用哪个连词连接这两个分句更自然。表示“虽然只开业了两个月，但已经很有人气了”这种转折关系的应该是（A）Although。

正确答案(A)

翻译 港湾大陆酒店虽然才开业两个月，但已经在商旅人士中有了很高的人气。

以上就是基本的的解题步骤。最重要的是正确理解介词和连词“连接的是什么”，以及后面的内容是什么。

介词、连词、副词的区别

1 介词：后面直接接名词（短语）。

① <介词 + 名词, [S][V].> **Despite** the rain, Tex went out.

② <[S][V] 介词 + 名词.> Tex went out **despite** the rain.

2 连词：后面直接接分句（SV）

① <连词 + [S][V], [S][V].> **Although** it was raining, Tex went out.

② <[S][V] + 连词 + [S][V].> Tex went out **although** it was raining.

3 副词：没有连接功能

① <副词, [S][V].> **Luckily**, Tex passed the test.

② <[S] + 副词 + [V].> Tex **recently** went to Osaka.

③ <[S][V] 副词.> Tex solved the problem **easily**.

④ <[S][V]. 副词, [S][V].> Tex is poor. **However**, he is happy.

最重要的是**介词“接名词”，连词“接分句”**这一点。however（然而）和 therefore（因此）这样的**副词通常表示两句话之间的关系**，因此不能用于连接一句话中的两个分句。

[○] Tex is poor. **However**, he is happy.
[×] Tex is poor, **however**, he is happy.
[○] Tex won. **Therefore**, he is happy.
[×] Tex won, **therefore**, he is happy.

题目中经常出现的组合

例题中的选项（A）和（B）分别是 although 和 despite。虽然词性不同，但都有“尽管、即使”的意思。在 TOEIC L&R 中经常将这种意思相近的介词、连词组合出题。下面是对一些经常出现在题目中的组合的总结，可以帮助我们理清思路。

意思	介词	连词
在……之间	during	while
因为……	because of	because
	due to	since
即使	despite	although
		though
	in spite of	even though

经常出现在题目中的连词

when	当……的时候
while	当……的时候，……然而
as soon as	一……就……
once	一旦
if	如果
unless	除非
because	因为
now that	既然，由于
so that	以便
though / although	即使
even though	即使
whenever	无论……时候
even if	纵然
provided that	假如

具有介词和连词两种用法的单词

单词	介词	连词
before	在……以前	在 S 做 (V) 之前
after	在……之后	在 S 做 (V) 之后
until	直到……为止	直到 S 做 (V) 为止
since	自从……以来	因为 S 做了 (V)
		自从 S 做了 (V) 以来

介词 / 连词的基本练习

注意空格后的句型，使用介词 / 连词将句子补充完整。(根据首字母的提示填写)。

昨天因为风很大，所以我们没有出门。

1. We did not go out yesterday b__________ it was windy.

昨天因为风很大，所以我们没有出门。

2. We did not go out yesterday b__________ ______ the strong wind.

3. We did not go out yesterday d__________ ______ the strong wind.

她出去的时候，有人进了她的房间。

4. W__________ she was out, someone went into her room.

当她不在的时候，有人进了她的房间。

5. D__________ her absence, someone went into her room.

虽然有雾，但我们还是去散步了。

6. A__________ it was foggy, we went for a walk.

7. E__________ t__________ it was foggy, we went for a walk.

尽管有雾，但我们还是去散步了。

8. D__________ the fog, we went for a walk.

我从 Tex 出生起就认识他了。

9. I' ve known Tex s__________ he was born.

我从 3 点开始就在这里等着了。

10. I' ve been waiting here s__________ three o' clock.

Tex 一到我们就走。

11. A____ __________ ____ Tex arrives, we will leave.

12. O__________ Tex arrives, we will leave.

总结

☐ 检查空格后的成分

- **如果是名词短语 ➡ 填入介词**
- **如果是分句（SU）➡ 填入连词**

☐ 检查句子含义是否通顺

- 确认名词与分句（填入介词时）、分句与分句（填入连词时）的上下文，选择意思最自然的选项
- 注意意思相近的介词与连词
- 注意既可以作介词也可以作连词的单词

下一页开始是练习题。一起来实践到目前为止学到的“解题方法”吧！

1. because（连词）/2. because of（介词）/ 3. due to（介词）/ 4. While（连词）/ 5. During（介词）/ 6. Although（连词）/ 7. Even though（连词）/ 8. Despite（介词）/ 9. since（连词）/ 10. since（介词）/ 11. As soon as（连词）/ 12. Once（连词）

牛刀小试

题目数 8 题

"介词/副词问题"基础8题

◉ 从 A~D 选项中选择 1 个填入空格中。

☐ **1.** ______ a recent survey, the top characteristics of effective managers include adaptability and sensitivity.
☐
(A) According to
(B) When
(C) In case
(D) Since

☐ **2.** ______ you finish writing your report, please e-mail it to Ms. Garcia, one of the seminar instructors.
☐
(A) As well as
(B) In addition to
(C) As soon as
(D) In regard to

☐ **3.** We thank you for your order ______ regret to advise that it cannot be processed because the items are currently out of stock.
☐
(A) or
(B) but
(C) whether
(D) either

☐ **4.** Customers must show proof of identification ______ opening a new account with the Banana Bank.
☐
(A) when
(B) because
(C) then
(D) so that

别忘了后面接名词的是 < 介词 >，接分句（SV）的是 < 连词 > 哦！

0438 **1.** 正确答案 (A)

将空格后的 a recent survey（最近的调查）这一**名词和逗号后的分句正确连接的是介词**。选项中只有（A）According to（根据）是介词。而“根据最近的调查”在意思上也通顺。（B）“当……时候”、（C）“万一”都是连词，用来连接分句与分句。（D）可以作连词“自……以来、因此”也可以作介词“自从……以来”，但作介词时，通常像 since yesterday（从昨天开始）一样，接〈过去的时间〉。

翻译 最近的调查显示，高效管理人员的主要品质包括适应性和敏感性。

注释 □ adaptability：名 适应性 □ sensitivity：名 敏感，悟性

0439 **2.** 正确答案 (C)

题目中的整体结构是〈________ S V, S V.〉，因此空格中需要填入**连接两个分句（SV）的连词**。选项中只有（C）As soon as（一……就……）是连词。（A）As well as 是介词，通常以 *X* as well as *Y*（X 和 Y 一样）的形式出现，需要接名词。（B）In addition to（除……之外）和（D）In regard to（关于）都是介词，后面要接名词。

翻译 写完报告之后请立即发送电子邮件给研讨会的讲师之一 Garcia 女士。

0440 **3.** 正确答案 (B)

空格前是“对订单表示感谢”（积极的内容），但空格后是“缺货的通知”（消极的内容）。空格前后的**内容是转折关系**，因此连接这两个分句、表示转折意思的是连词（B）but（但是）。thank...but regret... 前后内容并列的结构。（A）“或”和句子含义不符。（C）是表示“是……还是……”的连词。（D）通常以 either *X* or *Y*（X 或 Y）的结构出现。

翻译 感谢您的订购，但很遗憾地通知您，由于该商品目前缺货，无法受理您的订单。

0441 **4.** 正确答案 (A)

能够连接两个分句的是连词（A）（B）（D）。其中（A）when 在两个分句的主语相同时，**可以省略** when 之后的〈**主语 + be 动词**〉。这个题目的空格后是以动词 open 的 -ing 形式开始的，因此考虑是 when（customers are）opening a new account，表示“顾客在开设新账户时”，符合句子的含义。（B）“因为”和（D）“以便”则需要接完整的分句。而（C）“当时”是副词，不具备连接功能。

除了 when 之外，〈主语 + be 动词〉的省略用法也经常出现在使用 while 连接的句子中。需要牢记这个重点用法。

翻译 顾客在 Banana 银行开设新账户时必须出示身份证明。

☐ ☐ **5.** The Skyway Bridge will be closed for roadwork on Friday, ______ commuters should consider other means of transportation.

(A) when
(B) so
(C) though
(D) unless

☐ ☐ **6.** ______ Dr. Martin expected his patients to take advantage of the extended office hours, but they actually preferred earlier appointments.

(A) Although
(B) In light of
(C) Despite
(D) At first

☐ ☐ **7.** A recent survey indicates ______ 47 percent of travelers do not get enough sleep on business trips.

(A) that
(B) what
(C) which
(D) those

☐ ☐ **8.** All city bus passengers should exit through the rear door, ______ passengers with small children and strollers.

(A) even though
(B) furthermore
(C) in spite of
(D) except

0442 **5.** 正确答案 (B)

选项都是连接分句的连词，所以需要考虑空格前后的上下文。空格前是“Skyway Bridge将在周五关闭”的〈通知〉，空格后是“上下班的人请考虑其他交通方式”这一〈建议〉，因此空格中应该填入（B）so（所以）。（A）“当……的时候”、（C）“虽然”、（D）“除非”与句子含义都不相符。

翻译 周五Skyway大桥将因道路施工而关闭，所以建议上下班的人考虑使用其他交通工具。

注释 □Commuter：名 通勤人员 □means：名 手段，方法

0443 **6.** 正确答案 (D)

首先掌握题目的整体结构是〈SV，butSV〉。句中已有**连词but**，即使没有空格也是完整的一句话，因此空格中应当填入修饰语。所以正确答案是选项中的**副词**（D）At first （一开始）。连词（A）“虽然”后面可以接分句，但**已经有but**时不能使用。（B）“根据”和（C）“即使”都是介词，后面需要接名词。

像这样要求选择介词或连词，但实际上正确答案是副词的情况有时也会出现，需要注意。

翻译 一开始马丁医生希望病人能够充分利用延长的看病时间，但实际上病人们更喜欢早一点预约。

0444 **7.** 正确答案 (A)

空格前的动词indicate后面需要接that从句，构成indicate that S V句型，意思是“表明S做了（V）”。所以正确答案是连词（A）that。如果选（B）作关系代词成为名词性从句，作indicate的宾语，那么后面的内容将缺少主语或宾语。（C）如果作关系代词则需要先行词。考虑到indicate that S V中的that可以省略，但选择（D）后变为“那些47%的商旅人士”，而“那些”指代的内容则会缺失。

翻译 最近的调查指出47%的商旅人士在出差时睡眠不足。

0445 **8.** 正确答案 (D)

题目的整体结构是〈S V，________名词.〉，因此空格中需要填入**连接名词和前面分句的介词**。而选项中（C）（D）都是介词。从句子含义出发，空格前的“从后门下车”表示的是规则，空格后是“带小孩和婴儿车的乘客”。因此填入（D）except（除了）后，可将空格后的部分看成<规则>的<例外>，使句子含义通顺。而（C）“即使”则与句意不符。（A）“即使”是连接两个分句的连词。（B）“此外”是不具备连接功能的副词。

翻译 除了带小孩和婴儿车的乘客外，所有城市公共汽车的乘客都应该从后门下车。

实战演练

题目数 58题

“介词/连词问题”终极58题

◉ 请按照 1 题 20 秒的速度作答。

□ **1.** Currently, the Tokyo Central Bank has overseas branches in the UK, the US, ______ China.
□

(A) and
(B) if
(C) such
(D) but

□ **2.** Apple Hills residents are encouraged to renew their driver's licenses online ______ they have already expired.
□

(A) whether
(B) so
(C) unless
(D) due to

□ **3.** Jackets are required for club members in the main dining room ______ casual dress is acceptable in all other areas of the club.
□

(A) during
(B) what
(C) such
(D) while

□ **4.** ______ she has already proved herself a versatile actress, Helen Kuroshima continues to study to develop her acting style.
□

(A) Not only
(B) Although
(C) Despite
(D) Consequently

□ **5.** With the exception of a few pavilions, all are slated for removal or demolition ______ the trade show closes on October 31.
□

(A) after
(B) either
(C) due to
(D) during

0446 **1.** 正确答案 (A)

空格中填入**并列连词**(A)and后，成为in *X*、*Y* and *Z*，即介词in宾语的三个名词(XYZ)并列的结构。(B)是连接分句的连词。(C)是不具备连接功能的形容词。而连词(D)"但是"会将上下文变为转折结构，与句子含义不符。

翻译 目前东京中央银行在英国、美国和中国都设有海外分行。

0447 **2.** 正确答案 (C)

空格中需要填入**连接前后分句的连词**。空格后表示的是需要在网上更新驾照的例外条件，因此在连词(A)(B)(C)中，符合句子含义的是(C)unless(除非)。(A)"是否"和(B)"因此"与句子含义不符。(D)"由于"是介词。

翻译 Apple Hills 居民被鼓励在网上更新驾照，除非驾照已经过期了。

0448 **3.** 正确答案 (D)

空格前后都有分句，因此连接两个分句的应当是**连词**。选项中只有(D)while(当……的时候)是连词，表示对比两件事物。(A)"在……期间"是介词，需要接名词。(B)如果作关系代词，则缺少主语或宾语。(C)"那样的"，是不具备连接功能的形容词。

翻译 俱乐部成员在主餐厅必须穿西装上衣，而在俱乐部其他区域则可以穿便服。

0449 **4.** 正确答案 (B)

空格中需要填入连接前后分句的连词。选项中只有(B)Although(虽然)是连词。(A)需要以not only *X* but(also)*Y*(不仅X而且Y)形式出现。(C)也是"虽然"的意思，但是它是介词，需要接名词。(D)"因此"是不具备连接功能的副词。

翻译 虽然海伦·黑岛已证明了自己是一个多才多艺的女演员，但她还在为形成她的表演风格而不断学习着。

注释 □ **versatile**：形 多才多艺的

0450 **5.** 正确答案 (A)

空格前后都是分句，因此需要填入**连接两个分句的连词**。而选项中只有(A)after(在……之后)是连词。像after October 31一样，after也经常作为介词出现。(B)经常作为either *X* or *Y*(不是X就是Y)的固定组合出现。(C)"因此"、(D)"在……期间"都是介词，后面需要接名词。

翻译 除几个展馆之外，所有展馆都将在10月31日贸易展结束时撤走或拆除。

注释 □ **exception**：名 例外，特例 □ **be slated for *X***：预定 □ **demolition**：名 拆除

☐ **6.** Smile Cable Television offers a variety of movie channels _____ local news and sports.
☐

(A) always
(B) in case of
(C) in addition to
(D) next

☐ **7.** Payroll procedure changed _____ the company merged with Olsson Corporation in July.
☐

(A) when
(B) soon
(C) without
(D) between

☐ **8.** Swallow Airways Flight 990 arrived at HwangBo International Airport on time _____ the adverse weather conditions.
☐

(A) because
(B) even though
(C) now that
(D) despite

☐ **9.** The workshop is expected to be well attended _____ we recommend that you make reservations in advance.
☐

(A) for
(B) or
(C) so
(D) either

☐ **10.** It is a good idea to limit your cover letter to a single page _____ that is not specifically indicated in the job advertisement.
☐

(A) even if
(B) as though
(C) rather than
(D) so that

0451 **6.** 正确答案 (C)

连接空格前分句和空格后名词的是**介词**。介词（B）（C）中符合句子含义的是（C）in addition to（除……之外）。（B）经常用于 in case of rain（万一下雨了）这样的结构，与句子含义不符。（A）是副词，（D）是形容词、副词，都没有连接功能。

翻译 Smile 有线电视除了当地的新闻和体育节目之外，还提供各种电影频道。

0452 **7.** 正确答案 (A)

从选项可以判断这道题是“连词 / 介词”类型，需要着眼于句子的结构。空格前后是两个分句，因此需要填入**连接分句的连词**。选项中只有（A）when（当……的时候）是连词。（B）“马上”是副词，没有连接功能。（C）“没有……”和（D）“在……之间”都是介词，后面需要接名词。

翻译 7 月，该公司与 Olsson 公司合并后，工资支付的手续发生了变更。

注释 □ merge：动 合并

0453 **8.** 正确答案 (D)

空格前是分句，空格后是the adverse weather conditions（恶劣的天气）这一名词短语。**连接名词的是介词**，所以正确答案是（D）despite（尽管）。（A）“因为”、（B）“尽管”、（C）“由于”都是连词，后面需要接句子。

翻译 尽管天气恶劣，Swallow 航空公司的 990 次航班还是准时抵达了黄浦国际机场。

注释 □ adverse：形 不利的

0454 **9.** 正确答案 (C)

空格前后分别是两个分句，因此需要填入**连接分句的连词**。与空格前后的“原因→结果”意思相符的是（C）so（所以）。（A）也可以作连词，但意思是〈结果 + for + 原因〉，会将题目的含义颠倒。（B）“或”与句子含义不符。（D）通常以 either *X* or *Y* 的固定形式出现。

翻译 这次研讨会预计会有很多人参加，所以建议提前预约。

0455 **10.** 正确答案 (A)

连接空格前后两个分句的应当是**连词**，因此（A）（B）（D）都有可能正确。而可以连接前半句“最好将求职信限制在一页中”和后半句“招聘广告没有特别要求”并且使意思通顺的是（A）even if（即使）。（B）“好像”和（D）“以便”都与句子含义不符。而（C）不能接分句。

翻译 即使招聘广告中没有特别要求，但把求职信限制在一页里也是个好主意。

☐ **11.** ______ sales have been rising, Western Chemicals has been
☐ struggling to maintain a profit.

(A) If not
(B) Such as
(C) Even though
(D) In case

☐ **12.** Mr. Ikeda had no time to purchase gifts for coworkers ______ his
☐ stay in Tokyo.

(A) when
(B) also
(C) during
(D) while

☐ **13.** Eastbound Highway 66 was shut down Monday morning ______
☐ icy road conditions.

(A) while
(B) in order to
(C) now that
(D) due to

☐ **14.** Under the new recycling regulations, manufacturers are required
☐ to accept old equipment for disposal ______ a customer is purchasing a new item.

(A) if
(B) likewise
(C) nevertheless
(D) besides

☐ **15.** ______ a short rainy period from March to May, the climate in Red
☐ Desert is mostly hot and dry.

(A) Although
(B) However
(C) Except for
(D) Even if

0456 **11.** 正确答案 (C)

空格中需要填入连接逗号前后两个分句的**连词**。由于逗号前后的内容是转折关系，（营业额增加 → 努力维持利润），所以正确答案是表示转折的连词（C）Even though（即使）。（A）“如果不”需要用在 If not, SV. 中。（D）“以防”虽然是连词但与句子含义不符。而（B）不能接分句。

翻译 尽管营业额一直在增长，但西部化工制品公司仍在努力维持利润。

注释 □ struggle：动 努力

0457 **12.** 正确答案 (C)

空格前是分句，后面是名词 his stay（他的停留），因此空格中需要填入**介词**。选项中只有（C）during（在……期间）是介词，表示“在他停留的期间”，意思也通顺。（A）“当……的时候”、（D）“当……的时候、然而”是连词，需要接分句。而考虑到句子的含义，也不能选择（D）。（B）“而且”是副词。

翻译 池田先生在东京期间没有时间给同事买礼物。

注释 □ coworker：名 同事

0458 **13.** 正确答案 (D)

空格前是分句，后面是名词 icy road conditions，因此空格中应当填入**介词**。选项中只有（D）due to（由于）是介词，表示“由于道路结冰”，意思也通顺。（A）“在……期间”和（C）“由于”都是需要接分句的连词。（B）是不定式，in order to do（为了做），后面要接动词原形。

翻译 由于路面结冰，东行的 66 号高速公路周一上午被封闭了。

0459 **14.** 正确答案 (A)

从选项来看，这是一道“介词 / 连词”类型的题目，需要确认句子结构。空格中需要填入连接前后分句的**连词**，所以正确答案是（A）if（如果）。（B）“同样地”和（C）“尽管如此”是不具备连接功能的副词。（D）“除……之外”是需要接名词的介词、副词。

翻译 根据新的回收规定，当顾客购买新商品时，制造商应当回收旧设备进行处理。

注释 □ disposal：名 处理

0460 **15.** 正确答案 (C)

空格后到逗号前是名词短语，逗号后是一个分句，因此空格中需要填入连接名词的**介词**。选项中只有（C）Except for（除了）是介词。（A）“尽管”和（D）“即使”都是连接两个分句的连词。而（B）“然而”是副词，经常在 Part 6（而不是 Part 5）中作为正确答案出现。

翻译 除了 3 月至 5 月短暂的雨季之外，红色沙漠的气候主要是炎热且干燥的。

☐ **16.** _____ track work for street railways is taking longer than
☐ expected, temporary bus services will be available until the work is complete.

(A) Because
(B) During
(C) Should
(D) Where

☐ **17.** _____ she can spend more time with her family, Emily Gomez
☐ decided to change her job.

(A) Apart from
(B) So that
(C) Because of
(D) Rather than

☐ **18.** Purchases of over $100 should not be made _____ authorization
☐ from department heads.

(A) even
(B) despite
(C) unless
(D) without

☐ **19.** In the first quarter, the company managed to expand its market
☐ share slightly _____ its closest competitor suffered major drop in sales.

(A) throughout
(B) whereas
(C) that
(D) despite

☐ **20.** Mr. Morozov will complete the expense report and submit it to
☐ the accounting office _____ he returns from Shanghai.

(A) among
(B) beside
(C) after
(D) within

0461 **16.** 正确答案 (A)

逗号前后都是分句，因此空格中需要填入连接两个分句的**连词**。选项中符合句子含义的连词是（A）Because（因为）。（B）“在……期间”是介词，需要接名词。而（C）Should 如果出现在句首时，是表示“万一”的倒装句，谓语动词需要使用原形（例如，题目中的 is 应当改为 be）。（D）作连词时表示地点，与句子意思不符。

翻译 由于有轨电车的工程超出了预期时间，因此在工程完成前可使用临时巴士服务。

0462 **17.** 正确答案 (B)

逗号前后都是分句，因此空格中需要填入连接两个分句的**连词**。选项中只有（B）是连词。表示 so that Ⓢ can do“以便 S 可以做”。（A）“除了……之外、此外”和（C）“因为”都是介词，需要接名词。（D）“与其……不如”可以放在句首，但不能接分句。

翻译 为了有更多时间陪伴家人，艾米丽 · 戈麦斯决定换工作。

0463 **18.** 正确答案 (D)

空格中需要填入连接前面分句和后面名词的**介词**，因此正确答案有可能是（B）（D）。从句子意思来看，在空格中填入（D）without 后，“未经部门主管批准不可以……”比较合理。（B）“尽管”则与句子意思不符。（A）“甚至”是副词，不具备连接的功能。（C）“除非”是连词，因此不能接名词。

翻译 未经部门主管批准，不得进行超过 100 美元的采购。

注释 □ authorization：名 授权

0464 **19.** 正确答案 (B)

空格中需要填入连接前后两个分句的**连词**。而用于连接前半句“该公司扩大了市场份额”和后半句“其他公司的营业额大幅下滑”这种比较关系的连词是（B）whereas（然而）。（A）（D）都是介词，需要接名词。而（C）作连词时需要接名词从句，不能接副词从句。

最好同时掌握表示对比的连词 whereas 和表示并列的 while（然而 / 而）。

翻译 第一季度，该公司设法扩大了一点儿市场份额，而他们最直接的竞争对手遭遇了营业额的大幅下降。

0465 **20.** 正确答案 (C)

空格前后都是分句，因此需要填入连接两个分句的**连词**。选项中可作为连词使用的只有（C）after（在……之后）。after 也经常用在 after his return 中 cafter 作为介词）。（A）“在……之间”、（B）“在……旁边”、（D）“在……之内”都是介词，后面需要接名词。

翻译 莫罗佐夫先生从上海回来后，会完成经费报告并提交给会计事务所。

☐ **21.** Highland Road has been closed for a week _____ repairs being
☐ made to the bridge over Douglas Creek.

(A) since
(B) even though
(C) while
(D) because of

☐ **22.** Pearl Online will request information such as name, billing
☐ address, and credit card number _____ that we can process and fill your order.

(A) so
(B) even
(C) until
(D) also

☐ **23.** _____ all technical issues associated with the new product have
☐ been resolved, the marketing plan will be finalized.

(A) Rather
(B) Once
(C) Moreover
(D) Meanwhile

☐ **24.** In the hotel lobby, there are many exhibits that participants can
☐ visit _____ attending the conference.

(A) then
(B) while
(C) because
(D) near

☐ **25.** The company has agreed to remedy the construction errors _____
☐ of the cost.

(A) despite
(B) even though
(C) regardless
(D) now that

0466 **21.** 正确答案 (D)

空格中需要填入连接前面句子和后面 repairs (which are) being made... 这一名词性从句的**介词**。(A)(D)为备选项。"大桥维修"是"道路封锁"的**原因**，因此正确答案是(D) because of(因为)。(A)"自……以来"在意思上不通。而(B)(C)都是连接句子的连词。

翻译 由于道格拉斯河上的大桥正在维修，高地公路已经被封锁了一个星期。

0467 **22.** 正确答案 (A)

空格前是句子，that 之后的部分也是句子，因此正确答案是连词（A） so，和 that 一起使用，组成 so that Ⓢ can do，表示(使 S 可以做)。(B)"甚至"是副词。(C)"直到"除了作介词之外，也可以作连词，但不能和 that 一起使用。(D)"也"是副词。

翻译 Pearl Online 公司将处理您的订单，需要您提供姓名、账单地址和信用卡号码等信息。

注释 □ fill：动 处理（订单、要求等）

0468 **23.** 正确答案 (B)

逗号前后都是分句，因此空格中需要填入连接分句的**连词**。选项中只有(B)Once(一旦)可以作连词。(A)"相当"是副词。(C)"此外"和(D)"与此同时"是不具备连接功能的副词，Part 6 经常出现需要通过上下文判断正确答案的语法问题。

翻译 一旦解决了与新产品相关的所有技术问题，就能决定最终的营销计划。

注释 □ associate *X* with *Y*：动 X 与 Y 有关 □ resolve：动 解决

0469 **24.** 正确答案 (B)

空格前是句子，后面是名词结构(动名词)，因此考虑正确答案可能是介词。然而表示位置的介词(D)不符合句子的意思。因此应当选择可以省略 while (they are) attending ... 中〈**主语 + be 动词**〉的连词(B)while(当……的时候)，使句子意思通顺。而(C) because 不能进行这样的省略，需要接完整句子。

翻译 在酒店大堂，有很多展品可供与会者在参加会议期间参观。

0470 **25.** 正确答案 (C)

正确答案是(C) regardless，和空格后的介词 of 同时使用，组成 **regardless of *X*** (无论 X) 这一习惯用语。(A) despite (= in spite of / notwithstanding) 也有"尽管"的意思，但不能接 of，需要单独使用。(B)"尽管"和(D)"由于"都是连词。

翻译 该公司同意无论费用多少，都将修正施工的误差。

注释 □ remedy：动 改善 □ regardless of *X*：不管 X

☐ **26.** ______ Mr. Yaguchi retired ten years ago, companies still request
☐ his assistance in an advisory role.

(A) Although
(B) Once
(C) Despite
(D) Until

☐ **27.** Everyone in the finance division ______ staff members working
☐ on special projects is expected to attend the meeting tomorrow afternoon.

(A) apart
(B) even though
(C) also
(D) except for

☐ **28.** To receive the following month's issue, subscriptions should be
☐ sent in by the 15th of each month ______ submitted electronically or by mail.

(A) whether
(B) because
(C) since
(D) therefore

☐ **29.** Workers can leave the factory early ______ they have received
☐ permission to do so from a supervisor.

(A) otherwise
(B) except for
(C) in spite of
(D) provided that

☐ **30.** Mr. Williams usually brings gifts to his colleagues ______ he
☐ returns from an overseas business trip.

(A) which
(B) whenever
(C) whether
(D) what

0471 **26.** 正确答案 (A)

空格中需要填入连接逗号前后分句的**连词**。连词（A）（B）（D）中可以连接两个分句并且使意思通顺的是（A）Although（尽管）。（B）“一旦”和（D）“直到”都不符合时态，意思也不通。（C）“尽管”是需要接名词的介词。

翻译 尽管矢口先生 10 年前就退休了，但公司仍要求他作为顾问进行协助。

注释 □ advisory：形 顾问的，咨询的

0472 **27.** 正确答案 (D)

句子基本结构是 Everyone(S)...is expected(V)，“...”部分是主语的修饰语。可以连接空格后的名词 staff members，作定语修饰主语 Everyone 的是介词（D）except for（除了），表示“除了（负责特殊项目）的所有职员”。（A）（C）是没有连接功能的副词。（B）是连词。

翻译 除了负责特别项目的职员外，财务部的所有职员都被要求出席明天下午的会议。

0473 **28.** 正确答案 (A)

正确答案是连词（A），和空格后的 or 同时使用，**whether *X* or *Y*** 意为（是 X 还是 Y）。这里省略了 whether (they are) submitted ... 中的〈主语 + be 动词〉。连词（B）“因为”，需要接完整的句子。（C）“因为、自……以来”，也可以作连词，但意思不通。

翻译 为了收到下个月的刊物，需要在每个月 15 日前通过线上或邮寄方式缴纳订阅费。

0474 **29.** 正确答案 (D)

空格前后是两个分句，因此空格中应当填入连接分句的**连词**。选项中只有（D）provided that（假如）是连词。副词（A）“否则”，与句子意思不符。（B）“除了”和（C）“尽管”都是介词。

和 provided that 表示相同意思的连词 providing that 也需要掌握。此外还要记住它们都可以省略 that。

翻译 只要得到上司的许可，工人们就可以从工厂早退。

0475 **30.** 正确答案 (B)

空格中需要填入连接前后两个分句的**连词**。在连词（B）（C）中，与上下文意思相符的是（B）whenever（在任何……时候）。（C）连接两个分句时，用于 whether *X* or *Y*（是 X 还是 Y）的形式。而（A）（D）都是关系代词，填入空格后将缺少主语或宾语。

翻译 威廉姆斯先生每次从国外出差回来时，通常都会给同事带礼物。

☐ **31.** Tanton City passed legislation requiring all drivers age 75 and
☐ older to pass a vision test ______ renewing their driver's license.

(A) although
(B) before
(C) and
(D) from

☐ **32.** ______ the book may be understood by non-specialists, the first
☐ two chapters provide a detailed introduction.

(A) In regard to
(B) Because of
(C) However
(D) In order that

☐ **33.** ______ her extensive experience and past successes, Ms. Isohi is
☐ expected to be an invaluable asset to our company.

(A) So
(B) That
(C) Given
(D) Since

☐ **34.** The fun run will be postponed until March 23 ______ the weather
☐ clears up by Friday.

(A) unless
(B) however
(C) because of
(D) so that

☐ **35.** Due to excessive requests for support, GeoMax Technologies
☐ has decided to remove a map application from its mobile phones, ______ the product's popularity.

(A) although
(B) notwithstanding
(C) however
(D) even

0476 **31.** 正确答案 (B)

空格前是句子，后面是名词结构（动名词短语），因此空格中应当填入的是**介词**。在介词（B）（D）中，与句子意思相符的是（B）before。Part 5 经常出现 before doing... 接动名词的形式。连词（A）"虽然"，后面也可以接分词，但在这里不符合句子意思。连词（C）在意思上也不通。

翻译 坦顿市通过了立法，要求所有 75 岁以上的司机在更新驾照前必须通过视力测试。

注释 □renew：动 更新

0477 **32.** 正确答案 (D)

空格中需要填入连接逗号前后两个分句的**连词**。选项中可以作连词的只有（D）In order that(为了)。（A）"关于"和（B）"由于"都是介词。（C）"然而"是没有连接功能的副词。

可以和同样表示**目的**的连词 so that 一起记忆。

翻译 为了让不是专家的人也能够理解，这本书的前两章提供了详细的介绍。

0478 **33.** 正确答案 (C)

空格后到逗号前是名词结构，逗号后是一句话，因此空格中需要填入**介词**，在可以作为介词使用的（C）（D）中，与句子意思相符的是（C）Given(考虑到)。（D）"自……以来"后面需要接〈过去时间的起点〉。（A）是副词或连词。（B）作连词时，引导名词从句，后面需要接完整句子。

翻译 考虑到伊索希女士丰富的经验和过去的成功，她对我们公司来说是宝贵的人才。

注释 □invaluable：形 宝贵的 □asset：名 有价值的人 / 财产

0479 **34.** 正确答案 (A)

空格中需要填入连接前后分句的**连词**。空格后是使活动不会延期的例外条件，因此使句子意思通顺的连词是（A）unless(除非)。（D）"以便"也是连词，但与句子意思不符。（B）"然而"是副词。（C）"因为"是连接名词的介词。

翻译 趣味赛跑将延期至 3 月 23 日，除非周五天气转晴。

0480 **35.** 正确答案 (B)

空格前是句子，后面是名词，因此空格中应当填入**介词**。选项中只有表示"尽管"的（B）notwithstanding (= despite / in spite of) 是介词。（A）"虽然"是连词，需要接句子。（C）"然而"和（D）"甚至"都是副词。

翻译 由于过多的支持请求，GeoMax Technologies 决定从他们的移动电话中删除地图 APP，尽管这个产品很受欢迎。

☐ **36.** All city residents must obtain a construction permit from the city
☐ _____ building a driveway.

(A) prior to
(B) because
(C) soon
(D) so that

☐ **37.** The leadership workshop covers a range of topics, _____ career
☐ development, social networking, and recruiting new members.

(A) so that
(B) as of
(C) in that
(D) such as

☐ **38.** _____ booking flights and making accommodation reservations,
☐ Waterfall Travel agents arrange private tours for small groups.

(A) As much as
(B) Moreover
(C) Included in
(D) In addition to

☐ **39.** Ridgeway Associates agreed to pay an early completion bonus
☐ _____ construction of their new headquarters was completed by March 30.

(A) in spite of
(B) as long as
(C) since then
(D) due to

☐ **40.** _____ the difficulties he faced, Mr. Chang managed to complete
☐ his master's degree at the University of Abeno last year.

(A) Although
(B) Despite
(C) However
(D) Whereas

0481 **36.** 正确答案 (A)

空格前是句子，后面是名词结构（动名词短语），因此空格中需要填入的是介词。选项中只有（A）prior to（在……之前）是介词。需要注意这里的“to”不是不定式，所以不接动词原形，而接名词或动名词。（B）“因为”和（D）“为了”都是需要接分句的连词。（C）“即将”是没有连接功能的副词。

翻译 所有市内居民在修建私家车道之前都需要获得城市施工许可证。

0482 **37.** 正确答案 (D)

空格后面是并列的名词词组。连接名词和空格前句子的是**介词**。而这些名词词组是空格前 a range of topics（广泛的主题）的具体示例，因此与句子意思相符的是（D）such as（例如）。（B）“在……时”也是介词，但一般用于 as of May12 之类的表述，后面接“时间”。（A）“以便”和（C）“原因是”都是连词。

翻译 这次领导能力研讨会涵盖了诸如职业发展、社交网络和招募新成员等广泛的主题。

0483 **38.** 正确答案 (D)

空格后到逗号前是名词结构（动名词短语），逗号后是句子，因此空格中需要填入**介词**。而逗号后的句子表示的是追加的服务内容，因此与句子意思相符的是（D）“除了”。（A）用在数词前，强调数量很多。（B）“此外”是副词。（C）“包含”也可以用在分词结构的句首，但在这里意思不通顺。

翻译 除了预订航班和住宿外，Waterfall 旅行社还为小团体安排私人旅游。

注释 □ accommodation：名 住宿

0484 **39.** 正确答案 (B)

空格中需要连接前后分句的**连词**。选项中可以作连词的只有（B）as long as，意为“只要”，表示〈条件〉（= on condition that）。“只要工程在 3 月 30 日前完成”，意思通顺。（A）“尽管”和（D）“为了”都是介词。而（C）“自那时起”是副词。

翻译 Ridgeway Associates 公司同意，只要新总部的工程在 3 月 30 日之前完工，就可以支付提前完成的奖金。

0485 **40.** 正确答案 (B)

空格后的 the difficulties（which）he faced 是关系代词 which 被省略的名词结构。空格中需要填入连接这个名词结构和逗号后句子的**介词**，因此正确答案是（B）Despite（尽管）。（A）“尽管”和（D）“鉴于”都是连词。（C）“然而”是副词。

翻译 尽管面临重重困难，常先生去年还是设法获得了亚伯诺大学的硕士学位。

☐ **41.** _____ Mr. Bruno contributed significantly to the success of the advertising campaign, his promotion to the manager position is well deserved.
☐
(A) If so
(B) Rather than
(C) Owing to
(D) Given that

☐ **42.** _____ Isabella Hill has received a high rating on her evaluation, it is likely that her salary will increase next year.
☐
(A) Besides
(B) So that
(C) As
(D) Due to

☐ **43.** Mr. Murphy has requested that the second seminar be held tomorrow _____ having him return next week.
☐
(A) even though
(B) rather than
(C) as soon as
(D) so that

☐ **44.** _____ Ms. Contreras began working as a sales representative, she has successfully expanded our client base.
☐
(A) Since
(B) When
(C) Before
(D) Whereas

☐ **45.** Please note that breakfast and dinner are included in the price of the room, _____ that lunch costs extra.
☐
(A) either
(B) but
(C) or
(D) then

0486 **41.** 正确答案 (D)

空格中需要连接逗号前后分句的**连词**。选项中符合句子意思的连词是(D)Given that(鉴于)。(A)“如果这样”需要使用 If so, S V. 的形式。(B)“而不”可以放在句首，但不能接完整句子。(C)“由于”是介词。

与 given that 类似的表达还有 given，都表示“鉴于”，但 given 是介词，given that 是连词。两者比较容易弄混，需要注意。

翻译 鉴于布鲁诺先生对广告活动的成功做出的重大贡献，他是应该晋升为经理的人。

注释 □ significantly：副 显著地，明显地

0487 **42.** 正确答案 (C)

空格中需要填入连接逗号前后两个分句的**连词**。在连词(B)和(C)中，可以将上下文“原因(获得高评价)→结果(涨工资)”的关系正确连接的是(C)As(因为)。(B)“以便”与句子意思不符。而(A)“除了”和(D)“为了”都是介词，需要接名词。

翻译 由于 Isabella Hill 得到了很高的评价，因此明年可能会给她涨工资。

注释 □ rating：名 等级，级别

0488 **43.** 正确答案 (B)

空格前是句子，而后面〈have + O + 动词原形〉(让 O 做……)中的使役动词 have 是动名词形式。也就是说，由于空格后是名词结构，所以空格中需要填入**介词**。正确答案是(B)rather than(而不)。而(A)“即使”、(C)“一……就”、(D)“以便”都是连词。

翻译 墨菲先生要求明天举行下一次研讨会，而不是下周再回来。

0489 **44.** 正确答案 (A)

所有选项都可以作连词，因此需要注意时态并考虑**上下文的意思**。逗号前的半句是表示〈过去的时间〉的过去式，后半句表示现在完成时〈至今为止的业绩〉。可以连接这两个时态的是(A)Since(自……以来)。(B)“当……时”、(C)“在……之前”、(D)“然而”都不能体现题目中的两个时态。

翻译 自从孔特拉斯女士成为销售代表以来，顺利地扩大了我们公司的客户数量。

0490 **45.** 正确答案 (B)

这道题的重点是是否能注意到空格后的 that 从句前省略了 please note(与前面句子中的谓语动词相同)。如果可以注意到这一点，就可以知道空格中应当填入**连词**。前半句“早餐和晚餐包含在费用里”，后半句“午餐需要另外收费”。可以连接这两句、表示转折关系的连词是(B)but(但是)。同为并列连词的(C)“或”与句子意思不符。(A)经常以固定组合形式出现。(D)是副词。

翻译 请注意，早餐和晚餐包含在房间的费用内，但午餐需要另外收费。

☐ **46.** Tim Rothschild has a number of important qualifications as a market researcher _____ his experience at Bridgeport Advertising.
☐
(A) while
(B) only if
(C) moreover
(D) aside from

☐ **47.** Mr. Hasegawa decided to purchase the movie tickets early _____ he would not have to wait in line at the box office.
☐
(A) so that
(B) in order
(C) as if
(D) even yet

☐ **48.** _____ periodic maintenance is carried out according to the manufacturers specifications, the TD24 paper folder will continue to function for a good many years.
☐
(A) For
(B) Therefore
(C) Providing
(D) Over

☐ **49.** Please let us know _____ you prefer to be notified by e-mail or telephone in case we have to reschedule your appointment.
☐
(A) than
(B) whereas
(C) whether
(D) such

☐ **50.** The tour group left for Osaka, _____ they had not received their complete itinerary from the travel agency.
☐
(A) in spite of
(B) because of
(C) even though
(D) so that

0491 **46.** 正确答案 (D)

空格中需要填入连接前面句子和后面名词的**介词**。选项中只有（D）aside from（除了）是介词，意为“除了经验，还有资格”，意思通顺。（A）“在……期间、与……同时”和（B）“只有当”都是连词。而（C）“此外”是副词。

aside from 在题目中是“除了～还”的意思，还有表示“除了”（= except for）的用法，也需要掌握。

翻译 Tim Rothschild 除了有 Bridgeport 广告公司的工作经验外，还具备一些作为市场调查人员的重要资历。

0492 **47.** 正确答案 (A)

空格中需要填入连接空格前后分句的**连词**。在连词（A）和（C）中，符合句子意思的是（A）so that（以便）。（C）“好像”与句子意思不符。（B）用在 in order that S V 中可以表示与（A）相同的意思，但题目中没有 that，因此不正确。（D）“然而，即使”是副词。

翻译 长谷川先生为了不用在售票处排队，决定提前购买电影票。

0493 **48.** 正确答案 (C)

空格中需要填入连接分句的**连词**。只有（C）Providing（只要）是连词。虽然看起来像动词 provide 的现在分词 / 动名词，但其实是表示条件的连词。provided（that）S V（※ 可省略 that）也表示相同的意思。（A）For 在书面语中可以作表示“因为”的连词，但不能用在句首。（B）是副词。（D）是介词 / 副词。

翻译 只要根据制造商的规格定期进行维护，TD24 纸夹就可以使用很多年。

注释 □ periodic：形 定期的 □ specifications：名 规格（书）

0494 **49.** 正确答案 (C)

前面有及物动词know。空格中需要填入引导名词性从句know宾语的**连词**。选项中可以接名词性从句的是（C）whether，和or组合使用，whether *X* or *Y*表示“是X还是Y”。（A）一般用于比较级。（B）“然而”是连词，以Whereas S V，S V.的形式引导状语从句。（D）“那样的”是形容词。

翻译 如需要更改预约，请告知我们是希望通过电子邮件还是电话通知您。

0495 **50.** 正确答案 (C)

空格中需要连接逗号前后分句的**连词**。在连词（C）（D）中，可以正确表达“出发去大阪”和“没有收到行程表”之间关系的是表示转折的（C）even though（尽管=although）。（D）“以便”不符合句子意思。而（A）“即使”和（B）“因为”都是介词。

翻译 尽管还没有收到旅行社的完整行程表，旅行团还是出发去了大阪。

☐ **51.** Mr. Roy called to ask if the deadline for submission for the draft
☐ could be postponed _____ after midnight.

(A) during
(B) until
(C) since
(D) when

☐ **52.** Applicants for the position will be sent an acknowledgement
☐ letter _____ the Human Resources Department has received the applications.

(A) among
(B) despite
(C) unless
(D) once

☐ **53.** Administration keeps records of all vehicle registration numbers,
☐ _____ whether they are company owned or not.

(A) due to
(B) even though
(C) rather than
(D) regardless of

☐ **54.** Producers of the children's animation series *Team Power*
☐ shortened the program by two minutes, _____ meeting the requirements of broadcasters.

(A) thereby
(B) because
(C) whenever
(D) during

☐ **55.** Employees are required to book in advance _____ intending to
☐ use a company vehicle.

(A) whereas
(B) from
(C) if
(D) even

0496 **51.** 正确答案 (B)

和空格后的介词 after 同时使用，表示“直到……之后”的是介词（B）until。until after midnight 意为“直到午夜之后”。（A）“在……期间”也是介词，但不接 after。（C）“自以来”作介词时，通常以 since 2009 的形式出现，后面接〈过去的时间起点〉。（D）是连词。

翻译 罗伊先生打电话询问原稿的提交期限是否可以推迟到午夜以后。

注释 □ draft：名 草稿，原稿

0497 **52.** 正确答案 (D)

空格前后都是分句，因此空格中应当填入连接分句的**连词**。在连词（C）（D）中，可将“发送接收通知”和“接收申请资料”自然连接的是（D）once（一旦……就）。（C）“除非”不符合句子意思。（A）“在……之中”和（B）“尽管”都是介词。

翻译 人力资源部收到申请资料后，就会向该职位的申请人发送接收通知。

注释 □ acknowledgement：名 接收通知

0498 **53.** 正确答案 (D)

选项中可以接 whether 引导的从句的是（D）。regardless of（无论）除了可以像 regardless of age 这样后面接名词，也有 regardless of whether [how / what] S V这样**接名词性从句**的用法。（A）是介词。（B）是单独使用的连词。（C）不能接从句。

翻译 管理部门会记录所有车辆的车牌号，无论它们是否是公司用车。

0499 **54.** 正确答案 (A)

即使没有空格，这也是含分词结构的完整句子，因此空格中应当填入的是修饰语。修饰现在分词 meeting 的是**副词**（A）thereby（因此）。（B）“因为”和（C）“无论何时”都是连词，需要接句子。（D）“在……期间”是介词，后面需要接名词，而不能接 -ing 形式的动词。

翻译 系列儿童动画《团队力量》的制作人将节目时长缩短了两分钟，从而满足了播放方的要求。

0500 **55.** 正确答案 (C)

空格前是句子，空格后看起来是名词结构（动名词短语），但如果认为介词是正确答案而选择（B）则意思不通。因此空格后是省略了〈**主语 + be 动词**〉的**从句**，需要使用连词。能够使这个省略句成立的是（C）if（如果）。省略的是 if（they are）intending ... 括号里的部分。（A）“然而”也是连词，但需要接完整句子。（D）“甚至”是副词。

这道题也是从句和主句的主语相同，省略了状语从句中〈主语 + be 动词〉的用法。这种用法经常出现在 when 或 while 的句型中，也在题目中这种 if 从句的考题中出现过。

翻译 员工如果想使用公司车辆，需要提前预约。

☐ **56.** _____ retiring from Smith Computer Technologies two years ago,
☐ Bill Smith has been devoting more time to charity events.

(A) When
(B) Since
(C) Already
(D) From

☐ **57.** _____ recent changes made to the schedule, employees are to
☐ be given an additional day off next Friday.

(A) Because
(B) As far as
(C) In light of
(D) Except for

☐ **58.** Members of the purchasing department should follow the current
☐ procedures for the issuing of purchase orders to vendors, unless _____ instructed by the manager.

(A) otherwise
(B) furthermore
(C) however
(D) if

0501 56. 正确答案 (B)

空格后到逗号为止是名词结构 (动名词短语)。连接这个动名词短语和逗号后句子的应当是**介词**。在介词（B）（D）中，符合句子意思的是（B）Since (自……以来)。连词（A）When 也有后面接省略了 < 主语 +be 动词 > 的分词的用法，但用在这里与时态不符。（C）“已经”是不具备连接功能的副词。

翻译 自两年前从 Smith Computer Technologies 退休后，比尔 · 史密斯就把更多的时间投入到了慈善活动中。

注释 □ derote X to Y：动 把 X 投入到 Y 中

0502 57. 正确答案 (C)

空格后是 recent changes 这一**名词短语，过去分词 mode 后置修饰名词短语** (由于后面没有宾语，因此 made 不是谓语动词)。在可以连接名词和句子的（C）（D）中，与句子意思相符的是（C）In light of(根据)。（D）“除了”与句子意思不符。（A）（B）都是连词。

翻译 根据最近日程中新增的变更，员工下周五会多放一天假。

注释 □ in light of：根据

0503 58. 正确答案 (A)

正确答案是和前面的连词 unless、后面的过去分词组合使用，表示“**除非另有**”的副词（A）otherwise(在其他方面)，是 unless (they are) otherwise instructed 的省略用法。而（B）（C）（D）都不能接在 unless 后面。

翻译 采购部成员在向供应商发出采购订单时，除非经理另有指示，否则必须遵守现行的程序。

第4章

代词问题

“代词问题”每次考试都会出现 0~2 道题目。这种题目看似简单，但出题人会出其不意，在题目中设置陷阱。

特别要注意反身代词和物主代词的用法。

题目数
37 题

题目编号
0504 ~ 0540

“代词问题”的解题方法

这是选项中有 he/his/him/himself 这类代词的题目，每次考试中会出现 0~2 题，主要分为以下 2 种类型。

1 考查“格”的类型

这类问题选项中有主格 he，所有格 his，宾格 him，反身代词 himself 等不同格的人称代词，主要考查考生是否能从中选择正确的答案。

2 其他类

这类问题主要考查除人称代词以外的代词，例如 anyone，each other，those 等。

让我们通过解答以下的例题，一起来学习要点吧！

1 考查“格”的类型

例 题

0504 从 A~D 选项中选择 1 个填入空格中。

David Brown sent a letter from his new office to thank all _____ former colleagues for their support over the years.

(A) he
(B) his
(C) him
(D) himself

基本的解题方法

① 检查选项

通过浏览选项，马上可看出这是考查代词的问题，先把各选项所属的“格”记清楚吧，例如本题的选项（A）主格 /（B）所有格 /（C）宾格 /（D）反身代词。

② 检查句子结构

空格后的 former colleague（前同事）是空格前及物动词 thank（感谢）的宾语，如果把表示"谁的同事"的所有格（B）his 放在前面补充上的话，就可以组成一个正确的句子。

正确答案 (B)

翻译 戴维・布朗为了感谢前同事们多年以来的支持，从新公司寄出了信。

这类题目比较容易，请大家务必掌握。记住，虽然基础，但正确掌握代词"格"的变化却是非常重要的。

代词"格"的变化

请将下表中①～⑩的空格补充完毕（正确答案见本页下方）。

数	人称	主格（我、你、他）	所有格（～的）	宾格（把～变成～）	名词性物主代词（～的东西）	反身代词（～自身）
单数	第一人称	I	my	me	①	myself
	第二人称	you	your	you	yours	yourself
	第三人称	he	②	him	③	himself
		she	her	④	hers	herself
		it	⑤	it	—	itself
复数	第一人称	we	our	⑥	ours	ourselves
	第二人称	⑦	your	you	yours	⑧
	第三人称	they	their	them	⑨	⑩

① mine / ② his / ③ his / ④ her / ⑤ its / ⑥ us / ⑦ you / ⑧ yourselves / ⑨ theirs / ⑩ themselves

“格”的作用

我们来整理一下代词“格”的作用吧。

1 **主格：** 作为句子的主语

They are students.

2 **所有格：** 置于名词前面，表示事物的所有者

Their school is big.

3 **名词性物主代：** 代替 < 所有格 + 前面出现的名词 >

Our school is small, and theirs is big.（theirs = their school）

4 **宾格：** 作为动词或介词的宾语

I like them. / I talked to them.

5 **反身代词：** 表示强调，或主语与宾语一致时作为其宾语使用

〈强调〉They built the house themselves.（他们建造了自己的房子。）

〈主语与宾语一致〉They introduced themselves.（他们做了自我介绍。）

2 其他类型

0505

例题

0505 从 A~D 选项中选择 1 个填入空格中。

The firm is going to hold a free workshop for ______ who are interested in working at its first Asian branch in Japan.

(A) them
(B) those
(C) everybody
(D) anyone

基本的解题方法

① 检查选项

看清楚四个选项都是代词。

② 检查句子结构

空格后关系代词 who 之后被修饰的先行词（紧贴在关系代词前的名词）就是答案。首先，选项（A）them 之后无法接修饰词。另外，who 之后的动词是 are，所以先行词必须是复数形式。因此，表示 people 的复数形式代词（B）those 即正确答案。（C）（D）皆为单数形式，与句意不符。

正确答案 (B)

翻译 这家公司准备开一场免费的说明会，为那些想去该公司在日本的首家分公司工作的人答疑。

总结

☐ 整理“格”相关题目的解题思路

- **缺少主语** ➡ 填入表示主格或所有格的代词
- **缺少宾语** ➡ 填入表示宾格或所有格、反身代词（主语与宾语一致时）的代词
- **句子要素齐全** ➡ 如果在名词前面，填入表示所有格的代词
  ➡ 如果在文末或表示强调时，则填入反身代词

下一页是练习题，把前面学过的解题方法运用到实践中吧！

题目编号：0506 ~ 0510

牛刀小试

题目数 5题

“代词问题”基础5题

⊙ 从 A ~ D 选项中选择 1 个填入空格中。

☐ 1. If you take office stationery from the storeroom, please contact
☐ Ms. Nelson so that ______ can keep an inventory of office supplies.

(A) she
(B) her
(C) hers
(D) herself

☐ 2. Mr. Bando was told by the building's owner that the monthly rent
☐ should be paid directly to ______.

(A) she
(B) her
(C) hers
(D) herself

☐ 3. Peter Hardy guided visitors around the company ______ while his
☐ secretary prepared refreshments in the cafeteria.

(A) he
(B) his
(C) him
(D) himself

☐ 4. ______ attending the International Toy Fair is asked to sign in at the
☐ entrance and wear a colored wristband according to their ticket type.

(A) Everyone
(B) Whoever
(C) They
(D) Several

☐ 5. The Human Resources department has received more than 20
☐ résumés so far, but ______ are qualified for the position.

(A) nothing
(B) few
(C) someone
(D) every

0506 **1.**

正确答案 (A)

由于这是考查代词“格”的问题，需要以空格前后为中心，把握句子的结构。句子整体结构是 <If Ⓢ Ⓥ, Ⓢ Ⓥ.>，空格中需要填入可以接在 so that 后面的从句（SV），也就是谓语动词 can keep 的主语。可以作为**主语的是表示主格**的（A）she。（B）her 是所有格，也是宾格，不能作主语。（C）hers（她的东西）是名词性物主代词，虽然可以主语，但不符合句意。（D）反身代词 herself 也无法作主语。

翻译 如果你要从仓库中取出办公用品，请联系纳尔逊女士，以便她做库存登记。

注释 □ storeroom：名 贮藏室，仓库 □ inventory：名 库存

0507 **2.**

正确答案 (B)

空格所在的 that 从句的结构是 the monthly rent Ⓢ should be paid Ⓥ directly to______. 因此空格前需要填入介词 to 的宾语。**能作宾语的是宾格**（B）her。（A）是用作主语的主格。（C）“她的东西”是名词性物主代词，虽可以用作宾语，但因指向物不明确，不符合句意。（D）反身代词，当主语与宾语一致时可用作宾语，但这里并非此种情形，因此不正确。

翻译 班多先生的房东告诉他，每个月的房租需要直接付给她。

0508 **3.**

正确答案 (D)

空格前的 Peter Hardy Ⓢ guided Ⓥ visitors Ⓞ 已经是个完整的句子了。像这样句子要素齐全的句子末尾加上“Peter Hardy 自己”，也就是反身代词（D）himself，**强调主语**。加上介词 by 的 by himself 也表示强调。表示主格的（A）、所有格 / 名词性物主代词的（B）、宾格的（C）都没有这种用法。

翻译 当秘书在食堂准备小食的时候，彼得・哈代亲自带客户参观公司。

0509 **4.**

正确答案 (A)

本句的主语是 ______attending the International Toy Fair，谓语动词是 is asked。（A）Everyone 可以充当现在分词 attending 及其后**修饰语的主语**。（B）Whoever (= Anyone who) attends 后面不能接分词，而要接谓语动词。（C）（D）虽然可以作主语，但因皆为复数形式，与句意不符。

翻译 参加国际玩具展的每个人，都需要在入口处签到，以及佩戴按门票类型分发的各色腕带。

0510 **5.**

正确答案 (B)

空格后是谓语动词 are，因此主语需要为**复数形式**。选项中表示复数的名词是意为**“少量”的代词**（B）few（几乎没有东西人）。像本句中 few résumés 这样，few 作为形容词修饰复数名词的用法也经常在试题中出现。（A）（C）皆为代词，可用作主语，但两者都是单数形式，与句意不符。（D）可作为形容词，修饰可数名词的单数形式，如 every résumé。

翻译 人力资源部收到的简历超过 20 份，但基本上没有适合这个职位的人。

题目编号：0511 ~ 0515

实战演练

题目数 30题

“代词问题”终极30题

◉ 请按照 1 题 20 秒的速度作答。

□ **1.** Less than 40 percent of all physicians in Wichita are employed as
□ full-time staff by the hospitals where ______ practice.

(A) they
(B) their
(C) them
(D) themselves

□ **2.** Personnel at the manufacturing facility are required to have
□ identification cards with ______ at all times.

(A) they
(B) their
(C) them
(D) theirs

□ **3.** As the seminar was understaffed, Ms. Tahara offered to distribute
□ the documents ______ in order to save time.

(A) she
(B) her
(C) hers
(D) herself

□ **4.** Steady sales of the new digital camera have been attributed to
□ ______ high picture quality.

(A) its
(B) them
(C) itself
(D) theirs

□ **5.** Instead of purchasing ______, Mr. Filbert decided to lease
□ photocopiers for his new office.

(A) them
(B) themselves
(C) their
(D) theirs

0511 **1.**

正确答案 (A)

关系副词 where 之后是一个要素齐全的句子，因此空格后谓语动词 practice（行医）前**缺少主语**，（A）they 是正确选项。如果把这个 practice 理解为名词，在空格中填入表示所有格的（B），则句子不成立。（C）是宾格。（D）是反身代词。

翻译 在 Wichita 任职的医生中，全职医生少于 40%，他们来自各自工作的医院。

0512 **2.**

正确答案 (C)

空格中需要填入**介词 with 的宾语**，因此宾格（C）和名词性物主代词（D）成为备选项。可以指代主语名词 Personnel（员工），并且使句意通顺的是（C）。（D）选项由于句中没有相应的宾语（他们的东西），因此不符合句意。（A）是主格、（B）是所有格，都无法用作宾语。

翻译 那个工厂的员工被要求随时携带身份证。

0513 **3.**

正确答案 (D)

即使删除空格，本句也是完整的。能在完整的句子后增加的代词，是**强调主语**“亲自做……”的**反身代词**（D）herself。（A）是主格、（B）是所有格 / 宾格、（C）是名词性物主代词。

加上介词by的by oneself（独自……）也表示强调，但托业考试中考查反身代词的题目中，多数为不加by的强调用法。

翻译 由于这次研讨会工作人员不足，多原女士为了节省时间，提出由自己来分发资料。

注释 □ understaffed：形 人手不足的

0514 **4.**

正确答案 (A)

空格前介词 to 已经有一个宾语 high picture quality（高画质）了。因此，置于名词之前表示所有者的所有格（A）its 为正确答案。不能只看前面的 to，就认为空格中应填入宾语，从而选择宾格（B）。（C）是反身代词。（D）是名词性物主代词。

翻译 新款数码相机因其高画质，销售额保持稳定。

注释 □ steady：形 稳定的，持续的

0515 **5.**

正确答案 (A)

空格前是及物动词的动名词 purchasing（购买），可以作为其宾语的备选项是（A）（B）（D）。再看逗号之后的内容，可知空格部分指 photocopiers，能起指代作用的宾格（A）them 为正确答案。反身代词（B）与主语（Mr. Filbert）和宾语（photocopiers）不一致，因此不能选。

翻译 菲尔伯特先生没有购买复印机，而是决定为他的新办公司租赁复印机。

☐ **6.** As everyone else on the sales team was out of the office, Mr.
☐ Bruno had to take care of all client calls _____.

(A) he
(B) his own
(C) his
(D) himself

☐ **7.** Applicants for the position must be able to lift heavy items and
☐ move _____ to and from various locations.

(A) they
(B) their
(C) them
(D) themselves

☐ **8.** Participants at the workshop will be served a complimentary
☐ lunch but will have to make dinner arrangements _____.

(A) itself
(B) themselves
(C) ourselves
(D) yourself

☐ **9.** The assembly line supervisor is working on the work schedule
☐ and will forward it to all of _____ by the end of the week.

(A) us
(B) our
(C) we
(D) ourselves

☐ **10.** Sunflower Media will issue a formal statement this afternoon
☐ confirming _____ acquisition of the *Tokyo Daily*.

(A) itself
(B) its
(C) ours
(D) us

0516 **6.**

正确答案 (D)

逗号之后的内容 Mr. Bruno had to take care of all client calls 是一个完整的句子，加在逗号之后的应为**强调主语的反身代词**，因此（D）himself（他自己）是正确答案。（B）选项如果加介词 on 变成 on his own，则可以表示与（D）相同的意思。

翻译 由于营业部的其他成员都外出了，布鲁诺先生不得不自己接客户的电话。

0517 **7.**

正确答案 (C)

空格前有及物动词 move，因此可为其**宾语的宾格**（C）them 为正确答案。反身代词（D）themselves 也可以用作宾语，但主语 Applicants（申请人）和宾语 heavy items（重物）不一致，因此不能选。主格（A）和所有格（B）都不可用作宾语。

翻译 申请这个职位的人，必须将重物搬到各种不同的地方。

0518 **8.**

正确答案 (B)

由于选项都是反身代词，只看空格前的内容是无法解题的。这时需要确认空格部分所**强调的主语**。主语是 Participants（参加者）这种指一般人的名词，因此（B）themselves 是正确答案。（A）虽为主语，却是单数形式。如选（C），主语应该是 we。（D）如果变为复数形式 yourselves，可为正确答案。

翻译 参加研讨会的人可以免费享用午餐，但晚餐需自行解决。

注释 □ complimentary：形 免费的

0519 **9.**

正确答案 (A)

空格需要填入**介词 of 的宾语**，因此宾格（A）和反身代词（D）是正确答案备选项。再确认清楚主语 The assembly line supervisor 是单数形式，出勤表的发送对象是复数，并且是**主语以外的人**，因此选择（A）us。（B）是所有格，（C）是主格，都不能用作宾语。

翻译 装配线的主管在调整出勤表，并预计在周末发给我们所有人。

注释 □ assembly：名 装配

0520 **10.**

正确答案 (B)

空格前是及物动词 confirm（证实）的现在分词 confirming，空格后是其宾语 acquisition（收购），是个名词。因此，在**名词前表示其所有者**，即代词 it 的**所有格**（B）its 为正确答案。（A）是反身代词。（C）是名词性物主代词。（D）是宾格。

翻译 Sunflower Media 公司计划在今天下午发布确认收购《东京日报》报社的官方声明。

注释 □ statement：名 声明 □ acquisition：名 收购、取得

☐ **11.** The furniture they bought was too heavy for Mr. Baker and Ms.
☐ Roberts to move by _____.

(A) their
(B) theirs
(C) themselves
(D) their own

☐ **12.** Ms. Gao requested that the department staff send _____ the final
☐ draft of the sales report before submitting it to management.

(A) she
(B) her
(C) hers
(D) herself

☐ **13.** Before Lucia Gomez and Daniel White moved to their offices on
☐ the first floor, both of _____ had been working on the second floor.

(A) they
(B) their
(C) them
(D) theirs

☐ **14.** Ms. Smith's decision to resign in advance of her contract
☐ expiration next summer was _____ own rather than a request from the CEO.

(A) she
(B) her
(C) hers
(D) herself

☐ **15.** The CEO, Mr. Wozniak has shown _____ to have a polished
☐ manner, confidence as a speaker, and the ability to make a deep impression on audiences.

(A) he
(B) his
(C) him
(D) himself

0521 **11.**

正确答案 (C)

能与空格前介词 by 连接，成为 **by oneself**（独自）的是**反身代词**（C）themselves。（D）选项前加的介词应为 on 而非 by，on their own 可表示与（D）选项相同的意思。（A）是所有格。（B）是名词性物主代词，是介词的宾语，不符合本句意思。

翻译 贝克先生和罗伯茨女士买的家具太重了，他们自己搬不动。

0522 **12.**

正确答案 (B)

空格前的动词 send 在一个 **SVOO** 结构的句子中，由于空格后有直接宾语 the final draft，因此可以作为**递交对象**（间接宾语）的是**宾格**，（B）her 为正确答案。动词 send 的主语（ the department staff）和宾语（Ms. Gao）不同，因此反身代词（D）不适合作为答案。

翻译 高女士要求部门的工作人员在将销售报告书的终稿提交给营业部门前，先递交给自己。

0523 **13.**

正确答案 (C)

空格前是**介词 of，因此应填宾语**，（C）them 是宾格代词，为正确答案。这个 them 指 Lucia Gomez 和 Daniel White 两人，both of them 意为“两者都”。不能因为这两个人都是主语就选主格（A）项。（D）是名词性物主代词，虽可作宾语，但与题意不符。

翻译 露西亚 · 戈麦斯 和 丹尼尔 · 怀特在搬到 1 楼的事务所之前，两人都在 2 楼办公。

0524 **14.**

正确答案 (B)

本句的主干是 Ms. Smith's decision S was V own O。own 后省略了名词 decision，因此选择**所有格**（B）her，**her own decision** 意为“她自己的决定”。如果句中没有 own 的话，可以选择名词性物主代词（C），hers 表示 her decision。

翻译 史密斯女士决定在明年夏天合同期满前辞职，与其说这是公司首席执行官的要求，不如说是她自己的决定。

注释 □ **expiration**：名 期满

0525 **15.**

正确答案 (D)

空格前的 has shown（已显示）是及物动词，因此可填入空格的是**宾语**，（B）（C）（D）为备选项。如句意“展示自我”所示，**主语与宾语是同一个人**，所以（D）himself 是正确答案。（B）为名词性物主代词，不符合句意，当表示所有格的时候，不能作宾语。（A）是作主语的主格。

当表示男性的第三人称时，所有格和名词性物主代词都是 his，这点需要注意。

翻译 首席执行官沃兹尼亚克先生证明了自己有着优雅的举止、演讲者的自信以及给听者留下深刻印象的能力。

注释 □ **polished**：形 优雅的，娴熟的

□ **16.** Working for a publisher in Mumbai and later for _____ company, Tiger Books, Mr. Singh translated scores of major Indian novels into English.
□
(A) he
(B) him
(C) himself
(D) his own

□ **17.** Given _____ many years of experience in customer service, Ms. Mori is well qualified for the position.
□
(A) she
(B) her
(C) hers
(D) herself

□ **18.** Richard Martinez spent over 20 years in the food service industry before deciding to open a restaurant on _____.
□
(A) he
(B) him
(C) himself
(D) his own

□ **19.** International companies such as _____ often need to hire financial specialists because of the different regulations that exist in various countries.
□
(A) it
(B) itself
(C) ours
(D) we

□ **20.** The printing company provides a design service for catalogs and brochures that clients cannot fully develop _____.
□
(A) they
(B) their
(C) them
(D) themselves

0526 **16.** 正确答案 (D)

空格前有介词 for，空格后有介词的名词宾语 company（公司），因此能填入的只有表示**所有者的所有格**。选项中没有单独的所有格 his，但（D）选项中有一个表示强调的 own，his own 意为**“他自己的”**，因此为正确答案。不能只看空格前面的介词就选择宾格（B）项。（A）是主格。（C）是反身代词。

翻译 平格先生在孟买的出版社和自己的公司 Tiger Books 工作期间，将许多主流印度小说翻译成了英文版。

注释 □ scores of *X*：许多 / 大量的 X

0527 **17.** 正确答案 (B)

空格前 Given 是表示“考虑……的话，原因在于”的介词。空格后有宾语 many years，因此其中填入的应为**所有格**（B）her。相关用法 given that Ⓢ Ⓥ（S 考虑 V 的时候）也很重要。名词性物主代词（C）、反身代词（D）均不符合题意。

翻译 考虑到其多年从事客户服务工作的经验，莫里女士很适合这个职位。

0528 **18.** 正确答案 (D)

与空格前的 on 连接，构成 **on one's own**（自己单独做）的（D）his own 为正确答案。如果有介词 by 构成 **by oneself**，则表示同样的含义，也可选反身代词（C）。（A）是作主语的主格。（B）虽可作介词的宾语，但不符合题意。

翻译 理查德 · 马丁内斯决定开一家属于自己的餐馆前，在食品行业工作了 20 多年。

0529 **19.** 正确答案 (C)

空格前的 such as（例如）之后，应该**加前面名词**的示例。空格中需填入“跨国公司”的例子。如果选择可以将 **our company 用一个词概括的**（C）ours，就可以表示“像我们这样的跨国公司”，符合题意。这里的 such as 是介词短语，后需加宾格，因此主格（D）不能选。

翻译 像我们公司这种跨国企业，为了应对每个国家各不相同的规则，通常需要雇用金融领域的专家。

0530 **20.** 正确答案 (D)

空格前的关系代词 that 引导的是宾语从句，从句中缺少宾语，但即使去掉空格，这也是一个完整的句子。因此，强调 that 从句的**主语 clients**，意为“顾客自己做”的反身代词（D）themselves 为正确答案。空格部分不需要宾语，因此不能选（C）。

翻译 这家印刷公司为顾客提供他们自己无法完成的目录、手册的设计服务。

☐ **21.** For _____ interested in flower arrangement, Maya Li will be providing an introductory course in the first week of May.
☐
(A) they
(B) their
(C) them
(D) those

☐ **22.** The new low-cost projectors allow purchasers to enjoy movies on a big screen in the comfort of _____ homes.
☐
(A) they
(B) their own
(C) them
(D) it

☐ **23.** You can purchase used pianos at a fraction of _____ retail value by attending a musical instrument auction in Whitehaven this weekend.
☐
(A) its
(B) my
(C) their
(D) our

☐ **24.** The new home improvement app has a free demo version so that you can gauge its value for _____ before purchasing the full package.
☐
(A) you
(B) your
(C) yours
(D) yourself

☐ **25.** In the survey, participants were asked which of the three fruit drinks _____ would like to buy.
☐
(A) they
(B) their
(C) them
(D) themselves

0531 **21.** 正确答案 (D)

空格中需填入**介词 for 的宾语**，因此宾格（C）和代词（D）成为备选项。过去分词 interested 之后的部分是对**空格内容进行修饰**，因此紧接分词、表示“……的人们（= people who are）”的（D）those 为正确答案。（C）不加修饰语。

翻译 马雅 · 李准备从 5 月第 1 周开始为那些对插花感兴趣的人提供入门课程。

0532 **22.** 正确答案 (B)

空格前为介词 of，后接宾语，也就是名词 homes，因此空格中需填入**所有格**。选项中没有单独的所有格 their，但（B）有强调含义的 own，表示 their own“他们自己的”，因此为正确答案。（A）是主格。表示宾格的（C）和表示主格 / 宾格的（D）之后不能直接加名词 homes。

翻译 这个新款、高性价比的投影仪能让用户在家中以大屏幕观看电影。

0533 **23.** 正确答案 (C)

选项中罗列了可以修饰后续名词 retail value（零售价格）的所有格代词，因此要从空格部分到底表示什么东西的价格入手。从句首开始读起，就会发现这里指的是**复数名词** pianos 的价格，因此（C）their（它们的）为正确选项。（A）是单数名词的所有格，因此不符合题意。

翻译 如果你参加本周末的怀特黑文乐器拍卖会，你就能以极低廉的价格买到二手钢琴。

注释 □ fraction：名 少量，一点儿 □ retail：名 零售

0534 **24.** 正确答案 (D)

空格前有介词 for，空格需填入宾语，因此（A）（C）（D）为备选项。**That 从句的主语 you 和空格所指为同一人物**，因此**反身代词**（D）yourself 为正确答案。如果主语与宾语不相同，那么（A）可作宾语。名词性物主代词（C）“你的东西”所指不明，因此不选。

翻译 这款新的家装 APP 有免费体验版，在购入完整版之前，可通过体验版判断其价值。

0535 **25.** 正确答案 (A)

疑问词 which 之后是名词性从句，与前后文构成一个间接疑问句。在间接疑问句中，疑问词后面的部分（本题中即空格以后的部分）与**陈述句语序相同**（疑问词 + S V），因此空格需填**谓语动词 would like 的主语**。所以，主格（A）they 为正确答案。（B）（C）（D）都不可作主语。

如下所示，表示 participants（参加者）的 they 作为主语填入。

... participants were asked which of the three fruit drinks（ **they** ）would like to buy
[疑问词] [S] [V]

翻译 此调查问卷询问人们会从三款果汁中选择哪一款。

☐ **26.** _____ of the exhibits at the aquarium include fish commonly found along rocky Hawaiian shorelines.
☐

(A) One
(B) Theirs
(C) Some
(D) They

☐ **27.** If you have not received an ID badge, please obtain _____ from the personnel department.
☐

(A) one
(B) each
(C) any
(D) either

☐ **28.** Purchase two of Eric Schneider's popular rock 'n' roll CDs and get _____ free of charge.
☐

(A) each other
(B) another
(C) other
(D) one another

☐ **29.** It was a point of contention that Mr. Cox's research results were different from _____ of his colleagues.
☐

(A) those
(B) it
(C) them
(D) theirs

☐ **30.** _____ of the customers at Philips Grill have complimented the chef for his professionalism and the wonderful gourmet experience provided.
☐

(A) Whomever
(B) Several
(C) Someone
(D) Everybody

0536 **26.**

正确答案 (C)

空格中需填主语。本题的每个选项都可作主语，但其后能接**修饰语 <of+ 名词 >** 的只有（A）（C）。再加上句中的谓语动词 include 没有加 s，所以不是**第三人称单数**的一般现在时形式，<Some of+ 复数名词 > 代表复数，因此（C）为正确答案。（A）表示单数，如果 include 变为 includes 可选。

翻译 那个水族馆展示的鱼，有一些种类常见于岩石较多的夏威夷海岸。

注释 □ aquarium：名 水族馆 □ shoreline：名 海岸线

0537 **27.**

正确答案 (A)

由题意可知，空格处需填入能替换 an ID badge 的代词，<a/an+ 单数名词 > 可表示"**同一种类的东西**"，因此（A）one 为正确答案。（B）"各自"、（C）"任何的"、（D）"两者中的任何一个、两者中的每个"虽都可作代词，但均不符合题意。

翻译 如果你还没收到员工卡，请去找人事部要。

0538 **28.**

正确答案 (B)

由题意"买两张 CD，可以额外免费得到一张"可知，表示"**同一类事物的另一个**"的（B）another 为正确答案。...get another（CD）是省略了 CD 一词的表达。（A）（D）是"互相"的意思，不符合题意。（C）是形容词，形式为 <other+ 名词 >。

翻译 买两张埃里克 · 施耐德的人气摇滚乐 CD，可以免费得到一张其他 CD。

0539 **29.**

正确答案 (A)

由题意可知，这个句子在表达要将 Mr. Cox 的调查结果与他的同事的调查结果进行比较，所以空格中需要**填一个词来替换 results**。因此，可表示 < 复数名词 > 的（A）those 为正确答案。（B）（C）（D）都可以作介词的宾语，但后面都不能接 <of+ 名词 > 的形式。

翻译 考克斯先生的调查结果是否和他同事的调查结果有异，这是争论的重点。

注释 □ contention：名 争论，观点

0540 **30.**

正确答案 (B)

空格处需填主语，因此（B）（C）（D）为备选项。谓语动词 have complimented 不是一般现在时**第三人称单数形式**，因此表示复数，构成 <Several of+ 复数名词 >（～中的几个），（B）为正确答案。（C）（D）都是单数形式，不符合题意。（A）不作主语，而用作宾语。

翻译 菲利普烧烤店的几位顾客称赞了主厨的专业以及菜品的美味。

注释 □ compliment：动 称赞 □ gourmet：形 美味的，通晓食物的

也可用作单词练习题

请思考以下空格应该填什么单词。

1. keep an i______ of office supplies
（管理办公用品的**库存**）

2. p______s in Wichita
（在 Wichita 工作的**医生**）

3. The seminar was u______.
（那个研讨会**人手不足**）

4. s______ sales of the new digital camera
（新款数码相机**销量稳定**）

5. a c______ lunch
（**免费的**午餐）

6. i______ a formal statement
（**发表**正式声明）

7. contract e______
（合同**截止期**）

8. Ms. Mori is well q______ for the position.
（莫莉女士很适合这个**职位**）

9. at a f______ of retail value
（以；零售价的很小**一部分**的金额）

10. c______ the chef for his p______
（**称赞**主厨的**专业性**）

难度如何？以上单词均是第 4 章习题的精华语句。虽难易程度不一样，但都是 TOEIC L&R 要求掌握的词汇。本书从“TOEIC L&R 会考查的单词”这一角度，精心编写每一道题目，其中包含许多 TOEIC L&R 的重点单词。希望大家不要仅仅停留在答题层面，而要仔细理解句子的含义，将本书活用在词汇学习中。

答案（方括号内的数字即题目编号）

1. inventory [506] **2.** physicians [511] **3.** understaffed [513] **4.** steady [514]
5. complimentary [518] **6.** issue [520] **7.** expiration [524] **8.** qualified [527]
9. fraction [533] **10.** compliment / professionalism [540]

第 5 章

介词问题

如果不熟悉介词的固定用法和表达就很难回答“介词问题”。

所以重要的是理解介词表示的基本含义，并多加练习，掌握正确感受介词的直觉。

题目数

56 题

题目编号

0541 ~ 0596

“介词问题”的解题方法

从in，at，to，from，on等介词中，选择正确的介词将一个固定表达或习惯用语补充完整。如果没有掌握特定的表达或固定用法就无法解题（因此，从严格意义上说，介词问题不算语法问题，而可以说是词汇问题的一种），所以需要注意此类问题不要花太多的时间。如果实在不知道正确答案，就凭直觉来选。

下面看一下例题。

例题

0541 从 A~D 选项中选择1个填入空格中。

Anyone spending time outdoors _____ hot weather should drink at least four cups of water per hour.

(A) at
(B) on
(C) in
(D) from

基本的解题方法

① 检查选项

快速检查选项，判断是否为介词问题。需要注意的是，如果选项中有连词，那么题目就是“介词 / 连词问题”。

② 重视介词的基本含义

表示天气的介词是（C）in。可以通过“人们在炎热的天气里”来加深记忆。

③ 相信自己的直觉

如果不知道 in 可以表示天气，那么无论怎么思考都不会选（C）。“介词问题”需要快速确定答案。所以，在这种情况下也可以相信“好像选这个”的直觉。这是因为即使平时没有特地去记忆，也应该在什么地方看过 in hot weather 这种表达方式，而这种无意识的记忆很有可能会影响自己的直觉。

正确答案 (C)

翻译 在天气炎热的户外，每小时至少应该喝四杯水。

主要介词基本含义示意图

0541

建议大家记住以下介词的基本含义。

❶ at

表示〈某一个点〉

❷ in / inside

表示〈在里面〉

❸ on

表示〈接触〉

❹ over

表示〈悬在上方〉

❺ under

表示〈在正下方〉

❻ between

表示〈在两个之间〉

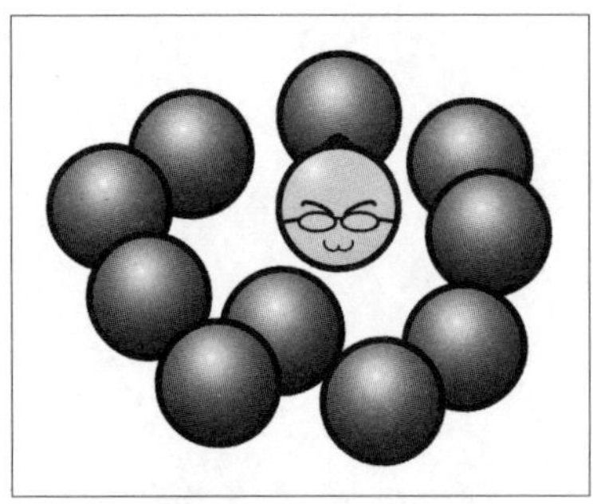

❼ among

表示〈被某个群体包围〉

❽ against

表示〈对抗、紧紧倚靠〉

⑨ opposite

表示〈在……的另一边〉

⑩ along

表示〈沿着〉

总结

☐ 记住介词的基本含义

☐ 相信直觉，迅速作答

下一页开始是练习题，一起来实践到目前为止学到的“解题方法”吧！

题目编号：0542 ~ 0546

牛刀小试

“介词问题”基础5题

题目数 5题

◉ 从 A~D 选项中选择 1 个填入空格中。

□ **1.** Ms. Torres told her team members to submit the progress report on the promotional campaign _____ Thursday afternoon.
□
(A) with
(B) at
(C) by
(D) between

□ **2.** _____ the conclusion of the workshop, Mr. Brown handed out questionnaires to all participants.
□
(A) Through
(B) Under
(C) At
(D) Into

□ **3.** Riley Lee reminded other office staff that _____ the regulations, they were required to keep detailed records of all transactions.
□
(A) over
(B) up
(C) under
(D) into

□ **4.** _____ the past ten years, Mikan Motors has been serving the automobile repair needs of the Kawasaki area.
□
(A) Over
(B) Along
(C) Within
(D) Still

□ **5.** Canberra Community College offers classes on nutrition _____ both beginners and experts.
□
(A) by
(B) from
(C) to
(D) with

在理性地思考问题进行解答的同时，也别忘了相信直觉。

0542 **1.** 正确答案 (C)

从上下文来看，空格后的“周四下午”是报告的提交期限，因此正确答案是表示〈**期限**〉的（C）by。介词 by 还有 The report was written by Ms.Torres.（动作行为人）、Please send the report by e-mail.（方式）等重要的用法。（B）at 一般表示时间点而不是某段时间，例如 at 9:00 A.M.〈时间上的某一点〉。

翻译 托雷斯女士告诉她的团队成员在周四下午之前提交促销活动的进度报告。

0543 **2.** 正确答案 (C)

表示空格后“研讨会结束时”这种〈**某个时间点**〉的介词是（C）At。除了 at the conclusion [end] of *X*（当 X 结束时）之外，at the beginning [start] of *X*（当 X 开始时）也是重要的表达方式。at 也可以表示 at 10 A.M. 这样的〈**时刻**〉或 I met Mr. Brown at the workshop.〈**某个地点**〉。

翻译 研讨会结束时，布朗先生给每个与会者分发了调查问卷。

0544 **3.** 正确答案 (C)

在空格后的名词 regulations（规则、规定）前、表示“根据规定”的介词是（C）under。under 除了有 under the table 这种表示〈在下面的位置〉的使用方法外，还用于 under construction（正在修建）表示〈在某种状态下〉、I work under Mr. Lee.（我在李先生手下工作）表示〈在～影响下〉。

翻译 莱利 · 李提醒办公室的其他人员，根据规定，他们需要保留所有交易的详细记录。

0545 **4.** 正确答案 (A)

连接空格后 the past ten years（过去 10 年里）这样的〈**某段时间**〉，表示“持续了～时间”的介词是（A）Over。over 有很多用法，但像 over the weekend（整个周末）、over the next few days（在接下来的几天里）这样表示〈一段时间〉的用法，经常出现在 TOEIC L&R 中。此外，over the telephone（通过电话）的用法也需要牢记。

翻译 在过去的 10 年中，美康汽车公司一直为川崎地区的汽车修理需求提供服务。

0546 **5.** 正确答案 (C)

和题目中谓语动词 offer 搭配的是介词（C）to。offer *X* to *Y* 意为“将 X 提供给 Y”。介词 to 表示〈**到达、方向**〉，例如 I go to college every day. 或 I sent a letter to the college.I work from 9 A.M. to 5 P.M. 等，后面经常直接接到达的某个点。

翻译 堪培拉社区学院为初学者和专家都提供了营养学课程。

注释 □ nutrition：名 营养学

题目编号：0547 ~ 0551

实战演练

题目数 50 题

“介词问题”终极50题

◎ 请按照 1 题 20 秒的速度作答。

□ **1.** The Tokyo Eye is one of the newest landmarks in the capital, and
□ is already _____ the most popular tourist destinations.

(A) from
(B) into
(C) among
(D) throughout

□ **2.** Just six months _____ a career with Cooper Advertising, Mr.
□ Harlan was offered the branch manager position.

(A) into
(B) throughout
(C) since
(D) over

□ **3.** On the day of the audition, entrants need to arrive at the Northern
□ Star Playhouse _____ 7:00 A.M.

(A) early
(B) ahead
(C) before
(D) prior

□ **4.** Over one hundred guests have been invited to the Royal Hotel
□ _____ the reception after the medical conference next week.

(A) on
(B) from
(C) for
(D) across

□ **5.** Because it is a growing company, with sales topping $1 billion last year,
□ Bruno Building always has a construction project _____ progress.

(A) on
(B) from
(C) during
(D) in

0547 **1.**

正确答案 (C)

表示主语 The Tokyo Eye 在空格后“最受欢迎的观光地”这个集合中的是介词（C）among（在……之中、在……之间）。among 表示“在三者（人）或以上的集合中（之间）”。需要注意的是，among 不能表示时间的之间，所以不能接“某个时间段”。

翻译 东京眼是英国首都最新的地标之一，也已成了最受欢迎的观光地之一。

0548 **2.**

正确答案 (A)

正确答案是（A）into，〈**一段时间 + into *X***〉表示“进入 X 花费了……（时间）”。例如：Three minutes into the game, Okazaki scored.（比赛开始 3 分钟后冈崎就得分了）。（B）的正确用法是 throughout his six-month career。

翻译 哈兰先生在库珀广告公司仅仅工作了六个月，就得到了分公司经理的职位。

0549 **3.**

正确答案 (C)

在后面接 7:00 A.M. 这一〈**时间**〉的介词是（C）before（在……之前）。（A）是形容词、副词，不能接时间。（B）ahead of schedule（比预定时间早）也是重要的表达方式。（D）prior to（在……之前）需要介词 to。如果表示〈期限〉也可以使用 by（在……之前）。

翻译 在试演当天，所有参赛者需要在早上 7 点前到达北方明星剧场。

注释 □ **entrant**：名 参赛者

0550 **4.**

正确答案 (C)

空格后的 the reception（招待会）是主语“超过 100 名客人”被酒店邀请的〈目的〉，因此正确答案是（C）for。介词 for 的基本含义是〈方向〉，从而衍生出持续时间、目的、原因等多种用法。

TOEIC L&R 中经常出现〈**行为 + for + 目的**〉的形式。

翻译 皇家酒店邀请了一百多位客人参加下周医疗会议之后的招待会。

0551 **5.**

正确答案 (D)

正确答案是介词（D）in，与后面的名词 progress 同时使用，in progress 表示（正在进行中）。例如在网上查找网球选手正在进行的比赛进程时，会显示 match in progress。（C）表示〈特定的期间〉，一般接带 the 或所有格的名词。

翻译 去年营业额突破 10 亿美元的布鲁诺建筑公司是一家还在成长的企业，因此总有一个建筑项目正在进行中。

注释 □ **top**：动 超过

☐ **6.** The National Business Travel Association expects corporate car rental rates to increase _____ two percent this year.
☐

(A) in
(B) by
(C) on
(D) with

☐ **7.** E-Marketing Solutions is offering a two-week program for people who want to learn more _____ digital marketing.
☐

(A) near
(B) about
(C) beyond
(D) among

☐ **8.** At today's press conference, the CEO declined to comment _____ the possibility of a merger.
☐

(A) of
(B) on
(C) from
(D) at

☐ **9.** The popular online service is gaining new subscribers _____ the rate of about one million every two months.
☐

(A) from
(B) on
(C) into
(D) at

☐ **10.** All contract documents should be sent to our legal office _____ priority mail.
☐

(A) to
(B) by
(C) against
(D) outside

0552 **6.** 正确答案 (B)

从上下文可以得知空格后 two percent（2%）指的是增长率，因此表示〈**相差**〉的介词是（B）by。考题中也曾经出现过 by a wide margin（大幅度地）这样的用法。介词 by 还从“在……旁边”的基本含义衍生出了〈期限〉（在……之前）、〈手段、行为人〉（经由）等多种用法。

翻译 全国商旅协会预计今年法人租车费用将增长 2%。

0553 **7.** 正确答案 (B)

空格后的 digital marketing 是项目的学习内容，因此正确答案是（B）about，learn about *X*（学习关于 X 的内容）。介词 about 的基本含义是〈**周围**〉，这里表达的是广泛地学习关于数字营销的内容。

翻译 E-Marketing Solutions 为想深入学习数字营销的人们提供了一个为期两周的项目。

0554 **8.** 正确答案 (B)

正确答案是介词（B）on，与前面的动词 comment 组成 comment on *X*（对 X 发表意见）。on 的基本含义是〈**接触**〉。题目中的 on 表示触及特定的某件事。在〈不及物动词 + on〉的使用方式中，focus on *X*（关注 X）以及 rely on *X*（依赖 X）也是重要的表达。

翻译 在今天的新闻发布会上，首席执行官拒绝就合并的可能性发表评论。

0555 **9.** 正确答案 (D)

介词（D）at 的基本含义是〈**某个点**〉，因此衍生出表示〈时刻〉、〈地点〉的用法，除此以外，还有以 at the rate of X（以 X 的比率）的形式表示〈**比率**〉。可以通过“很多数值中的“某一点”来帮助记忆。at 也可以用于表示“价格”“温度”“速度”等。

翻译 这项很受欢迎的在线服务正以每两个月约一百万人的速度获得新的订阅用户。

注释 □ subscriber：名 订阅者

0556 **10.** 正确答案 (B)

空格后的 priority mail（优先邮件：美国邮政提供的服务）是邮寄手段之一，因此正确答案是表示〈**手段**〉的介词（B）by。

在 TOEIC L&R 中需要明确区分 by mail（邮寄）和 by e-mail（邮件）。by bus（乘公交车）等表示 <交通方式> 的用法也频繁出现，需要牢牢掌握。

翻译 所有的合同文件必须使用优先邮件发送到我们的法务部门。

注释 □ priority：名 优先（权）

□ **11.** Beaver Creek Resource Management is looking to hire three
□ student interns _____ the summer to work on the Brett Gray Ranch in Colorado.

(A) for
(B) at
(C) to
(D) as

□ **12.** Due to the forecast of rain, the concert will be held in Joe Louis
□ Arena _____ the outdoor stage at Comerica Park.

(A) rather
(B) despite
(C) instead of
(D) aside from

□ **13.** There is an extensive library of books on marketing and sales in
□ the office which can be borrowed _____ a monthly basis.

(A) at
(B) in
(C) on
(D) with

□ **14.** As a token of appreciation _____ her 20 years of hard work, Mary
□ Wilson was given a gold watch as a parting gift.

(A) into
(B) from
(C) above
(D) for

□ **15.** Miles Smith used a projector set up _____ the conference room
□ to deliver his report on the company's sales performance.

(A) on
(B) to
(C) in
(D) of

0557 **11.**

正确答案 (A)

空格后的 the summer（夏天）表示空格前“3 名实习学生”的〈**限定雇用时期**〉。介词（A）for 可以表达“仅这个夏天”这样的**限定时期**。at 的基本含义是〈方向〉，衍生出将注意力集中于特定的某一时期这一含义。（B）at 一般接〈时刻〉。

翻译 Beaver Creek 资源管理公司正在招募夏天在科罗拉多州布瑞特·格雷牧场工作的三名实习学生。

0558 **12.**

正确答案 (C)

空格前后是都是描述音乐会会场的语句。从由于天气预报说会下雨因此会场变更这一上下文来看，正确答案是介词（C）instead of（代替）。同样是介词的（B）“即使”和（D）“除……之外”都不符合句子意思。（A）“宁愿”是副词。

翻译 由于天气预报有雨，因此音乐会从科梅里卡公园的室外舞台改到了乔·路易斯体育馆。

0559 **13.**

正确答案 (C)

正确答案是（C）on，<on a + 形容词 + basis〉表示“**以……为基础**”。on a monthly basis 意思是“以月为单位”。on a regular basis（定期地）以及 on a first-come，first-served basis（先到先得）也是很重要的表达方式。

翻译 办公室里有关于市场营销和销售的大量藏书，可以按月借阅。

0560 **14.**

正确答案 (D)

空格后的 her 20 years of hard work 是空格前 appreciation（感谢）的〈**原因**〉，因此正确答案是（D）for（对于）。

as a token of appreciation for *X*（作为对 X 表示的感谢）是考试题目中经常出现的重要表达方式。

翻译 玛丽·威尔逊收到了一块金表作为送别礼物，以表示对她 20 年来辛勤工作的感谢。

注释 □ **as a token of *X***：作为 X 的标志　□ **parting**：形 离别的

0561 **15.**

正确答案 (C)

空格前的 set up 是修饰前面 a projector 的过去分词，空格后的 the conference room（会议室）是设置的场所。所以需要在空格中填入介词（C）in，以正确表达“在会议室内设置的→投影仪”这一设置的场所。而（A）表示“在会议室上面”，作为设置投影仪的场所是不合适的。

翻译 迈尔斯·史密斯使用会议室里的一台投影仪，对公司销售业绩进行了报告。

注释 □ **deliver**：动 发表（演讲等）

☐ **16.** _____ a typical Saturday night, the restaurant serves as many as
☐ 300 patrons between the hours of 6 P.M. and 10 P.M.

(A) At
(B) On
(C) In
(D) Over

☐ **17.** A snowstorm in New York caused flight delays that prevented
☐ Ms. Jimenez _____ arriving until yesterday.

(A) from
(B) on
(C) into
(D) at

☐ **18.** In addition to signing up for our free daily newsletter, be sure to
☐ visit our TechInfo blog for updates _____ the day.

(A) throughout
(B) over
(C) at
(D) within

☐ **19.** The real-estate developer has decided to construct a large
☐ shopping mall _____ the city museum.

(A) throughout
(B) near
(C) into
(D) upon

☐ **20.** Advance Telecommunications announced that the cause of
☐ yesterday's network disruption is still _____ investigation.

(A) over
(B) with
(C) among
(D) under

0562 **16.** 正确答案 (B)

表示空格后“普通的周六晚上”这种“**特定日子**”的晚上时，应该使用介词（B）On。（A）at night 一般用于表示不特定的晚上。表示特定日子的早上或白天时也使用介词 on，例如 on Sunday morning，on a hot summer afternoon。

翻译 在普通的周六晚上，这家餐厅从下午 6 点到晚上 10 点会接待多达 300 名顾客。

注释 ☐ **patron**：名 顾客

0563 **17.** 正确答案 (A)

空格前的动词 prevent 和介词（A）from 组合构成 prevent *X* from doing，表示“防止 X 做……”。

需要注意 prevent 是及物动词，不能直接接 from，之间需要宾语！〈不及物动词 / 及物动词〉也是语法问题中的重点。

翻译 纽约的暴风雪导致航班延迟，西门尼斯女士直到昨天才抵达。

注释 ☐ **prevent *X* from doing**：（防止 X 做……）

0564 **18.** 正确答案 (A)

从句意来看，空格前的 updates（更新）是“全天”都在进行的。因此正确答案是（A）throughout（自始至终）。类似 throughout China（遍及中国）这种接〈**地点**〉的用法也很重要。（B）一般用于修饰较长的〈期间〉。（D）“当天内”和题目想要表达的意思不符。

翻译 除了订阅我们的免费每日资讯外，别忘了访问我们每天都会更新的 TechInfo 博客。

0565 **19.** 正确答案 (B)

空格后面的内容表示 a large shopping mall（大型购物中心）的建设地点，因此正确答案是表示在市立博物馆“**附近**”这一含义的（B）near。（A）“遍及”、（C）“在……之中”、（D）和 on 之类表示“在……上面、在……的表面”的介词都和句子含义不符。

翻译 房地产开发商决定在市立博物馆附近建一个大型购物中心。

注释 ☐ **developer**：名 开发商

0566 **20.** 正确答案 (D)

正确答案是（D）under，under investigation 表示“正在调查”。Under 的基本含义是〈**正下方**〉，除了表示物理上的位置之外，还有 under construction [negotiation / regulations]（修建中 / 交涉中 / 按规定）等〈处于某种状态〉〈在某种影响下〉的用法。

翻译 Advance Telecommunications 声称正在对昨天网络故障的原因进行调查。

注释 ☐ **disruption**：名 中断，扰乱 ☐ **investigation**：名 调查

□ **21.** Mr. Matsuhashi submitted his travel report immediately _____ arrival at the company headquarters.
□

(A) upon
(B) in
(C) to
(D) from

□ **22.** To visit our store, follow Parry Road _____ the pharmacy and you will see it on your right.
□

(A) close
(B) over
(C) throughout
(D) past

□ **23.** The hotel is situated in a quiet residential area and was fully renovated _____ the guests' comfort last year.
□

(A) for
(B) under
(C) on
(D) at

□ **24.** Employees wishing to exchange their computers must return the old ones to the company _____ two weeks.
□

(A) while
(B) before
(C) within
(D) over

□ **25.** Mr. Harrison stated that he would donate any leftover funds _____ charity when the community center was complete.
□

(A) to
(B) for
(C) with
(D) in

0567 **21.** 正确答案 (A)

介词（A）upon（= on）以**upon *X***的形式表示"X之后立刻"。后面接动名词的**upon [on]** doing *X*（在X之后立刻）的用法也很重要。谓语动词submit经常以submit *X* to *Y*（把X提交给Y）的形式出现，to后面需要接〈提交的目标〉。

翻译 松桥先生抵达公司总部后立刻提交了他的出差报告。

0568 **22.** 正确答案 (D)

空格中填入介词（D）past（超过）后，表示past the pharmacy（经过药店），可使句子含义通顺。（A）是形容词，close需要和介词to连用，表示"在……附近"。（B）表示"在药店的上空经过"、（C）"在药店中的各处"，都不符合句子含义。

翻译 来店时，请沿着帕里路经过药店，就可以在右手边看到本店。

0569 **23.** 正确答案 (A)

空格后的the guests' comfort（顾客的舒适度）是酒店进行全面装修的〈**目的**〉。因此正确答案是表示目的的介词（A）for。类似的用法还有for the comfort of *X*（为了X的舒适度），也需要掌握。句中的be situated in（位于）也是重要的表达方式。

翻译 酒店坐落在一个安静的住宅区，为了让客人感到舒适，去年进行了全面的装修。

注释 □ **be situated in** ***X***：位于X（地点）

0570 **24.** 正确答案 (C)

空格后的two weeks（两周）是空格前"向公司退还旧电脑"这一动作应进行的时间期限。因此正确答案是表示时间、地点、程度〈**范围**〉的（C）within（在……内）。（B）需要接〈某一时间点〉，不能接〈某段时间〉。（D）表示"超过两周、经过两周"，与句子含义不符。

翻译 想要换电脑的雇员必须在两周内将旧电脑还给公司。

0571 **25.** 正确答案 (A)

空格前的动词donate表示"give钱或物品"，与give相同，经常和介词（A）to搭配使用。donate *X* to *Y*（将X捐赠给Y）是重要的表达方式。也有作为不及物动词donate to *X*的用法。介词to的基本含义是〈**到达点**〉，这里表示让资金"到达"慈善机构。

翻译 哈里森先生表示，当社区中心建成后将把剩余的资金捐赠给慈善机构。

注释 □ **leftover**：形 剩余的 □ **fund**：名 资金

☐ **26.** *California Travel Magazine* named Hugo Bertrand the best travel writer _____ five consecutive years.

(A) at
(B) for
(C) from
(D) before

☐ **27.** _____ all the dishes served at the Little Bird Café, the Chef's Special Pizza is the most popular.

(A) At
(B) Through
(C) Over
(D) Of

☐ **28.** Customers of our online store who spend more than $50 will qualify _____ free shipping.

(A) to
(B) in
(C) after
(D) for

☐ **29.** Oriental Trade Co. imports and exports a wide variety _____ consumer and industrial goods, including software, electric motors, and clothes.

(A) across
(B) of
(C) into
(D) toward

☐ **30.** Should you have any questions _____ access to Global Research Center, please direct your inquiry to rep@globalresearch.com.

(A) between
(B) next
(C) onto
(D) regarding

0572 **26.**

正确答案 (B)

连接空格后 five consecutive years（连续 5 年）这样的〈数词 + 名词〉，表示〈**持续时间**〉的介词是（B）for（在……期间）。（A）表示"某一时刻"、（C）用于 from 5 A.M. 表示〈时间起点〉。而（D）如果作副词，也需要接 for，以 ...travel writer before for……的形式使用。

翻译 《加州旅游杂志》连续五年将雨果·伯特兰评为最佳旅游作者。

注释 □ consecutive：形 连续的

0573 **27.**

正确答案 (D)

和句尾的 the most popular 最高级同时使用，表示"**在……中最……**"的是（D）Of。Ⓢ is the most popular （dish） of all the dishes. 是以〈部分 + of + 全体〉的形式（本题中 of 介词短语出现在句首），表示"全体"中的"最……"的关系。

翻译 在小鸟咖啡馆提供的所有菜肴中，主厨特色比萨饼是最受欢迎的。

0574 **28.**

正确答案 (D)

空格后的 free shipping（免费送货）是购买超过 50 美元后可获得的权益的〈**对象**〉。因此正确答案是（D）for。**qualify for *X*** （使获得 X 的资格）也是重要的表达方式。介词 for 的基本含义是"去向"，由此衍生出"要求"的含义。

翻译 在我们网上商店消费超过 50 美元的顾客可以获得免费送货的服务。

注释 □ qualify for *X*：使获得 *X* 的资格

0575 **29.**

正确答案 (B)

和前面的名词 variety 一起使用，表示"**多种多样的**"的是介词（B）of。**a wide variety of...**（多种多样的……）经常在 TOEIC L&R 中出现。

类似的重要使用方法还有 a wide array of...（各种各样的……）、a wide [broad] range of...（大范围的……）。

翻译 东方贸易公司进出口软件、电机和服装等各种消费品和工业产品。

0576 **30.**

正确答案 (D)

空格后"访问 Global Research Center 的方式"是空格前"疑问"的〈**内容**〉。因此与上下文意思相通的是（D）regarding（关于）。

有着相同意思的介词 *concerning* 也经常出现。此外，相同意思的表达方式 *in [with] regard to X*（关于 X）也是重要的用法。

翻译 如果您对访问全球研究中心的方式有任何疑问，请直接咨询 rep@globalresearch.com。

☐ **31.** Frank Jones has transformed Beansflavor Coffee _____ a
☐ start-up business to a market leader in the high-end coffee market in Willamette.

(A) about
(B) from
(C) since
(D) after

☐ **32.** Keep up-to-date with the latest information about special offers
☐ and discounts at Wagner Clothing Stores _____ subscribing to our newsletter.

(A) at
(B) in
(C) by
(D) as

☐ **33.** _____ Friday, Portside Clothing Store will have a clearance sale
☐ in order to make room for new inventory.

(A) Since
(B) Until
(C) In
(D) Below

☐ **34.** Dice Pizza announced Tuesday that Ms. Emily Martin will replace
☐ David Brandon _____ CEO in March with a three-year contract.

(A) as
(B) like
(C) out
(D) about

☐ **35.** The new portable music players from Star Electronics are
☐ available _____ red, blue, and silver.

(A) at
(B) in
(C) of
(D) to

0577 **31.** 正确答案 (B)

本题描述的是一家企业的变迁，“start-up business（初创企业）”和“市场领先者”是〈**起点**〉和〈**终点**〉的关系。因此正确答案是（B）from，和空格后的 to 同时使用，from *X* to *Y* 表示“从 X 到 Y”。**transform *X* into *Y***（将 X 变成 Y）也是重要的表达方式。

翻译 弗兰克·琼斯将 Beansflavor 咖啡馆从一家初创企业转变为 Willamette 高端咖啡市场的领头羊。

注释 □ transform：动 使改变 □ start-up：形（新企业等）开创阶段的

0578 **32.** 正确答案 (C)

空格后的 subscribing to our newsletter（订阅我们的资讯）是获得最新店铺特价和折扣信息的〈**手段**〉。因此正确答案是表示〈手段〉的介词（C）by。句尾的 subscribe to *X*（订阅 X、成为 X 的会员、与 X 签约）也是重要的表达方式。

翻译 通过订阅我们的资讯，实时获取瓦格纳服装店最新的特价折扣信息。

注释 □ **subscribe to *X***：订阅 X、成为 X 的会员、与 X 签约

0579 **33.** 正确答案 (B)

填入空格后与句意相符的介词是表示〈**持续**〉到某个时间为止的（B）Until（直到……为止）。until 也经常作为连接从句（SV）的连词出现。（A）“从……开始”一般接〈过去的起点〉，与题目中的时态不符（通常使用现在完成时）。（C）In 一般接“月”或“年”（表示某日的是 on）。

翻译 到周五为止，Portside 服装店将进行清仓大甩卖，为存放新产品腾出空间。

0580 **34.** 正确答案 (A)

正确答案是介词（A）as，和空格前的动词 replace（用……接替、用……替换）同时使用时，〈replace *X* as + 职务〉表示（以……作为 X 的继任）。这是 TOEIC L&R 中经常出现的表达方式。相关的表达还有 **replace *X* with *Y***（用 Y 代替 X），也需要牢记。

翻译 Dice Pizza 周二宣布，艾米丽·马丁将于今年 3 月接替戴维·布兰登，成为合同期三年的首席执行官。

注释 □ replace：动 成为……的继任，继承（职位）

0581 **35.** 正确答案 (B)

空格之后表示的是主语“便携音乐播放器”可购买的**颜色**。表示颜色的介词是（B）in，是产品被这个颜色包裹在“其中”。

电影 Men in Black 译为《黑衣人》，山下达郎曾经的歌曲 *The Girl In White* 译为《身着白衣的姑娘》。可以通过“被颜色包裹在〈其中〉”这一含义去记忆。

翻译 Star 电子公司的新款便携音乐播放器有红色、蓝色和银色三种颜色。

☐ **36.** Mr. Anderson suggested that the presenter give a demonstration
☐ _____ the new products at the press conference.

(A) along
(B) of
(C) during
(D) into

☐ **37.** Crystal Records allows consumers to purchase music for use
☐ on both their mobile phones and computers, _____ most other mobile music download services.

(A) despite
(B) aside
(C) unlike
(D) except

☐ **38.** Mr. Jones announced his retirement yesterday _____ 20 years of
☐ outstanding service as CEO.

(A) within
(B) on
(C) after
(D) along

☐ **39.** All workers are required to read and observe the safety
☐ instructions posted _____ the factory entrance.

(A) for
(B) beside
(C) into
(D) off

☐ **40.** Mr. Romano subscribes to *Urban Green Life*, a gardening
☐ magazine, and keeps each issue neatly filed _____ the top shelf of his bookcase.

(A) on
(B) out
(C) to
(D) for

0582 **36.** 正确答案 (B)

连接空格前的 a demonstration（演示）和空格后的“新产品”、表示“**演示新产品**”意思的介词是（B）of（……的）。介词 of 的含义是〈**具体化、明确化**〉，本题中也是将空格前的演示内容通过空格后的（新产品）具体化的意思。

翻译 安德森先生建议发言人在新闻发布会上演示一下新产品。

注释 □ press conference：新闻发布会

0583 **37.** 正确答案 (C)

由于没有能够将空格后的“其他大部分移动音乐下载服务”和前面的“手机和电脑上同时使用”相关联的合适介词。因此可判断空格后的内容是在与主语 Crystal 唱片进行比较，所以正确答案是（C）unlike（与……不同）。

翻译 Crystal 唱片和其他大多数的移动音乐下载服务不同，允许消费者购买可以同时在手机和电脑上使用的音乐。

0584 **38.** 正确答案 (C)

从句子含义来看，CEO 是**先进行**空格后的 20 years of outstanding service（20 年的出色工作）之后宣布了退休的消息，因此正确答案是（C）after（在……之后）。类似 after working ……这样伴随 -ing 形式的用法也经常出现。（A）是“在 20 年之内”，意思上不通。

翻译 琼斯先生在出色地担任了 20 年首席执行官后，于昨天宣布退休。

注释 □ outstanding：形 出色的

0585 **39.** 正确答案 (B)

空格前的 the safety instructions（安全指导说明）是过去分词 posted（被张贴）修饰的内容。空格后的 the factory entrance（工厂入口）指的是**张贴位置**，因此正确答案是（B）beside（在……旁边），“在入口的旁边张贴了安全指导说明”，意思通顺。

翻译 所有工人被要求阅读并遵守张贴在工厂入口旁的安全指导说明。

注释 □ observe：动 遵守

0586 **40.** 正确答案 (A)

空格前的内容是 keep O C（将 O 保持为 C 的状态），意为“将 each issue（每期杂志）保持 neatly filed（整齐地排列）的状态”。空格后“书架最上面一层”是排列的位置，因此正确答案是表示“**在……上面**”的（A）on。On 指的是〈**与表面接触的状态**〉。（C）to 的基本含义是〈方向 + 到达〉，可以用于 return the magazine to the top shelf（将杂志放回书架的最上面一层）。

翻译 罗曼诺先生订阅了园艺杂志《城市绿色生活》，并将每期杂志整齐地摆放在书架的最上面一层。

注释 □ neatly：副 整洁地

□ **41.** Thanks to favorable wind conditions, Kangaroo Airlines
□ Flight 990 arrived at Wang Tao International Airport one hour ____ schedule.

(A) down
(B) next to
(C) following
(D) ahead of

□ **42.** Business owners in Stonehaven may advertise _____ our Web
□ site at an affordable price.

(A) of
(B) up
(C) on
(D) as

□ **43.** Travelers are advised to carry their passports at all times while __
□ some foreign countries.

(A) through
(B) with
(C) along
(D) in

□ **44.** The power generators at Hinze Dam have been in operation ____
□ the mid-20th century, although they are often stopped for scheduled maintenance.

(A) since
(B) toward
(C) while
(D) with

□ **45.** As our express delivery option is a guaranteed service, your order
□ will definitely arrive _____ 8 A.M. and 1 P.M. the following day.

(A) among
(B) except
(C) between
(D) when

0587 **41.**

正确答案 (D)

和不加冠词的 schedule（预定）搭配，表示“**早于预定时间**”的是（D）ahead of。one hour ahead of schedule 的意思是“比预定时间早一小时”。如果想说“晚一个小时”，则可以使用介词 behind：one hour behind schedule。

翻译 由于风况良好，袋鼠航空公司 990 航班提前一小时抵达汪涛国际机场。

0588 **42.**

正确答案 (C)

用于表示空格后的 our Web site，以及电视、广播、电话等〈**通信线路上**〉的介词是（C）on，以 on the Internet / on TV / on the radio / on the phone 的形式使用。这是从 on 的基本含义〈**接触、线上**〉衍生出来的。

翻译 Stonehaven 的经营者可以在我们的网站上以合理的价格做广告。

注释 □ affordable：形（价格）合理的

0589 **43.**

正确答案 (D)

while (they are) _______ some foreign countries 是省略 while 后的〈主语 + be 动词〉的用法。空格中应当填入表示〈**在较大范围地点中**〉的（D）in。（A）可以用于 while traveling through *X*（在 X 旅行时）。

翻译 建议游客在某些国家随时携带护照。

0590 **44.**

正确答案 (A)

空格前是句子，后面是名词 the mid-20th century，因此空格中需要填入介词。（A）（B）（D）都有可能正确。而从句意来看，填入（A）since（自……以来）后，“自 20 世纪中期以来一直运行”，意思通顺。（B）表示“到 20 世纪中期”，是过去发生的事，与现在完成时的时态不符。

翻译 虽然辛兹大坝的发电机经常由于定期维护而暂停，但从 20 世纪中期以来一直在运行。

注释 □ generator：名 发电机 □ in operation：在运行中

0591 **45.**

正确答案 (C)

正确答案是（C）between，和空格后的连词 and 同时使用时，**between *X* and *Y*** 表示“在 X 和 Y 之间”。经常用于连接复数名词，例如 between the two countries（在两个国家之间）。（A）用于表示“在三者（人）或以上中间”，而不用于二者（人）之间。

翻译 我们的快递选项是保证业务，因此您的订单一定会在第二天早上 8 点到下午 1 点之间送达。

注释 □ definitely：副 肯定，确实

☐ **46.** _____ its production rates at an all-time low, Kenner Manufacturing decided to renovate its manufacturing facilities.
☐
(A) Except
(B) Until
(C) With
(D) Into

☐ **47.** The new novel by Daniel Weber will be available in bookstores nationwide a week _____ today.
☐
(A) from
(B) on
(C) for
(D) than

☐ **48.** Visitors to Iris Chemical Corporation are requested to observe the "No Food or Drink" signs posted _____ the laboratory.
☐
(A) among
(B) between
(C) with
(D) throughout

☐ **49.** As you go down the street, you will see the City Public Library ___ the left.
☐
(A) on
(B) for
(C) into
(D) with

☐ **50.** The online cooking course will teach you how to transform simple ingredients _____ a fine meal in minutes.
☐
(A) at
(B) over
(C) on
(D) into

0592 **46.**

正确答案 (C)

由于逗号前的“生产率达到历史最低水平”这一情况，因此有了“改造生产设备”这一逗号后的决定。所以正确答案是表示〈伴随情况〉的（C）With。介词 with 的基本含义是表示〈**关系**〉。这里表示“原因（效率低下）→结果（改造）”这一**因果关系**。

翻译 由于生产率达到历史最低水平，肯纳制造公司决定对他们的生产设备进行改造。

0593 **47.**

正确答案 (A)

空格前后的部分是新小说的发售时期。正确答案是表示“一周”这一时间段“从今天开始”的明确〈起点〉，（A）from（从……开始）。

翻译 丹尼尔·韦伯的新小说将从今天开始的一周内在全国书店发售。

0594 **48.**

正确答案 (D)

空格之后是“No Food or Drink” signs（“禁止饮食”标志）的位置。因此，正确答案是表示“**遍布**”的（D）throughout。（A）“在……之中”，后面需要接复数名词或集合名词，不能接 the laboratory 这样表示特定地点的单数名词。

翻译 Iris 化学公司的来访者需要注意张贴在实验室各处的“禁止饮食”标志。

0595 **49.**

正确答案 (A)

介词（A）on 表示道路（on the road [street / way]）、河流（on the river）这种〈**一条线上**〉的位置。on the left 意为“在（道路的）左边”。（C）“进入……里面”可以用于 go into the library（进入图书馆）。

翻译 沿着这条街直行，就可以在左手边看到市公共图书馆。

0596 **50.**

正确答案 (D)

空格后的“美味佳肴”是空格前“简单的食材”通过烹饪转变而成的。因此正确答案是表示〈变化〉的（D）into（转变成）。**transform *X* into *Y***（将 X 变为 Y）也是重要的表达方式。类似的表达还有 **turn *X* into *Y***（将 X 变为 Y），需要掌握。

翻译 在线烹饪讲座会教你如何在几分钟内将简单的食材变成美味佳肴。

注释 □ ingredient：名 食材

在 TOEIC L&R 的世界中，发行新刊的作家总会固定进行“朗读 & 签售会”活动，书店的通知和公告经常出现在 Part 4。然而签售会实际上是不是确实盛况空前则不得而知。

使用本书提高英语能力的学习方法1

下面介绍一下使用 Part 5 提高英语能力的学习方法。

0001 的题目

Donations to the Queensland Museum from local residents and corporations are welcome but entirely optional.

首先查一下不认识的单词。

□donation：名 捐赠 □entirely：副 完全地 □optional：形 可选择的

再确认句子结构。

Donations (to the Queensland Museum) (from local residents and corporations)
S M M

are welcome but (entirely) **optional**.
V C M C

如此一来，就确定了 Donations are welcome but optional. 这一 SVC 句型的主体结构(but 是表示并列的连词)，其他部分是修饰语。理解了整体的意思和句子结构后，在不同的结构之间划出斜杠，从前面开始翻译(练习以英语语序来理解英语)。

Donations / to the Queensland Museum /
捐赠 昆士兰博物馆
from local residents and corporations /
来自当地居民和企业的
are welcome / but entirely optional.
欢迎 但是完全是自愿的

接下来使用音频文件。先看着题目，一边听一边复述(听完一句后出声模仿)。能够流畅地复述后，再不看题目，只靠听来复述或跟读(shadowing：一边听音频，在听的同时或稍晚一点将听到的内容出声跟读)。当然在交通工具等公共场所时，可以在心中默读。

通过每天积累这样的基本功练习，逐渐提高词汇量，也能掌握快速、正确阅读英文的能力。充分利用本书中的英语和音频文件，争取在规定的时间内完成阅读部分的 100 道题。

第 6 章

关系词问题

想必应该有很多人都在头疼关系词的用法。
本章将为大家带来解答顺序汇总表格，并介绍迷惑性问题的解决方法。
掌握了 < 解题方法 > 中的解法之后，就一起来做题目练习吧！

题目数
16 题

题目编号
0597 ~ 0612

“关系词问题”的解题方法

从 who，which，that 等关系词中挑选出正确的词，将前面的名词（先行词）与后面的从句连接起来。关系副词（when，where 等）以及复合关系词（whoever，whatever 等）相关题目出现的频率比较低，所以这里将重点放在关系代词上。接下来为大家介绍解答要点。

TOEIC L&R 中的关系代词问题基本按照以下 2 个步骤解答。

1 检查空格后面的形式

如果缺少主语，则在空格中填主格；如果缺少宾语，则在空格中填宾格。如果都不缺，并且先行词和空格后面的“裸奔”（未加冠词的）名词之间存在“……的”这种所属关系，则在空格中填所有格关系代词 whose。

2 检查先行词

判断是“人”还是“非人”，选择正确的关系代词。

让我们一起来看例题吧！

例题

0597 从 A~D 选项中选择 1 个填入空格中。

Adrian Pennino, ______ has recently been transferred to Mexico City, will visit the New York branch next Thursday.

(A) who
(B) which
(C) where
(D) he

基本的解题方法

① 检查选项

如果选项中都是 who，which，what，where 等词，则本题为“关系词问题”。把题目通读一遍，并留意空格后面的句子结构。

② 检查空格后面的形式

在本句中，Adrian Pennino 是主语，从空格后开始到 Mexico City 是对主语进行详细说明的修饰成分。空格后的 has recently been transferred 缺少主语。所以，空格中应填主格关系代词。

③ 检查先行词

先行词是主语 Adrian Pennino，也就是“人”，所以表示人的主格关系代词（A）为正确答案。
（B）在指代先行词“非人”时，可以充当主格或宾格关系代词。（C）是表示场所的关系副词。（D）中的 he 是主格代词，但是句子中已经存在 Adrian Pennino 这一主语，如果选择该选项，则一个句子中存在两个主语，句子无法成立。

正确答案 **(A)**

翻译 阿德里安·佩尼洛最近被调到了墨西哥城，预计下周四前往纽约分店。

关系代词一览

让我们牢记以下表格。

先行词	主格	所有格	宾格
人	who	whose	whom
非人	which	whose	which
同时有“人”和“非人”	that	—	that
没有	what	—	what

练习

让我们用中学生的题目来验证一下解题方法吧！请在空格中填入除 that 以外的关系代词（答案见下页）。

1. I have a sister ______ lives in Osaka.
2. This is a book ______ is written by Haruki Murakami.
3. That is the woman ______ husband is a famous doctor.
4. I know ______ you want.
5. I met Mr. Kanzaki and Mr. Maeda, both of ______ are famous teachers.

练习答案

1. I have a sister **who** lives in Osaka.

① 空格后面缺少主语 ➡ 主格

② 先行词为"人"➡ who

2. This is a book **which** is written by Haruki Murakami.

① 空格后面缺少主语 ➡ 主格

② 先行词为"非人"➡which

3. That is the woman **whose** husband is a famous doctor.

① 空格后面不缺主语和宾语

② 先行词 woman 和空格后面的"裸奔"名词 husband 之间存在 her husband 这一所属关系 ➡whose

4. I know **what** you want.

① 空格后面的及物动词 want 缺少宾语 ➡ 宾格

② 没有先行词 ➡what

※ 关系代词 what 和其他构成修饰成分的关系代词不同，它用于构成名词性成分（这里的 what you want 是及物动词 know 的宾语）。

5. I met Mr. Kanzaki and Mr. Maeda, both of **whom** are famous teachers.

① 在空格后面 are 的主语 both of_____ 中，介词 of 需要宾语 ➡ 宾格

② 先行词为"人"➡whom

迷惑性问题的解决方法

对于含有关系代词的句子，可以把关系代词替换成普通的代词，并将其放入后面的从句中，然后像下面一样，将句子分成 2 个句子（以上述练习问题为例）。

1. I have a sister who lives in Osaka.

⬇ ※ 将主格关系代词 who 替换为主格代词 she

I have a sister. **She** lives in Osaka.

3. That is the woman whose husband is a famous doctor.

⬇ ※ 将所有格关系代词 whose 替换成所有格代词 her

That is the woman. **Her** husband is a famous doctor.

比如，在练习 5 中，尝试把主格 who 填入空格中，并将该句分为 2 个句子，那么第 2 个句子就变成了 Both of they are famous teachers，不是正确的句子。Both of them are famous teachers 才是正确的形式，所以可以确定，宾格是正确答案。如果在考试中无法确定答案，可以试着像这样把句子分成 2 个句子。

※ 除上述作介词宾语的用法之外，在现代英语中，宾格 whom 可以用 who 代替。所以，在 TOEIC L&R 考试中，很少用 whom 出题。

总结

现将 TOEIC L&R 考试中关系代词类题目的解题方法总结为以下表格。

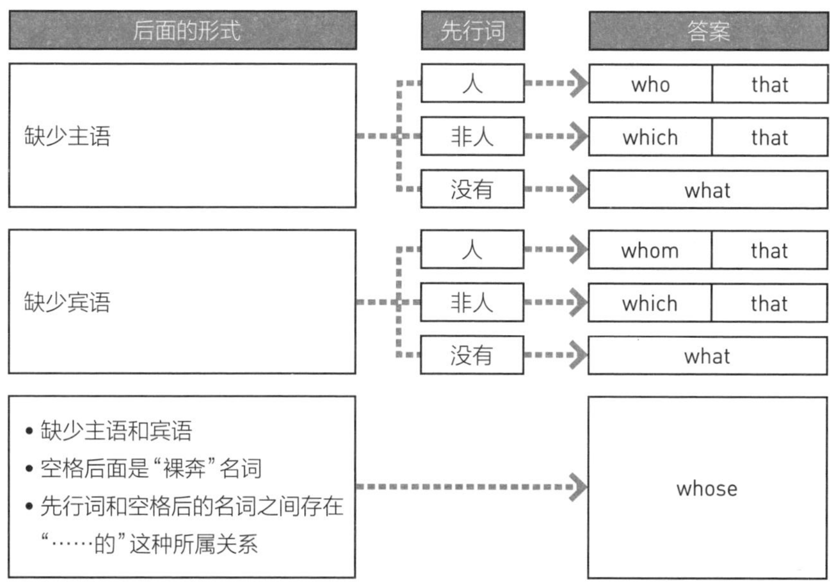

※ 宾格关系代词（that，which，whom）通常可以省略，TOEIC L&R 考试中出现的也以主格和所有格居多。

※ 关系副词（where，how 等）以及复合关系代词（whoever，whatever 等）的出题频率比较低，所以本表中未提及（个别问题另作说明）。

总结

- ☐ 判断空格后面欠缺的要素
- ☐ 分辨先行词为“人”还是“非人”
- ☐ 无法确定时，将句子分成 2 个句子

下一页开始是练习题。一起来实践到目前为止学到的“解题方法”吧！

题目编号：0598 ~ 0602

牛刀小试

题目数 5 题

“关系词问题”基础5题

◉ 从 A~D 选项中选择 1 个填入空格中。

☐ ☐ **1.** Career consultant Louise Bennett, ______ latest book was published last week, will be speaking at the workshop this afternoon.

(A) whatever
(B) whom
(C) what
(D) whose

☐ ☐ **2.** For the interview, applicants are requested to come to our main office, ______ is located two blocks from Chewy Subway station.

(A) when
(B) what
(C) which
(D) why

☐ ☐ **3.** Best Electronics has introduced a new range of portable appliances designed for customers who ______ in small apartments.

(A) reside
(B) residing
(C) resident
(D) residence

☐ ☐ **4.** The park restoration project is divided into three phases, the first of ______ will be to restore old wooden tables and benches.

(A) which
(B) what
(C) it
(D) that

☐ ☐ **5.** ______ is selected as the team leader will be required to provide regular motivational talks.

(A) Whoever
(B) What
(C) Where
(D) Whenever

0598 **1.** 正确答案 (D)

关系词类题目的关键在于“**先行词**”和“**空格后面的句子结构**”。因为先行词是 Louise Bennett 这个“**人**”，所以只能从（B）和（D）中选择。接下来，尝试用代词的所有格 his 代替先行词填入空格中。His latest book was published last week 是正确的英文表达，所以**所有格**关系代词（D）whose 是正确答案。（A）和（C）都不需要先行词。（B）后面接缺个宾语的句子。

翻译 上周刚出版了最新著作的职业顾问路易斯 · 贝内特，将在今天下午的研讨会上发表演讲。

0599 **2.** 正确答案 (C)

空格前的先行词是 our main office，即“非人”，空格后是 is located... 主语欠缺。所以**主格**关系代词（C）which 为正确答案。用代词 it 代替先行词填入空格中。It is located two blocks from... 是正确的英文表达。（A）和（D）是关系副词，后面应为成分完整的句子。关系代词（B）不需要先行词。

翻译 面试时要求面试者到距离 Chewy 地铁站两个街区的公司总部来。

0600 **3.** 正确答案 (A)

空格前的 who 是**主格**关系代词，后面需要谓语动词，所以（A）reside（居住）是正确答案。“住在狭小公寓→顾客”和 who 后面的从句都用来修饰先行词 customers。（B）是现在分词，即动名词。（C）“居民”和（D）“居所”都是名词。即使不认识 reside 这个单词，我们也知道“将分词的 ed/ing 去掉就是动词”，而（A）恰好是将（B）的 ing 去掉后的形式，所以可以判断（A）是动词。

翻译 Best 电子公司推出了专门为居住在狭小公寓里的顾客设计的一系列新型便携式家电系列产品。

0601 **4.** 正确答案 (A)

能够充当空格前**介词of的宾语**、构成修饰成分（定语从句）且作为先行词three phases（3个阶段）补充信息的是**宾格**关系代词（A）which。（B）what虽然可以充当介词的宾语，但不需要先行词。代词（C）、（D）是单数形式，和复数three phases不一致。另外，在没有连接词的情况下，前后两个分句（SV）无法衔接。而当（D）用作关系代词时，无法充当介词的宾语。

翻译 公园的修复工作分为 3 个阶段，其中第 1 个阶段是修缮老旧的木制桌子和长椅。

注释 □ restore：动 修复，复原

0602 **5.** 正确答案 (A)

从句首的空格到 leader 是主语，will be required 是谓语动词。选项中，能够构成**名词性成分**（名词性从句）并充当主语的是（A）和（B）。根据句意——“被选为团队领导”，可知空格中应填入“**人**”，所以复合关系代词（A）whoever 是正确答案。该词可以替换为 Anyone who，意思是“**无论谁**”。关系代词（B）指代“东西或事情”，与句意不符。（C）和（D）用作关系词时要接完整的句子。

翻译 被选为团队领导的人需要定期发表讲话，以鼓舞士气。

题目编号：0603 ~ 0607

实战演练

题目数 10 题

“关系词问题”终极10题

◉ 请按照 1 题 20 秒的速度作答。

☐☐ **1.** The company's stock, ______ rose steadily over several years to peak at around $140 early last year, closed Monday at $47.77.

(A) this
(B) which
(C) what
(D) where

☐☐ **2.** A contract valued at $30 million will be awarded to the bidder ______ proposal is deemed the most attractive.

(A) who
(B) whom
(C) whoever
(D) whose

☐☐ **3.** The architect, ______ designed the Rainbow Historical Museum, received an award for the work.

(A) he
(B) who
(C) also
(D) some

☐☐ **4.** GeoTex Software created a series of video games ______ feature a cute fox and a delightful baby bird.

(A) that
(B) who
(C) where
(D) whose

☐☐ **5.** The learning program provides online exercises to help employees practice ______ is taught in the workshop.

(A) that
(B) how
(C) which
(D) what

0603 **1.** 正确答案 (B)

先行词也是该句的主语——The company's stock。包括空格在内的两个逗号之间的部分是修饰主语的**定语从句**。空格后以动词 rose 开头，**缺少主语**，所以**主格**关系代词（B）which 为正确答案。（A）是代词，不能用于连接从句。关系代词（C）可以引导名词性从句，且不需要先行词。关系副词（D）的先行词为地点，且用于连接成分完整的句子。

翻译 那家公司的股票经历了数年的稳定上涨，且于去年年初达到最高价格——大约 140 美元，但上周一的最终收盘价为 47.77 美元。

0604 **2.** 正确答案 (D)

先行词是 the bidder（投标人）。空格后的句子成分完整，但主语 proposal 前面没有冠词。所以，如果在空格中填入**所有格**关系代词（D）whose，则意思为“**方案最具吸引力的投标者**”，句意通顺。（A）和（B）后面分别接缺少主语和缺少宾语的句子。（C）（= anyone who）不需要先行词，且后面连接谓语动词。

翻译 所提交方案被视为最具吸引力方案的投标者将获得价值 3000 万美元的合同。

注释 □ **bidder**：名（拍卖等活动的）投标人 □ **deem *X Y***：动 把 X 视为 / 当作 Y

0605 **3.** 正确答案 (B)

句首的 The architect 为主语，其相应的谓语动词是 received，包含空格在内的两个逗号之间的部分是修饰先行词（= 整个句子的主语）的**定语从句**。先行词是“人”（= 建筑家），后面的从句缺少主语，所以空格中应该填**主格**关系代词（B）who。（A）、（C）、（D）都不能用于构成定语从句。

翻译 设计彩虹历史博物馆的那位建筑家因这一作品获奖。

0606 **4.** 正确答案 (A)

先行词是 a series of video games，也就是“**物**”。空格后面以动词 feature（以……为特色）开头，缺少主语，所以**主格**关系代词（A）that 是正确答案。（B）的先行词不能是物，而是“人”。（C）的先行词是地点，且后面接完整句子。（D）是所有格，后面直接接名词。

翻译 GeoTex 软件公司制作了一系列以可爱的狐狸和可爱的小鸟为特色的视频游戏。

0607 **5.** 正确答案 (D)

空格前 help employees practice 的结构是“help+ 人 + 动词原形”。也就是说，因为 practice 的意思是“练习”，是一个及物动词，所以能够接名词性从句，充当其宾语的关系代词（D）what 是正确答案。关系代词（A）和（C）需要先行词，（B）后面接成分完整的句子。

翻译 这款学习程序可以提供在线练习服务，帮助员工练习在研讨会上学到的知识。

第3题中的architect（建筑师）在TOEIC L&R世界里是一种非常热门的职业，会有很多世界著名的建筑师亮相哦！

☐ **6.** Speed Ltd. is a manufacturing company whose _____ extends to
☐ all areas of indoor and outdoor signage.

(A) expert
(B) expertly
(C) expertise
(D) expertize

☐ **7.** The lecture was given by Ms. Takahashi and Ms. Maeyama, both
☐ of _____ have worked in Europe and Asia.

(A) whose
(B) which
(C) whom
(D) what

☐ **8.** Those who attended last week's workshop are encouraged to
☐ download the additional material that _____ the lecture.

(A) supplement
(B) supplements
(C) supplementing
(D) supplementation

☐ **9.** Tex Kato is working on a new TOEIC preparation book, which he
☐ _____ will be ready for publication in April.

(A) hopes
(B) hoping
(C) to hope
(D) hopeful

☐ **10.** The construction contract will be given to _____ team makes the
☐ best proposal by September 19.

(A) every
(B) these
(C) whichever
(D) their

0608 **6.** 正确答案 (C)

空格前的 whose 是所有格关系代词，空格中需要填入 extends 的**主语**（名词）。虽然（A）“专家”和（C）“专业知识”都是名词，但能填入“制造商的 _____ 非常广泛”中的空格并使句意通顺的是（C）expertise。填入（A）后，语句不通。（B）是副词。（D）是动词。

翻译 Speed 有限公司是一家拥有广泛的室内外广告牌制作专业知识的制造商。

注释 □extend：动 扩展，涉及 □signage：名 招牌 □expertise：名 专业知识

0609 **7.** 正确答案 (C)

空格前有介词 of，所以空格中需要可以充当其宾语的**宾格**关系代词。先行词是 Ms. Takahashi and Ms. Maeyama，即“**人**”，所以正确答案是（C）whom。（A）是接名词的所有格。（B）作宾语时，先行词是“物”。（D）也可以作宾语，但不需要先行词。

翻译 发表演讲的是高桥女士和前山女士，她们都曾经在欧洲和亚洲工作过。

0610 **8.** 正确答案 (B)

空格前是主格关系代词 that，that 后面的部分修饰先行词 the additional material（附加材料），所以空格处需要**谓语动词**。（A）和（B）虽然都是动词，但由于先行词为**单数名词**，所以动词需要加第三人称单数的 s，正确答案为（B）supplements（补充）。（A）作谓语时和主语不搭。

翻译 建议上周参加研讨会的人下载一些附加材料，上面都是有关讲座的补充内容。

0611 **9.** 正确答案 (A)

本题可以以关系词为中心，将前后拆成两个句子。将 a new TOEIC preparation book 用代词 it 替换，则句子变为 He _____ it will be...，所以空格处只有填入动词（A）hopes 才可以成句。整个句式其实就是在 a...book, which will be... 中**插入分句** he hopes。

翻译 Tex 加藤正在编写一本新的托业备考书，他希望这本书能在 4 月份出版。

0612 **10.** 正确答案 (C)

空格前是介词 to，to 后面需要加**名词**性从句作宾语，所以空格处的单词不仅要能引导名词性从句，还要能修饰后面的名词 team，选项（C）whichever（无论哪个）为复合关系代词，符合题意。（A）（B）（D）虽然都能修饰名词，但都不能连接分句 [如果选择（A），句型需要关系词，应为 to every team that makes...]。

翻译 无论哪个小组，只要能在 9 月 19 日前提出最佳提案，便将施工合同给予该小组。

使用本书提高英语水平的学习方法2

本章题目如下所示，请在空格中填入恰当的关系代词。

1. The company's stock, ______ rose steadily over several years to peak at around $140 early last year, closed Monday at $47.77.
2. A contract valued at $30 million will be awarded to the bidder ______ proposal is deemed the most attractive.
3. The architect, ______ designed the Rainbow Historical Museum, received an award for the work.
4. The lecture was given by two financial specialists, both of ______ have worked in Europe and Asia.
5. Tex Kato is working on a new TOEIC preparation book, ______ he hopes will be ready for publication in April.

怎么样？如果能将基本的关系词理解透彻，上面的题目就都能答对。将本书的题目从头到尾都做完后，可以遮住选项，尝试着自己思考应该填哪个词。接下来，再看看下面几道题目吧！

A. 要在 1、2、3 的空格处填关系代词 that 吗？
B. 要在 4 的空格处填关系代词 who 吗？
C. 5 的关系代词 which 是什么格？

如果题目没有 4 个选项，那只能自己思考应该填什么，通过深入思考和练习，不管考试出什么题目，你都能够轻松应对。如果答完题看完解析后依然存有疑问，可以找一些专业图书进一步细心研究。做好这项功课，你便向目标分数又靠近了一大步。

答案（括号内的数字是题目编号）

1. which[603] **2.** whose[604] **3.** who[605] **4.** whom[609] **5.** which[611]

A. 不需要：以 **1** 和 **3** 为例，关系代词 **that** 不会用在前面有逗号的非限制性定语从句中。此外，**2** 中空格后面是结构完整（**SVOC**）的一句话，也不需要填 **that**。

B. 不需要：在现代英语中，关系代词 **whom** 不能用 **who** 来替代，也不能以“介词 +**whom**”的形式替代 **who**。

C. 主格：将先行词放入空格后的正常原句中，就会变成 **he hopes it（=the book）will be ready for publication in April**，**which** 正好在 **will be** 前面的主格位置上。

第7章

固定搭配/词汇/数量/比较问题

本章涉及“固定搭配问题”“词汇问题”“数量问题”和“比较问题”。以上这些问题不会频繁出现，但在“词汇问题”和“数量问题”上很容易犯错误。这里有许多这样的题目，所以一起来做好准备吧！

题目数

47题

题目编号

0613 ~ 0659

牛刀小试

题目数 12 题

“固定搭配/词汇/数量/比较问题”基础12题

固定搭配问题

这类题中，会把固定搭配的一处设置为空格，根据另一处的表达方式来选择正确答案。最近，出这类题的情况越来越少，出题的话可能会出 1 道。

◉ 从 A~D 选项中选择 1 个填入空格中。

□ □ **1.** Applications for the chief librarian position should be sent _____ electronically or by mail to Brescia Library by February 2.

(A) both
(B) either
(C) neither
(D) so

□ □ **2.** Employees interested in working overseas should attend both the morning _____ afternoon sessions of the seminar.

(A) and
(B) or
(C) but
(D) so

□ □ **3.** On weekends, Fernando's Restaurant is _____ crowded that patrons often have to wait for more than 30 minutes to get in.

(A) so
(B) such
(C) highly
(D) very

0613 **1.** 正确答案 (B)

空格后，有申请职位文件“电子（邮件）或邮寄”**2 种发送方式**。如果把（B）either 填入空格处，则 **either *X* or *Y***（X 或 Y 中的一个）表示从 2 个选项中选择其中之一的固定搭配就完整了。

翻译 申请图书馆馆长职位的文件必须在 2 月 2 日之前通过电子邮件或邮寄的方式寄到 Brescia 图书馆。

注释 □ librarian：名 图书馆员，图书馆管理员

0614 **2.** 正确答案 (A)

如果将空格前 both 的固定搭配（A）and 填入空格处，则 both *X* and *Y*（X 和 Y 都）的表达就完整了，即 both the morning and afternoon sessions（上午和下午的会议都要参加）。

翻译 有意出国工作的员工应参加研讨会上下午的两场会议。

0615 **3.** 正确答案 (A)

与空格后的连词 that 固定搭配使用的是（A）（B）。其中，在 that 之前插入形容词或副词，表示“非常……所以”的是（A）so。so crowded that 表示“非常拥挤以致”。（B）such 后接名词：such a crowded restaurant that。（C）（D）不与 that 一起使用。

翻译 周末，费尔南多餐厅非常拥挤，顾客往往要等上半个多小时才能进入。

TOEIC L&R 中出题的固定搭配一览表

both *X* and *Y* （X 和 Y 都）	The product is **both** practical **and** stylish.（这个产品既实用又时尚。）
either *X* or *Y*（X 或 Y）	You can contact us **either** by phone or by e-mail.（请通过电话或电子邮件联系我们。）
neither *X* nor *Y* （X 和 Y 都没有）	**Neither** Mr. Kato **nor** his assistant attended the meeting.（加藤先生和助手都没有参加会议。）
not only *X* but *Y* as well （不仅是 X，还是 Y）	Mr. Kato is **not only** a teacher **but also** an author.（加藤先生既是教师又是作家）
not only *X* but *Y* as well （不仅 X，而且 Y）	**Not only** can Mr. Tulloch speak Japanese, he can read and write the language **as well**.（图洛克先生不仅会说日语，还会读写日语。）
whether *X* or *Y* （无论 X 还是 Y） ※ 状语从句	**Whether** you like it **or** not, you have to attend the meeting.（不管你喜不喜欢，你都必须参加此次会议。）
whether *X* or *Y* （X 或 Y） ※ 名词性从句	I don't know **whether** to believe him **or** not.（我不知道该不该相信他。）
so *X* that S V （非常 X 因此……） ※X 是形容词或副词	The road was **so** crowded **that** it took us two hours to reach the museum.（因为路上太拥挤了，我们花了两个小时才到博物馆。）
such *X* that S V （非常 X 因此……） ※X 是名词（名词性从句）	It was **such** nice weather **that** we went for a picnic.（因为天气很好，所以我们出去野餐了。）

词汇问题

这是一个关于单词如何使用的问题。具体来说，就是针对不及物动词和及物动词以及可数名词、不可数名词的判别，以及对动词短语的知识（动词和介词的组合）进行提问。每次出 1 道题左右。

□ □ **4.** Blue Sky Airways is _____ mechanics that are not only competent at repairs, but also in preventive maintenance.

(A) seeking
(B) prohibiting
(C) looking
(D) escaping

□ □ **5.** Although the meeting did not start on time, there was still sufficient time to _____ all the issues on the agenda before 5:00 P.M.

(A) proceed
(B) respond
(C) address
(D) inquire

□ □ **6.** Because her restaurant has been unexpectedly busy, owner Paula Lopez has decided _____ at least five additional people within the month.

(A) hire
(B) hired
(C) hiring
(D) to hire

□ □ **7.** Ms. Wong _____ guests to the restaurant that the ingredients were all fresh.

(A) interpreted
(B) recommended
(C) permitted
(D) assured

□ □ **8.** The Australian Institute for Risk Assessment is creating five new committees to provide expert _____ on food safety.

(A) opinion
(B) advice
(C) request
(D) proposal

0616 **4.** 正确答案 (A)

选项中，能接**宾语** mechanics（机械工）的**及物动词**，且符合句意的是（A）seek（寻求）。seek 频繁出现在与招聘相关的文件中。（B）当＜人＞作宾语时，以 prohibit *X* from doing（禁止 X 做……）的形式使用。（C）是不及物动词，所以不直接接宾语，而要用 look for *X*（寻找 X）的形式。（D）“逃避”不符合句意。

翻译 Blue Sky 航空公司正在寻找既有维修能力又有预防性维修能力的维修人员。

注释 □ competent: 形 有才能的，有能力的 □ preventive : 形 预防的

0617 **5.** 正确答案 (C)

当有多个动词符合句意时，“**不及物动词**还是**及物动词**”这一＜词汇＞角度很重要。由于空格后面有 all the issues（所有问题）这一**宾语**，所以及物动词（C）address（应对）是正确的。（A）为 proceed with *X*（推进 X），（B）为 respond to *X*（回应 X），（D）为 inquire about *X*（询问 X），作为不及物动词（宾语前面需要介词）使用。

翻译 虽然会议没有按时开始，但直到下午 5 点，仍有足够的时间来处理议程上的所有问题。

0618 **6.** 正确答案 (D)

空格前为动词 decide（决定），以**不定式为宾语**，所以（D）to hire 是正确答案。由于不定式的 to 原本是表示＜方向＞的介词，所以在以不定式为宾语的动词中，表示今后打算做什么的＜**将来打算**＞的居多。另外，接不定式的动词，expect（期待）、wish（想做）、offer（提出）、promise（承诺）等也要记住。

翻译 由于餐厅出乎意料地繁忙，老板保拉 · 洛佩兹决定在月内至少多雇用 5 个人。

0619 **7.** 正确答案 (D)

空格中需要填的是谓语动词，空格后接的是**宾语和 that 从句（SV）**。选项中符合这一形式的是（D）assured。＜assure＋人＋that Ⓢ Ⓥ＞即“主语 S 向＜人＞保证＜事＞”。（B）recommend that Ⓢ Ⓥ（S 推荐＜事＞），后面要直接接 that 从句。（A）“解释、翻译”和（C）“同意”不接 that 从句。

翻译 黄女士向餐厅的客人保证，食材全部都是新鲜的。

0620 **8.** 正确答案 (B)

在“提供专家的 ____ ”的空格处，有多个名词可使句意通顺。因此，应将角度切换到“**可数还是不可数**”上。因为空格前没有**冠词**，所以不可数名词（B）advice（建议）才是正确答案。（A）opinion（意见），（C）request（委托），（D）proposal（提案）都是可数名词，如果是单数形式的话，需要冠词和所有格（his/her 等），指示代词（this/that 等）等。

翻译 澳大利亚风险评估学会将成立 5 个新的委员会，提供食品安全专家的建议。

注释 □ assessment : 名 评估，评价

数量问题

判断问题中的名词 < 可数 / 不可数 >，< 单数 / 复数 >，选择适合修饰该名词的形容词。每次考试的出题频率为 0~1 道。

□ **9.** ______ employee of Brown Chemicals should attend the
□ company's annual general meeting on April 10.

(A) Every
(B) Few
(C) Most
(D) All

不定代词

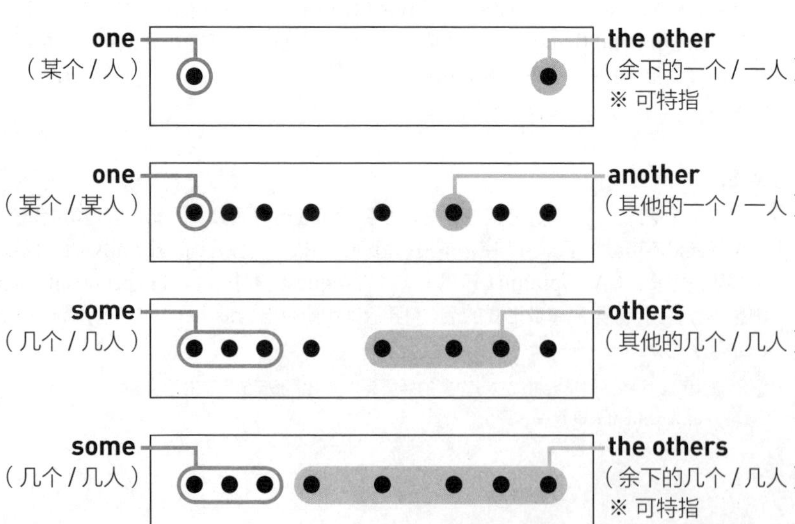

0621 **9.** 正确答案 (A)

根据选项，本题的考查点是判断空格后的名词为**“可数还是不可数”“单数还是复数”**。空格后是可数名词 employee 的单数形式，所以修饰**可数名词单数形式**的（A）Every 是正确答案。（B）Few，（C）Most，（D）All 修饰可数名词时，都接名词的复数形式。如果联想到 every day（每天），就很容易记住 every 接可数名词的单数形式。

翻译 布朗化学制品公司的所有员工都必须出席 4 月 10 日的公司年度全体会议。

数量问题中出现的词语一览表

下表是左列词语能修饰的名词类型，并附有例句(×表示不能修饰)。

	可数名词		不可数名词	备注
	单数形式	复数形式		
all (全部的)	×	all books	all information	代词用法也很重要 all of the books all of the information
each (各自的)	each book	×	×	代词用法也很重要(※注意单数的使用) Each of the books is written by Mr. Kato.
every (所有的)	every book	×	×	没有代词用法
many (许多)	×	many books	×	代词用法也很重要 many of the books
much (许多)	×	×	much information	代词用法也很重要 much of the information
most (大多数)	×	most books	most information	代词用法也很重要 most of the books most of the information
almost (差不多)	×	×	×	副词，不修饰名词 [×] almost book [○] almost every book [○] almost all information
another (另一个)	another book	×	×	也可作代词使用 from one book to another
other (其他)	×	other books	other information	没有代词用法
the other (其余的)	the other book	the other books	the other information	也可作代词使用 from one book to the other
others (其他的物/人)	×	×	×	代词，不修饰名词
the others (其他的物/人)	×	×	×	代词，不修饰名词

比较问题

原级、比较级、最高级以及各自的比较问题都会考查。不仅是比较表达本身，还会出现选择强调比较语句的题目。每次考试的出题频率为 0~1 道。

☐
☐ **10.** One of the requirements is that job applications should be _____ than four pages including the cover letter and résumé.

(A) short
(B) shorter
(C) shortest
(D) shortage

☐
☐ **11.** Leawood Hospital recognizes Emily Taylor as Employee of the Year for having worked the _____ of all the employees.

(A) hardly
(B) harder
(C) hard
(D) hardest

☐
☐ **12.** The new copier installed in the Accounting Department works _____ than the previous machine did.

(A) most quiet
(B) more quietly
(C) most quietly
(D) more quiet

0622 **10.** 正确答案 (B)

该题为比较的基本问题。空格后有 **than**，所以**比较级**（B）shorter 是正确答案。注意空格处不可以选原级（A）。假如选项中有 more shortly 和副词比较级，而空格处需要作补语的形容词，所以语法上也不合适。（C）是最高级。（D）“不足”是名词。

在初级阶段，会有选择类似 more shorter 这种错误形式的情况，请多加注意。

翻译 其中一项要求是，求职申请不得超过 4 页，包括求职信和简历。

0623 **11.** 正确答案 (D)

空格前有 **the**，空格后有“在所有员工中”这样的表达，所以副词 hard（努力地）的**最高级**（D）hardest 是正确的。（A）hardly（几乎没有）也是副词，但要注意它与 hard 的意思不同。（B）为比较级。

在比较二者的时候，记住下面的比较级也要加上 the 来使用。
The first task is **the harder** of the two.
（第一项任务是两项任务中较难的那项。）

翻译 利伍德医院表彰艾米丽·泰勒为“年度最佳员工”，因为她是所有员工中工作最勤奋的。

注释 □ **recognize**：动 表扬，表彰

0624 **12.** 正确答案 (B)

在空格处需要**修饰不及物动词 work 的副词**。因为空格后有 **than**，所以副词的**比较级**（B）more quietly 是正确答案。形容词 quiet 的比较级是 quieter，最高级是 quietest，（A）（D）的形式是错误的。The copier works more quietly than any other machine.（复印机的运行比其他任何设备都安静）的比较问题也很重要。

翻译 会计部门安装的新复印机比以前的机器运行起来更安静。

实战演练

题目数 35题

“固定搭配/词汇/数量/比较问题”35题

◉ 请按照 1 题 20 秒的速度作答。

□ **1.** The weather conditions leading to the event's cancellation were
□ _____ foreseeable by organizers nor avoidable at such short notice.

(A) if
(B) both
(C) neither
(D) so

□ **2.** Not _____ did the company expand its warehouse, but BSC also
□ plans to add five hundred employees this year.

(A) only
(B) yet
(C) still
(D) well

□ **3.** Several of the candidates were so highly qualified _____ it was
□ difficult for the personnel director to decide which one to hire.

(A) unless
(B) even
(C) after
(D) that

□ **4.** Whether the tour members choose to visit nearby attractions _____
□ spend the day shopping, they have to return to the bus by 5:00 P.M.

(A) but
(B) or
(C) either
(D) nor

□ **5.** As an administrative assistant, Ms. Maeyama is in charge of _____
□ office supplies.

(A) stating
(B) inquiring
(C) ordering
(D) searching

0625 **1.** 固定搭配 正确答案 (C)

与空格后 **not** 搭配使用的是（C）neither。**neither *X* nor *Y***，是“X 和 Y 都没有……”的意思。（B）是 both ***X*** and ***Y***（X 和 Y 都），（D）是 so that（非常……因此）的固定搭配。虽然单纯选择固定搭配的问题有减少的趋势，但还是需要准确地找出正确答案。

翻译 导致活动取消的天气既是主办方不可预测的，也是突如其来、不可避免的。

注释 ☐ foreseeable：形 可以预测的

0626 **2.** 固定搭配 正确答案 (A)

因为句子中有 **but** (BSC) **also**，所以如果在空白处补充（A）only，**not only *X* but also *Y***（不仅是 X，也是 Y）的固定搭配就完整了。表示同样意思的 not only *X* but *Y* as well 也很重要。注意，如果句首出现 not only，后面就会出现倒装。

The company did not only expand its warehouse, ...

出现在句首……

Not only **did the company** expand its warehouse, ...

※ 出现倒装，与疑问句的语序相同

翻译 BSC 公司不仅扩建了仓库，还计划今年增加 500 名员工。

0627 **3.** 固定搭配 正确答案 (D)

与空格前副词 **so** 构成固定搭配的是连词（D）that。<so+ 形容词 [副词]+that Ⓢ Ⓥ> 形式表示“非常……因此……”。使用形容词 **such** 的类似表达 <such+ 形容词 + 名词 +that Ⓢ Ⓥ, 表示“非常……的 < 名词 > 因此……”。其他选项不能与 so 组合使用。

翻译 这几位候选人都很有能力，所以人力资源总监很难决定雇用谁。

0628 **4.** 固定搭配 正确答案 (B)

与句首连词 **whether** 搭配使用的是（B）or。**Whether *X* or *Y***, Ⓢ Ⓥ. 形式表示“不管是 X 还是 Y……”。Whether...or not，Ⓢ Ⓥ.（不管是不是……）也是重要的表达。其他选项都不与 whether 一起使用。

翻译 游客必须在下午 5 点前回到车上，无论他们是参观附近的景点还是花一天时间购物。

0629 **5.** 词汇 正确答案 (C)

空格后有名词office supplies（办公用品）。接此宾语的及物动词应为（C）ordering（订购）。（A）“叙述”虽然是及物动词，但句意不通。（B）“询问”，inquire about *X*需要介词。（D）作及物动词时，意思是“搜索，检索网络”，句意不通。

翻译 前山女士作为行政助理，负责办公用品的订购。

注释 ☐ in charge of *X*：负责 X

☐ **6.** Some analysts warn that the value of shares in Mandarin Corporation is poised ______ due to this quarter's expected drop in sales.
☐

(A) fall
(B) to fall
(C) falling
(D) fell

☐ **7.** Crystal Ocean is a non-profit organization which has been committed to ______ of the Greek seas and islands.
☐

(A) conservation
(B) piece
(C) suggestion
(D) cure

☐ **8.** Narayan Sharma's newest novel was popular ______ to be translated into six different languages.
☐

(A) likely
(B) enough
(C) well
(D) correctly

☐ **9.** Mr. Watts will ______ a new advertising manager to replace Ms. Takahashi, who is going to retire at the end of this year.
☐

(A) appoint
(B) conclude
(C) agree
(D) search

☐ **10.** A driver has been sent to pick up Ms. Walters when she ______ at the airport this evening.
☐

(A) invites
(B) requests
(C) arrives
(D) visits

0630 **6.** 词汇 正确答案 (B)

空格前的形容词 poised，接**不定式**（B）to fall，表示“即将做……”。类似的表达 be about to do(即将做……) 也很重要。

由于不定式 to 是介词 to 表示 < 到达 > 和 < 方向 > 的衍生用法，所以与表示将来意愿的动词和形容词搭配。

翻译 一些分析师警告说，Mandarin 公司的股价将因本季度销售量下降的预测而下跌。

注释 □ poised: 形 有充分准备的，蓄势待发的

0631 **7.** 词汇 正确答案 (A)

填入空格处可使句意通顺的是**不可数名词**（A）conservation（保护）。（B）“片；作品”是可数名词，单数形式下不能没有冠词，而且不符合句意。（C）“建议”不符合句意。（D）“治疗方法，解决方法”也是可数名词，需要冠词。另外，cure for *X*，注意不是 of，而是接 for。

翻译 Crystal Ocean 是一个致力于保护希腊海洋和岛屿的非营利组织。

0632 **8.** 词汇 正确答案 (B)

后置修饰形容词 popular（受欢迎的）的**副词**为（B）enough（充分地）。如，The product isn’t selling fast enough，enough 作副词进行后置修饰。（A）“很可能”，（C）“很好地”，（D）“正确地”作为副词发挥作用，前置修饰形容词和动词。

翻译 纳拉扬·夏尔马的最新小说被翻译成了 6 种语言，很受欢迎。

0633 **9.** 词汇 正确答案 (A)

选项中，以 <**人**>(=a new advertising manager)为宾语的及物动词为(A)appoint(任命，指定)。（B）“结束”不以 < 人 > 作宾语。（C）“同意”是不及物动词，以 agree with [to] *X* 的形式出现，需要介词。（D）表示“寻找”时为不及物动词，search for *X* 形式需要介词。

翻译 瓦茨先生计划任命一位新的广告部经理，接替将于今年年底退休的高桥女士。

0634 **10.** 词汇 正确答案 (C)

空格后紧接着 <**at+ 场所**>，可使句意通顺的是**不及物动词**（C）arrives（到达）。从意思上来说，（D）“访问”似乎也正确，但因为是及物动词，所以 visits the airport 不需要介词 at。（A）“邀请，要求”是及物动词，以 < 人 > 为宾语。（B）“要求”也是及物动词，需要宾语。

翻译 一名司机被派去接沃尔特斯女士，她今晚将抵达机场。

☐ **11.** In order to secure the contract, Roland Manufacturing has _____ to reduce the price of its proposal by ten percent.
☐

(A) announced
(B) offered
(C) allowed
(D) discussed

☐ **12.** A well designed brochure with relevant information can help _____ the company's strengths to potential clients.
☐

(A) convey
(B) conveys
(C) conveyed
(D) conveyor

☐ **13.** The head of the tourism committee was praised for expertly _____ the relationships between visitors and local residents.
☐

(A) dealing
(B) proceeding
(C) notifying
(D) managing

☐ **14.** Office supplies can be _____ at any time by staff members using the online order form provided on the supplier's Web site.
☐

(A) applied
(B) inquired
(C) arrived
(D) requested

☐ **15.** During her summer break, Ms. Zhao wants to _____ a course on digital marketing at a local university.
☐

(A) register
(B) take
(C) look
(D) enroll

0635 **11.** 词汇 正确答案 (B)

选项中，接**不定式**的只有（B）。offer to do 表示“提出要做”。（A）“发表”是及物动词，接“计划、决定”等名词。（C）“允许”，为 allow *X* to do（允许 X 做……）的形式。（D）“讨论”也是及物动词，后接宾语。

翻译 罗兰制造公司提出在报价的基础上降低 10%，以确保合同的签订。

0636 **12.** 词汇 正确答案 (A)

空格前有动词 help，help (to) do 的形式表示“有助于做……”，所以正确答案是原形不定式（A）convey（传达）。

如，help *X* (to) do（有助于 X 做），中间夹宾语的语法点也很重要，所以要一起掌握。
The brochure helped me find the information.
（这本小册子帮我找到了信息。）

翻译 一本精心设计且带有相关信息的宣传册有助于向潜在客户传达公司的优势。

注释 □ relevant：形 相关的，贴切的 □ convey：动 传达

0637 **13.** 词汇 正确答案 (D)

把空格后的**名词 the relationships（关系）看作宾语**，可使句意通顺的是及物动词（D）managing（管理）。（A）似乎也正确，但一般使用 deal with *X* 的形式表示“处理 X”。（B）“前进”，是不及物动词。（C）为 <notify+ 人 +of *X*>（通知某人 X）的形式。

翻译 旅游委员会主席因妥善处理游客和当地居民之间的关系而受到赞扬。

注释 □ praise：动 称赞 □ expertly：副 巧妙地，专业地

0638 **14.** 词汇 正确答案 (D)

填入题目转换成的主动句 S can ____ office supplies 的空格处，可使句意通顺的**及物动词**是（D）requested（要求）。（A）作及物动词是“适用，涂抹”的意思，与句意不符。（B）“询问”，inquire about *X* 的形式需要介词。（C）“到达”是不及物动词，与 at 组合可以用于被动句，但句意不通。

翻译 工作人员可以随时使用供应商在网站上提供的在线订购表格订购办公用品。

0639 **15.** 词汇 正确答案 (B)

选项中，**名词 a course（课程）为宾语**，可使句意通顺的**及物动词**为（B）take（选修）。（A）为 register for *X*（登记 X），（C）为 look for *X*（寻找 X），（D）为 enroll in *X*（加入 X），为使之与句意一致，需要分别使用介词。

翻译 暑假期间，赵女士想在当地一所大学选修数字营销课程。

☐ **16.** The Green Wood Hotel _____ diners a choice of two restaurants,
☐ the Vine Restaurant and the Cottage Kitchen.

(A) recommends
(B) explains
(C) offers
(D) prepares

☐ **17.** Julia Torres, the chief choreographer for the Paul Cooper Dance
☐ Theater, is to _____ a lecture and demonstration today at 5:30 P.M.

(A) talk
(B) present
(C) listen
(D) engage

☐ **18.** When Yellow River Books _____ Edwin Press in September,
☐ several divisions of the two publishing companies will be combined.

(A) merges
(B) remains
(C) anticipates
(D) acquires

☐ **19.** The marketing department has been allocated a month in which
☐ to _____ a plan for the release of the new health equipment.

(A) develop
(B) proceed
(C) invite
(D) agree

☐ **20.** Following the final class, _____ attendee will be asked to fill out
☐ a survey form to evaluate the course material and instructors.

(A) many
(B) each
(C) most
(D) few

0640 **16.** 词汇 正确答案 (C)

空格后，有2个宾语 diners O1 a choice O2。填入空格的应是SVOO形式的谓语动词(C) offers。<offer+ 人 + 物>形式表示“向<人>提供<物>”。(B)“说明”、(D)“准备”都不接双宾语。(A)“recommend（推荐）”在现代英语中接单宾语的形式逐渐被接受，但在这里句意不通。

翻译 格林伍德酒店为食客提供两种餐厅选择：葡萄藤餐厅和农舍厨房。

0641 **17.** 词汇 正确答案 (B)

可接名词 a lecture and demonstration（授课和演示）作为**宾语的及物动词**是（B）present（进行）。（A）talk about *X*（谈论X），（C）listen to *X*（听X），（D）engage in *X*（从事X），分别都需要介词。

翻译 保罗·库珀 歌舞剧院的首席编舞师米莉亚·托雷斯将于今天下午5点30分开始授课和现场演示。

注释 □ choreographer：名 编舞师

0642 **18.** 词汇 正确答案 (D)

空格后的**名词** Edwin Press **作为宾语**，需要填入**及物动词**（D）acquires（收购）。（A）需要以 merge with *X*（与X合并）的形式出现，需加介词。（B）“保持”，用于SVC形式，由于S = C，与句意不符。（C）“预测”，是及物动词，但句意不通。

翻译 当黄河图书公司在9月收购埃德温出版社时，这两家出版公司的一些部门将被合并。

0643 **19.** 词汇 正确答案 (A)

空格后的名词 a plan（计划）为**宾语**，需要填入**及物动词**（A）develop。develop a plan 是“制订计划”的意思。（B）“前进”，是不及物动词，需要以 proceed with a plan 的形式出现，需加介词。（C）是及物动词，以<人>为宾语。（D）“同意”，是不及物动词。

翻译 市场部被分配了一个月的时间来制订新健康设备的发布计划。

注释 □ allocate *X Y*：动 给X分配Y

0644 **20.** 数量 正确答案 (B)

根据选项，重点是判断空格处修饰的名词为**可数还是不可数、单数还是复数**。本题中，空格后的名词是**可数名词** attendee（参加者）的**单数形式**，因此（B）each 是正确答案。（A）（C）（D）都修饰可数名词的复数形式。

each，each of *X* is...each 后接 of 时也用单数。

翻译 在最后一堂课结束后，每位学员将被要求填写一份调查表，以评估课程材料和导师。

☐ **21.** Please direct ______ questions about the new travel expense
☐ reimbursement procedure to the accounting manager.

(A) each
(B) anything
(C) all
(D) others

☐ **22.** Many new business opportunities have been discovered as a
☐ result of ______ research.

(A) this
(B) it
(C) these
(D) those

☐ **23.** Raccoon Publishing said sales of digital books had ______ than
☐ tripled, lifting overall revenue by six percent.

(A) more
(B) most
(C) much
(D) already

☐ **24.** Of the four downtown parks, Squirrel Green Park is the ______ to
☐ the central business district.

(A) closer
(B) close
(C) closest
(D) closely

☐ **25.** The new voice recognition software will make cell phones and
☐ other electronic devices ______ more useful to customers.

(A) very
(B) many
(C) too
(D) much

0645 **21.** 数量 正确答案 (C)

选项中，修饰空格后**名词复数** questions 的是（C）all。all 除了修饰可数名词复数和不可数名词之外，还有接“of+ 名词”的用法，如 all of the questions（所有问题），这点也很重要。（A）修饰可数名词的单数形式。（B）（D）都是代词，不修饰名词。

翻译 如对新的差旅费报销程序有任何疑问，请直接向会计经理提出。

0646 **22.** 数量 正确答案 (A)

空格后的 research（调查）是**不可数名词单数形式**。选项中，修饰单数名词的是（A）this。（B）是代词，修饰名词的所有格是 its。（C）（D）都修饰复数形式的名词。不能出于“总觉得”“从意义上”的考虑而选择（C）和（D）。要有根据地选择答案。

翻译 这项调查结果使人们发现了许多新商机。

0647 **23.** 比较 正确答案 (A)

与空格后 than 组合使用的是（A）more。more than tripled 表示“增至三倍以上”。（B）作最高级使用。（C）像 much more than（远远多于）这样加强比较级的用法很重要。（D）“已经”是副词，与 than 不匹配。

翻译 Raccoon 出版公司表示，电子书的销量增至三倍以上，将整体收入提高了 6%。

注释 □ lift: 动 增长，提高

0648 **24.** 比较 正确答案 (C)

如果在空格处填入（C）closest，则与之前的 the 组合，使“四个公园中最靠近中心商务区”的最高级表达完整。比较级（A），如 The park is the smaller of the two.（该公园是两个公园中较小的那个。）在二者的比较中与 the 一起使用。

翻译 在中心城区的四个公园中，Squirrel 绿地公园距离中心商务区最近。

0649 **25.** 比较 正确答案 (D)

强调空格后的**比较级** more useful，表达“有用得多”的是（D）much。（A）用于 The software is very useful. 的形式，修饰原级。（B）（C）以 There were too many customers. 的形式使用。

翻译 新的语音识别软件将使手机和其他电子设备对客户更加有用。

注释 □ recognition : 名 识别

☐ **26.** Sales of Taylor Electronics have increased substantially over the
☐ past year, a result that some analysts ______ to the CEO's strong leadership.

(A) accused
(B) presented
(C) attributed
(D) disapproved

☐ **27.** Data centers are typically so automated that they create ______
☐ new jobs.

(A) much
(B) hardly
(C) few
(D) each

☐ **28.** Among all the applicants, Mr. Vincent seems to be the ______
☐ qualified for the engineering manager position.

(A) more
(B) many
(C) much
(D) most

☐ **29.** Mr. Wypych is going to ______ effective teaching methods for
☐ children in an online video to be available to subscribers from Friday this week.

(A) proceed
(B) inform
(C) remark
(D) address

☐ **30.** Customers can place an order ______ the telephone or online,
☐ and the company will deliver it within 30 minutes.

(A) either
(B) over
(C) both
(D) but

0650 **26.** 词汇 正确答案 (C)

从逗号后的结构来看，存在宾格的关系代词 that 和先行词 result。如果将 a result 放回宾语的位置，则为 some analysts______a result to... 如果在空格处填入（C）attributed，attribute *X* to *Y*（X 的主要原因是 Y）的表达完整，句意通顺。（A）“谴责”，（B）“赠送”不符合句意。（D）“反对”是不及物动词。

翻译 泰勒电子公司近一年来营收大幅增长，有分析师将其归因于首席执行官的强势领导。

0651 **27.** 数量 正确答案 (C)

选项中，修饰空格后**复数名词** jobs 的是（C）few。few 除了修饰可数名词的复数形式外，像 Few are……这样的代词用法也很重要。（A）修饰不可数名词。由于副词（B）“几乎没有”和其后的单词表示否定，所以填入空格后就成了“几乎没有新的工作”，句意不通（如果是 they hardly create new jobs，则位置是正确的）。（D）修饰可数名词的单数形式。

翻译 数据中心一般都是自动化的，几乎没有雇用新人的可能。

注释 □ typically：副 通常，一般地

0652 **28.** 比较 正确答案 (D)

如果在空格处填入（D）most，则“最称职的”这一**最高级**表述就完整了。（A）除了比较级以外，在类似Ⓢ is the more qualified of the two. 这样的二者比较中，与 the 一起使用。（C）是以 much more qualified（远远胜任）的形式出现的强调比较级。

翻译 在所有应聘者中，文森特先生看起来最适合担任技术经理一职。

0653 **29.** 词汇 正确答案 (D)

以“有效的教育法”作为宾语的是**及物动词**（D）address，在这里表示“**就……进行讲述**”。（A）是及物动词，proceed with *X*（推进 X），需要介词。（B）“通知”，以 <人> 作宾语。（C）remark on *X*（就 X 进行论述），需加介词。

此外，address 还可作为动词，如 address a problem（处理问题），表示“**处理，致力于**”，作为**名词**，如 deliver an address（发表演说），表示“**演说**”这一用法也频繁出现。

翻译 怀皮奇先生将在本周五开始的在线视频中讲述针对儿童的有效教学法，可供用户观看。

注释 □ method：名 方法 □ address：动 就……进行讲述

0654 **30.** 固定搭配 正确答案 (B)

空格前是一个完整句，连接空格后名词 the telephone 的是**介词**（B）over。over the telephone 是“通过电话”的意思。（A）与 or 搭配使用，但是由于没有连接功能，所以无法将 the telephone 与前文连接。此处使用 either 时需要 over，如 either over the telephone or online。

翻译 客户可以通过电话或网上下单，公司将在 30 分钟内送达。

□ **31.** The manager preferred Keisuke Honda over _____ qualified
□ applicant, because he was fluent in both Japanese and English.

(A) other
(B) the other
(C) another one
(D) each other

□ **32.** Local residents _____ shocked by the news that the town library
□ would be closed by the end of the year.

(A) impressed
(B) considered
(C) seemed
(D) showed

□ **33.** According to industry experts, small companies benefit from the
□ low-cost promotions through the Internet, helping them _____ in a rapidly changing market.

(A) proliferate
(B) will proliferate
(C) proliferated
(D) would proliferate

□ **34.** The new quality control procedures have proven _____ more
□ successful than previous methods.

(A) far
(B) very
(C) too
(D) right

□ **35.** To maintain a quiet reading environment, visitors are required to
□ _____ from using their mobile phones while in the Kanda Library.

(A) avoid
(B) wait
(C) prevent
(D) refrain

0655 **31.** 数量 正确答案 (B)

修饰**可数名词单数形式** applicant（应征者）的是（B）the other，表示特定的对象，如“2 人中的另外 1 人”。如果对象是“5 名应征者中剩下的 3 人”的复数情况，则为 the other applicants。（A）在对象为“其他几名应征者”这种非特定复数的情况下，构成 other applicants 以及修饰复数名词。（C）（D）是代词。

翻译 比起另外一名有能力的应征者，经理更喜欢本田圭介，因为他精通日语和英语。

注释 □ fluent: 形（语言）流畅的，精通的

0656 **32.** 词汇 正确答案 (C)

空格后有形容词 shocked（感到震惊），因此需要**接补语的动词**。选项中，构成 SVC 形式的是（C）seemed（看起来像）。（B）为 consider O C（把 O 视为 C）形式。（A）“给……留下印象”和（D）“显示”不接补语。

翻译 当地居民对该镇图书馆将于年底前关闭的消息似乎感到震惊。

0657 **33.** 词汇 正确答案 (A)

空格前的动词 help 采用 help O (to) do（有助于 O 做）的形式，所以正确答案是**原形不定式**（A）proliferate（迅速扩张）。

像这样，在 Part 5 的语法问题中，有时选项的词汇级别很高。但是，这并不是考查词汇量的问题，所以不要着急，从语法上考虑后再解决才是重点。

翻译 业内专家表示，小企业从互联网的低成本公关宣传中受益，有助于它们在瞬息万变的市场中快速扩张。

注释 □ proliferate：动 急速增长，迅速扩大

0658 **34.** 比较 正确答案 (A)

空格后紧接着比较级 more successful。选项的副词中能**增强比较级**的只有（A）far（远远地）。（B）very，（C）too 修饰形容词原级。（D）“马上，正好”修饰介词（right after lunch）和副词（right here）。作为强调比较级的副词，much 和 even 也很重要。

翻译 新的质量控制程序被证明比以前的方法成功得多。

0659 **35.** 词汇 正确答案 (D)

选项中，空格后紧接**介词 from**，表示“控制做”的**不及物动词**是（D）refrain。（A）“避免”是及物动词，avoid using *X*，接动名词。（B）“等待”，句意不通。（C）“防止”是及物动词，因此需要 prevent *X* from doing 形式的宾语。

翻译 为了保持安静的阅读环境，来访者在神田图书馆时，应尽量减少使用手机。

接下来就是检验大家学习成果的〈语法模拟测试卷〉了。
请大家在限定时间内，一口气做完 30 题。
卷末有答题卡。

语法模拟测试卷 1

限时 10 分钟

题目数 30 题

题目编号

0660~0689

☐ **1.** You may renew your driver's license 60 days in advance of the date of _____.
☐

(A) expire
(B) expired
(C) expiring
(D) expiration

☐ **2.** Ms. Moreau in the PR department worked diligently to ensure that the new portable audio player was well _____.
☐

(A) publicly
(B) publicized
(C) publicizing
(D) publicity

☐ **3.** Tasty Beverage Co. has decided to give a more _____ title to Mr. Takahashi, who has led a successful national campaign.
☐

(A) prestige
(B) prestigious
(C) prestigiously
(D) prestidigitation

☐ **4.** Max Wilson has negotiated _____ a local sporting team to have players wear his company's logo on their uniforms.
☐

(A) upon
(B) toward
(C) into
(D) with

☐ **5.** InfoTech, a leading provider of management service technology, announced a 20 percent revenue increase last year despite unfavorable market _____.
☐

(A) conditions
(B) conditioned
(C) conditionally
(D) conditional

☐ **6.** Local residents are _____ that Wilcox Castle's 500-year heritage will be preserved for years to come thanks to a generous federal grant.

(A) delight
(B) delighted
(C) delighting
(D) delightful

☐ **7.** _____ supplement his income as an art teacher, Mr. Khatri illustrated children's books for various publishers.

(A) As long as
(B) Provided that
(C) Due to
(D) In order to

☐ **8.** A study published in February says that _____ few employees use their time as effectively as they could.

(A) little
(B) none
(C) very
(D) neither

☐ **9.** Jupiter Technology executives had _____ planned on selling at least 130,000 computers this year, but it now seems doubtful they will sell even 100,000.

(A) initial
(B) initialize
(C) initials
(D) initially

☐ **10.** Organizers are _____ trying to find an alternative venue for the product launch but it may be too late.

(A) except
(B) still
(C) very
(D) while

☐ **11.** Reproduction of any images on this Web site _____ written
☐ consent from the photographer is strictly prohibited.

(A) into
(B) throughout
(C) above
(D) without

☐ **12.** Ms. Cho's _____ for oil painting is shown in a book she is writing
☐ about local artwork.

(A) enthusiastic
(B) enthusiastically
(C) enthusiast
(D) enthusiasm

☐ **13.** Tokyo Airlines offers a flight plan called "Choice A" that allows
☐ customers to change reservations at _____ extra cost.

(A) none
(B) no
(C) nothing
(D) nowhere

☐ **14.** Increased sales of new cars and improved tourism statistics are
☐ promising signs of a _____ economy.

(A) strength
(B) strengthen
(C) strengthening
(D) strengths

☐ **15.** _____ was most notable about Nathan Lee's newest film was its
☐ amazing special effects.

(A) How
(B) Who
(C) Where
(D) What

☐ **16.** A block of 100 _____ seats has been purchased by the sponsors
☐ of tomorrow night's football game.

(A) reserved
(B) reserve
(C) reserving
(D) reserves

☐ **17.** At Stratford City Hotel, _____ of the guests is welcomed with
☐ complimentary coffee and a fruit platter in the main lobby.

(A) all
(B) each
(C) every
(D) much

☐ **18.** Residents of Noblesville have frequently complained that the city
☐ is too _____ with tourists these days.

(A) crowd
(B) crowds
(C) crowded
(D) crowding

☐ **19.** During the meeting last week, the advertising department
☐ discussed ways to improve _____ brand image among consumers.

(A) us
(B) our
(C) ours
(D) ourselves

☐ **20.** Ms. Nakamura will place an order for office supplies, _____ copy
☐ paper at 10 A.M.

(A) includes
(B) included
(C) include
(D) including

☐ **21.** Neither the workers ______ the supervisors are in favor of the new production procedures.
☐

(A) yet
(B) and
(C) nor
(D) but

☐ **22.** For more information on scheduling a ______ of the glass factory, contact David Wilson, the Associate Director of Operations.
☐

(A) tour
(B) touring
(C) toured
(D) tourist

☐ **23.** Mary Anderson was unable to finish her presentation materials, ______ the additional time she was given by her supervisor.
☐

(A) since
(B) even if
(C) in spite of
(D) as though

☐ **24.** Even though tenants are usually expected to give one month's notice ______ moving out, alternative arrangements are sometimes negotiated.
☐

(A) before
(B) throughout
(C) to
(D) around

☐ **25.** Destruction of the artwork ______ if the museum curator had taken some simple precautions.
☐

(A) will be avoided
(B) could avoid
(C) could have been avoided
(D) has avoided

☐ **26.** Under the management of Paula Garcia, the company _____ developed a reputation as a leader in e-commerce.
☐

(A) quick
(B) quicker
(C) quickly
(D) quickness

☐ **27.** In today's market, the design of your Web site can be as important _____ the product or service you provide.
☐

(A) for
(B) or
(C) neither
(D) as

☐ **28.** All staff members are required to wear a hardhat while the manufacturing plant is in _____.
☐

(A) operate
(B) operating
(C) operation
(D) operator

☐ **29.** The Millar Corp glass scanner recognizes _____ the smallest defect in a piece of glass.
☐

(A) over
(B) even
(C) some
(D) with

☐ **30.** Johnson Memorial Hospital requires the therapists to _____ to work 15 minutes before the start of their shifts.
☐

(A) report
(B) inform
(C) assist
(D) complete

正确答案一览→ P.326

0660 **1.** 词性 难度标识 难 正确答案 (D)

空格前有介词 of，因此空格要填**介词的宾语**，（D）expiration（期满）是名词，因此为正确答案。如果把（C）当作不及物动词 expire（到期）的动名词，从语法上看可以填入空格，但意为“到期的日子”，不符合题意。（A）是 expire 的原形、（B）是其过去式 / 过去分词。

翻译 请在有效期截止的 60 天内更换驾照。

0661 **2.** 词性 难度标识 难 正确答案 (B)

题目考查 <**be 动词** + **副词** ___> 结构，因此空格应填补语，即**形容词**。选项中，及物动词 publicize（宣传）的分词（B）和（C）可作形容词。由于**空格后没有宾语**，音乐播放器又是“被宣传”的，因此被动语态符合题意，过去分词（B）publicized 为正确答案。

翻译 公关部的莫罗女士为了切实推广便携音乐播放器，勤奋地工作着。

0662 **3.** 词性 难度标识 难 正确答案 (B)

题目考查 < **冠词** + **副词** ___ **名词** > 结构，因此空格应填形容词来修饰名词，（B）prestigious（有威望的）为正确答案。Prestigious award（权威大奖）是考试中常出现的词组。（A）“名声、评价”是名词。（C）“有声望地”是副词。（D）“戏法”，可从词缀 -tion 判断出为名词。

翻译 Tasty 饮料公司决定授予成功举办全国性活动的高桥先生更加权威的头衔。

0663 **4.** 介词 难度标识 难 正确答案 (D)

with 与动词 negotiated 搭配成为 negotiate with...，意为“与……进行交涉”，因此（D）with 为正确答案。Negotiate *X* with *Y*（与 Y 就 X 进行交涉）也是重点词组，例如：negotiate a contract with a client（与客户就合同问题进行交涉）。

翻译 马克斯 · 威尔逊为了将公司商标印在选手的队服上，与地方运动队伍进行了交涉。

0664 **5.** 词性 难度标识 难 正确答案 (A)

如果把空格前的 unfavorable market（不利的市场）当作介词 despite 的宾语来看，在空格填副词（C）“有条件地”，则不符合题意。填名词（A）组成复合名词 market conditions（市场情况），符合题意。（B）（D）均为形容词，意为“附带条件的”。

翻译 大型管理服务技术接入商 InfoTech 公司宣布，尽管市场条件不利，但其上一财年的收入增长了 20%。

0665 **6.** 语汇 难度标识 难 正确答案 (B)

选项中，形容词（B）delighted（高兴的）可作空格前 be 动词 are 的**补语**，并与 **that 从句连接**。名词（A）“高兴”不能等同于主语。（C）是及物动词 delight（使高兴）的现在分词 / 动名词，（D）“使人快乐的”是形容词，都无法与 that 从句连接。

翻译 联邦政府慷慨拨付了补助款，使有着 500 年历史的威尔科克斯城堡可以长期得到保护，当地居民感到很高兴。

注释 □ heritage：名 遗产 □ preserve：动 保护，保存

□ generous：形 慷慨的，大方的 □ federal：形 联邦（政府）的

0666 **7.** 介词 / 连词 难度标识 难 正确答案 (D)

空格后的 supplement 有名词“补充 (物)”和动词“补充”两种用法，这里紧接宾语 his income（他的收入），因此应该是动词“补充”这一用法。选项中，可以接**动词原形**的是**不定式**（D）In order to（为了）。连词（A）“只要”和（B）“假如”后都接从句。（C）“由于”是介词，后面需要接名词（句子）。

翻译 为了补贴收入，美术老师卡特里先生在为各家出版社的儿童图书画插画。

注释 □ supplement：动 补充

0667 **8.** 数量 难度标识 难 正确答案 (C)

选项中，只有**副词**（C）very 可以**修饰**空格后的**形容词** few。**<very few+ 复数形式 >** 表示“极少数的”，强调数量非常少的状态。（A）是表示量或程度很低的形容词，修饰不可数名词。（B）（D）都是代词，（B）的意思是“没有一个（人）、毫无”、（D）的意思是“两者都不”。

翻译 2 月份公布的调查报告显示，只有极少数员工能尽可能有效地利用时间。

0668 **9.** 词性 难度标识 难 正确答案 (D)

即使去掉空格，S had planned... 也可以组成完整的过去完成时语句，所以空格处应填修饰语。只有**副词能修饰空格前后的动词 had planned**，因此（D）initially（起初）为正确答案。（A）为形容词“最初的”或名词“首字母”。（B）是动词“初始化”。（C）是名词的复数形式。

翻译 Jupiter 科技公司的高管们一开始计划今年至少卖出 13 万台电脑，但从现在来看，能不能卖出 10 万台都还不确定。

0669 **10.** 词汇 难度标识 难 正确答案 (B)

即使去掉空格，S are trying to find... 也是一个完整的句子，因此空格处应填修饰语。只有**副词能修饰**空格前后的**动词**，因此（B）（C）备选。其中，（B）still（还是）符合题意。（C）修饰形容词或副词。（A）为介词“除了”或动词“不包括”。（D）为连词“当……的时候、与……同时”或名词“一会儿”。

翻译 主办方现在还在找新商品发布会的备用会场，但可能已经太迟了。

0670 **11.** 介词 难度标识 难 正确答案 (D)

只有副词（D）without 能连接空格前的“复制这个网站上的图片”和空格后的“摄影师的书面同意”这两个部分，并使句子通顺。without written consent from [of] *X*(没有 X 的书面同意）是重点表达。其他的介词（A）（B）（C）都无法使句子通顺。

翻译 没有摄影师的书面同意，严禁复制这个网站上的任何图片。

注释 □ reproduction：名 复制，吧再版 □ prohibit：动 禁止

0671 **12.** 词性 难度标识 难 正确答案 (D)

句首为所有格，因此空格应填**名词作主语**，（D）enthusiasm（热情）符合题意，为正确答案。（C）“热衷于……的人、爱好者”虽为名词，但不符合题意。（A）“热情的”是形容词。（B）“激动地”是副词。这些词的派生词都是常考词，注意掌握它们的词性和意思。

翻译 赵女士对于油画的热情，都体现在她正在写的一本关于当地美术作品的书里。

注释 □ enthusiasm：名 热忱，热情

0672 **13.** 其他 难度标识 难 正确答案 (B)

空格前是介词 at，空格后是名词 extra cost（额外费用），作宾语，因此空格里应填形容词（B）no，**at no extra cost** 意为“不需要额外的费用”。（A）“没有一个（人）、毫无”，作代词或副词。（C）“没有东西”，是代词。（D）“任何地方都不”，是副词。

翻译 东京航空公司为顾客提供了一项无须额外付费即可改签的服务，叫作“选择 A”。

0673 **14.** 词性 难度标识 难 正确答案 (C)

形容词可置于**冠词和名词之间**，并可**修饰名词 economy（经济）**。选项中，动词 strengthen（加强、巩固）的现在分词（C）有形容词功能。Strengthening economy 意为“复苏的经济”。（A）“力量”是名词、（D）是其复数形式。

翻译 新车销量的增加和旅游数据的上升，是经济复苏的好兆头。

0674 **15.** 关系词 难度标识 难 正确答案 (D)

从空格到 film 是本句的主语，第二个 was 是谓语动词。由于**主语是名词**，因此引导**名词性从句的关系代词**（D）what 是正确答案。在关系代词考题中，如果空格后缺主语或宾语，并且无先行词时，what 为正确答案。（A）（B）（C）作为关系代词时，都不可引导名词性从句，可引导定语从句或状语从句。

翻译 内森 · 李的最新电影最值得关注的是其惊人的特效。

注释 □ notable：形 值得注意的

0675 **16.** 词性 难度标识 难 正确答案 (A)

即使去掉空格，A block of 100 seats 也能与前后衔接，因此空格应填修饰语。可以修饰名词 seats 的是形容词，所以 reserve（预订）的过去分词（A）与现在分词（C）备选。由于座位是被预订的，所以（A）reserved 符合**被动关系**，为正确答案。

翻译 这一区的 100 个座位全被明天晚上的足球比赛的赞助商预订了。

0676 **17.** 代词 难度标识 难 正确答案 (B)

空格中，应填能与谓语动词 is welcomed 对应的**单数名词**。**<each of the+ 复数 >** 是常用搭配，表示“每一个”，因此表示单数的（B）each 为正确答案。（A）在 of 之后加复数的情况下使用，表示复数。（C）“所有可能的”是形容词，修饰名词。若选（D），of 后面需要加不可数名词。

翻译 入住斯特拉特福德城市酒店的每一位客人都可以在大堂享用免费的咖啡和果盘。

0677 **18.** 词性 难度标识 难 正确答案 (C)

空格应填 **be 动词 is 的补语**，因此形容词（C）crowded（人多的、拥挤的）为正确答案。be crowded with *X*（满是 X）这一固定搭配在 TOEIC L&R 考试中频繁出现。（A）为名词“人群”或动词“挤满”，（B）是名词复数形式或一般现在时第三人称单数形式。（D）是动词的现在分词 / 动名词。

翻译 诺贝尔维尔的居民最近经常抱怨自己居住的城市因游客的到来变得很拥挤。

0678 **19.** 代词 难度标识 难 正确答案 (B)

遇到考查代词“格”的题目，首先要从**空格前后的内容入手**。空格前是及物动词 improve（改善），空格后是 improve 的宾语 brand image（名词）。空格处填（B）our 即可组成“我们公司的品牌形象”这一名词短语，因此为正确答案。（A）是宾格、（C）是名词性物主代词、（D）是反身代词。

翻译 在上周的会议中，广告部讨论了如何在顾客群体中改善本公司品牌形象的方法。

0679 **20.** 动词 难度标识 难 正确答案 (D)

空格前是个完整的句子，**介词**（D）including（包含）能与空格后的名词 copy paper 连接。由于这个句子已经有谓语动词 will place 了，所以一般现在时的第三人称单数形式（A）以及动词过去式（B）、动词原形（C）都不合适。（B）如果作为过去分词使用，表示被动的含义，其后不可接名词。

翻译 中村女士会在上午 10 点下单购买包含复印纸在内的办公用品。

0680 **21.** 固定搭配 难度标识 难 正确答案 (C)

选项（C）nor 与句首的 Neither 连接，构成固定搭配 neither *X* nor *Y*（不是 X 也不是 Y），为正确答案。使用（B）构成的固定搭配 both *X* and *Y*（X 是，Y 也是）、使用（D）构成的固定搭配 not only *X* but also *Y*（不只是 *X*，*Y* 也是）也在考试中频繁出现。

翻译 无论是工人还是管理层，都不赞成新的生产流程。

注释 □ in favor of *X*：支持 X

0681 **22.** 词性 难度标识 难 正确答案 (A)

可填在 < **冠词** ___ **介词** > 结构中间的是**名词**。在（A）（D）中，（A）tour（旅行）可作为动名词 scheduling（为……安排时间）的宾语并使句子通顺。（D）"游客"不符合题意。（B）作动词 tour（在……旅游）的动名词时，由于表示动作，前面不可加冠词 a。

翻译 关于参观玻璃工厂的详细行程，请咨询运营部副总监戴维・威尔逊。

0682 **23.** 介词 / 连词 难度标识 难 正确答案 (C)

空格后是一个**名词结构** the additional time （which） she was given by...，省略了关系代词 which。逗号前是一个成分完整的句子，空格后的**名词可接在介词之后**，所以（C）"尽管"为正确答案。（A）"自……以来"用作介词时，其后要接"过去的起点"。（B）"即使"和（D）"好像"都是连词，后接从句。

翻译 尽管主管给她延长了时间，但玛丽・安德森还是无法写完报告材料。

0683 **24.** 介词 难度标识 难 正确答案 (A)

选项（A）before 能与名词"1 个月的通知"和动名词"搬出"连接，并使句子通顺。give one month's notice before doing *X* 意为"提前一个月通知做 X"。（C）虽然可以构成 give *X* to *Y*（把 X 给 Y），但不符合题意。

翻译 一般情况下，房东需要提前一个月通知租户搬出，不过有时也可以通过协商约定。

注释 □ arrangement：名 约定，商定 □ negotiate：动 达成协议，谈判

0684 **25.** 动词 难度标识 难 正确答案 (C)

主语"艺术作品的损坏"与动词 avoid（避免）之间应为**被动关系**，即"被避免"。因此（A）（C）为备选项。if 从句的谓语动词是**过去完成时** had taken，若填（C），可表示对过去的假设"如果那时……的话，就……吧"，构成完整的**过去时虚拟语气**。

翻译 如果博物馆馆长采取了简单的预防措施的话，就可以避免那件艺术作品的损坏了。

注释 □ destruction：名 破坏 □ curator：名 馆长，负责人 □ precaution：名 预防措施

0685 **26.** 词性 难度标识 难 正确答案 (C)

即使去掉空格，the company developed a reputation 也是个完整的句子，空格中应填修饰语。**副词可修饰动词 developed**，因此（C）quickly（立即）为正确答案。（A）“迅速的”是形容词、（B）是其比较级。（D）“敏捷”是名词。

翻译 在保拉·加西亚的经营下，该公司迅速发展成了电子商务领域的领先企业。

0686 **27.** 比较 难度标识 难 正确答案 (D)

选项中，（D）as 能与空格前的 as 连接，组成固定搭配〈**as+ 形容词 / 副词原级 +as**〉，意为“与……差不多”，为正确答案。本句中比较的是“网站的设计”和“自己公司的产品或服务”的重要性。本题的 as...as 中已有形容词，若没有，需要分析句子结构。

翻译 从如今的市场情况来看，网站的设计和提供的产品或服务同样重要。

0687 **28.** 词性 难度标识 难 正确答案 (C)

空格前应填**介词 in 的宾语**，符合题意的只有（C）operation（操作）。in operation 是“正在操作”的意思。若选动名词（B），意为“在操作期间”，不符合题意。名词（D）“操作者”也不符合题意。（A）“运转、操作”是动词。

翻译 所有员工都被要求在制造工厂工作期间戴上安全帽。

注释 □ hardhat：名 安全帽

0688 **29.** 其他 难度标识 难 正确答案 (B)

即使去掉空格，前后文也可以成立，因此空格中应填修饰语。副词（B）even（即使）可修饰名词 the smallest defect（细小的划痕）。副词一般不修饰名词，但 even 或 only 之类的词**可以修饰名词**，例如 Even [Only] a child can do it。

翻译 Millar 公司的玻璃扫描仪，即使是再细小的划痕也可以识别出来。

注释 □ recognize：动 辨别，认识 □ defect：名 缺陷，毛病

0689 **30.** 词汇 难度标识 难 正确答案 (A)

若空格填（A），则构成词组 **report to work**（到岗、报到），这是在 TOEIC L&R 考试中频繁出现的表达，这里 to 是介词，work 是名词，表示“职场”。（B）“通知”和（D）“完成”都是需接宾语的及物动词。（C）“帮助”若作为不及物动词，则应为 assist in [with]（帮助）。

翻译 约翰逊纪念医院要求医师在上班前 15 分钟到岗。

语法模拟测试卷 1　正确答案一览

◉学习记录◉

回数	学习日期	所需时间	正确答案数
第 1 回	月　　日	分　　秒	/ 30
第 2 回	月　　日	分　　秒	/ 30

◉正确答案◉

No.	ANSWER				No.	ANSWER				No.	ANSWER			
	A	B	C	D		A	B	C	D		A	B	C	D
001	Ⓐ	Ⓑ	Ⓒ	🅓	011	Ⓐ	Ⓑ	Ⓒ	🅓	021	Ⓐ	Ⓑ	🅒	Ⓓ
002	Ⓐ	🅑	Ⓒ	Ⓓ	012	Ⓐ	Ⓑ	Ⓒ	🅓	022	🅐	Ⓑ	Ⓒ	Ⓓ
003	Ⓐ	🅑	Ⓒ	Ⓓ	013	Ⓐ	🅑	Ⓒ	Ⓓ	023	Ⓐ	Ⓑ	🅒	Ⓓ
004	Ⓐ	Ⓑ	Ⓒ	🅓	014	Ⓐ	Ⓑ	🅒	Ⓓ	024	🅐	Ⓑ	Ⓒ	Ⓓ
005	🅐	Ⓑ	Ⓒ	Ⓓ	015	Ⓐ	Ⓑ	Ⓒ	🅓	025	Ⓐ	Ⓑ	🅒	Ⓓ
006	Ⓐ	🅑	Ⓒ	Ⓓ	016	🅐	Ⓑ	Ⓒ	Ⓓ	026	Ⓐ	Ⓑ	🅒	Ⓓ
007	Ⓐ	Ⓑ	Ⓒ	🅓	017	Ⓐ	🅑	Ⓒ	Ⓓ	027	Ⓐ	Ⓑ	Ⓒ	🅓
008	Ⓐ	Ⓑ	🅒	Ⓓ	018	Ⓐ	Ⓑ	🅒	Ⓓ	028	Ⓐ	Ⓑ	🅒	Ⓓ
009	Ⓐ	Ⓑ	Ⓒ	🅓	019	Ⓐ	🅑	Ⓒ	Ⓓ	029	Ⓐ	🅑	Ⓒ	Ⓓ
010	Ⓐ	🅑	Ⓒ	Ⓓ	020	Ⓐ	Ⓑ	Ⓒ	🅓	030	🅐	Ⓑ	Ⓒ	Ⓓ

语法模拟测试卷

2

题目数

30 题

题目编号

0690 ~ 0719

□ **1.** Unless you _____ mention that you want to remain anonymous, your user name and question may be posted online to help other customers.
□

(A) specify
(B) specific
(C) specification
(D) specifically

□ **2.** Before assembling the documents for Mr. Bennett's seminar, be sure to e-mail them to _____ for proofreading.
□

(A) he
(B) his
(C) him
(D) himself

□ **3.** In all Unique Design Clothing stores, spring clothing will be sold at _____ prices to make room for new inventory.
□

(A) reduce
(B) reduced
(C) reduces
(D) reduction

□ **4.** _____, the conference was attended by over a thousand people from the leisure industry.
□

(A) Altogether
(B) Largely
(C) Always
(D) Completely

□ **5.** Managers have been debating ways of evaluating employee _____ more effectively.
□

(A) perform
(B) performs
(C) performed
(D) performance

☐ **6.** Professor James Nichol will be here next week to share his _____ of knowledge on document filing.
☐

(A) wealth
(B) wealthier
(C) wealthy
(D) wealthily

☐ **7.** Many people who attend workshops underestimate how much they can learn from _____ participants.
☐

(A) another
(B) others
(C) the other
(D) one another

☐ **8.** To check the status of your recent _____, please enter your customer number and the date of purchase.
☐

(A) order
(B) ordered
(C) ordering
(D) to order

☐ **9.** Mr. Okubo has arranged _____ Ms. Grace to speak at the meeting on his behalf because he has other obligations.
☐

(A) upon
(B) with
(C) for
(D) by

☐ **10.** Management estimates that replacing all the copy machines with newer models will be _____ than continuing with the current ones.
☐

(A) cheap
(B) cheaper
(C) cheapest
(D) more cheaply

☐ **11.** Hiring managers _____ prefer applicants who either have
☐ experience in a related field or show great enthusiasm.

(A) normal
(B) normalize
(C) normality
(D) normally

☐ **12.** The school has an integrated communication system that _____
☐ all the classrooms.

(A) links
(B) linkage
(C) link
(D) linking

☐ **13.** As children will be taking part in the parade, please make sure
☐ that they are dressed _____ for the weather.

(A) appropriate
(B) appropriately
(C) appropriateness
(D) more appropriate

☐ **14.** Mr. Griffin called all the hotels near the convention venue, _____
☐ find that they were all fully booked.

(A) so as
(B) even though
(C) in order that
(D) only to

☐ **15.** _____ who wishes to participate in the negotiation skills training
☐ course should contact Ms. Moore on extension 990 by this coming Friday.

(A) They
(B) Anyone
(C) Themselves
(D) Other

□ **16.** First-time patients should arrive 15 minutes prior to their scheduled
□ appointment in order to fill out the ______ medical paperwork.

(A) necessity
(B) necessitate
(C) necessary
(D) necessarily

□ **17.** After a preliminary consultation, Miller System Service ______ a
□ plan outlining the types of services that will benefit your business.

(A) was created
(B) having created
(C) had been created
(D) will create

□ **18.** The position of marketing director will be assigned to either
□ Mr. Hanyu in the marketing department ______ Mr. Nishikori, who was interviewed on Monday.

(A) but
(B) and
(C) neither
(D) or

□ **19.** A recent study has found that nearly half of Internet users are
□ unsure ______ the content they are accessing is accurate or even factual.

(A) whether
(B) of
(C) about
(D) who

□ **20.** The purchasing division is responsible for ______ with suppliers
□ for raw materials.

(A) negotiate
(B) negotiated
(C) negotiating
(D) negotiates

□ **21.** _____ secure a seat at the upcoming seminar, participants must submit an application form along with the $500 registration fee by September 15.
□

(A) In addition to
(B) In order to
(C) As soon as
(D) With regard to

□ **22.** Executives at Carlton Department Store are excited _____ the fresh perspective that the new CEO is expected to bring to the organization.
□

(A) about
(B) to
(C) from
(D) between

□ **23.** Rock singer Tina Wagner has been _____ welcomed by many designers as a new icon for American fashion.
□

(A) enthusiastic
(B) enthusiastically
(C) most enthusiastic
(D) enthusiasm

□ **24.** Return of any item for exchange or refund will be accepted _____ the item is in its original condition.
□

(A) in case
(B) only if
(C) so that
(D) rather than

□ **25.** Fuel consumption is one of the most important factors _____ choosing a new vehicle.
□

(A) in
(B) but
(C) because
(D) even

☐ **26.** Frank Rich, a theater critic and columnist at *Mongolia Times*, ____ the paper to join *Darkhan City* magazine.
☐

(A) leave
(B) has been left
(C) is leaving
(D) leaving

☐ **27.** A committee has been created to ______ new strategies to alleviate crowding on arterial roads during the rush hour.
☐

(A) deal
(B) proceed
(C) identify
(D) agree

☐ **28.** With regard to the performance review, project managers ______ accountable for both their personal and team achievements.
☐

(A) had held
(B) were held
(C) were holding
(D) was held

☐ **29.** Ms. Grace would like to extend her ______ to everyone for not being able to attend the award ceremony in person.
☐

(A) apologize
(B) apologies
(C) apologetic
(D) apologized

☐ **30.** Several convenient technologies have become available and it is necessary to update the Web site ______ to maintain client satisfaction.
☐

(A) accord
(B) according
(C) accordingly
(D) accordance

正确答案一览→ P.340

0690 **1.** 词性 难度标识 难 正确答案 (D)

去掉空格后，you mention that... 这句话也是成立的，因此空格中填入的是修饰语。**修饰后面动词 mention（提到）的应当是副词**（D）specifically（明确地、具体地）。（A）“具体说明、明确规定”是动词。（B）“明确的、具体的”是形容词。（C）“规格”是名词。

翻译 除非明确提出希望匿名的要求，否则您的用户名和问题都有可能会被公开到网上，以帮助其他的顾客。

0691 **2.** 代词 难度标识 难 正确答案 (C)

需要选择的是空格前**介词 to 的宾语**。正确答案有可能是（C）和（D）。反身代词（D）在主语和宾语相同时作宾语或表示强调。然而这道题的中 you（由于是祈使句而被省略）和空格中填入的邮件发送对象 Mr. Bennett 不是同一个人，因此（D）不正确。正确答案是宾格（C）him。（A）是主格。（B）是所有格或形容词性物主代词。

翻译 在为本纳特先生的研讨会收集文件前，一定要先把文件通过邮件发送给他校对。

注释 □assemble：动 收集，组装 □proofreading：名 校对

0692 **3.** 词性 难度标识 难 正确答案 (B)

作空格前介词 at 的宾语的名词 prices 已经出现在了空格后。在二者之间填入的应当是**修饰名词的形容词**。选项中可以作为形容词使用的只有过去分词（B）reduced（被减少的、被降价的）。而名词（D）“减少、打折”，可以用于 price reduction（价格降低）。

翻译 Unique Design Clothing 的所有店铺都将对春季服装进行降价销售，为新的库存腾出空间。

0693 **4.** 词汇 难度标识 难 正确答案 (A)

伴随逗号出现在句首的是**修饰全句**的副词。在选项的副词中，可以放在句首修饰全句、表示“整体的数、量”的是（A）Altogether（总共）。（B）“主要地、很大程度上”一般不用在句首，和句意也不符合。（C）“总是”、（D）“完全地”也一般用于修饰句子中的动词或形容词。

翻译 共有一千多名来自休闲行业的人士出席了这次会议。

0694 **5.** 词性 难度标识 难 正确答案 (D)

空格前的名词 employee 可以作及物动词 evaluate（评估）的宾语，但 employee 是**可数名词**，在题目中是**单数形式且没有冠词**。因此空格中需要填入名词（D）performance（业绩），组合成复合名词 **employee performance**（员工业绩），使句意通顺。这里 employee 作为名词形容词来修饰不可数名词 performance。

翻译 经理们一直在讨论如何更有效地评估员工业绩。

注释 □debate：动 讨论

0695 **6.** 词性 难度标识 难 正确答案 (A)

正确答案是可以作空格前动词 share（分享）宾语的名词（A）wealth。**a wealth of...**（丰富的……）是重要的表达方式。-th 是名词词尾之一，其他还有 health（健康）、length（长度）等。（C）“富裕的”是形容词、（B）是它的比较级。（D）“丰富地”是副词。

翻译 詹姆斯·尼科尔教授下周将来这里分享他关于文件整理的丰富知识。

0696 **7.** 数量 难度标识 难 正确答案 (C)

从选项可以判断本题的重点是空格后的名词是**可数还是不可数、单数还是复数**。而空格后的 participants 是可数名词的复数形式，因此正确答案是可以修饰它、表示“其他的参加者”的（C）the other。（A）another 修饰的是可数名词的单数形式。（B）（D）都不是形容词，可以单独作代词使用。

翻译 许多参加讲习班的人都低估了他们可以从其他参加者身上学到东西这件事。

注释 □ **underestimate**：动 低估

0697 **8.** 词性 难度标识 难 正确答案 (A)

空格中需要填入和前面的 your recent 一起作介词 of 宾语的名词。正确答案是（A）order（订单）。如果选（C）及物动词 order 的动名词（也可以作介词的宾语），后面还需要接宾语，并且不能使用形容词 recent 修饰（修饰动名词的是副词）。（B）是动词的过去式 / 过去分词。（D）是不定式，不能作 of 的宾语。

动名词具有名词的性质，因此如果不知道应该用什么词来修饰，可以通过它原本是动词、需要被副词修饰这一点，去记忆“修饰动名词的是副词”。

翻译 要确认最近订单的状态，请输入您的顾客编号和购买日期。

0698 **9.** 介词 难度标识 难 正确答案 (C)

正确答案是（C）for，和上下文组成 arrange for ***X*** to do，表示“安排 X 做……”。arrange 也可以直接接不定式，arrange to do 表示“安排做……”。接不定式的动词还有 ask ***X*** to do（要求 X 做……），也需要掌握。

翻译 由于大久保先生还有其他事务，所以安排了“格雷斯”女士代表他在会上发言。

注释 □ **on one's behalf**：代表 □ **obligation**：名 义务，职责

0699 **10.** 比较 难度标识 难 正确答案 (B)

空格后有 **than**，因此正确答案只能是比较级的（B）或（D）。从句子结构来看，空格中需要填入前面谓语动词 will be 的补语。而**形容词可以作补语**，因此正确答案是 cheap（便宜）的比较级（B）cheaper。（D）是副词，不能作补语。（A）是形容词原级，（C）是最高级。

翻译 比起继续使用目前的复印机型号来说，管理层估计将其全部更换为新型号会更便宜。

0700 **11.** 词性 难度标识 难 正确答案 (D)

从选项可以判断这是一道词性问题，需要确认句子结构。开头是 Hiring managers ________ prefer...。而填入 SV 之间**修饰动词的应当是副词**。正确答案是（D）normally（通常）。（A）“一般的”是形容词。（B）“使……正常化”是动词。（C）“常态”是名词。

翻译 招聘负责人通常比较喜欢在相关领域有工作经验或表现出极大热情的求职者。

0701 **12.** 关系词 难度标识 难 正确答案 (A)

空格前的 that 是主格的关系代词，an integrated communication system 是先行词。空格中需要填入对应这个**单数名词**的谓语动词，因此正确答案是动词 link（连接）加上 s 表示第三人称单数现在时的（A）links。（B）“连接”，是名词。（D）是动词的现在分词 / 动名词。

翻译 这所学校有一个把所有的教室都连接起来的综合通信系统。

注释 □ integrated：形 综合的

0702 **13.** 词性 难度标识 难 正确答案 (B)

去掉空格，they are dressed for...这一被动句也是成立的，因此空格中填入的是修饰语。修饰前面**动词部分 are dressed 的是副词**（B）appropriately（合适地）。**被动语态后面接副词**也是答题思路之一。（A）“合适的”是形容词，（D）是它的比较级。（C）“适当”是名词。

翻译 由于孩子们将参加游行，请确保他们穿上适合天气的衣服。

0703 **14.** 其他 难度标识 难 正确答案 (D)

只有不定式（D）only to 可以接后面的动词原形 find。only to do 表示“结果却只……”。（A）so as to do 表示“为了做……”。（B）“即使”和（C）“为了做……”都需要接连词。

翻译 格里芬先生给会场附近的所有旅馆都打了电话，却发现都被订满了。

0704 **15.** 代词 难度标识 难 正确答案 (B)

空格后的 who 是主格的关系代词。后面的谓语动词 wishes 有表示第三人称单数现在时的 s，因此先行词应当是可以表示单数的名词。所以正确答案是代词（B）Anyone（任何人）。（A）表示复数，不能接后面的修饰语。（C）是反身代词，不能作主语。而（D）是形容词。

anyone 的意思是“任何人”，感觉上应该是复数，但实际上却应使用单数形式的动词。可以通过“有 one 的就是单数”这一技巧去记忆。everyone 也是。

翻译 想参加谈判技巧培训课程的人请在本周五之前拨打分机号码 990 与莫尔女士联系。

0705 **16.** 词性 难度标识 难 正确答案 (C)

虽然空格前面有冠词，后面有形容词，但填入修饰形容词 medical 的副词（D）后，“必然地医疗资料”意思不通顺。而填入修饰 medical paperwork（就诊资料）这一名词短语的**形容词**（C）necessary（必要的）后，意思就通顺了。（A）是名词。（B）是动词。

翻译 首次就诊的患者应比预约时间提前 15 分钟到达，以便填写必要的就诊资料。

0706 **17.** 动词 难度标识 难 正确答案 (D)

Miller System Service 是主语，空格中需要填入谓语动词。所以备选项是（A）（C）（D）。**空格后有作宾语**的名词 a plan，因此谓语应当是主动语态。正确答案是（D）will create。（A）（C）都是被动态，在语态上不符。（B）是现在分词 / 动名词，不能作谓语。

翻译 初步咨询后，米勒系统服务将制作一份计划书，里面会包含对贵公司有帮助的服务类型的概要。

注释 □ preliminary：形 初步的

0707 **18.** 固定搭配 难度标识 难 正确答案 (D)

正确答案是（D）or，与句中的 either 固定搭配为 either ***X*** or ***Y***，表示“或 X 或 Y”。此外，both *X* and *Y*（X 和 Y 都）和 neither *X* nor *Y*（既不是 X 也不是 Y）也都是重要的表达方式。然而在最近的公开考试中，选择固定搭配的题目有减少的趋势。

翻译 营销总监的职位将指派给市场部的韩宇先生或周一来面试的锦织圭先生。

0708 **19.** 介词 / 连词 难度标识 难 正确答案 (A)

重点是是否能够注意到空格后是 the content is... 这一**从句（SV）**。选项中可以接从句的是**连词**（A）whether（是否）。be unsure whether Ⓢ Ⓥ表示“不确定是否……”。（B）（C）都是介词，需要接名词。而主格的关系代词（D）后面需要接动词。

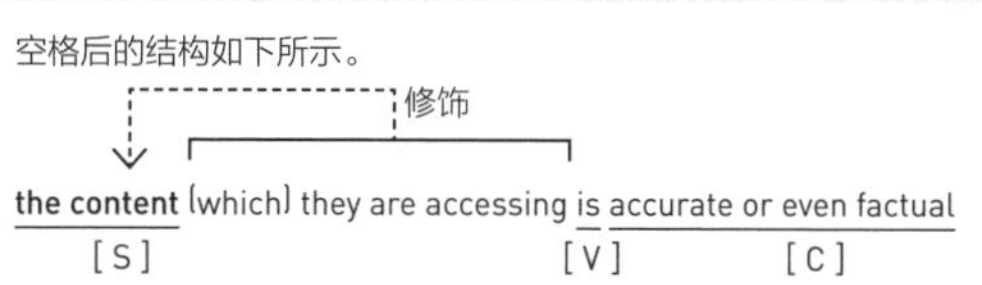

翻译 最近的一项研究发现，近半数的互联网用户不确定他们正在访问的内容是否正确，甚至是否是基于事实的。

0709 **20.** 动词 难度标识 难 正确答案 (C)

空格中需要填入**介词 for 的宾语**，因此正确答案是**动名词**（C）negotiating（交涉）。动词 negotiate 除了不及物动词 negotiate with...（与……交涉）的用法之外，negotiate a price（议价）这样的及物动词用法也很重要。

翻译 采购部门有责任与原材料供应商进行交涉。

0710 **21.** 其他 难度标识 难 正确答案 (B)

空格后的 secure 后面是加了冠词的名词，因此在题目中不是形容词，而是表示“获得”的**动词原形**，所以空格中需要填入的是**不定式**（B）（为了）。（A）“除了”和（D）“关于”都是介词，需要接名词或动名词。（C）“一……就……”是连词，需要接从句。

翻译 为了获得即将到来的研讨会的席位，参加者需要在9月15日前提交申请表和500美元的注册费。

注释 □ registration：名 注册

0711 **22.** 介词 难度标识 难 正确答案 (A)

能够连接空格前形容词 excited 和空格后 the fresh perspective（新角度），并使句意通顺的是（A）about。be excited about *X*（因为 X 感到兴奋）是经常出现的用法。“观点”令人感到“兴奋”这一使役关系也需要掌握。

翻译 卡尔顿百货商店的高层非常期待新的首席执行官将给公司带来全新的视角。

注释 □ perspective：名 角度，观点

0712 **23.** 词性 难度标识 难 正确答案 (B)

去掉空格后，Ⓢ has been welcomed by... 这一被动句也是成立的，因此空格中需要填入的是修饰语。修饰前后动词部分 has been welcomed 的是副词（B）enthusiastically（热情地）。（A）“热心的”，是形容词，（C）是它的最高级。（D）“热情、热心”，是名词。

翻译 摇滚歌手蒂娜·瓦格纳作为美国时尚界的新偶像，受到了很多设计师的狂热欢迎。

注释 □ icon：名 偶像

0713 **24.** 介词 / 连词 难度标识 难 正确答案 (B)

空格中需要填入在逻辑上可以连接“可以换货或退款”和“商品保持原状”这两个分句的连词。表示空格后内容是空格前内容 < **条件** > 的是（B）only if（只有当……）。连词（A）“以防”和（C）“以便”都和句意不符。（D）不能接句子。

翻译 任何希望退换的商品需要保持原状才会被受理。

0714 **25.** 介词 难度标识 难 正确答案 (A)

可以连接空格前句子和空格后名词短语（动名词短语）的是介词，因此正确答案是（A）in。in 是由 **“在……里面”** 这一基本含义衍生出的“在做……的行为中→做……时”。（B）“然而”，是连接前后相同成分的连词。（C）“由于”，是接从句（SV）的连词。（D）“甚至”，是不具备连接功能的副词。

翻译 燃油消耗是选择新车时最重要的因素之一。

注释 □ consumption：名 消耗

0715 **26.** 动词 难度标识 难 正确答案 (C)

空格中需要填入对应主语 Frank Rich 的**谓语动词**，备选项是（B）（C）。**空格后有 the paper 这一宾语**，因此正确答案是主动语态的（C）is leaving。（B）是被动语态，不符合主谓语的关系（根据基本句型的被动语态分析，意思上也不通）。（A）第三人称单数现在时需要加 s。（D）是现在分词 / 动名词，不能作谓语。

翻译 《蒙古时报》的戏剧评论家、专栏作者弗兰克·里奇即将离开报社，跳槽到 Darkhan City 杂志。

0716 **27.** 词汇 难度标识 难 正确答案 (C)

可以接空格后 new strategies（新措施）这一宾语的是及物动词（C）identify（找到）。（A）（B）（D）通常用作不及物动词，例如 deal with（处理）、proceed with（继续）、agree with（同意），和名词之间需要介词来连接。

翻译 为了找到能够缓解高峰时主干道拥堵的新措施，设立了一个委员会。

注释 □alleviate：动 缓解 □arterial：形 干线的

0717 **28.** 动词 难度标识 难 正确答案 (B)

空格中需要填入对应**复数**主语 project managers 的谓语动词。此外，空格后没有作及物动词 hold **宾语的名词**，因此需要选择被动语态。正确答案是（B）were held，是 hold *X* accountable（让 X 为……负责）的被动语态。而（A）（C）都是主动语态。

翻译 关于业绩评估，项目经理需要对个人和团队成就负责。

注释 □with regard to *X*：关于 X

0718 **29.** 词性 难度标识 难 正确答案 (B)

空格中需要填入可以和空格前 her 一起作动词 extend **宾语的名词**。选项中的名词只有 apology（歉意）的复数形式（B）。extend 原意是“扩大”，这里表示“向外传递歉意或感谢的心情”。（A）“道歉”是动词。（C）“愧疚的”是形容词。（D）是（A）的过去式 / 过去分词。

翻译 格蕾丝女士由于不能亲自出席颁奖典礼而向大家表示歉意。

注释 □extend *X* to *Y*：动 向 Y 表示 X（感谢、致辞等） □in person：亲自

0719 **30.** 词性 难度标识 难 正确答案 (C)

即使没有空格，上下文也是通顺的，因此空格中填入的应当是修饰语。正确答案是修饰动词 update 的副词（C）accordingly（相应地）。空格后 to 接动词原形 maintain，因此这个 to 表示不定式。所以反过来思考也不能选择（B），因为 according to *X*（根据 X）中的 to 是介词，需要接名词。

翻译 有几项便利技术可以使用了，因此需要对网站进行相应的更新，以维持客户满意度。

语法模拟测试卷 2　正确答案一览

◉学习记录◉

回数	学习日期	所需时间	正确答案数
第 1 回	月　　日	分　　秒	/ 30
第 2 回	月　　日	分　　秒	/ 30

◉正确答案◉

No.	A	B	C	D	No.	A	B	C	D	No.	A	B	C	D
001	○	○	○	●	011	○	○	○	●	021	○	●	○	○
002	○	○	●	○	012	●	○	○	○	022	●	○	○	○
003	○	●	○	○	013	○	●	○	○	023	○	●	○	○
004	●	○	○	○	014	○	○	○	●	024	○	●	○	○
005	○	○	○	●	015	○	●	○	○	025	●	○	○	○
006	●	○	○	○	016	○	○	●	○	026	○	○	●	○
007	○	○	●	○	017	○	○	○	●	027	○	○	●	○
008	●	○	○	○	018	○	○	○	●	028	○	●	○	○
009	○	○	●	○	019	●	○	○	○	029	○	●	○	○
010	○	●	○	○	020	○	○	●	○	030	○	○	●	○

语法模拟测试卷

3

题目数

30 题

题目编号

0720 ~ 0749

☐ **1.** All applicants must have _____ qualifications and at least three years' classroom experience.
☐
(A) professional
(B) profess
(C) professionally
(D) profession

☐ **2.** With its outstanding service, Nagisa Hotel recorded its _____ profits ever over the last year.
☐
(A) higher
(B) more highly
(C) most highly
(D) highest

☐ **3.** Since Sunflower Corporation launched a new national advertising campaign this spring, its brand image has improved _____.
☐
(A) significant
(B) more significant
(C) significantly
(D) significance

☐ **4.** Managing _____ business, Ms. Martinez will rely on the experience she gained during several years as bridal consultant.
☐
(A) she
(B) hers
(C) herself
(D) her own

☐ **5.** With 80 rooms on nine floors, the Savoy Mountain Hotel offers the least _____ option in the vicinity of the Savoy National Park.
☐
(A) expenses
(B) expensively
(C) expense
(D) expensive

☐ **6.** No more vacancies are available for morning consultations so
☐ please consider coming ______ the afternoon.

(A) on
(B) in
(C) as
(D) with

☐ **7.** Before working as a reporter for KTLA, Christopher Parker was
☐ one of the ______ of *The Chicago Times*.

(A) corresponds
(B) corresponding
(C) correspondingly
(D) correspondents

☐ **8.** Due to increasing fuel prices, Skyfloat Airways ______ its airfares
☐ by three percent.

(A) raise
(B) raising
(C) has raised
(D) having raised

☐ **9.** Cairo Journal's revenues fell sharply last year, ______ it is
☐ expected to become profitable again in the next 12 months.

(A) nor
(B) but
(C) so
(D) also

☐ **10.** Besides scientists from several organizations, the team ______
☐ researchers from more than a dozen universities in India.

(A) includes
(B) consists
(C) discusses
(D) relies

□ **11.** At least one staff member must work in the office _____ 6 P.M.
□ each night to take any last-minute orders from stores.

(A) by
(B) until
(C) at
(D) since

□ **12.** _____ to gain approval for construction of a new retail outlet in
□ the city center prompted the developers to look elsewhere for suitable locations.

(A) Failure
(B) To have failed
(C) Fails
(D) By failing

□ **13.** _____ has been said about the painter's outstanding technique,
□ but few people comment on the subjects of her paintings.

(A) Much
(B) Other
(C) Several
(D) Nobody

□ **14.** Ms. Narita is best suited for the position, because she is well ____
□ with China and speaks fluent Mandarin.

(A) acquaint
(B) acquainting
(C) acquainted
(D) acquaintance

□ **15.** Your e-mail address and _____ contact information will be
□ retained by Nilebooks.com in order to make future purchases more convenient.

(A) other
(B) another
(C) others
(D) each other

☐ **16.** Mr. Clark's flight was delayed for _____ three hours because of a
☐ mechanical problem.

(A) within
(B) more than
(C) still
(D) now that

☐ **17.** Please be aware that information is automatically exchanged
☐ between your computer and our server _____ you access our Web site.

(A) as soon as
(B) on the other hand
(C) as well as
(D) instead of

☐ **18.** Isabella Winkler became a beneficiary of a corporate policy that _____
☐ employees a five-week paid vacation after five years of service.

(A) retrieves
(B) grants
(C) donates
(D) requires

☐ **19.** Koppel Online neither recommends any linked content, _____
☐ does it accept any liability for losses caused by the linked Web site.

(A) and
(B) which
(C) nor
(D) whether

☐ **20.** All boilers must be serviced _____, to ensure that they are
☐ working properly.

(A) regular
(B) regulate
(C) regularly
(D) regulator

☐ **21.** Kim's Oriental Restaurant _____ in the heart of Tokyo, within
☐ walking distance of Tokyo Sky Tower.

(A) situate
(B) situating
(C) is situated
(D) has situated

☐ **22.** Increased competition with national chains could be to blame for
☐ the _____ in sales at family-owned stores.

(A) decreasingly
(B) to decrease
(C) decreased
(D) decrease

☐ **23.** By the time Ms. Eriksson returns from her vacation in Stockholm,
☐ the workers _____ the renovations to her house.

(A) completes
(B) had completed
(C) were completing
(D) will have completed

☐ **24.** The Entertainment Software Association represents companies
☐ that sell _____ video games.

(A) interact
(B) interactive
(C) interactively
(D) interaction

☐ **25.** At training workshops, it is often stated that _____ has to do
☐ their part to keep projects running smoothly.

(A) other
(B) another
(C) others
(D) everyone

☐ **26.** Over the past two decades Dreams Peak has _____ one of the
☐ leading marketing agencies for the gaming industry.

(A) turned
(B) become
(C) risen
(D) proceeded

☐ **27.** The new company _____ includes e-mail addresses and staff
☐ members' areas of expertise in addition to telephone numbers.

(A) direct
(B) directly
(C) directory
(D) direction

☐ **28.** Many of the company's _____ clients have been leaving for
☐ cheaper alternatives in recent years.

(A) establish
(B) established
(C) establishing
(D) establishes

☐ **29.** Dolphin Hotel is conveniently located _____ the Sherwood
☐ Central Station and a short walk from the heart of the city center.

(A) opposite
(B) across
(C) next
(D) nearby

☐ **30.** The GHV Sahara earned the highest safety rating for any vehicle
☐ in its class _____ tested by writers from *Motors Magazine*.

(A) this
(B) are
(C) when
(D) from

正确答案一览→ P.354

0720 **1.** 词性 难度标识 难 正确答案 (A)

空格前是谓语动词 have，空格后是作其宾语的名词 qualifications(资格)，因此空格中需要填入**修饰名词的形容词**（A）professional（专业的）。Professional 作名词时意为“专家”，也经常出现。（B）“宣称”是动词。（C）“在工作上”是副词。（D）“职业”是名词。

翻译 所有申请者必须具备专业资格和至少三年的执教经验。

0721 **2.** 比较 难度标识 难 正确答案 (D)

空格前后是〈所有格 ________ 名词〉形式，因此空格中应当填入修饰名词 profits 的形容词。形容词 high（高的）的比较级（A）和最高级（D）都有可能正确。但空格后有**副词 ever**（以往任何时候），填入最高级后表示“至今为止的最高利润”，句子意思通顺，所以正确答案是（D）highest。

翻译 凭借出色的服务，Nagisa 酒店在过去一年里创下了最高的利润纪录。

0722 **3.** 词性 难度标识 难 正确答案 (C)

前面的动词 improve(改善)有不及物动词、及物动词两种用法。如果题目中是及物动词，那么填入作宾语的名词（D）“重要性”后，表示“品牌形象改善了重要性”，逻辑不通。而作不及物动词时，填入副词（C）significantly（显著地）后表示“品牌形象有了明显的改善”，句子意思通顺。（A）“显著的”是形容词，（B）是它的比较级。

翻译 Sunflower 公司自今年春天开展新的全国广告活动以来，品牌形象有了明显的改善。

0723 **4.** 代词 难度标识 难 正确答案 (D)

本题需要选择人称代词合适的格。空格前是引导分词结构的现在分词 Managing（管理），空格后是作其宾语的名词 business，句子结构完整。因此，正确答案是和表示强调的 own 搭配使用的**所有格**（D）her own（她自己的）。（A）是主格。（B）是名词性物主代词。（C）是反身代词。

翻译 在管理自己的公司时，马丁内斯女士会依靠她从事婚礼咨询那几年所获得的经验。

0724 **5.** 词性 难度标识 难 正确答案 (D)

即使没有空格，S offers V the option O 这句话也是完整的，因此空格中应当填入的是修饰语。可以**修饰后面名词 option 的是形容词**（D）expensive（昂贵的）。（B）是副词。（C）是名词，（A）是它的复数。空格前的 the least 是最高级，意为“最不”，这里表示“最不贵的（＝最便宜的）选择”。

翻译 拥有 9 层楼 80 间客房的萨伏伊山酒店提供的是萨伏伊国家公园附近最便宜的选择。

注释 □ vicinity：名 附近，周边

0725 **6.** 介词 难度标识 难 正确答案 (B)

可以接空格后 afternoon（下午）这种**一段时间**的是（B）in。除了“下午”或“上午”，还可以接“月”和“年”。（A）表示“日”或 on Sunday afternoon 这种“特定某一天的下午”。而（C）（D）一般不用于表示时间。

翻译 上午的咨询已经排满了，请考虑下午再来。

注释 □ vacancy：名 空缺

0726 **7.** 词性 难度标识 难 正确答案 (D)

冠词和介词之间的空格中应当填入的是**名词**，正确答案是（D）correspondents（特派记者）。〈one of the + 复数名词〉这一用法也需要掌握。（B）去掉 ing 的动词原形是 correspond（符合），因此可以判断（A）是它的第三人称单数现在时。（C）“相应地”，是副词。

翻译 在成为 KTLA 的记者之前，克里斯托弗·帕克是《芝加哥时报》的通讯员之一。

注释 □ correspondent：名 记者，特派记者

0727 **8.** 动词 难度标识 难 正确答案 (C)

空格中需要填入对应主语 Skyfloat Airways 的谓语动词，因此（A）（C）有可能正确。Airways 中的 **s 表示的不是复数**，而是公司名称，因此是**单数**。空格后表示单数的所有格 its 也是提示，所以正确答案是第三人称单数现在完成时（C）has raised。而（A）和主语不匹配。

翻译 由于燃油价格上涨，Skyfloat 航空公司将机票价格提高了 3%。

0728 **9.** 介词 / 连词 难度标识 难 正确答案 (B)

可以连接空格前后分句的是**连词**（B）或（C）。空格前后的内容是“去年的收益减少”（负面）和“预计今年盈利”（正面），因此正确答案是表示转折关系的（B）but（但是）。（C）“因此，以便”不符合前后分句的关系。（A）一般与 neither 搭配使用。（D）“也”是副词。

翻译 《开罗日报》去年的收入急剧下滑，但有望在未来 12 个月内再次实现盈利。

0729 **10.** 词汇 难度标识 难 正确答案 (A)

空格后有作**宾语的名词 researchers（研究人员）**，因此正确答案是及物动词（A）includes（包括）。不及物动词（B）（D）有 consist of *X*（由 X 构成）、rely on *X*（依赖 X）的用法，但都需要介词。而（C）discusses（讨论）是及物动词，但不符合句子意思。

翻译 这个团队除了几个组织的科学家，还包括印度十几所大学的研究人员。

注释 □ besides：介 除了

0730 **11.** 介词 难度标识 难 正确答案 (B)

选项中的介词都可以接“某一时刻”，因此需要从句子意思入手。为了接收闭店前的订单，店员需要**“一直”**工作**“直到”**下午6点，正确答案是（B）until（直到）。表示〈持续〉的until，经常和work这种持续性动词搭配使用。还要注意until和表示〈期限〉的（A）by(在……之前)之间的不同。

翻译 每天至少需要一名员工在办公室工作到下午6点，以接收商店闭店前最后一刻的订单。

0731 **12.** 词性 难度标识 难 正确答案 (A)

空格中需要填入句子主语(谓语动词是prompted)，因此正确答案是**名词**（A）Failure(失败)。（B）是完成时的不定式，通常用于需要表示在谓语动词动作前发生的事情，而且一般不作主语。而不定式自身也很少作主语。

本题的句子结构如下。

Failure to gain approval ... in the city center prompted the developers ...
[S] [V] [O]

翻译 在市中心修建新零售店的计划没有得到批准，这促使开发商在其他区域寻找合适的地点。

注释 □ outlet：名 零售店，店铺 □ prompt *X* to do：促使X做……

0732 **13.** 代词 难度标识 难 正确答案 (A)

空格中需要填入句子主语。可以作主语的是代词（A）（C）（D）。谓语动词是has been，因此**用于单数**的(A)(D)有可能正确。而符合句子意思的是(A) MuCh(很多)。(D)意为“没有人”，不符合句子意思。（B）“其他的”是形容词。（C）“一些”作代词时表示复数。

翻译 关于这位画家的杰出技法已经被说过很多了，但很少有人评论她的绘画主题。

0733 **14.** 词性 难度标识 难 正确答案 (C)

〈**be 动词 + 副词 ______**〉的空格中应当填入作补语的**形容词**，因此正确答案是（C）acquainted(熟悉)。**be acquainted with *X***(熟悉X)是重要的表达方式。动词acquaint(使了解)是及物动词，现在分词(B)需要宾语。而(D)“认识的人、熟人”，是名词。

翻译 成田女士对中国很熟悉，普通话也很流利，因此最适合这个职位。

注释 □ Mandarin：名 普通话 □ be acquainted with *X*：对X很熟悉

0734 **15.** 数量 难度标识 难 正确答案 (A)

这道题的重点是判断空格后的名词是**可数 / 不可数、单数 / 复数**。Information是**不可数名词**，因此可以修饰它的是（A）other。**other**除了用于修饰不可数名词，还可以修饰复数可数名词。(B)只能修饰单数可数名词(another = an + other)。而(C)(D)都是代词，不能修饰名词。

翻译 为了让您以后的购买更加方便，您的电子邮件地址和其他联系方式将会在nilebooks.com上保存下来。

0735 **16.** 其他 难度标识 难 正确答案 (B)

正确答案是和空格前的 for 以及后面的 three hours 一起使用，表示 **"超过 3 个小时"** 的（B）more than。介词（A）"在……之内"，也可以接 three hours，但前面不用 for。副词（C）"仍然"，不符合句子意思。而（D）"由于"，是连接分句的连词。

翻译 克拉克先生的航班因机械系统故障延迟了三个多小时。

0736 **17.** 介词 / 连词 难度标识 难 正确答案 (A)

选项中可作为**连接前后分句的连词**使用的只有（A)as soon as（一……就）。（B）"另一方面"，是不具备连接功能的副词。（C）可以用 *X* as well as *Y*（除 X 之外，Y 也）的形式连接上下文，但不能接句子。（D）"代替"，是接名词的介词短语。

翻译 请注意，当您访问我们的网站时，您的计算机就会和我们的服务器自动交换信息。

0737 **18.** 词汇 难度标识 难 正确答案 (B)

空格后有 employees 和 a five-week paid vacation **两个宾语**（O）。选项中可用于 SVOO 句型的只有（B）grants。grant ***X Y*** 意为"将 Y 授予 X"。而（A）"取回"、（C）"捐赠"、（D）"要求"都不能用于这个句型。

翻译 伊莎贝拉·温克勒是公司在员工工作五年后给予五周带薪休假这一政策的受益者。

注释 □ beneficiary：名 受益者

0738 **19.** 固定搭配 难度标识 难 正确答案 (C)

可与句中 **neither** 搭配使用的是（C）nor。neither ***X*** nor ***Y***（既不是 X 也不是 Y）是 TOEIC L&R 中经常出现的重要用法。可以和 both ***X*** and ***Y***（X 和 Y 都）以及 either ***X*** or ***Y***（不是 X 就是 Y）、whether ***X*** or ***Y***（是 X 还是 Y）一起记忆。

翻译 Koppel Online 不推荐任何链接内容，也不对链接网站造成的损失承担任何法律责任。

注释 □ liability：名（法律上的）责任

0739 **20.** 词性 难度标识 难 正确答案 (C)

All boilers(S) must be serviced.(V) 是完整的被动句，因此空格中填入的是修饰语。在句尾**修饰动词部分 must be serviced（必须进行维修）**的是副词（C）regularly（定期地）。（A）"定期的"，是形容词。（B）"约束"，是动词。（D）"监管者"，是名词。

翻译 为了保证正常运行，所有锅炉必须定期进行维修。

0740 **21.** 动词 难度标识 难 正确答案 (C)

空格中需要填入对应主语“餐厅”的**谓语动词**。后面**没有**作及物动词 situate（位于）**宾语的名词**，因此正确答案是表示餐厅和 situate 之间“被置于”这一被动关系的（C）is situated。过去分词 situated（坐落于的）是 located 的同义词。

翻译 金氏东方餐厅坐落于东京市中心，可步行抵达东京天塔的。

0741 **22.** 词性 难度标识 难 正确答案 (D)

可以填入〈**冠词 ______ 介词**〉的空格中的是**名词**，因此正确答案是（D）decrease（减少）。decrease 也可以作动词，意为“减少、使减少”。它的反义词 increase 同样有“增加 / 增加、使增加”的名词 / 动词用法，可以搭配记忆。（A）是副词。（B）是不定式。（C）是过去式 / 过去分词。

除此之外，动词/名词形式相同的单词还有estimate（估价）、forecast（预测）、recruit（招募/新成员）、respect（尊敬）等。

翻译 全国连锁店的竞争激化可能是导致家族式店铺销售额下降的原因。

注释 □ be to blame：负有责任

0742 **23.** 动词 难度标识 难 正确答案 (D)

By the time 引导的从句中的动词 returns 是现在时。这是在**表示时间的状语从句中使用现在时表示将来**。也就是说，前面的从句表示“将来的时间终点”，因此正确答案是表示动作持续到将来某一时间的将来完成时（D）will have completed。

翻译 当埃里克森女士从斯德哥尔摩度假回来时，工人们已经把她家的装修工作做完了。

0743 **24.** 词性 难度标识 难 正确答案 (B)

空格前有及物动词 sell（销售），后面有作其宾语的名词 video games。空格中应当填入**修饰 video games 的形容词**，因此正确答案是（B）interactive（交互的）。（A）“交流”，是动词。（C）“交互式地”，是副词。（D）“相互影响、交流”，是名词。

翻译 娱乐软件协会代表出售交互式视频游戏的企业。

0744 **25.** 代词 难度标识 难 正确答案 (D)

空格中需要填入前面 that 引导的从句中的主语。可以作主语的是代词（B）（C）（D）。谓语动词是 has to do，是**第三人称单数现在时**，因此**表示单数**的（B）（D）有可能正确。而符合句子意思的是（D）everyone（所有人）。（B）“另一个人 / 物”与句子意思不符。（C）是复数。（A）是形容词。

翻译 培训讲座上经常说，每个人都要发挥自己的作用，只有这样项目才能顺利进行。

0745 **26.** 词汇 难度标识 难 正确答案 (B)

可以在SVC句型中**接名词作补语**的动词是（B）become (成为)。（A）也可以用于SVC句型，但通常以His face turned pale.（他的脸色变得苍白）的形式接**形容词**补语。而turn作及物动词表示“使改变”时，也不符合句子意思。（C）（D）都是不能接补语的不及物动词。

翻译 在过去的20年里，Dreams Peak公司已经成为游戏行业领先的营销机构之一。

0746 **27.** 词性 难度标识 难 正确答案 (C)

如果认为空格前后是 S________ V，那么填入副词（B）“直接地”后意思不通。而填入名词（C）后，可组成**company directory**（公司名录）这一**复合名词**作句子的主语，意思通顺。（D）“指示、方向”也是名词，但在这里不符合句子意思。（A）作形容词“直接的”或动词“指导”时，也经常出现。

翻译 新的公司名录除了电话号码之外，还收录了电子邮件地址和员工的专业特长领域。

0747 **28.** 词性 难度标识 难 正确答案 (B)

〈**所有格_______名词**〉的空格中需要填入**形容词**，因此正确答案是（B）established（已确立的、著名的）。动词establish（确立）和clients（客户）之间是“(关系)被确立”的被动关系。现在分词（C）也可以作形容词，但“正在确立的客户”逻辑不通。

翻译 近几年，该公司的很多现有客户都选择了其他更便宜的替代品。

注释 □alternative：名 可供选择的事物 □established：形 已确立的，著名的

0748 **29.** 介词 难度标识 难 正确答案 (A)

空格中填入介词（A）opposite（在……对面）后，可正确表示酒店位置是在**“车站对面”**。opposite也可作为形容词、副词出现。（B）across from *X*的形式也表示相同的意思。（C）如果有to，next to *X*（在X旁边）也是正确的用法。（D）是形容词或副词。

翻译 海豚酒店位于舍伍德中央车站对面，从市中心步行就可以很快到达。

0749 **30.** 其他 难度标识 难 正确答案 (C)

正确连接空格前句子和后面过去分词tested之后内容的是**连词**（C）when。when（it was) tested...是省略了**〈主语+ be动词〉**的用法。介词（D）需要接名词(名词性结构)。（A）是没有连接功能的代词。由于句子已经有谓语动词earned，所以（B）也不正确。

翻译 GHV撒哈拉在《汽车杂志》的记者测试中获得了该级别汽车的最高安全评级。

语法模拟测试卷 3　正确答案一览

◉学习记录◉

回数	学习日期	所需时间	正确答案数
第 1 回	月　　日	分　　秒	/ 30
第 2 回	月　　日	分　　秒	/ 30

◉正确答案◉

No.	ANSWER				No.	ANSWER				No.	ANSWER			
	A	B	C	D		A	B	C	D		A	B	C	D
001	**A**	B	C	D	011	A	**B**	C	D	021	A	B	**C**	D
002	A	B	C	**D**	012	**A**	B	C	D	022	A	B	C	**D**
003	A	B	**C**	D	013	**A**	B	C	D	023	A	B	C	**D**
004	A	B	C	**D**	014	A	B	**C**	D	024	A	**B**	C	D
005	A	B	C	**D**	015	**A**	B	C	D	025	A	B	C	**D**
006	A	**B**	C	D	016	A	**B**	C	D	026	A	**B**	C	D
007	A	B	C	**D**	017	**A**	B	C	D	027	A	B	**C**	D
008	A	B	**C**	D	018	A	**B**	C	D	028	A	**B**	C	D
009	A	**B**	C	D	019	A	B	**C**	D	029	**A**	B	C	D
010	**A**	B	C	D	020	A	B	**C**	D	030	A	B	**C**	D

语法模拟测试卷

4

限时

10 分钟

题目数

30 题

题目编号

0750 ~ 0779

☐ **1.** Tickets for the concert are $15 in advance, $20 at the door, and
☐ there are ______ rates for groups of 10 or more.

(A) specialize
(B) special
(C) specially
(D) specialty

☐ **2.** Novelist Elizabeth Noguchi was her own ______ critic, inspecting
☐ every word and phrase with an eye toward possible improvement.

(A) harsher
(B) harshest
(C) harshly
(D) harshness

☐ **3.** The event organizer apologized to Mr. Hasegawa for failing to
☐ include his name on the guest list, saying the omission was not ______.

(A) deliberate
(B) deliberation
(C) deliberator
(D) deliberately

☐ **4.** It looks ______ there will be enough participants for the intensive
☐ English course this summer.

(A) as
(B) if
(C) as if
(D) so as

☐ **5.** European music lovers are eagerly ______ next month's Tallinn
☐ Music Week festival.

(A) performing
(B) anticipating
(C) displaying
(D) hoping

6. The furniture on display in our main showroom is not ______ exposed to sunlight.

(A) direct
(B) directly
(C) direction
(D) directory

7. Some of the flights from Kobe Airport have been delayed due to heavy snow, but ______ were canceled throughout the day.

(A) nobody
(B) none
(C) nothing
(D) no

8. During the company banquet last night, Ms. Bailey ______ for her 30 years of service as a customer service representative.

(A) honored
(B) had honored
(C) to be honored
(D) was honored

9. There has been a huge negative reaction to a recently ______ plan to build high-rise hotels along the shoreline of George's Beach.

(A) adopt
(B) adopts
(C) adopting
(D) adopted

10. Speednet plans to release a new version of its best-selling software later this year ______ early next year.

(A) or
(B) over
(C) between
(D) but

☐ **11.** For $3.99, all Eagle Online Books users can download a short
☐ story by Lucas King that will be exclusive to us for a _____ time.

(A) limit
(B) limits
(C) limited
(D) limitation

☐ **12.** Unfortunately, the factory's completion has been postponed by
☐ _____ two weeks due to trouble obtaining building materials.

(A) another
(B) several
(C) much
(D) other

☐ **13.** The T&T Cooling Pad fits neatly _____ most laptops and may
☐ extend the life of your computer's components.

(A) toward
(B) underneath
(C) away
(D) from

☐ **14.** Mountain Electronics, one of the leading manufacturers of
☐ consumer electronics, announced a major _____ today.

(A) reorganize
(B) reorganized
(C) reorganizational
(D) reorganization

☐ **15.** Mr. Kim opened a grocery store _____ sells imported food
☐ products from Korea and Japan.

(A) whose
(B) it
(C) that
(D) what

☐ **16.** Expert System 990 provides its customers with key competitive
☐ advantages, such as improved energy efficiency, process reliability _____ overall productivity.

(A) whether
(B) even though
(C) in order to
(D) as well as

☐ **17.** The latest novel by Hilda Clarke has a consistent _____ of focus
☐ and stays resolutely grounded in its characters until the very end.

(A) clear
(B) clearly
(C) clarity
(D) clarifies

☐ **18.** The board of directors agrees with Mr. Gray that _____ deserves
☐ most of the credit for the successful advertising campaign.

(A) he
(B) him
(C) himself
(D) his

☐ **19.** Take classes at Brighton College of Computing and _____ learn
☐ the skills needed to become a well-paid programmer.

(A) rapid
(B) rapidly
(C) more rapid
(D) rapidity

☐ **20.** Ideally located in a quiet residential area of Hampstead,
☐ Sherwood Hotel is _____ walking distance of a subway station, restaurants, and a shopping center.

(A) above
(B) next to
(C) within
(D) close by

☐ **21.** Presidents of both Bear Airways and Panda Airlines _____ comment about the rumor of the merger.
☐
(A) to withhold
(B) has withheld
(C) withholding
(D) withheld

☐ **22.** Modigliani Motors plans to release its new model sports car not only in Europe, but in the USA _____.
☐
(A) except for
(B) as well
(C) due to
(D) in case

☐ **23.** Tex Corporation's success over the years is based _____ on its reputation for high product quality and service levels.
☐
(A) large
(B) largely
(C) larger
(D) largeness

☐ **24.** The office staff is encouraged to rely on e-mail and scheduling software _____ we can conserve paper.
☐
(A) not only
(B) on behalf of
(C) while
(D) so that

☐ **25.** Big Bear Room Solutions specializes in designing, creating, and installing room _____ to add a touch of elegance to your room.
☐
(A) divider
(B) divide
(C) divided
(D) dividers

☐ **26.** Your completed online application form will be _____ to our
☐ hiring committee for consideration.

(A) forward
(B) forwards
(C) forwarded
(D) forwarding

☐ **27.** Mr. Cox credited his business success to _____ advice from a
☐ mentor 20 years earlier.

(A) help
(B) helpful
(C) helpfully
(D) helper

☐ **28.** Reviews in several magazines are reporting that the newest
☐ laptops from Hyper Technologies are more _____ than were earlier models.

(A) depends
(B) dependably
(C) dependence
(D) dependable

☐ **29.** Attending courses at a community college can help employees
☐ _____ their skills in many fields.

(A) improve
(B) improved
(C) improving
(D) improves

☐ **30.** _____ company policy, Max Weinberg obtained permission from
☐ a supervisor before requesting a technician to fix the air-conditioning.

(A) In accordance with
(B) As far as
(C) On the condition that
(D) In addition

正确答案一览→ P.368

0750 **1.** 词性 难度标识 难 正确答案(B)

即使没有空格，句子也成立，所以填入空格处的应是修饰语。**修饰**空格后**名词 rates（价格）的是形容词**，所以（B）special（特别的）是正确答案。（A）“专业处理”，是动词，specialize in *X*（将X作为专业）是重要表达。（C）“特别地”，是副词。（D）“专业领域”，是名词。

翻译 音乐会门票预售15美元，当天20美元，10人及以上的团体有特价。

0751 **2.** 比较 难度标识 难 正确答案(B)

因为 S was her own critic 的 SVC 的句子已经完整了，所以填入**空格的是修饰语**。修饰空格后名词 critic（批评家），且使句意通顺的是**形容词最高级**（B）harshest（最严厉的）。用代词的所有格来限定，而不是定冠词 the。比较级（A）比较对象不明，句意不通。（C）“严厉地”，是副词。（D）“严厉”，是名词。

翻译 小说家伊丽莎白·诺古奇是她自己最严厉的批评家，对每个单词和表达方式都进行了仔细的检查，着眼于可能的改进之处。

注释 □ harsh：形 辛辣的，严厉的（批评等）

0752 **3.** 词性 难度标识 难 正确答案(A)

空格处需要be动词否定形式was not的**补语**，所以正确答案是**形容词**（A）deliberate（故意的）。名词（B）“深思熟虑”和（C）“深思熟虑的人”可作补语，但意思不通。（D）“故意地”，是副词。即使不知道（A）的意思，也可以根据“**副词去掉ly变为形容词**”的定律来判断词性。

翻译 活动组织人向长谷川先生道歉了，称嘉宾名单上没有其名字是漏填了而并非故意为之。

注释 □ omission：名 删除，遗漏 □ deliberate：形 故意的

0753 **4.** 其他 难度标识 难 正确答案(C)

如果把（C）as if 填入空格中，句意通顺：“好像……中有足够人数的参加者”。**look as if [though] S V**（好像……）是重要表达。希望你能掌握类似 He talks as if he were rich.（他说得好像他很有钱似的）这样的虚拟语气。（A）（B）（D）填入后句意不通。

翻译 今年夏天的英语强化课程似乎有足够多的参加者。

注释 □ intensive：形 集中的，强化的

0754 **5.** 词汇 难度标识 难 正确答案(B)

把空格后名词短语作为宾语，且使句意通顺的是及物动词（B）anticipating（期待，等待）。（A）“进行”和（C）“显示”虽然是及物动词，但意思不通。（D）用于 hope（that）S V，that从句作为宾语。而以 hope for *X* 的形式出现时，需要介词 for。

翻译 欧洲的音乐爱好者们热切地期待着下个月的塔林音乐周活动。

0755 **6.** 词性 难度标识 难 正确答案 (B)

即使没有空格，被动语态否定句也是完整的，所以填入空格的是修饰语。可修饰空格前后动词部分的副词（B）directly（直接地）是正确答案。在 <be 动词 _____ 过去分词> 形式的词性问题中，副词是正确答案的形式之一。（A）作形容词和动词时频繁出现。（C）“方向、指示”和（D）“名单”是名词。

翻译 本公司主展厅展出的家具不直接暴露在阳光下。

注释 □ expose *X* to *Y*：动 使 X 暴露于 Y

0756 **7.** 代词 难度标识 难 正确答案 (B)

连词 but 后的从句中缺少主语，所以空格处需要与谓语动词 were canceled 对应的**复数名词**。正确答案是代词（B）none（一个也没有）。（A）“谁都不是”和（C）“什么都不是”都用作单数。（D）像 no flights 一样作形容词起作用。

翻译 神户机场的一些航班因大雪而延误，但一整天没有一个航班被取消。

0757 **8.** 动词 难度标识 难 正确答案 (D)

空格处需要与主语 Ms. Bailey 对应的**谓语动词**，所以备选项是（A）（B）（D）。由于 Ms. Bailey 是“被表扬”的一方，而且**空格后没有**及物动词 honor（表扬）的**宾语**，所以选择被动语态（D）was honored。（A）（B）两者都是主动语态，状态不符。

翻译 在昨晚的公司晚宴上，贝利女士因其 30 年的客服代表工作而受到表扬。

0758 **9.** 词性 难度标识 难 正确答案 (D)

<**冠词** + **副词** _____ **名词**> 的空格处应填入**形容词**。选项中，作为形容词发挥作用的是动词 adopt（采用）的现在分词（C）和过去分词（D）。plan（计划）和 adopt 之间存在“被采用”的被动关系，所以（D）adopted 是正确答案。（C）填入后句意不通。

翻译 最近在乔洛海滩的海岸线上建造高层酒店的计划引发了巨大的负面反应。

0759 **10.** 介词 / 连词 难度标识 难 正确答案 (A)

如果把**并列连词**（A）or（或）填入空格处，将空格前后的 later this year（今年晚些时候）和 early next year（明年早些时候）连接起来，句意就通顺了。介词（B）“在……之上”和（C）“在……之间”填入句意不通。作为并列连词发挥作用的（D）“但是”也不符合句意。

翻译 Speednet 公司计划在今年晚些时候或明年早些时候推出新版本的畅销软件。

0760 **11.** 词性 难度标识 正确答案 (C)

<冠词_____名词>的空格处填入修饰名词的形容词，是词性问题的模式之一。选项中，形容词为（C）limited（有限的）。for a limited time（在限定的时间内）是重要表达。（A）是动词“限制”或名词“限度，界限”。（B）项是动词的第三人称单数现在时或名词复数。（D）“制约、界限”，是名词。

翻译 在限定的时间内，任何Eagle在线书店的用户都可以下载卢卡斯·金的一篇短篇小说，只需支付3.99美元。

注释 □ exclusive：形 排外的

0761 **12.** 数量 难度标识 正确答案 (A)

another与空格后的two weeks组合，表示“再加2周”，所以正确答案是（A）。

another 通常修饰可数名词的单数形式，而 <another+ 数词 +X（时间、距离、金额等）> 的用法也非常重要。

翻译 遗憾的是，由于建筑材料采购纠纷，工厂的竣工时间又推迟了2周。

0762 **13.** 介词 难度标识 正确答案 (B)

如果把介词（B）underneath（在……下面）填入空格处，使“几乎所有笔记本电脑下面”完整，主语“T&T冷却垫”“适合”的地方也显而易见，从而使句意通顺。空格前的动词fit（相配），有“完美匹配”的意思，与in/into/on等介词也经常搭配使用。

翻译 T&T冷却垫可以很好地贴合在大多数笔记本电脑的下方，可以延长电脑部件的使用寿命。

注释 □ extend：动 延长 □ component：名 零部件

0763 **14.** 词性 难度标识 正确答案 (D)

空格处需要空格前及物动词announce（发表）的**宾语名词**，所以（D）reorganization（重组）是正确答案。该词指为有效的业务运营、业务扩张或吸收合并而对公司进行的重组，是一个重要的单词。（A）“再编成”，是动词，（B）是其过去式/过去分词。（C）是形容词。

翻译 领先的消费类电子产品制造商之一山岳电器公司，今天宣布了一项重大的机构重组。

0764 **15.** 关系词 难度标识 正确答案 (C)

空格前为完整句，空格后为a grocery store的修饰语。这是一个以a grocery store为先行词的定语从句。空格后**缺少主语**，先行词是**“非人”**，所以**主格关系代词**（C）that是正确答案。（A）是所有格，后面直接接名词。（B）是没有连接功能的代词。关系代词（D）虽然可以接没有主语的形式，但不需要先行词。

翻译 金先生开了一家卖韩国和日本进口食品的杂货店。

0765 **16.** 其他 难度标识 难 正确答案 (D)

such as 后的**三个名词**与 *X*，*Y*，as well as *Z* 相连，表示“X，Y，Z 都”。（D）as well as 是正确答案，与 and 的作用相同。连词（A）“不管……还是……”和（B）“即使……”都不接名词。（C）“为了”是接动词原形的不定式。

翻译 Expert System 990 为客户提供了关键的竞争优势，如提高能源效率、过程可靠性以及整体生产力。

注释 ☐ advantage：名 优越性，优点 ☐ reliability：名 可靠性

0766 **17.** 词性 难度标识 难 正确答案 (C)

因为＜**冠词** + **形容词** ____ **介词**＞的空格处应是**名词**，所以（C）clarity（清晰）是正确答案。即使不认识这个单词，也可以通过名词的词尾 -ty 来判断词性。（A）是动词“清除”或形容词“清晰的”。（B）为副词。（D）是动词 clarify（明确）的第三人称单数现在时。

翻译 希尔达·克拉克的最新小说具有自始至终的焦点清晰性，始终深深扎根于登场人物。

注释 ☐ resolutely：副 坚决地 ☐ grounded：形 稳定的 ☐ clarity：名 明确，清晰

0767 **18.** 代词 难度标识 难 正确答案 (A)

同一人称代词的不同格排列在选项中，解题时要注意句子结构。空格前是连词 that，后面是谓语动词 deserves，所以填入空格的应是**作主语的主格**（A）he。（B）是宾格，（C）是反身代词，（D）是所有格、名词性物主代词。名词性物主代词可以作主语，但用在这里意思不通。

翻译 董事会认同格雷先生在成功的广告活动中发挥了很大的作用。

0768 **19.** 词性 难度标识 难 正确答案 (B)

Take...and learn... 连词 and 连接以 Take 和 learn 开头的 2 个祈使句，句子完整，空格处为修饰语。**修饰空格后动词 learn 的副词**（B）rapidly（迅速地）是正确答案。（A）“急速的”，是形容词，（C）是其比较级，（D）“快速”，是名词。

翻译 参加布莱顿计算机学院的课程，快速学习成为一名高薪程序员所需的技能。

0769 **20.** 介词 难度标识 难 正确答案 (C)

与空格后的语句组合，构成 within walking distance of *X*（X 的步行范围内）这一重要表达的是（C）within。X 部分伴随着“公共交通车站”“娱乐设施”“观光名胜”等，在 Part 7（长篇阅读理解题）的广告中作为表示酒店和出租物业位置便利性的表达频繁出现。

翻译 舍伍德酒店位于汉普斯特安静住宅区的理想地点，步行即可到达地铁站、餐厅和购物中心。

注释 ☐ ideally：副 理想地

0770 **21.** 动词 难度标识 难 正确答案 (D)

Presidents Ⓢ comment Ⓞ 是句子的整体结构，空格处需要谓语动词。备选项为（B）（D）。由于主语 Presidents 是复数形式，所以带有“三单现 s”的（B）主谓不一致。因此，及物动词 withhold（控制）的过去式（D）withheld 是正确答案。

翻译 Bear 航空公司和 Panda 航空公司双方的总裁都不愿就合并传闻发表评论。

注释 □ rumor：名 传闻 □ withhold：动 控制

0771 **22.** 固定搭配 难度标识 难 正确答案 (B)

与句中的 not only 搭配使用，构成 not only *X* but *Y* as well（不仅 X，Y 也）表达的（B）是正确答案。表示相同意思的 not only *X* but（also）*Y* 也要一并掌握。（A）（C）是接名词的介词，（D）是接从句的连词。

翻译 莫迪利亚尼汽车公司计划不仅在欧洲，而且在美国发布其新型号的跑车。

0772 **23.** 词性 难度标识 难 正确答案 (B)

即使没有空格，Ⓢ is based on... 也与空格前后衔接，所以填入空格的应是修饰语。修饰空格前动词 is based 的是副词（B）largely（主要地）。在被动语态后的空格处填入副词也是词类问题中频繁出现的模式之一。（A）为形容词，（C）为其比较级。（D）是名词。

翻译 特克斯公司多年来的成功主要基于其高产品质量和服务水平的声誉。

0773 **24.** 介词 / 连词 难度标识 难 正确答案 (D)

空格处需要连接前后两个分句的连词。在连词（C）（D）中，正确连接上下文的是（D）so that。so that Ⓢ can do 表示“为了使 S 能够……”。（C）“在……之间，……的一方”，填入后句意不通。（A）是副词。（B）“代表”是在听力中频繁出现的介词。

翻译 办公室员工应使用电子邮件和日程安排软件，以节省纸张。

注释 □ conserve：动 保护，节约（资源等）

0774 **25.** 词性 难度标识 难 正确答案 (D)

如果把空格前面的名词 room 看作 3 个动名词的宾语，句意不通，所以，把可以组成 room divider（隔断）这个复合名词的选项（A）（D）列为备选项。divider 是可数名词，使用单数形式时不能无冠词。因此，复数形式（D）dividers 是正确答案。（B）“区分、隔开”，是动词。（C）是其过去式 / 过去分词。

TEX's notes

room dividers 是 3 个动名词的宾语。

... designing, creating, and installing **room dividers**

此问题的关键在于，不能仅看到 room divider 这个复合名词就放心。如果这样就会选择（A），结果是不正确的。要仔细研究有无冠词、是可数还是不可数等问题。

翻译 Big Bear Room Solutions 公司专注于设计、开发和安装房间隔断，为您的房间增添一丝雅致。

0775 **26.** 动词 难度标识 难 正确答案 (C)

可以放在 be 动词之后的是**分词**（C）或（D）。由于**空格后没有名词作**及物动词 forward（转送）的**宾语**，而主语“申请表”是“被转送”的一方，所以这里合适的是被动语态。正确答案是过去分词（C）forwarded。现在分词（D）状态不符。（A）（B）不能放在 be 动词之后。

翻译 你在网上填好的申请表将转交我们的招聘委员会审核。

注释 □ consideration：名 仔细考虑，研究

0776 **27.** 词性 难度标识 难 正确答案 (B)

credit *X* to *Y*（把 X 归功于 Y）是 TOEIC L&R 中的重要表达，**to 是介词**。由于空格后已经有作其宾语的名词 advice，所以填入空格的应是**修饰该名词的形容词**。因此，（B）“有益的”是正确答案。（A）是动词或名词。（C）是副词。（D）是名词。

翻译 考克斯先生将自己的商业成功归功于 20 年前导师给出的有益建议。

注释 □ credit *X* to *Y*：动 把 X 归功于 Y □ mentor：名 导师

0777 **28.** 词性 难度标识 难 正确答案 (D)

与空格前的 more 以及空格后的 than 一起构成**比较级**表达的是副词（B）或形容词（D）。因为空格处需要 **are 的补语**，所以正确答案是形容词（D）dependable（可靠的）。（A）是动词的第三人称单数现在时。（C）是名词。空格后是倒置的 than earlier models were。

翻译 根据几家杂志的评论，Hyper Technologies 公司最新的笔记本电脑与以前的型号相比，可靠性更高。

0778 **29.** 词汇 难度标识 难 正确答案 (A)

动词 help 以 help *X* do（帮助 X 做……）的形式出现，help 接**原形不定式**，所以（A）improve 是正确答案。help do（帮助做……）和直接接原形不定式的用法也很重要。

和 help *X* do 一样，接 < 宾语 + 原形不定式 > 的动词 make/have/let 等使役动词也应掌握。

翻译 参加社区学院的课程可以帮助员工在多个领域提高技能。

0779 **30.** 介词 / 连词 难度标识 难 正确答案 (A)

由于空格处需要连接空格后名词 company policy 和逗号后句子的介词，所以正确答案是（A）In accordance with（根据）。表示相同意思的 according to 也很重要。（B）“在……范围内”、（C）“在……条件下”是接从句的连词。（D）“另外”，是副词。

翻译 根据公司政策，马克斯 · 温伯格在请技术人员修理空调之前得到了老板的许可。

语法模拟测试卷 4　正确答案一览

◉学习记录◉

回数	学习日期	所需时间	正确答案数
第 1 回	月　　日	分　　秒	/ 30
第 2 回	月　　日	分　　秒	/ 30

◉正确答案◉

No.	ANSWER				No.	ANSWER				No.	ANSWER			
	A	B	C	D		A	B	C	D		A	B	C	D
001	A	●	C	D	011	A	B	●	D	021	A	B	C	●
002	A	●	C	D	012	●	B	C	D	022	A	●	C	D
003	●	B	C	D	013	A	●	C	D	023	A	●	C	D
004	A	B	●	D	014	A	B	C	●	024	A	B	C	●
005	A	●	C	D	015	A	B	●	D	025	A	B	C	●
006	A	●	C	D	016	A	B	C	●	026	A	B	●	D
007	A	●	C	D	017	A	B	●	D	027	A	●	C	D
008	A	B	C	●	018	●	B	C	D	028	A	B	C	●
009	A	B	C	●	019	A	●	C	D	029	●	B	C	D
010	●	B	C	D	020	A	B	●	D	030	●	B	C	D

语法模拟测试卷
5

限时
10分钟

题目数
30题

题目编号
0780~0809

□ **1.** Although _____ have confirmed their participation in this year's International Jazz Festival, the tickets have already sold out.
□
(A) few
(B) other
(C) someone
(D) everybody

□ **2.** Michael Hoffman is a venture capitalist who _____ writes opinion columns for local and international newspapers.
□
(A) frequent
(B) frequently
(C) frequency
(D) frequencies

□ **3.** Emiko Brooks swiftly became the head of a major auction house _____ her lack of art expertise.
□
(A) even though
(B) instead
(C) furthermore
(D) despite

□ **4.** PUV Productions is looking into a method for _____ its distribution procedure.
□
(A) simplify
(B) to simplify
(C) simplifying
(D) simplification

□ **5.** The Mizuno Auto Company has signed up about 300 of its _____ customers for a program using its newest electric cars.
□
(A) reside
(B) resided
(C) residence
(D) residential

☐ **6.** Harukichi Murakami had never written a book in his life, ______ did he have any intention of writing one in the future.
☐

(A) but
(B) and
(C) yet
(D) nor

☐ **7.** Guests at Royal Hotel may have ______ complimentary buffet breakfast or, for an extra charge, dishes from the menu.
☐

(A) either
(B) both
(C) and
(D) as

☐ **8.** The employee handbook has simple, step-by-step instructions that provide ______ ways of disposing of various types of garbage.
☐

(A) approve
(B) approved
(C) approves
(D) approval

☐ **9.** Mr. Smith is ______ opening a second store in the downtown area as his first one has been so successful.
☐

(A) considering
(B) determining
(C) agreeing
(D) deciding

☐ **10.** The dark colors in many scenes of the film were used ______ to evoke certain emotions in the audience.
☐

(A) intend
(B) intentional
(C) intentionally
(D) intentions

□ **11.** In determining whether or not to open an office overseas, the
□ CEO had to consider all of the _____.

(A) implicate
(B) implicated
(C) implicitly
(D) implications

□ **12.** The airline staff told Mr. Palmer that the flight to Boston would
□ leave _____ Gate 15 instead of Gate 18.

(A) from
(B) on
(C) until
(D) to

□ **13.** Ms. Sherman says her new apartment on Central Park South
□ does not have _____ space to store all her books.

(A) adequacy
(B) adequateness
(C) adequate
(D) adequately

□ **14.** _____ Ms. Diaz leaves for Hong Kong, she wants to talk with
□ Mr. Evans about the work arrangements during her absence.

(A) Before
(B) Prior
(C) Near
(D) Past

□ **15.** Once the new computers are installed, employees will be
□ required to return _____ old machines to the rental company.

(A) they
(B) them
(C) their
(D) theirs

16. Most of the employees _____ said that they would prefer to work longer hours every day if they could take Friday off.

(A) question
(B) questioned
(C) questions
(D) questionnaire

17. All physicians should find the time to bring themselves up-to-date with new drugs, no matter _____ busy they are.

(A) if
(B) how
(C) so
(D) where

18. The board of directors will proceed with negotiations _____ because the terms of the merger require thorough examination.

(A) caution
(B) cautious
(C) cautioning
(D) cautiously

19. In order to be closer to her family, Ms. Robinson will be _____ to a regional office in Colorado.

(A) visiting
(B) examining
(C) transferring
(D) requesting

20. The mayor has issued a statement in support _____ expanding the main airport building within the next two years.

(A) to
(B) toward
(C) of
(D) from

☐ **21.** The company concluded that renovating the existing facilities
☐ would be a _____ choice than relocating the business.

(A) wise
(B) more wisely
(C) most wisely
(D) wiser

☐ **22.** Tanton City is known for its emphasis on social welfare and a
☐ strong _____ to environment protection.

(A) commit
(B) committing
(C) committed
(D) commitment

☐ **23.** Employees of Sports Plus were astounded that Medalwear
☐ Sports Store had plans to build an outlet _____.

(A) near
(B) nearly
(C) nearness
(D) nearby

☐ **24.** If the company had not merged with Vandelay Enterprises when
☐ it did, it _____ such dramatic growth in such a short period of time.

(A) would not have seen
(B) did not see
(C) is not seeing
(D) will not see

☐ **25.** _____ so many people registered for his seminar, Mr. Kato
☐ decided to have his handouts printed by a professional printing company.

(A) With
(B) Until
(C) Through
(D) Unless

☐ **26.** The factory received a perfect score on safety and waste
☐ management when _____ reviewed by council inspectors.

(A) last
(B) recent
(C) soon
(D) previous

☐ **27.** An intriguing new study suggests that _____ really draws people
☐ to rich desserts is not fat, but primarily sugar.

(A) who
(B) what
(C) where
(D) why

☐ **28.** Any errors in programming are _____ to be found by the team of
☐ part-time software testers.

(A) expecting
(B) expected
(C) expectation
(D) expectantly

☐ **29.** For most individuals, a home represents the _____ largest
☐ investment they will make in their lives.

(A) single
(B) singly
(C) singled
(D) singles

☐ **30.** Although last week's rain provided short-term _____, the showers
☐ had no significant impact on the overall drought in Australia.

(A) tendencies
(B) break
(C) levels
(D) relief

正确答案一览→ P.382

0780 **1.** 代词 难度标识 难 正确答案 (A)

空格处需要与谓语动词have confirmed对应的**复数主语**，所以表示较少数量的人或物的**代词**（A）few是正确答案。（B）单独作为形容词发挥作用（参照P.295）。代词（C）（D）都用作单数，所以主谓不一致。

翻译 虽然很少人确认参加今年的国际爵士乐节，但门票已经售罄。

0781 **2.** 词性 难度标识 难 正确答案 (B)

即使没有空格，capitalist who writes...和关系代词who也前后衔接，所以填入空格的是修饰语。**修饰空格后动词writes的应是副词**，所以（B）frequently（频繁地）是正确答案。（A）“频繁的”是形容词。（C）“频度”是名词，（D）是其复数形式。

翻译 迈克尔·霍夫曼是一位风险资本家，经常为当地和国际报纸撰写评论专栏。

注释 □ venture capitalist:风险资本家

0782 **3.** 介词 / 连词 难度标识 难 正确答案 (D)

根据列出的选项，可判断这是一道考查“介词/连词”类型的问题并确认句子结构。空格前是句子，空格后是名词，所以选择**连接名词的介词**（D）despite（尽管）。（A）“虽然”是接从句的连词。（B）“代替”和（C）“此外”是没有连接功能的副词。

翻译 尽管缺乏艺术专业知识，但埃米科·布鲁克斯很快成了一家大型拍卖行的负责人。

0783 **4.** 动词 难度标识 难 正确答案 (C)

空格处需要作前面**介词for的宾语**的名词或动名词。（C）（D）为备选项。由于空格后有名词its distribution procedure，因此**将其作宾语，形成动名词短语的动名词**（C）simplifying（使……变简单）是正确答案。名词（D）“简略化”与空格后的名词不相连。

翻译 PUV生产公司正在研究简化流通程序的方法。

注释 □ look into *X*：调查/研究X □ distribution：名 配送，流通

0784 **5.** 词性 难度标识 难 正确答案 (D)

填入<**所有格____名词**>的空格处的是**修饰**其后**名词**customers的形容词（D）。residential customers是“个人客户（相对于公司客户）”的意思。（A）“住”，是（不及物）动词。过去分词（B）作为形容词使用，但由于表示完成，所以变成了“已经居住过的顾客”，意思上不通。（C）“居住地”，是名词。

翻译 水野汽车公司已与大约300名个人客户签订了使用其最新电动汽车的计划协议。

0785 **6.** 其他 难度标识 难 正确答案 (D)

并列连词（D）nor 表示“连……都不……”，可以带着前面的否定词（这里是 never），继续表示否定。此时，句子（从句）的开头就会以 <（助词）动词 + 主语> 的形式发生倒置。（A）、（B）和（C）不以这种方式倒置。在肯定句的情况下，如果 so 出现在句子的开头，就会出现类似的倒置，如 so did he。

翻译 村上春树一生没有写过一本书，也完全没有将来自己写书的打算。

注释 □ intention：名 意图

0786 **7.** 固定搭配 难度标识 难 正确答案 (A)

根据列出的选项可判断这是一道固定搭配问题，要有意识地阅读其中的关键词。由于在句子的后半部分出现了并列连词 or，所以把（A）either 补充到空白处，就构成了 either *X* or *Y* (X 或 Y）的固定搭配，句意也通顺了。（B）（C）在 both *X* and *Y*（X 和 Y 都）的固定搭配中频繁出现。

翻译 皇家酒店的住客可以免费享用自助式早餐，也可以额外支付费用来享用菜单上的菜品。

0787 **8.** 词性 难度标识 难 正确答案 (B)

因为空格前是及物动词 provide，后面是作宾语的名词 ways，所以应在空格处加入修饰 ways 的形容词。选项中，作为形容词发挥作用的是动词 approve（承认）的过去分词（B）approved。（C) 是动词的第三人称单数现在时。（D）approval 是名词“承认”。因为词尾的 -al，容易误认为它是形容词，要特别注意。

翻译 员工手册中有简单的、循序渐进的说明，提供了经批准的处理各类垃圾的方法。

注释 □ dispose of *X*：处理 X

0788 **9.** 词汇 难度标识 难 正确答案 (A)

因为有多个看似符合语境的选项，所以要从语法的角度来解答。空格后是动名词 opening，所以正确答案是**接动名词作宾语**的（A）considering（考虑）。（B）“决定”，（C）“赞成”，（D）“决定”都是接不定式作宾语。

翻译 由于第一家店取得了巨大的成功，史密斯先生正考虑在市中心开第二家店。

0789 **10.** 词性 难度标识 难 正确答案 (C)

即使没有空格 ...were used to evoke... 也与前后衔接，所以填入空格处的应是修饰语。在被动语态之后**修饰动词 were used 的应是副词**（C）intentionally（有意地）。（A）“打算”，是动词。（B）“故意的”，是形容词。（D）“意图，故意”，是名词的复数形式。

翻译 影片中许多场景中的暗色是有意使用的，以唤起观众的某些情绪。

注释 □ evoke：动 唤起（感情等） □ emotion：名 感情

0790 **11.** 词性 难度标识 难 正确答案 (D)

空格处需要空格前**介词 of 的宾语**，所以**名词**（D）implications “（预想到的）结果、影响”是正确答案。（A）“卷入”，是动词，（B）是其过去式 / 过去分词。（C）“不经意地”是副词。句中 whether or not to do（是否做……）的表达也需要注意。

翻译 在决定是否在海外开设办事处时，首席执行官必须考虑一切后果。

0791 **12.** 介词 难度标识 难 正确答案 (A)

空格后的 Gate15 是前往波士顿的航班的出发点，所以正确答案是表示 <**起点、出发点**> 的介词（A）from。

翻译 航空公司的工作人员告诉帕尔默先生，飞往波士顿的航班不是从 18 号登机口出发，而是从 15 号登机口出发。

0792 **13.** 词性 难度标识 难 正确答案 (C)

空格前面是及物动词 have，后面已经有作其宾语的名词 space，所以填入空格的应是修饰语。**修饰**其后**名词 space 的形容词**（C）adequate（充分的）是正确答案。（A）（B）是名词，（D）是副词。即使不知道单词（C），根据副词（D）去掉 ly 的形式也可以判断（C）为形容词。

翻译 谢尔曼女士说，位于中央公园南部的新公寓没有足够的空间存放所有的书。

0793 **14.** 介词 / 连词 难度标识 难 正确答案 (A)

因为选项中单词的意思具有相似性，所以要一边注意句子结构，一边从句首开始浏览。逗号前后都是从句，所以在空格处需要连接从句的连词。选项中，只有（A）Before（在……之前）可用作连词。（B）是形容词。（C）是形容词 / 副词 / 介词。（D）是形容词 / 介词 / 名词 / 副词。

翻译 迪亚兹女士在动身去香港之前，想和伊万斯先生谈谈她不在期间的工作安排。

0794 **15.** 代词 难度标识 难 正确答案 (C)

因为是选择人称代词正确格的问题，所以要一边注意句子结构，一边浏览问题。因为空格前是动词 return，后面是其宾语 old machines，所以填入的应是**修饰名词的所有格**（C）their（他们的）。**“名词前要选所有格”**是这类问题的规律之一。

翻译 新计算机安装完毕后，员工必须将旧机器归还给租赁公司。

第 12 题中改变出发点是话题之一。在 TOEIC L&R 的世界里，航班延误是常事。延误的理由中，“恶劣天气”“机械系统故障”是最多的，也发生过“中转航班延误”“乘务员加班”等情况。

0795 **16.** 词性 难度标识 难 正确答案 (B)

SV 之间的空格处应填入修饰其后动词 said 的副词，但是选项中没有副词。因此，应选择能够后置修饰名词 employees 的过去分词（B）questioned（被提问）。如果只有单个的分词，一般前置修饰名词，但表示"暂时的状态"时，即使单个的分词也可以后置修饰名词。

questioned 和 said 是连续的，所以很容易弄混，结构如下。

修饰

Most of the employees questioned said ...
[S] [V]

翻译 大部分被问到的员工表示，如果周五可以休息，他们会选择每天工作更长时间。

0796 **17.** 其他 难度标识 难 正确答案 (B)

<no matter how（= however）+ 形容词 / 副词 + Ⓢ Ⓥ> 形式表示"无论怎样（形容词 / 副词）都"的让步语气，所以（B）how 是正确答案。形容词 busy 的位置也要注意。（D）是 <no matter where（= wherever）+ Ⓢ Ⓥ> 的形式，表示"无论何处"。

翻译 所有的医生不管有多忙，都应该抽出时间来了解新药的最新情况。

0797 **18.** 词性 难度标识 难 正确答案 (D)

空格前的句子是完整的，填入空格的应是修饰语。在**要素齐全的句子中，修饰动词的是副词**，所以修饰动词 proceed（推进）的（D）cautiously（谨慎地，慎重地）是正确答案。（A）是名词"注意"或动词"警告"。（B）是形容词"慎重的"。（C）是现在分词 / 动名词。

翻译 合并条件需要彻底的审查，董事会将谨慎地推进谈判。

注释 ☐ proceed：动 推进，继续进行

0798 **19.** 词汇 难度标识 难 正确答案 (C)

空格后**接介词 to 的不及物动词**（C）transferring 是正确答案。transfer to *X* 表示"转到 X"。transfer *X* to *Y*（把 X 移到 Y）的及物动词用法也很重要。（A）"访问"，（B）"调查"，（D）"要求"都是及物动词，直接接宾语。

翻译 为了离家人更近，罗宾逊女士将调去科罗拉多分公司工作。

0799 **20.** 介词 难度标识 难 正确答案 (C)

构成 in support of *X*（支持 X）的表达。（C）of 是正确答案。

句中的 issue a statement（发表声明）是一个重要表达。另外，在一些长篇阅读理解题中，主语 mayor 可以被解读为 government official（政府官员）。

翻译 市长发表了声明，支持在未来两年内扩建机场主楼。

注释 ☐ in support of *X*：支持 X

0800 **21.** 比较 难度标识 难 正确答案 (D)

<**冠词____名词**>的空格处应是修饰后面名词的**形容词**。另外，空格后还有比较级表达than，所以形容词wise（明智的）的**比较级**（D）wiser是正确答案。不能只看空格部分而选择原级（A）。（B）是副词wisely（明智地）的比较级，（C）是其最高级。

翻译 公司得出结论，翻新现有设施比搬迁办公室更明智。

0801 **22.** 词性 难度标识 难 正确答案 (D)

<冠词+形容词_____介词>的空格处需要**名词**，所以正确答案是（D）commitment（认真对待）。句子整体为 S is known for *X* and *Y*的形式，填入的名词作为介词for的宾语发挥作用。（B）动名词不用形容词和冠词a修饰，所以不合适。（A）“认真对待”，是动词。

翻译 坦顿市以致力于社会福利和环境保护而闻名。

注释 □ emphasis：名 强调，重视 □ welfare：名 福利 □ protection：名 保护

0802 **23.** 词性 难度标识 难 正确答案 (D)

因为空格前的句子是完整的，所以填入空格的应是**修饰动词build的副词**。从句意来看，正确答案是**表示距离之近**的（D）nearby（在附近）。它也可以用作形容词，如a nearby outlet。副词（B）“几乎”不符合句意。（A）用作副词时，通常在come和go等不及物动词之后使用。

翻译 对于Medalwear Sports商店计划在附近开设直销店，Sports Plus公司的员工感到震惊。

注释 □ astound：动 使大吃一惊

0803 **24.** 动词 难度标识 难 正确答案 (A)

注意句子开头If从句的时态是**过去完成时**had not merged。这是<If+ S_1 +过去完成时， S_2 +would[could/should]have+过去分词>的形式，表示“如果当时……的话，当时就会……”的<过去的假设>，是**虚拟语气的过去完成时**，所以（A）would not have seen是正确答案。

翻译 如果当时没有与Vandelay Enterprises合并，这家公司就不会在这么短的时间内出现如此快速的增长。

0804 **25.** 介词 / 连词 难度标识 难 正确答案 (A)

如果把空格后的registered看作动词的过去式，把逗号之前的部分看作从句的话，那么连词（B）“直到”和（D）“只要不”就是备选项，但句意都不通。把registered看作修饰people的过去分词，如果填入介词（A）With，形成<With *X*+分词>（在X为……的状态下），表示伴随状态，句意就通顺了。

翻译 由于参加研讨会的人很多，加藤先生决定让一家专业的印刷公司来印刷他的讲义。

0805 **26.** 词性 难度标识 难 正确答案 (A)

考虑在空格前连词 when 的后面加上被省略的 <主语 +be 动词>。填入 when it was ______reviewed 的空格处，使句意通顺的是副词（A）last（之前），表示“工厂上次接受检查时”。（C）“马上”，意思不通。（B）（D）是形容词。

翻译 在理事会检查员的上一次检查中，该工厂在安全和废物管理方面获得了满分。

0806 **27.** 关系词 难度标识 难 正确答案 (B)

句子整体的形式为：*X* suggests that Ⓢ Ⓥ.that 从句中的谓语动词是 is，所以必须把它之前的内容作为主语。如果把关系代词（B）what 填入空格处，就会构成“吸引人们的东西”这一名词性从句，作为主语发挥作用。关系代词（A），关系副词（C）（D）都不构成名词性从句。

名词性从句

... that what really draws people to rich desserts is not fat

[S] [V]

翻译 一项有趣的新研究表明，吸引人们吃浓厚甜点的其实不是脂肪，而主要是糖分。

注释 □ intriguing：形 吸引人的 □ draw：动 招来，吸引 □ primarily：副 主要地

0807 **28.** 词性 难度标识 难 正确答案 (B)

接在 be 动词 are 后面的是现在分词（A）或者过去分词（B）。主语 Any errors 和动词 expect（期待）之间存在着“（发现）被期待”的**被动关系**，因此（B）expected 是正确答案。表示主动意义的（A）填入后句意不通。名词（C）不等同于主语。

翻译 编程中的任何错误都有望被兼职软件测试人员团队发现。

0808 **29.** 词性 难度标识 难 正确答案 (A)

与最高级 the largest 和 the biggest 一起使用，表示“其中最大”强调意义的是形容词（A）single（单独的）。the single largest investment 表示“最大的单项投资”。（B）“一个一个地”是修饰动词的副词，填入后句意不通。

翻译 对大多数人来说，房屋是他们一生中最大的一笔投资。

0809 **30.** 词汇 难度标识 难 正确答案 (D)

填入“上周的雨（给澳大利亚的干旱）带来了短时间的______”的空格，使句意通顺的是（B）“休息、休假”或（D）“放心、安宁”。因为空格前没有冠词，所以不可数名词（D）relief 是正确答案。因为（B）是可数名词，所以以 a short-term break 的形式出现时需要冠词。（A）表示“倾向，趋势”，（C）表示“程度”。

翻译 尽管上周的降雨带来了短暂的缓解，但对澳大利亚的整体旱情并无明显影响。

注释 □ significant：形 重要的 □ drought：名 干旱

语法模拟测试卷 5 正确答案一览

◉学习记录◉

回数	学习日期	所需时间	正确答案数
第 1 回	月　　日	分　　秒	/ 30
第 2 回	月　　日	分　　秒	/ 30

◉正确答案◉

No.	ANSWER				No.	ANSWER				No.	ANSWER			
	A	B	C	D		A	B	C	D		A	B	C	D
001	●	Ⓑ	Ⓒ	Ⓓ	011	Ⓐ	Ⓑ	Ⓒ	●	021	Ⓐ	Ⓑ	Ⓒ	●
002	Ⓐ	●	Ⓒ	Ⓓ	012	●	Ⓑ	Ⓒ	Ⓓ	022	Ⓐ	Ⓑ	Ⓒ	●
003	Ⓐ	Ⓑ	Ⓒ	●	013	Ⓐ	Ⓑ	●	Ⓓ	023	Ⓐ	Ⓑ	Ⓒ	●
004	Ⓐ	Ⓑ	●	Ⓓ	014	●	Ⓑ	Ⓒ	Ⓓ	024	●	Ⓑ	Ⓒ	Ⓓ
005	Ⓐ	Ⓑ	Ⓒ	●	015	Ⓐ	Ⓑ	●	Ⓓ	025	●	Ⓑ	Ⓒ	Ⓓ
006	Ⓐ	Ⓑ	Ⓒ	●	016	Ⓐ	●	Ⓒ	Ⓓ	026	●	Ⓑ	Ⓒ	Ⓓ
007	●	Ⓑ	Ⓒ	Ⓓ	017	Ⓐ	●	Ⓒ	Ⓓ	027	Ⓐ	●	Ⓒ	Ⓓ
008	Ⓐ	●	Ⓒ	Ⓓ	018	Ⓐ	Ⓑ	Ⓒ	●	028	Ⓐ	●	Ⓒ	Ⓓ
009	●	Ⓑ	Ⓒ	Ⓓ	019	Ⓐ	Ⓑ	●	Ⓓ	029	●	Ⓑ	Ⓒ	Ⓓ
010	Ⓐ	Ⓑ	●	Ⓓ	020	Ⓐ	Ⓑ	●	Ⓓ	030	Ⓐ	Ⓑ	Ⓒ	●

语法模拟测试卷

6

限时

10 分钟

题目数

30 题

题目编号

0810 ~ 0839

☐ **1.** At a company luncheon next week, Ms. Inoue will receive an award for her _____ contribution to Perfect Tools Inc.
☐
(A) impress
(B) impressive
(C) impressed
(D) impressively

☐ **2.** _____ other staff members who took part in the teambuilding workshop, Mr. Jones' productivity has improved markedly.
☐
(A) Altogether
(B) Like
(C) Although
(D) However

☐ **3.** The effort of workers in the mail department is _____ valued to that of people working in advertising.
☐
(A) equal
(B) equally
(C) equality
(D) equalize

☐ **4.** One of the top criteria used to rank universities is the _____ of the education, including tuition rates and financial aid options.
☐
(A) afford
(B) affordable
(C) affordably
(D) affordability

☐ **5.** Ms. Bruno is now looking for _____ a caterer and a florist for the upcoming annual company banquet.
☐
(A) either
(B) both
(C) whether
(D) never

☐ **6.** Some Sydney suburbs recorded more ______ three inches of rain
☐ in the early hours of yesterday morning.

(A) over
(B) above
(C) than
(D) from

☐ **7.** When Mr. Kim downloaded and used the X90 software, he ______
☐ noticed any differences between it and the previous editions.

(A) bare
(B) barer
(C) barely
(D) barest

☐ **8.** Cloud Publishing turned down the manuscript ______ the plot
☐ was considered too predictable.

(A) because
(B) so that
(C) however
(D) due to

☐ **9.** The recruiting agency informed the restaurant owner that it had
☐ several ______ candidates on file for the head chef position.

(A) qualified
(B) qualifying
(C) qualification
(D) qualifies

☐ **10.** Students from the biology class ______ on a field trip to the
☐ botanical gardens last Friday.

(A) studied
(B) went
(C) chose
(D) completed

☐ ☐ **11.** A recent survey showed that 14 percent of respondents feel company management only promotes people who ______ work late.

(A) habit
(B) habitual
(C) habitually
(D) habitation

☐ ☐ **12.** Interns at Harbor Publishing may choose to assist with ongoing research projects, or design one of ______, with an opportunity to publish their results.

(A) they
(B) their
(C) themselves
(D) their own

☐ ☐ **13.** The global project manager's challenge is to create a team ______ members work well together although they see each other infrequently.

(A) whose
(B) its
(C) that
(D) which

☐ ☐ **14.** The retirement party for Mr. Chen will be held at a newly ______ hotel where we held the annual shareholder meeting previously.

(A) renovate
(B) renovating
(C) renovation
(D) renovated

☐ ☐ **15.** As a successful business person, Mr. O'Neill has been very effective in advising college students about ______ course options to pursue.

(A) that
(B) how
(C) where
(D) which

☐ **16.** The food for the annual company banquet was prepared by
☐ Bradenton Kitchen, an _____ catering business in Springfield.

(A) excel
(B) excels
(C) excellent
(D) excellently

☐ **17.** Compared with other fast-food chains, Hungry Burgers places
☐ _____ emphasis on employee education.

(A) greater
(B) greatly
(C) more greatly
(D) as great as

☐ **18.** Many companies use pens as a giveaway instead of _____
☐ promotional items although they are often considered a corporate cliché.

(A) another
(B) another one
(C) each other
(D) other

☐ **19.** The snowstorm left many airline passengers _____ at the airport
☐ because many hotels were already fully booked.

(A) strand
(B) stranding
(C) stranded
(D) strands

☐ **20.** Happy Department Store is relocating to a building _____ from
☐ its current location on Madison Avenue to address its growing storage needs.

(A) between
(B) around
(C) to
(D) across

☐ **21.** One of the programs instituted by the new company director is to
☐ assign mentors to _____ to provide access to advice from more experienced employees.

(A) recruit
(B) recruits
(C) recruited
(D) recruitment

☐ **22.** The staff members at Woodland Hotel are very _____ and helpful,
☐ which makes the guests feel comfortable.

(A) cooperation
(B) cooperators
(C) cooperative
(D) cooperatively

☐ **23.** The number of farms in the region has declined by 45 percent
☐ _____ the past 30 years.

(A) in
(B) by
(C) out
(D) off

☐ **24.** An extremely _____ research project was carried out to assess
☐ the viability of expanding the firm internationally.

(A) costs
(B) costing
(C) costly
(D) cost

☐ **25.** To ease traffic congestion on James River Freeway, a new
☐ 300-meter-long tunnel has been _____.

(A) construction
(B) constructing
(C) construct
(D) constructed

☐ **26.** All restaurants in Breeze Town must undergo a health _____ every three months.
☐

(A) inspect
(B) inspecting
(C) inspector
(D) inspection

☐ **27.** First Choice Bank announced yesterday that its board of directors would meet next Monday to discuss _____ to proceed with the merger.
☐

(A) prior
(B) which
(C) whether
(D) furthermore

☐ **28.** Senior management has required that department heads check with each other before _____ any major events.
☐

(A) scheduling
(B) scheduled
(C) schedule
(D) schedules

☐ **29.** The front door should be kept locked when reception is unattended _____ only a brief absence is anticipated.
☐

(A) because
(B) even if
(C) despite
(D) due to

☐ **30.** Meetings to discuss the status of the latest construction project _____ due to an unforeseen delay caused by the weather.
☐

(A) was rescheduled
(B) will reschedule
(C) rescheduled
(D) have been rescheduled

正确答案一览→ P.396

0810 **1.** 介词 难度标识 难 正确答案 (B)

即使没有空格，for her contribution 也能和前后文衔接，所以填入空格的应是修饰语。修饰空格后名词的形容词（B）impressive（印象深刻的）是正确答案。（C）“感动的”也可作为形容词发挥作用，但句意不通。（A）“使感动”，是动词。（D）“给人留下深刻印象地”，是副词。

翻译 在下周举行的公司午餐会上，井上春树女士将因她对 Perfect Tools 公司的卓越贡献而获奖。

0811 **2.** 介词 / 连词 难度标识 难 正确答案 (B)

空格后到逗号的部分是 Who 引导的定语从句修饰的名词短语 other staff members。逗号后的部分是句子，所以将**名词短语和句子连接的介词（B）Like**（像……一样）是正确答案。（A）“全部”和（D）“但是”是没有连接功能的副词。（C）“虽然”，是接从句的连词。

从空格后到逗号是一个长长的名词短语。

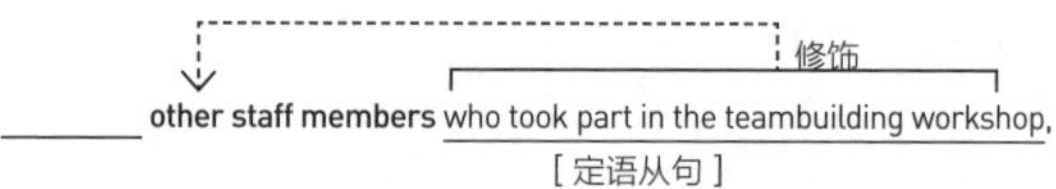

翻译 琼斯先生的工作效率和参加团队建设研讨会的其他工作人员一样显著提高了。

注释 □ markedly：副 显著地

0812 **3.** 词性 难度标识 难 正确答案 (B)

空格前是 be 动词 is，后面是动词 value（高度评价）的过去分词 valued，空格前后的被动语态是完整的。因为空格处需要修饰谓语动词的副词，所以正确答案是（B）equally（同等地）。被动语态间的正确答案选副词是频繁出现的模式之一。（A）是动词 / 形容词。（C）是名词。（D）是动词。

翻译 邮政部工作人员的努力与广告部工作人员的努力同等重要。

注释 □ value：动 重视，评价

0813 **4.** 词性 难度标识 难 正确答案 (D)

填入＜冠词 ____ 介词＞空格处的应是名词，所以选择带名词词尾 -ty 的（D）affordability（支付能力）。（A）是以 can [can't] afford to do（[没]有支付能力做……）的形式使用的动词。（B）“价格合理的”，是形容词，（C）是副词。

翻译 对大学进行排名的最重要标准之一是教育成本的可负担性，包括学费和经济援助的选项。

注释 □ criteria：名 criterion（标准，准则）的复数形式 □ tuition：名 学费

0814 **5.** 固定搭配 难度标识 难 正确答案 (B)

从列出的选项判断，这是一道寻找固定搭配的问题，要有意识地阅读关键词。正确答案是与空格后的 and 搭配使用、构成 both ***X*** and ***Y***（X 和 Y 都）表达的（B）。（A）either ***X*** or ***Y***（X 或 Y），（C）whether ***X*** or ***Y***（不管是 X 还是 Y），都在固定搭配题中频繁出现。

翻译 布鲁诺女士目前正在为即将到来的一年一度的公司宴会物色餐饮公司和花店。

0815 **6.** 比较 难度标识 难 正确答案 (C)

正确答案是与空格前的 more 组合，构成 **more than**（超过）的（C）than。（A）over 以 recorded over three inches of rain 的形式使用，不需要 more。（B）形容词"上述的"，句意不通。介词（D）的意思也不符。

翻译 昨天凌晨，悉尼一些郊区的降雨量超过了 3 英寸。

0816 **7.** 词性 难度标识 难 正确答案 (C)

填入 <**主语 ____ 谓语动词**> 空格处的应是修饰空格后动词的**副词**（C）barely（几乎没有）。（A）"裸露的"，是形容词，（B）是其比较级，（D）是其最高级。

翻译 当金先生下载使用 X90 软件时，几乎没有注意到它与旧版本的区别。

0817 **8.** 介词 / 连词 难度标识 难 正确答案 (A)

因为空格前后都是分句，所以填入空格的是连接两个分句的连词。在连词（A）（B）中，符合"（结果）（原因）"这一语境的是（A）because（因为）。（B）"以至于"，句意不通。（C）是没有连接功能的副词。（D）是接名词的介词，不接句子。

翻译 Cloud 出版商以故事情节过于可预测为由驳回了这篇稿件。

注释 □ turn down *X*：拒绝，驳回 *X* □ plot: 名（故事的）情节，构思

□ predictable：形 意料之中的，可预知的

0818 **9.** 词性 难度标识 难 正确答案 (A)

即使没有空格，several candidates 也能和前后文衔接，所以填入空格的是修饰语。由于空格处需要修饰空格后名词的形容词，所以正确答案是（A）qualified（合格的，胜任的）。（B）可作为形容词使用，如 a qualifying match（预选赛）。

翻译 招聘机构通知餐馆老板，有几名候选人可以胜任厨师长一职。

0819 **10.** 词汇 难度标识 难 正确答案 (B)

在空格处填入（B）went，go on *X* 的表达就完整了，句意就通顺了。（A）表示 study on *X*（进行关于 X 的研究），与 to 以后的内容不能衔接。（C）以 choose from *X*（从 X 中选择）的形式使用。（D）是及物动词，所以无须使用介词，而应直接接宾语。

翻译 生物班的学生上周五去植物园进行了实地考察。

注释 □ botanical garden：名 植物园

第 7 题的答案是 barely，笔者在美国留学期间，在网球部的严格训练后问队友："你还活着吗？"，对方的回答是"Barely.（勉强是）"。

0820 **11.** 词性 难度标识 难 正确答案 (C)

空格前的 who 是主格关系代词。即使没有空格，people who work late 也是前后衔接的，所以填入空格的是**修饰**语。修饰空格后**动词 work 的是副词**，所以（C）habitually（经常地）是正确答案。（A）“习惯”和（D）“居住地”是名词。（B）“习惯的”，是形容词。

翻译 最近的一项调查发现，14% 的受访者觉得企业管理者习惯性地只提拔那些工作到很晚的人。

0821 **12.** 代词 难度标识 难 正确答案 (D)

如果在空格处填入（D），则可以用 one（= a research project）of their own 的形式来表示“自己的调查项目（= their own research project）”。< 名词 +of one's own> 表示“……自身的……”（=<one's own+ 名词 >）。

翻译 Harbor 出版社的实习生可以选择协助正在进行的研究项目，或者设计一个自己的项目，并且有机会发表他们的成果。

0822 **13.** 关系词 难度标识 难 正确答案 (A)

如果把空格前先行词 a team 变成代词的**所有格 its**，填入空格处，就会得到 its members work well together 这样的正确句子。因此，所有格关系代词（A）whose 是正确答案。主格、宾格关系代词（C）（D）用于主语或宾语缺失的情形。（B）是代词 it 的所有格，前后不衔接。

翻译 全球项目经理的任务是建立一个团队，即使成员之间不经常见面，也能很好地协同工作。

注释 □ infrequently：副 罕见地，稀少地

0823 **14.** 词性 难度标识 难 正确答案 (D)

填入 < **冠词** + **副词** ____ **名词** > 空格处的是修饰名词的**形容词**。选项中，作为形容词发挥作用的是分词（B）（D）。酒店和动词 renovate（改装）之间存在着“被改装”的**被动关系**，所以过去分词（D）renovated 是正确答案。现在分词（B）填入后句意不通。

翻译 陈先生的退休派对将在一家新装修的酒店里举行，此前我们在这里举行了年度股东大会。

0824 **15.** 其他 难度标识 难 正确答案 (D)

疑问词（D）which 放在名词前，表示“哪个”，**起形容词的作用**（疑问形容词）。在这里，which course options 是“哪条路线”的意思。（B）（C）作为疑问词，有 about how [where] to do，后接不定式，但不能修饰名词。（A）意为“那个”，作指示代词时修饰单数名词。

翻译 作为一位成功的商界人士，奥尼尔先生在大学生选择哪些课程方面给出了非常有帮助的建议。

0825 **16.** 词性 难度标识 难 正确答案 (C)

因为空格前是冠词 an，后面是名词 catering business，所以填入空格处的是**修饰名词的形容词**（C）excellent（优秀的）。（A）“胜出”，是动词，（B）是其第三人称单数现在时。（D）“出色地”，是副词。catering 是为活动安排用餐的业务，在 TOEIC L&R 中经常出现。

翻译 一年一度的公司晚宴食物是由斯普林菲尔德一家优秀的餐饮公司 Bradenton Kitchen 准备的。

0826 **17.** 比较 难度标识 难 正确答案 (A)

Compared with（与……相比）放在句首，所以空格处需要**比较级。修饰**空格后**名词 emphasis 的是形容词**，所以（A）greater 是正确答案。（B）为副词，（C）为其比较级。（D）以 *X* is as great as *Y*.（X 和 Y 一样 great）的形式使用。

翻译 与其他连锁快餐店相比，“饥饿汉堡”将更大的重心放在了员工教育上。

0827 **18.** 数量 难度标识 难 正确答案 (D)

空格前有介词 of，空格后有作为其宾语的名词 promotional items（促销品）。它们之间需要修饰后面名词的形容词。选项中，作为形容词使用的是（A）（D）。因为 items 是**复数形式**，所以（D）other 是正确答案。（A）another 修饰可数名词单数。（B）（C）都是代词，不能修饰名词。

翻译 许多公司用钢笔作为促销赠品，而不是用其他物品，尽管钢笔赠品已经很泛滥了。

注释 □ giveaway：名 免费样品 □ cliché 名 陈词滥调

0828 **19.** 词性 难度标识 难 正确答案 (C)

谓语动词 left 用于 leave O C（将 O 保持为 C）的形式，在空格处 C（补语）的位置应填入形容词或现在分词。因此，形容词（C）stranded（被困的）是正确答案。（A）是以 a strand of *X*（一束 / 一个 X）形式使用的名词。（B）“搁浅”是名词（注意与 standing 进行区分）。（D）是名词的复数形式。

翻译 暴风雪使许多航空公司的乘客滞留在机场，因为许多旅馆已经订满了。

注释 □ stranded：形 处于困境的

0829 **20.** 介词 难度标识 难 正确答案 (D)

从介词选项中选择（D）填入空格，与空格后的 from 组合，可以表示 across from（在……对面）的位置关系。（A）表示 between *X* and *Y*（在 X 和 Y 之间），（B）表示 around *X*（在 X 周围），（C）表示 to *X*（向 X）。

翻译 Happy 百货公司将从目前位于麦迪逊大街的位置搬到正对面的一栋大楼，以满足日益增长的存储空间需求。

0830 **21.** 词性 难度标识 难 正确答案 (B)

空格处需要作之前介词 to 宾语的名词。在作为名词发挥作用的（A）（B）（D）中，（D）“采用”填入后句意不通。另外，（A）recruit 作名词表示“新职员”时，为可数名词，所以不能用单数、无冠词的形式。因此，复数形式（B）是正确答案。不能把动词看作不定式而选择（A）。

翻译 新公司主管制订的计划之一是为新员工指派导师，让他们从更有经验的员工那里获得建议。

0831 **22.** 词性 难度标识 难 正确答案 (C)

<**be 动词 + 副词** ____> 的空格处需要**作补语的形容词**，所以（C）cooperative（合作的）是正确答案。根据空格后并列连词 and 的前后应为同词类并列也可得出正确答案的提示，如 <形容词 +and+ 形容词>。（A）“协助”和（B）“合作者”是名词。（D）“合作地”是副词。

翻译 伍德兰酒店的工作人员非常合作，乐于助人，让客人感到舒适。

注释 □ cooperative：形 合作的

0832 **23.** 介词 难度标识 难 正确答案 (A)

空格后接“过去 30 年间”这种跨度较大的时间段，表示“**在……期间**”的介词是（A）in。in the past 30 years 表示“在过去的 30 年里”。

介词 in，也表示 in April/in 2015/in the afternoon 这样的“月”“年”“时间段”等。另外，in ten minutes（10 分钟后）这样表示将来时间的用法也很重要。

翻译 在过去的 30 年里，该地区的农场数量减少了 45%。

注释 □ decline：动 减少

0833 **24.** 介词 难度标识 难 正确答案 (C)

由于 <**冠词** + **副词** ____ **名词**> 空格处应填入的是**形容词**，所以（C）costly（昂贵的）是正确答案（注意后置以 -ly 结尾，但不是副词）。现在分词（B）作为形容词使用，接金额，后置修饰名词，如 a project costing $10,000（花费 1 万美元的项目）。

翻译 为了评估那家公司向海外发展的可行性，进行了一个开销非常大的调查项目。

注释 □ assess：动 评定，评估 □ viability：名 可行性

0834 **25.** 动词 难度标识 难 正确答案 (D)

可紧随 has been 之后的是（A）（B）（D）。主语隧道是“被建设”的一方，而且空格后**没有及物动词 construct（建设）的宾语**，因此被动语态比较合适。过去分词（D）constructed 是正确答案。（A）“建设”是名词，可作补语，但意思不通。

翻译 一条 300 米长的隧道正在兴建中，以缓解詹姆士河高速公路的拥堵。

注释 □ ease：动 缓解 □ congestion：名 拥堵

0835 **26.** 词性 难度标识 难 正确答案 (D)

空格前的health(健康，保健)是**不可数名词**，因此不需要冠词a，作为动词undergo(经历、接受)的宾语，句意也不通。因此，如果把名词(D)"检查"填入空格处，health inspection(健康检查)这个**复合名词**就完整了，句意也通顺了。(C)表示"检查人员"，句意不通。

翻译 每三个月，微风镇的所有餐厅都要进行一次健康检查。

0836 **27.** 其他 难度标识 难 正确答案 (C)

空格后接不定式，可**作**前面**及物动词 discuss 宾语**的是(C) whether。whether to do表示"是否应该做"。(B)虽然能构成which to do(应该做哪个)，但句意不通。(A)在prior to中作介词。(D)是副词。

翻译 第一选择银行昨日宣布，将于下周一召开董事会，讨论是否推进合并。

0837 **28.** 动词 难度标识 难 正确答案 (A)

正确答案是，既**作为及物动词使用**，把空格后名词any major events当宾语，又作空格前介词before的宾语**名词使用**的动名词(A) scheduling(为……安排时间)。(B)如果是any major scheduled events，则为正确答案。

翻译 高级管理人员要求各部门负责人在决定重大活动日程前互相确认。

0838 **29.** 介词/连词 难度标识 难 正确答案 (B)

空格处需要连接空格前后两个句子的**连词**。在连词(A)(B)中，将"应该锁上前门"和"预计短时间不在"连接起来意思通顺的是(B) even if(即使)。(A)"因为"，句意不通。(C)(D)都是接名词的介词，不接从句。

翻译 当接待处没有人的时候，即使是短时间没有人，也应该锁上前门。

注释 □ anticipate：动 预期

0839 **30.** 动词 难度标识 难 正确答案 (D)

空格处需要与复数形式主语Meetings对应的谓语动词。会议是"预定被变更"的一方，另外，**空格后没有及物动词 reschedule 的宾语**，所以被动语态比较合适。因此，(D) have been rescheduled是正确答案。(A)如果将was改为were，则为正确答案。

修饰主语的不定式太长所以很难理解，基本结构如下。

Meetings to discuss the status of ... project have been rescheduled
[S] [V]

翻译 由于天气意外延误，讨论最新建设项目情况会议的原定日期被更改。

注释 □ unforeseen：形 无法预料的

语法模拟测试卷 6　正确答案一览

◉学习记录◉

回数	学习日期	所需时间	正确答案数
第 1 回	月　　日	分　　秒	/ 30
第 2 回	月　　日	分　　秒	/ 30

◉正确答案◉

No.	ANSWER	No.	ANSWER	No.	ANSWER
001	B	011	C	021	B
002	B	012	D	022	C
003	B	013	A	023	A
004	D	014	D	024	C
005	B	015	D	025	D
006	C	016	C	026	D
007	C	017	A	027	C
008	A	018	D	028	A
009	A	019	C	029	B
010	B	020	D	030	D

语法模拟测试卷

7

题目数

30题

题目编号

0840~0869

☐ **1.** The quarterly results, announced on Wednesday, exceeded _____, and Victoria Department Store raised its yearly sales forecast.
☐

(A) expect
(B) expected
(C) expectations
(D) expectedly

☐ **2.** It is _____ for employees to eat lunch at their desks on the condition that they only eat during the designated lunch hour.
☐

(A) reliable
(B) capable
(C) acceptable
(D) legible

☐ **3.** When Speednet.com requires a new employee, a significant amount of time is spent identifying and interviewing _____ candidates.
☐

(A) promise
(B) promises
(C) promised
(D) promising

☐ **4.** Orion Corporation has decided _____ building a new headquarters in Tokyo and will instead expand its existing facilities in Chiba.
☐

(A) against
(B) except
(C) within
(D) during

☐ **5.** The exact re-opening date of the Leopard Resort depends on the _____ arrival of newly ordered furniture and equipment.
☐

(A) time
(B) timing
(C) timely
(D) timeliness

☐ **6.** The toy manufacturer announced today that despite the major
☐ product recall, new deliveries would begin to reach stores _____ October.

(A) as early as
(B) at an early
(C) if early
(D) the earliest

☐ **7.** Mr. Tan's recent research _____ that students learn more
☐ effectively when listening to classical music has received almost no attention from academics.

(A) suggests
(B) has suggested
(C) suggesting
(D) is suggesting

☐ **8.** _____ several local companies have recently advertised job
☐ openings indicates that the economic situation is on the mend.

(A) The fact that
(B) There are
(C) Now
(D) In addition to

☐ **9.** David Townsend is one of the most _____ experienced teachers
☐ at the university although he rarely promotes himself this way.

(A) high
(B) higher
(C) highest
(D) highly

☐ **10.** To _____ the press conference for the launch of the film, media
☐ representatives must submit their applications by March 31.

(A) reply
(B) participate
(C) meet
(D) attend

☐ **11.** In addition to its sleek and modern design, the new laptop from
☐ Cool Electronics is highly _____.

(A) economically
(B) economy
(C) economical
(D) economist

☐ **12.** When choosing a new president, the bank decided to promote
☐ from _____ the company, instead of hiring from outside.

(A) onto
(B) within
(C) above
(D) between

☐ **13.** Dr. Cornelia Turner informed the program coordinator that she
☐ was _____ to accept the invitation to address the students on May 25.

(A) please
(B) pleased
(C) pleasing
(D) pleasure

☐ **14.** _____ international branch managers should attend the company's
☐ annual strategic conference at the headquarters in Tokyo next April.

(A) Neither
(B) Every
(C) Each
(D) All

☐ **15.** Arrow Airways _____ the profit increase to higher ticket prices
☐ and a return in travel demand.

(A) attributed
(B) attributing
(C) attribution
(D) to attribute

☐ **16.** There is ongoing debate among the city council members _____ whether or not to allow developers to renovate the historical building on Palm Street.

(A) up to
(B) as to
(C) out of
(D) because

☐ **17.** _____ the result of the latest customer survey is presented, the national advertising campaign for Kimura Water will be postponed.

(A) With
(B) Even
(C) Until
(D) Whereas

☐ **18.** Tomioka Solar Panels provides _____ solutions for home and industrial electricity needs.

(A) optimal
(B) optimally
(C) optimize
(D) optimizes

☐ **19.** Candidates for the position need to be able to work efficiently on _____ as well as in a team.

(A) they
(B) their
(C) themselves
(D) their own

☐ **20.** Once the document is inserted and the envelope affixed to a box, the envelope has to be cut _____ to retrieve its contents.

(A) open
(B) opens
(C) opener
(D) opening

□ **21.** Employees are not allowed to order more than $50 worth of
□ stationery products _____ authorized by a section manager.

(A) without
(B) despite
(C) since
(D) unless

□ **22.** Hassan Engineering hopes to make partnerships with the
□ contractors _____ than they have been to maintain its competitive pricing strategy.

(A) stronger
(B) strongest
(C) more strongly
(D) most strongly

□ **23.** Mr. Reed was surprised at the _____ participation of the
□ attendees at his business seminar.

(A) enthusiast
(B) enthusiasm
(C) enthusiastic
(D) enthusiastically

□ **24.** Stronger customer demand has triggered several auto
□ manufacturers to develop hybrid vehicles that are _____ economically efficient and environmentally friendly.

(A) as
(B) both
(C) if so
(D) not only

□ **25.** Gooday Electronics recently hired Benjamin Fischer, an _____ in
□ mobile phone technology.

(A) expert
(B) expertise
(C) expertize
(D) expertized

☐ **26.** Ms. Brooks suggested that she would be _____ staying in the
☐ company than leaving after her maternity leave.

(A) happy
(B) happily
(C) happiness
(D) happier

☐ **27.** The book, *A Comprehensive Guide for Job Interviews*, can be
☐ useful to people who are unsure of _____.

(A) them
(B) themselves
(C) us
(D) ourselves

☐ **28.** James Nichol has been _____ in obtaining a loan to the museum
☐ of an exhibit from the Royal French Historical Society.

(A) instrument
(B) instrumental
(C) instrumentally
(D) instruments

☐ **29.** If requested, Hanz Confectionary _____ an extended leave of
☐ absence for employees who have worked at the company for longer than five years.

(A) arrange
(B) has arranged
(C) arranging
(D) will arrange

☐ **30.** Employees are provided a safety helmet which they should keep
☐ _____ the length of their employment at Kramer Industries.

(A) until
(B) and
(C) then
(D) for

正确答案一览→ P.410

0840 **1.** 词性 难度标识 难 正确答案 (C)

本题的谓语动词为及物动词 exceeded（超过），所以空格中需要填一个**名词来作其宾语**，因此正确答案为（C）expectations（期待、预料）。（A）为动词。（B）为动词的过去式 / 过去分词。（D）为副词。announced on Wednesday 作为一个插入句夹在两个逗号之间，用来修饰主语。

翻译 由于周三公布的季度业绩超出了预期，所以维多利亚百货公司又进一步提高了年销售额。

注释 □ quarterly: 形 一年四次的，季度的

0841 **2.** 词汇 难度标识 难 正确答案 (C)

在四个选项中，能放入 **It is... for *X* to do** 句型的形容词只有（C）acceptable（可接受的、认可的）。（A）“可信赖的”，（B）“有能力的”，（C）“清晰可读的”，这三个词都无法放入上述句型中。也可以将 to eat lunch 后面的部分当作主语，句子意思就变为“在座位上吃午饭＜怎么样＞”，同样能得出正确答案。

翻译 只要是在指定的午餐时间范围内，员工就可以在办公桌上吃午餐。

0842 **3.** 词性 难度标识 难 正确答案 (D)

空格前面是及物动词 identifying 和 interviewing，后面也有作宾语的名词 candidates，所以空格中应填入可以**修饰名词的形容词**，因此选项（D）promising（有希望的）为正确答案。虽然动词 promise（许诺）的过去分词（C）也可以作形容词使用，但如果放入空格中，题意就变成了“被承诺的候选人”，句意不通。

翻译 当 Speednet.com 需要一名新员工时，会花费大量的时间去寻找和面试有希望的候选人。

0843 **4.** 介词 难度标识 难 正确答案 (A)

能和空格前**动词 decide 搭配使用的只有介词**选项（A）against。decide against doing *X* 这个结构的意思是“决定不做 X”。和它意思相反的结构为 decide on doing *X*（决定做 X），这个也希望大家能够牢记。其他介词（B）（C）（D）都不符合题意。

翻译 Orion 公司决定不在东京设立新总部，而是选择扩大其在千叶现有的设施规模。

0844 **5.** 介词 难度标识 难 正确答案 (C)

本题**空格位于冠词和名词之间**，所以此处只能放入**形容词**（C）**timely（及时的、适时的）**。虽然该词的词尾为 -ly，但并不是副词，这一点还需多加注意。（A）作名词使用，意为“时间”；作动词使用，意为“为……安排时间、选择……时机”。（B）是动词的现在分词 / 动名词。如果选择现在分词，前后文的意思会变为“选择时机的到达”，句意不通。（D）是名词，意为“合时”。

翻译 美洲豹度假村重新开业的具体日期取决于新订购的家具和设备是否能及时到达。

0845 **6.** 其他　　难度标识　难　　正确答案 (A)

如果将（A）放入空格中，则句子变为 **as early as** October（早在 10 月份），符合题意。（B）"在一个早期的 10 月"，句意不通。如果换为 in early October（在 10 月上旬），则符合题意。如果要选（D），则应变为 in October at the earliest（最早也是在 10 月份），所以正确答案只能选（A）。

翻译 这家玩具制造厂今天宣布，尽管召回了大量产品，但还是会将新产品送到商店，时间最早为 10 月份。

0846 **7.** 动词　　难度标识　难　　正确答案 (C)

本题题干为 Mr. Tan's recent research [S] has received [V]，所以从空格到 music 都是对主语的修饰。如果意思为"研究启发了什么"，则空格处应该引导一个分词结构，用来修饰前面的名词，所以正确答案为**现在分词**（C）suggesting。（A）（B）（D）都是谓语动词形态。

现在分词引导的后置定语在句中的结构如下：

Mr. Tan's recent research suggesting that students learn more ... music
[S]

has received ... no attention
[V]　[O]

翻译 谭先生最近的一项研究发现学生听着古典音乐学习时会更有效率，不过这一结果并没有受到学术界的太大关注。

0847 **8.** 其他　　难度标识　难　　正确答案 (A)

观察题目整体结构可知，indicates 为谓语动词，所以前面需要一个相应的**单数形式的主语**。如果选（A），句型为 The fact that [S] [V]，"S 做了（V）这个事实"作主语可视作单数名词（主语同位语）。（B）（C）（D）不能用作名词从句或名词短语。

翻译 最近有几家本地公司在发布招聘广告，这一事实表明了当下经济形势正在好转。

注释 □ **on the mend**：正在好转

0848 **9.** 比较　　难度标识　难　　正确答案 (D)

空格后面是**形容词 experienced**，所以空格处应该填一个修饰形容词的副词，选项（D）highly（非常）为正确答案。the most highly experienced 是形容词的最高级，意思为"最有经验的"。（C）为最高级形态，不加 most，单独使用，如 the highest price。

翻译 大卫·汤森德是大学里最有经验的老师之一，不过他很少以此为噱头来标榜自己。

0849 **10.** 词汇　　难度标识　难　　正确答案 (D)

空格后面的名词 the press conference（记者发布会）为宾语，**空格处应该填一个以其作宾语的及物动词**，四个选项中，最符合题意的是（D）attend（参加）。（B）虽然意思是"参加"，但它是不及物动词，需要搭配介词 in 一起使用，结构为 participate in *X*。（A）的固定搭配为 reply to *X*（回复 X）。（C）不符合题意。

翻译 出席这部电影记者发布会的媒体代表必须在 3 月 31 日前递交申请。

0850 **11.** 词性 难度标识 难 正确答案 (C)

在 <**be 动词 + 副词 ____** > 中，能填入空格作补语的只有**形容词**，所以选项（C）economical（经济的、实惠的）为正确答案。（A）是副词，意为“在经济上”。（B）和（D）都是名词，意思分别为“经济”和“经济学家”。

翻译 Cool Electronics 公司的新型笔记本电脑不仅外观好看、设计时髦，价格也很实惠。

注释 □ sleek: 形 时髦的

0851 **12.** 介词 难度标识 难 正确答案 (B)

能与前面的介词 from 和后面的名词 the company 相连且使句意通顺的只有介词（B）within。from within the company，意思为“从公司内部”。within 的基本含义是 < **在……范围内** >，经常和时间段搭配使用，表示“在某段时间内”，比如 within two weeks（在 2 周以内）。

翻译 在选新行长时，银行决定从公司内部提拔，而不是从外部招聘。

0852 **13.** 词性 难度标识 难 正确答案 (B)

空格前面是 be 动词 was，所以空格处应该填一个既可以作为**补语**使用，同时**后面还可以跟 to 不定式的形容词**，因此选项（B）pleased（高兴的、满意的）为正确答案。be pleased to do（喜欢做某事）和 be pleased with *X*（满足于 X）都是 TOEIC L&R 中的高频结构。形容词（C）“令人高兴的”和名词（D）“开心、快乐”都不符合题意。

翻译 科妮莉亚 · 特纳博士通知项目协调员，她很乐意接受 5 月 25 日面向学生们演讲的邀请。

0853 **14.** 数量 难度标识 难 正确答案 (D)

空格后的名词是可数还是不可数，是单数还是复数，这是本题解题的关键点。由于空格后面是名词的复数形式——international branch managers，所以能修饰该部分的只有选项（D）All。（A）（B）（C）都用来修饰可数名词的单数形式。

需要注意的是：all 不仅能修饰可数名词的复数形式，还能修饰不可数名词，比如 all information。此外，能够修饰可数名词复数形式的单词还有 many/most/few，这些单词也需要牢记在心。

翻译 所有国际分公司的经理都必须出席明年 4 月在东京总部举行的公司年度战略会议。

0854 **15.** 词性 难度标识 难 正确答案 (A)

主语 Arrow Airways 和宾语 the profit 之间缺少谓语动词，所以动词 attribute 的过去式（A）attributed 为正确答案。attribute *X* to *Y* 表示“把 X 归因于 Y”。（B）是现在分词 / 动名词。（C）是名词，意为“属性”。（D）是 to 不定式。

翻译 阿罗航空将利润增长归因于机票价格上涨和旅游需求的回升。

TOEIC L&R 的世界里比较注重节约，所以经济型的（economical）产品非常受欢迎。

0855 **16.** 其他 难度标识 难 正确答案 (B)

空格前面是一个句子，后面是whether or not to do（要不要做……）的名词搭配。（A）（B）（C）都能在题目中连接名词并可以用作介词，但只有（B）as to（关于）放入空格中句意通顺。（A）“高达”和（C）“在……的外面”意思均不符合题意。（D）是连词，后面接完整的句子。

翻译 市议会的议员们正在讨论是否允许开发商翻修棕榈街的历史建筑。

0856 **17.** 介词 / 连词 难度标识 难 正确答案 (C)

逗号前后都是完整的句子，所以空格处需要填一个**能够接句子的连词**。空格前的意思是“调查结果被公布”，空格后面的句子意思是“活动将被推迟”，能连接前后两个分句并使句意通顺的只有选项（C）Until（直到）。（D）是连词，意为“然而”，语意不通。（A）是介词，后面要加名词。（B）是副词，不具备连接功能。

翻译 在最新的客户调查结果公布之前，木村水公司的全国广告活动将推迟。

0857 **18.** 词性 难度标识 难 正确答案 (A)

空格前面是及物动词provides（提供），空格后面有名词solutions（解决方法）作其宾语，所以空格处需要填入可以**修饰名词的形容词**。因此正确答案为（A）optimal（最合适的）。（B）是副词，意为“最佳地”。（C）是动词，意为“使最优化”。（D）是动词的第三人称单数形式。

翻译 富冈太阳能电池板为家庭和工业用电需求提供最佳解决方案。

注释 □ industrial：形 工业的

0858 **19.** 代词 难度标识 难 正确答案 (D)

空格前面有on，根据固定搭配on one's own（单靠一个人/凭一己之力）可判断，正确答案为（D）their own，放在句中的意思为“（不靠团队）凭借自己”。如果空格前面是介词by，固定搭配by oneself也是同样的意思，则（C）是正确答案。（A）是主格，用来作主语。（B）是所有格，后面需要加名词。

翻译 该职位的候选人不仅需要能够做好团队合作，而且需要具备独立高效的工作能力。

0859 **20.** 词性 难度标识 难 正确答案 (A)

动词cut用于句型cut O C（将O切开，做成C），本题考查它的**被动语态**。宾语the envelope被放在了主语的位置上，所以空格处需要填一个**补语**。将**形容词**（A）open放入空格，句意是“打开信封（保持开的状态）”，符合题意。（B）是动词的第三人称单数形式。（C）是名词。（D）是现在分词/动名词，没有cut O doing的用法。

S has to **cut** the envelope open
[O] [C]

the envelope has to **be cut** open

翻译 一旦放入文件并将信封贴在了盒子上，想要取出里面的东西，就必须先裁开信封。

0860 **21.** 介词 / 连词　　难度标识　　正确答案 (D)

(they are) authorized 省略了 <**主语 + be 动词**>，能直接**连接过去分词**的连词只有（C）和（D）。（D）unless（除非）填入后句意通顺。（C）意为“自从，因为”，不符合题意。（A）和（B）都是介词，后面需要加名词（从句）。

翻译 除非得到部门经理的授权，否则员工不得订购价值超过 50 美元的文具产品。

0861 **22.** 比较　　难度标识　　正确答案 (A)

因为空格后面有 **than**，所以正确答案要从**比较级**（A）和（C）中选择。在比较级的句子中，than 后面的比较对象成分经常会被省略，比如 He is taller than Tex is (tall). 所以这里的 ...than they have been **缺少紧跟其后的补语**，因此**形容词**（A）stronger 为正确答案。

翻译 哈桑工程公司希望与承包商建立比以往更强有力的合作关系，以保持其具有竞争优势的定价策略。

0862 **23.** 词性　　难度标识　　正确答案 (C)

本题考查点为 < 冠词 ____ 名词 >，所以空格处需要填一个形容词，用来修饰空格后面的名词 participation，因此正确答案是（C）enthusiastic（热情的）。（A）和（B）都是名词，意思分别为“热情的人”“热情”。（D）是副词，意为“热情地”。

翻译 里德先生很惊讶，没想到参会者对他的商业研讨会抱有如此高涨的热情。

0863 **24.** 固定搭配　　难度标识　　正确答案 (B)

空格处的词要和其后的**连词 and** 搭配使用，所以从固定搭配 both *X* and *Y*（X 和 Y 都）入手，就可以选出正确答案（B）both。在 2017 年 5 月份的考试中，曾出现过一道误导题，题干中有 and，但答案并不是 both，所以考生在考试时也需要注意判断和理解题意，不要“看到 and 就选 both”。

翻译 对于数家汽车制造商来说，正因为客户的要求越来越高，才促使他们开始研发既经济高效又环保的混合动力汽车。

0864 **25.** 词性　　难度标识　　正确答案 (A)

空格在冠词和介词之间，空格处应该填**名词**，所以备选项为（A）和（B）。逗号后面是对 Benjamin Fischer 这个人的补充说明，因此用来表示人的选项（A）expert（专家）为正确答案。（B）意思是“专业知识”，不符合题意，而且本身还是不可数名词，前面不需要加 an。（C）是动词，（D）是动词的过去式 / 过去分词。

翻译 古德电子公司最近聘请了手机技术专家本杰明 · 费舍尔。

TOEIC L&R 的世界不管对什么事情都充满了“热情”，所以第 23 题中的 enthusiast，enthusiasm，enthusiastic，enthusiastically 都是高频词汇。

0865 **26.** 比较 难度标识 难 正确答案 (D)

空格后有 than，所以能与之搭配用作比较级的只有形容词，因此形容词的比较级（D）happier 为正确答案。happier doing *X* than doing *Y* 的意思为"与 Y 相比，更想做 X"。虽然 be 动词和现在分词之间通常都会放副词，但（B）不能和 than 连用。（A）是形容词原级。（C）是名词。

翻译 布鲁克斯女士委婉地表示，比起休完产假后辞职，她更想留在公司。

注释 □ maternity leave：产假

0866 **27.** 代词 难度标识 难 正确答案 (B)

四个选项都可以作介词 of 的宾语，所以本题要根据主语和句意进行判断。空格前的 be 动词 are 的**主语是 people**（= they）。从句意上看，**宾语也为同一人 / 物**，所以（B）themselves 为正确答案。be unsure of oneself 表示"对自己没有自信"。其他选项都不符合题意。

翻译 《求职面试综合指南》这本书应该会对那些不自信的人很有帮助。

0867 **28.** 词性 难度标识 难 正确答案 (B)

空格处需要填谓语动词 has been 的**补语**，所以**形容词**（B）instrumental 为正确答案。be instrumental in doing 意思是"在做某事方面起到非常重要的作用"。（A）和（D）都是名词，意思为"器械、乐器"，虽然它们也能作补语，但主语是＜人＞，不是物，所以均不符合题意。

翻译 博物馆能从法国皇家历史学会手中借到一件展品，詹姆斯 · 尼科尔功不可没。

注释 □ instrumental：形 起重要作用的

0868 **29.** 动词 难度标识 难 正确答案 (D)

空格处需要填一个与**单数形式主语**搭配的谓语动词，所以答案从（B）和（D）中选择。句首句型为 If (it is) requested，省略了＜主语 +be 动词＞，表示条件"如果有要求"。既然前文表示有要求，那后面必然会跟着相应的**将来行动**，所以（D）will arrange 为正确答案。（B）不符合时态，句意不通。

翻译 如有要求，汉兹糖果企业将为在公司工作超过五年的员工安排延长休假。

注释 □ leave of absence：休假

0869 **30.** 介词 难度标识 难 正确答案 (D)

空格后面的词组搭配意思是"**雇用期间**"，可以用来表示"持续性时间"的介词是 for，所以正确答案为（D）。for the length of *X* 表示"在 X 期间，一直"。选项（A）后面一般接＜时间的终点＞，搭配后文应该是 until the end of their employment。如果选（B），"安全帽"和"雇用期间"就会成为并列关系，不符合题意。

翻译 克莱默工业公司为员工提供安全帽，员工在雇用期间应将安全帽妥善保管。

语法模拟测试卷 7　正确答案一览

◉学习记录◉

回数	学习日期	所需时间	正确答案数
第 1 回	月　　日	分　　秒	/ 30
第 2 回	月　　日	分　　秒	/ 30

◉正确答案◉

No.	ANSWER				No.	ANSWER				No.	ANSWER			
	A	B	C	D		A	B	C	D		A	B	C	D
001	Ⓐ	Ⓑ	●	Ⓓ	011	Ⓐ	Ⓑ	●	Ⓓ	021	Ⓐ	Ⓑ	Ⓒ	●
002	Ⓐ	Ⓑ	●	Ⓓ	012	Ⓐ	●	Ⓒ	Ⓓ	022	●	Ⓑ	Ⓒ	Ⓓ
003	Ⓐ	Ⓑ	Ⓒ	●	013	Ⓐ	●	Ⓒ	Ⓓ	023	Ⓐ	Ⓑ	●	Ⓓ
004	●	Ⓑ	Ⓒ	Ⓓ	014	Ⓐ	Ⓑ	Ⓒ	●	024	Ⓐ	●	Ⓒ	Ⓓ
005	Ⓐ	Ⓑ	●	Ⓓ	015	●	Ⓑ	Ⓒ	Ⓓ	025	●	Ⓑ	Ⓒ	Ⓓ
006	●	Ⓑ	Ⓒ	Ⓓ	016	Ⓐ	●	Ⓒ	Ⓓ	026	Ⓐ	Ⓑ	Ⓒ	●
007	Ⓐ	Ⓑ	●	Ⓓ	017	Ⓐ	Ⓑ	●	Ⓓ	027	Ⓐ	●	Ⓒ	Ⓓ
008	●	Ⓑ	Ⓒ	Ⓓ	018	●	Ⓑ	Ⓒ	Ⓓ	028	Ⓐ	●	Ⓒ	Ⓓ
009	Ⓐ	Ⓑ	Ⓒ	●	019	Ⓐ	Ⓑ	Ⓒ	●	029	Ⓐ	Ⓑ	Ⓒ	●
010	Ⓐ	Ⓑ	Ⓒ	●	020	●	Ⓑ	Ⓒ	Ⓓ	030	Ⓐ	Ⓑ	Ⓒ	●

语法模拟测试卷

限时 10 分钟

题目数 30 题

题目编号 0870~0899

☐ **1.** Attendance at County Stadium ______ at 50,000 on October 8, when the Osaka Panthers defended the Pacific Championship title.
☐

(A) enlarged
(B) attained
(C) peaked
(D) reached

☐ **2.** Through her ______ negotiations with Wallaby Airways, the CEO of Kangaroo Air has removed a major obstacle in bringing the two airlines together.
☐

(A) success
(B) successful
(C) successfully
(D) succeed

☐ **3.** Computer software is used to analyze the amount of time staff members spend ______ each stage of the project.
☐

(A) on
(B) from
(C) of
(D) as

☐ **4.** Most of the vehicles our customers use are not ______ but cars and trucks from a rental company.
☐

(A) they
(B) their
(C) them
(D) theirs

☐ **5.** Alpha Taxi plans to relocate since the current ______ does not have sufficient room to accommodate the growing number of vehicles it operates.
☐

(A) locate
(B) located
(C) locates
(D) location

□ **6.** _____ two years, the Kyoto Airport conducts a study of the
□ passengers to learn how to better attend to their needs.

(A) Every
(B) Within
(C) For
(D) Before

□ **7.** The Web site contains _____ reviews of classic movies as well as
□ the latest movies and documentaries.

(A) count
(B) countless
(C) counting
(D) counts

□ **8.** A survey estimated that 43 percent of households in Britain have
□ _____ a garage nor a driveway, forcing vehicle owners to park on the street.

(A) every
(B) neither
(C) all
(D) either

□ **9.** Companies are eager _____ what consumers search for on the
□ Internet, what terms they use, and what they ultimately buy.

(A) know
(B) knew
(C) to know
(D) knowing

□ **10.** EG Equipment provides customers with the highest quality
□ materials, competitive prices, and _____ service.

(A) depend
(B) depending
(C) dependable
(D) dependably

☐ **11.** Construction of the new city museum will begin shortly after the
☐ contractor ______ by the city council.

(A) has been authorized
(B) has authorized
(C) will authorize
(D) authorized

☐ **12.** Passengers should be aware that Orange Airlines has strict size
☐ and weight ______ for checked and carry-on luggage.

(A) limits
(B) limit
(C) limited
(D) limitedly

☐ **13.** Golden Babylonia can translate Arabic into English ______ than
☐ any other software on the market.

(A) accurately
(B) accurate
(C) more accurately
(D) more accurate

☐ **14.** ______ interested in attending the seminar should register early
☐ because there is a limited number of seats.

(A) Whoever
(B) Anyone
(C) Other
(D) Whom

☐ **15.** Since Jack Taylor had outstanding professional ______, the hiring
☐ manager immediately decided to interview him.

(A) experience
(B) experienced
(C) experiencing
(D) experiential

□ **16.** Research indicates that of all the customers _____ register a
□ complaint, 60 percent will return if their complaint is resolved satisfactorily.

(A) who
(B) whose
(C) they
(D) what

□ **17.** Green Airways recommends that passengers arrive at the airport
□ no later than two hours _____ the scheduled departure time.

(A) previously
(B) advanced
(C) prior to
(D) in addition to

□ **18.** Please direct any concerns or questions to veterinary staff so we
□ can help _____ a plan to keep your pets healthy.

(A) develop
(B) develops
(C) developed
(D) developing

□ **19.** At Coral Reef Hotel, special meals are available upon request for
□ _____ with dietary restrictions.

(A) them
(B) those
(C) which
(D) whose

□ **20.** Mr. Dubois turned the company around by utilizing customer
□ feedback in a highly _____ manner.

(A) effect
(B) effects
(C) effective
(D) effectively

☐ **21.** ______ shopping for a mobile phone, customers tend to be drawn
☐ to the coolest design and the latest technology.

(A) Until
(B) Because
(C) Then
(D) When

☐ **22.** Naturally, the ______ of the advertising budget includes research
☐ and travel related expenses.

(A) allocate
(B) allocated
(C) allocates
(D) allocation

☐ **23.** The store manager was concerned that his store did not have
☐ ______ products to meet customer demand.

(A) much
(B) enough
(C) every
(D) almost

☐ **24.** Under a sublet agreement, the original tenant is still responsible
☐ for complying with the ______ in the lease.

(A) provide
(B) provided
(C) provider
(D) provisions

☐ **25.** ______ delays in the testing process, the pharmaceutical
☐ company had to postpone the launch of its new line of vitamin supplements.

(A) In case
(B) Unless
(C) Eventually
(D) Because of

☐ **26.** Although Andrea Martin started her career as a fiction writer only
☐ three years ago, she has _____ published nearly 20 works.

(A) after
(B) until
(C) already
(D) yet

☐ **27.** The artist's most notable _____ was being chosen to design the
☐ stained glass windows in the Westhaven chapel.

(A) achieve
(B) achiever
(C) achieving
(D) achievement

☐ **28.** _____ a lucrative contract, Mr. Plushenko was praised for
☐ achieving the highest yearly profit in Soft World's history.

(A) Secure
(B) To secure
(C) Secured
(D) Having secured

☐ **29.** Tests have shown that the quality _____ locally produced cars is
☐ somewhat higher than that of imported vehicles.

(A) from
(B) of
(C) about
(D) without

☐ **30.** Mr. Fletcher, who was trained at Regent Music School in Boston,
☐ _____ and teaching for the past 20 years.

(A) having played
(B) has played
(C) will be playing
(D) has been playing

正确答案一览→ P.424

0870 **1.** 语法 难度标识 正确答案 (C)

符合句子意思的动词有多个，因此需要从**语法的角度**思考。选项中，可以**接介词 at 的不及物动词**且符合句意的是（C）peaked（达到最高值）。（A）“扩大”和（B）“达成”都是及物动词，需要直接接宾语。（D）也有“达到”的意思，但作及物动词时不需要 at，而作不及物动词时表示“伸手”，与句子意思不符。

翻译 在大阪黑豹队卫冕太平洋锦标赛冠军的 10 月 8 日，县体育场的观众人数达到了 5 万人的顶峰。

注释 □ defend：动 防守

0871 **2.** 词性 难度标识 正确答案 (B)

在〈**所有格 ______ 名词**〉的空格中应当填入可以修饰后面名词 negotiations 的**形容词**（B）successful（成功的）。（A）“成功”是名词。（C）“顺利地”是副词。（D）“成功”是动词。

翻译 通过与华莱比航空公司的成功交涉，袋鼠航空公司的首席执行官消除了两家航空公司合并中的主要障碍。

注释 □ obstacle：名 障碍

0872 **3.** 介词 难度标识 正确答案 (A)

空格前的动词 spend 与介词（A）on 组合，成为〈spend + **时间 / 金钱等** + on *X*〉（在 X 上花费时间 / 金钱等）。题目中是 the amount of time （which） staff members spend on *X*，表示“工作人员花在 X 上的时间”。

翻译 计算机软件用于分析工作人员在项目的每个阶段中所花费的时间。

0873 **4.** 代词 难度标识 正确答案 (D)

空格中需要填入否定句 **be 动词 are not 的补语**。选项中可以作为补语的是（A）（D）。其中与句子意思符合的是**用一个单词代替 their cars 的名词性物主代词**（D）theirs（他们的）。（A）不符合句子意思。（C）经常在口语中用作补语，但和句子意思不符。

翻译 我们的顾客使用的大多数车辆不是他们自己的，而是从租车公司租赁的汽车和卡车。

0874 **5.** 词性 难度标识 正确答案 (D)

空格中需要填入的是连词 since 后从句中谓语动词 does not have 的**主语**，因此正确答案是**名词**（D）location（地点）。（A）“找出（……的位置）”是动词。形容词（B）经常以 be located in [at] *X*（位于 X）的形式出现。（C）是动词的第三人称单数现在时。

翻译 阿尔法出租车公司计划搬迁，因为现在的位置已经没有足够的空间容纳他们日益增加的运营车辆了。

在 TOEIC L&R 中登场的公司基本上都很成功，因此第 2 题选项中 success 的衍生词 successful，successfully，succeed 等都经常出现。

0875 **6.** 其他 难度标识 难 正确答案 (A)

修饰句首的时间______two years 的谓语动词是**现在时的 conducts**。现在时可以表示在过去、现在、将来**不断重复的习惯**，因此空格中填入（A）Every 后，可以使“每两年实施……”这一意思通顺。(B)用于“在……之内”的是将来时，而(C)表示“在……内一直”，应当接现在完成时。

翻译 京都机场为了根据乘客的需求更好地提供服务，每两年会对乘客进行一次调查。

0876 **7.** 词性 难度标识 难 正确答案 (B)

空格前是及物动词 contains（包含），后面是作它的宾语的名词 reviews，因此空格中需要填入**修饰名词的形容词**（B）countless（无数的）。如果选 count（数）的现在分词（C），意为“正在数的评论”，则意思不通。（D）是动词的第三人称单数现在时或名词的复数形式。

翻译 这个网站不仅有最新的电影和纪录片，还有着无数的经典电影影评。

0877 **8.** 固定搭配 难度标识 难 正确答案 (B)

正确答案是（B）neither，和空格后的 nor 搭配使用，neither ***X*** nor ***Y*** 表示（既不是 X 也不是 Y）。

翻译 调查估计，英国 43% 的家庭既没有车库也没有车道，车主不得不把车停在街上。

0878 **9.** 词汇 难度标识 难 正确答案 (C)

空格前的形容词 eager 和**不定式**以 be eager to do 的形式表示“渴望做……”，因此正确答案是（C）to know。同样接不定式表示“感情”的形容词 pleased（乐意）、happy（高兴）、anxious（渴望）等也很重要。

翻译 企业非常渴望知道消费者在互联网上搜索什么、使用什么用语以及最终购买了什么。

0879 **10.** 词性 难度标识 难 正确答案 (C)

空格前有**并列连词** and，而 *X*, *Y*, and *Z* 中，X 和 Y 都是〈**形容词 + 名词**〉的形式。所以同样地，空格中也应该填入修饰名词 service 的形容词(C)dependable(可靠的)，完成这个**并列结构**。如果选动词 depend 的现在分词（B），意为“正在依赖的服务”，则意思不通。

翻译 EG 设备公司为顾客提供最优质的材料、最有竞争力的价格和最可靠的服务。

第 8 题中的 driveway 指的是从街道通向自家的私人车道。在住宅面积比较小的日本一般不常见到，但在富人很多的 TOEIC L&R 世界中，这个单词却经常出现。

0880 **11.** 动词 难度标识 正确答案 (A)

选项中的authorize（批准、授权）是及物动词，但**空格后没有作宾语的名词，而是〈by + 授权人〉**，因此可判断题目是宾语出现在主语位置上的被动语态，正确答案是（A）has been authorized。而（B）（C）（D）都是主动语态。

翻译 新的市博物馆将在建筑商获得市议会的批准后开始建设。

注释 □ authorize：动 批准，授权

0881 **12.** 词性 难度标识 正确答案 (A)

如果认为空格前的size and weight是动词has的宾语则意思不通。因此空格中应当填入名词组成**复合名词**。名词limit是可数名词，**不能直接不加冠词且使用单数形式**。所以正确答案是复数形式的（A）limits。size and weight limits意为“尺寸/重量限制”。

翻译 旅客需要注意，Orange航空公司对托运和随身行李都有严格的尺寸、重量限制。

0882 **13.** 比较 难度标识 正确答案 (C)

空格后有than，因此备选项是比较级的（C）（D）。空格前是完整的一句话，所以接在完整句**句尾、修饰动词translate的应当是副词**（C）more accurately（更准确地）。形容词（D）可以用于*X* is more accurate than *Y*这样的句型中。

翻译 Golden Babylonia能够比市场上其他任何软件都更准确地将阿拉伯语翻译成英语。

0883 **14.** 代词 难度标识 正确答案 (B)

空格中需要填入句子的**主语**。在可以作主语的（A）（B）中，能够接**过去分词interested及之后修饰语的是**代词（B）Anyone（任何人）。（A）可以用于Whoever（= Anyone who）is interested in...，但后面需要接谓语动词。（C）是形容词。（D）是宾格关系代词。

翻译 由于座位有限，有兴趣参加这次研讨会的人请尽快登记。

0884 **15.** 词性 难度标识 正确答案 (A)

空格中需要填入及物动词have的过去式**had的宾语**，因此正确答案是名词（A）experience（经验）。（B）是及物动词experience（经历）的过去式/过去分词。（C）是现在分词/动名词，动名词需要像experiencing *X*这样后面接宾语。（D）“根据经验的”是形容词。

翻译 由于杰克·泰勒有着出色的履历，招聘经理立刻决定面试他。

0885 **16.** 关系词 难度标识 难 正确答案 (A)

先行词是the customers〈人〉，空格后是register a complaint（提出投诉）这一**欠缺主语的从句**。正确连接这两个成分的是**主格关系代词**（A）who。（B）是所有格，后面需要接名词。（C）是不具备连接功能的代词。关系代词（D）不需要先行词。

翻译 调查显示，在所有投诉的顾客中，当投诉可以通过让顾客满意的方式解决时，60%的人会再次光顾。

注释 □register：动 提出（意见等） □satisfactorily 副 满意地

0886 **17.** 其他 难度标识 难 正确答案 (C)

连接空格前后的two hours（2小时）和the scheduled departure time（预定起飞时间）这两个名词并使句子意思通顺的是**介词**（C）prior to（在……之前），意为“在预定起飞时间的两个小时之前”。（D）“除了”也是介词，但意思不通。（A）“以前”是副词。（B）“先进的”是形容词。

翻译 格林航空公司建议乘客比预定起飞时间提前两小时到达机场。

0887 **18.** 词汇 难度标识 难 正确答案 (A)

空格前的**动词help**有help（to）do（帮助做……）的用法，后面的to是不定式或原形动词。本题应当选择动词原形（A）develop。help you（to）develop a plan（帮你制订计划），宾语出现在help和to中间这一点也很重要，需要牢记。

翻译 请将担心、疑问直接告诉兽医人员，以便我们帮助您制订一项保持宠物健康的计划。

注释 □veterinary：形 兽医的

0888 **19.** 代词 难度标识 难 正确答案 (B)

空格中需要填入**介词for的宾语。指代people的代词**（B）those和with之后的部分构成“有饮食限制的人”，句意通顺。（A）也可以作宾语，但放在题目中不确定指代对象，后面需要接修饰语。关系代词（C）（D）后面需要接从句，而不能接〈介词+名词〉。

翻译 Coral Reef酒店可以为有饮食限制的客人根据他们的要求提供特殊餐食。

注释 □dietary：形 饮食的 □restriction：名 限制

0889 **20.** 词性 难度标识 难 正确答案 (C)

在〈**冠词+副词______名词**〉的空格填入的应当是可以修饰名词manner（方式）的**形容词**（C）effective（有效的）。**in a... manner**（以……的方式）是重要的表达。（A）是名词“效果”或动词“使发生”。（B）是名词的复数形式或第三人称单数现在时。（D）是副词。

翻译 迪布瓦先生通过有效的方式利用顾客的反馈，让公司得以重振。

注释 □turn *X* around：使X好转 □utilize：动 利用

0890 **21.** 介词 / 连词 难度标识 难 正确答案 (D)

如果选择连接逗号前后短语和句子的介词（A）Until（直到），那么句子意思不通顺。因此，这是省略了空格后（they are）shopping 的〈主语 +be 动词〉的用法。所以需要选择与句意相符的连词（D）When。（B）Because 需要接完整的句子，不能用于省略句中。（C）是副词。

以 when 或 while 开头的状语从句的主语，如果和主句的主语相同，则会省略〈主语 + be 动词〉的部分。

they = customers

When they are shopping for a mobile phone, customers tend to be drawn ...

※ 可以省略 主句的[S]

翻译 购买手机时，顾客经常会被最酷的设计或最新的技术吸引。

0891 **22.** 词性 难度标识 难 正确答案 (D)

可以填入**冠词和介词之间**空格中的是**名词**（D）allocation（分配），作句子的主语。（A）“分配”是动词。（B）是动词的过去式 / 过去分词，而（C）是第三人称单数现在时。可以通过“赋予 location（地点）”这一词源记忆 allocation。

翻译 当然，广告预算的分配包括研究和出差相关的费用。

0892 **23.** 数量 难度标识 难 正确答案 (B)

本题重点是空格后的名词是**可数 / 不可数、单数 / 复数**。选项中可以修饰 products 这一**复数形式可数名词**的是（B）enough（足够的）。enough 也可以修饰不可数名词，例如 enough money。（A）可以修饰不可数名词，（C）用来修饰单数形式可数名词。（D）“差一点”是副词，不能修饰名词。

翻译 店长担心商店里没有足够的产品可以满足顾客的需求。

0893 **24.** 词性 难度标识 难 正确答案 (D)

冠词与介词之间的空格中需要填入的是**名词**，因此备选项是（C）（D）。而可以填入“遵守租赁协议的____”的空格中并且使意思通顺的是（D）provisions（规定）。（C）“提供者”不符合句子的意思。（A）“提供”是动词。（B）是动词的过去式 / 过去分词，或是表示“在～条件下”的连词。

翻译 根据分租协议，原租客仍有责任遵守租赁协议的规定。

注释 □ sublet：名 分租 □ comply：动 遵从 □ provision：名 条款，规定

0894 **25.** 介词 / 连词 难度标识 难 正确答案 (D)

空格后到逗号前是**名词短语**〈名词（delays）+ 修饰语〉，与之后句子连接的应当是**介词**。而介词只有（D）Because of（因为）。（A）“以防”、（B）“除非”都是后面需要接从句的连词。（C）“最后”是不具备连接功能的副词。

翻译 由于测试程序延误，这家制药公司不得不推迟新系列维生素保健品的发售。

注释 □ pharmaceutical：形 制药的

0895 **26.** 其他 难度标识 难 正确答案 (C)

即使去掉空格，Ⓢ has published *X* 这句话也是成立的，因此空格中需要填入的是修饰语。**修饰空格前后动词部分的是副词**（C）already（已经），并且符合句子意思。（A）不能单独用作副词。（B）是介词或连词。副词（D）一般用在否定句或疑问句中。

翻译 虽然安德莉亚·马丁三年前才开始她的小说作家生涯，但她已经出版了近 20 部作品。

0896 **27.** 词性 难度标识 难 正确答案 (D)

空格中需要填入谓语动词 was 的**主语**。可以作主语的是**名词**，因此备选答案是（B）（D）。其中与句子意思相符的正确答案是（D）achievement。notable achievement 意为“显著的成就”。而（B）表示“成功者”，在意思上不通。（A）“达成”是动词，（C）是它的现在分词 / 动名词。作动名词时，不能使用形容词 (notable) 修饰，且句子意思也不通。

翻译 这位艺术家最显著的成就是被选中负责设计威斯特海文教堂的彩色玻璃窗。

0897 **28.** 动词 难度标识 难 正确答案 (D)

在空格中填入不定式（B）后，句子意思不通，因此判断这道题应填入**分词结构**。由于后面有作宾语的名词，主语 <人> 是获得合同的一方，因此需要使用**主动语态**。进一步根据上下文来看，可发现合同的获得是在主句内容之前发生的事情，因此正确答案是（D）Having secured。过去分词（C）表示被动语态，不能接宾语，在意思上也不通。

翻译 获得了一份高利润合同的普卢申科先生，因为实现了 Soft World 史上最高的年利润而受到了表扬。

注释 □ lucrative：形 获利多的

0898 **29.** 介词 难度标识 难 正确答案 (B)

正确答案是表示**〈隶属、所有〉**、意为“……的”的介词（B）of。填入空格后，构成“当地生产的汽车质量”，意思通顺。名词 quality 除了 quality control（质量管理）这种复合名词的用法之外，在 quality products（高质量的产品）中作为形容词表示“高质量”的用法也很重要。

翻译 测试显示，当地生产的汽车的质量比进口汽车的质量稍微高一点。

注释 □ somewhat：副 有点，稍微

0899 **30.** 动词 难度标识 难 正确答案 (D)

需要填入空格的是这句话的**谓语动词**。由于句尾有 for the past 20 years（在过去 20 年里）这一提示完成时时态的部分，因此（B）（D）为备选项。其次，空格后的 and 具有**连接并列成分的性质**。因此正确答案是（D），has been playing and（has been）teaching 两个现在完成进行时并列，且 and 前后的成分相同。

翻译 曾经在波士顿 Regent 音乐学校接受训练的弗莱彻先生，过去 20 年里一直在演奏和教学。

语法模拟测试卷 8 正确答案一览

◉学习记录◉

回数	学习日期	所需时间	正确答案数
第 1 回	月 日	分 秒	/ 30
第 2 回	月 日	分 秒	/ 30

◉正确答案◉

No.	ANSWER				No.	ANSWER				No.	ANSWER			
	A	B	C	D		A	B	C	D		A	B	C	D
001	A	B	●C	D	011	●A	B	C	D	021	A	B	C	●D
002	A	●B	C	D	012	●A	B	C	D	022	A	B	C	●D
003	●A	B	C	D	013	A	B	●C	D	023	A	●B	C	D
004	A	B	C	●D	014	A	●B	C	D	024	A	B	C	●D
005	A	B	C	●D	015	●A	B	C	D	025	A	B	C	●D
006	●A	B	C	D	016	●A	B	C	D	026	A	B	●C	D
007	A	●B	C	D	017	A	B	●C	D	027	A	B	C	●D
008	A	●B	C	D	018	●A	B	C	D	028	A	B	C	●D
009	A	B	●C	D	019	A	●B	C	D	029	A	●B	C	D
010	A	B	●C	D	020	A	B	●C	D	030	A	B	C	●D

语法模拟测试卷

9

限时

10 分钟

题目数

30 题

题目编号

0900 ~ 0929

☐ 1. According to a recent survey, 30 percent of Japanese executives
☐ think their business will benefit _____ from Tokyo's hosting of the Olympic Games.

(A) substantialize
(B) substantial
(C) substantially
(D) substance

☐ 2. All baggage must be tagged by a customer service agent before
☐ being _____ onto the aircraft.

(A) reached
(B) proceeded
(C) arrived
(D) loaded

☐ 3. A new local regulation requires that equipment at city
☐ playgrounds be inspected _____ for safety concerns.

(A) period
(B) periodical
(C) periodically
(D) periodicals

☐ 4. Emma Simon can arrange a factory tour for your clients if you let
☐ _____ know at least a week in advance.

(A) she
(B) hers
(C) her
(D) herself

☐ 5. The Louisville Museum will be open _____ the public on Sunday,
☐ following nearly two years of renovation.

(A) with
(B) from
(C) to
(D) of

☐ **6.** With regard to home delivery, TRT Delivery Service treats all weekdays as _____ business days regardless of national holidays.

(A) normal
(B) normally
(C) normalize
(D) normality

☐ **7.** Store representatives who greet customers at the front of the store should be _____ polite and helpful at all times.

(A) both
(B) either
(C) neither
(D) but

☐ **8.** Maddox Butchers is a _____ source for quality meats and sauces in the Beaudesert Region.

(A) trusts
(B) trusted
(C) trusting
(D) trustily

☐ **9.** Employees should speak to their department _____ for information about the new shift schedule.

(A) manages
(B) managed
(C) managing
(D) manager

☐ **10.** *No Dice*, the production currently showing at Roux Theater of Oklahoma, consists of seven actors _____ acrobatic dances.

(A) performs
(B) have been performing
(C) performing
(D) to be performed

☐ **11.** Mr. Nowak complimented his assistant for _____ organizing the
☐ employee appreciation dinner.

(A) expert
(B) expertise
(C) expertness
(D) expertly

☐ **12.** The Seeger Hellenic Fund was established by David Bertrand
☐ 60 years ago _____ advance the understanding of the culture of ancient Greece.

(A) in order to
(B) even if
(C) because
(D) even though

☐ **13.** The new sedan was _____ supposed to be available from June,
☐ but is now scheduled for release in August.

(A) initial
(B) initially
(C) initials
(D) initialization

☐ **14.** Like most similar institutions, Hakata Museum of Arts _____
☐ photography on the premises.

(A) prohibit
(B) prohibiting
(C) prohibits
(D) is prohibited

☐ **15.** _____ two decades of experience in Thai cuisine, Ms. Tan has
☐ opened a new high-class restaurant in downtown New York.

(A) Toward
(B) Since
(C) Behind
(D) With

☐ **16.** Due to a rapid increase in customer demand, Camel Furniture must find ways to deliver their products _____ than before.

(A) fast
(B) faster
(C) too fast
(D) so fast

☐ **17.** _____ works of art by celebrated painters are on display at the *Great Masters of Dance* show at the Saint-Jean Palace.

(A) Authentic
(B) Authenticity
(C) Authenticate
(D) Authentically

☐ **18.** Teddy Bailey's first solo album, released three years ago, sold more than a million copies, and _____ did the two that followed it.

(A) so
(B) but
(C) both
(D) each

☐ **19.** Dream Toys _____ the value of its Web site until a survey revealed that it was responsible for much of its business.

(A) does not recognize
(B) were not recognized
(C) had not recognized
(D) will not recognize

☐ **20.** Teppei Takami was formerly the executive engineer for advanced technology vehicles at Max Motors and was _____ in developing the Max Elite Sedan.

(A) influence
(B) influencing
(C) influential
(D) influentially

☐ **21.** Oriental Textiles employs and trains more inexperienced young
☐ people than _____ company in Thailand.

(A) any other
(B) others
(C) all
(D) each other

☐ **22.** The president requested that all employees turn _____ their
☐ computers at the end of each business day to save on energy costs.

(A) onto
(B) out
(C) at
(D) off

☐ **23.** Mr. Smirnov is widely considered a _____ successor to the
☐ current CEO, Andrei Morozov.

(A) potential
(B) potentially
(C) potentiality
(D) potentialities

☐ **24.** La Bella Ferrara is crowded with dozens of office workers and
☐ executives during lunch hours, _____ it is situated in the heart of a bustling business district.

(A) after
(B) since
(C) when
(D) where

☐ **25.** The candidate must be able to communicate _____ and in a
☐ timely manner with all members of the health care team.

(A) efficient
(B) efficiency
(C) efficiently
(D) more efficient

☐ **26.** Kazuko Ishiguro's latest novel made quite a splash worldwide,
☐ but the _____ response came from Japan, where it became a best seller.

(A) greater
(B) greatly
(C) greatest
(D) greatness

☐ **27.** Some industry analysts predict that the worldwide mobile phone
☐ market will show signs of _____ toward the end of the year.

(A) utility
(B) improvement
(C) rise
(D) relocation

☐ **28.** Sales of portable printers have been _____ improving since the
☐ lighter, faster models were released last year.

(A) consistent
(B) consistency
(C) consistencies
(D) consistently

☐ **29.** The building owner does not intend to allow businesses _____
☐ lease will expire to get an extension because he plans to rebuild it.

(A) which
(B) whose
(C) what
(D) who

☐ **30.** People who _____ to the Sakura Fund had their names inscribed
☐ on a memorial plaque.

(A) supported
(B) donated
(C) dedicated
(D) purchased

正确答案一览→ P.438

0900 **1.** 词性 难度标识 难 正确答案 (C)

即使去掉空格，benefit from 也能和前后文连接，因此空格处应填修饰语。副词（C）substantially（大大地）可修饰空格前的不及物动词 benefit（得益于）。如果把 benefit 当作及物动词（对……有用），选（D）“物质”作为宾语，则不符合题意。

翻译 最近的调查显示，30% 的日本企业管理者认为公司可以从东京奥运会的举办中得到巨大的收益。

0901 **2.** 词汇 难度标识 难 正确答案 (D)

把空格部分的被动语态转换成主动语态来考虑，及物动词（D）loaded（把……填入）可填入[S] ____all baggage onto the aircraft. 的空格部分，并使句子通顺。如果回到被动语态去考虑，意为“在所有的行李都被装到飞机上（之前）”。（A）“到达”不符合题意。（B）“行进”和（C）“到达”都是不及物动词，不能用于被动。

翻译 所有的行李在被装到飞机上之前，都会由客户服务代理为其贴上行李牌。

注释 □tag：动 给……加上标签

0902 **3.** 词性 难度标识 难 正确答案 (C)

即使去掉空格，be inspected for 也能与前后衔接，因此空格处应填修饰语。由于空格在被动语态之后，只有**副词 periodically（定期地）可修饰动词部分 be inspected。**（A）“时期”为名词。（B）作形容词“定期的”或作名词“期刊”。（D）是名词的复数形式。

由于表示“需要”的动词（require）后接了 that 从句，其中的动词是原形 be，这点也要注意一下。

翻译 出于安全性的考虑，新的地方条例要求对城市游乐场设施进行定期检查。

注释 □periodically：副 定期地

0903 **4.** 代词 难度标识 难 正确答案 (C)

由于空格前是**及物动词 let，需接宾语**，因此**宾格**（C）her 为正确答案。let [O] do 这个搭配中的宾语后需加动词原形，这点也请大家记住。反身代词（D）在主语与宾语相同的情况下，作宾语使用。（A）为主格，作主语。（B）是名词性物主代词“她的东西”，也可用作宾语，但不符合题意。

翻译 如果你至少提前 1 周通知，艾玛 · 西门可以为你的客户安排参观工厂。

0904 **5.** 介词 难度标识 难 正确答案 (C)

表示 <**目的**> 的介词（C）to 可恰当地与空格前的 be open（开放）和空格后的 the public（公众）衔接，在本题中意为“面向”大众开放的美术馆。open to the public（面向公众开放）在 TOEIC L&R 考试中是高频短语。

翻译 路易斯维尔博物馆经过近两年的装修，将于本周日对公众开放。

0905 **6.** 词性 难度标识 难 正确答案 (A)

空格前是介词 as（作为），空格后是 as 的宾语，即名词 business days（营业日），因此只有**形容词**（A）normal（正常的）能填入空格，**用于修饰名词**。（B）“正常地”是副词。（C）“正常化”是动词（词缀 -ize 为动词）。（D）“常态”是名词（词缀 -ty 为名词）。

翻译 TRT 配送服务在配送到家这项业务上，无关法定节假日，每周一至周五都正常营业。

0906 **7.** 固定搭配 难度标识 难 正确答案 (A)

（A）both 能与空格后的 and 连接，构成固定搭配 both *X* and *Y*（X 和 Y 都是），为正确答案。（B）（C）（D）可构成的固定搭配也经常在试题中出现，分别为：either *X* or *Y*（X 或 Y）、neither *X* nor *Y*（不是 X 也不是 Y）、not only *X* but also *Y*（不只是 X，Y 也是）。

翻译 在店门口迎接顾客的店面代表应始终彬彬有礼，乐于助人。

0907 **8.** 词性 难度标识 难 正确答案 (B)

形容词位于冠词和名词之间。选项中，动词 trust（信任）的分词（B）或者（C）有形容词功能，能修饰空格后的名词 source（供给源）。供给源是“被信赖的”，因此**过去分词**（B）trusted 为正确答案。现在分词（C）意为供给源是信赖的主动方，不符合题意。

翻译 马多克斯肉店是博厄尔地区备受信赖的高品质肉类和酱汁的供给源。

注释 □ source：名 来源，产地

0908 **9.** 词性 难度标识 难 正确答案 (D)

谓语动词 speak 后是**介词 to**，因此空格处应填 **to 的宾语**。因为空格表示“说话的对象”，选（D）可构成复合名词 department manager（部门主管），为正确答案。如果把空格前的名词 department（部门）当作 to 的宾语来看而理解成“对部门讲话”，则不符合题意。

翻译 关于新的排班表信息，员工必须和部门主管商量。

0909 **10.** 动词 难度标识 难 正确答案 (C)

空格前是一个完整的句子，空格后是修饰 seven actor 的内容。只有现在分词（C）performing 可连接空格后的名词 acrobatic dances，构成“表演杂技舞蹈的→演员”这样的分词短语来修饰前面的名词。不定式（D）是被动语态，时态不符合题意。

两个名词并列，中间以逗号隔开进行补充说明的同位语也要多加注意。

No Dice, the production currently showing at Roux Theater of Oklahoma, ...
［名词］ ［名词（结构）］
※ 对前面的名词 *No Dice* 进行补充说明

翻译 俄克拉荷马州鲁克斯剧院现在正在上演的作品《无骰子》，是由 7 名杂技舞蹈演员编排而成的。

注释 □ consist of *X*：包含 X

0910 **11.** 词性 难度标识 难 正确答案 (D)

即便去掉空格，for organizing the employee... 也能与前后衔接，因此空格处应填修饰语。只有副词（D）expertly（熟练地）能修饰空格后的动名词 organizing（组织）。如果把名词（A）（B）（C）都当作 for 的宾语，则无法与空格后的语句组成通顺的句子。

翻译 诺瓦克先生夸奖了他的助手，因为其熟练地为员工们准备了答谢晚宴。

0911 **12.** 其他 难度标识 难 正确答案 (A)

空格前是完整的句子，空格后是动词原形 advance（推进），只有（A）能正确连接空格前后两部分。in order to do 意为“为了做……”。（B）“尽管”、（C）“因为”，（D）“即使”都是连接两个分句的连词，其后需接分句。

翻译 西格希腊基金会是在 60 年前由大卫·伯兰特设立的，目的在于促进人们对古希腊文化的了解。

注释 □ advance：动 推进

0912 **13.** 词性 难度标识 难 正确答案 (B)

即使去掉空格，was supposed to... 也能和前后衔接，所以空格处应填修饰语。只有副词（B）initially（开始）能插入被动语态的 be 动词与过去分词之间，修饰前后的动词部分。（A）可作形容词“最初的”，也可作名词“首字母”。（C）是名词的复数形式。（D）是名词“初始化”。

翻译 那款新型厢式轿车原本可以 6 月份买到，但厂商现在计划 8 月份才发售。

注释 □ initially：副 开始，起初

0913 **14.** 动词 难度标识 难 正确答案 (C)

空格处应填能与主语 Hakata Museum of Arts 对应的**谓语动词**。由于空格后**有宾语，即名词 photography（摄影）**，因此主动语态符合题意。在（A）（C）两者中，只有一般现在时第三人称单数的（C）prohibits 与**单数形式的主语**（Museum）一致，为正确答案。（D）的语态不符合题意。

翻译 博田美术馆和其他多数同类机构一样，场馆内禁止拍照。

0914 **15.** 介词 难度标识 难 正确答案 (D)

空格处应填**介词**，与逗号前后的内容衔接。（D）with 表示“**拥有**”two decades of experience（20 年的经验），为正确答案。（B）“自从”后应接〈过去的时间点〉。（A）“向着、朝着”和（C）“在……之后”都不符合题意。

翻译 有着 20 年泰国美食烹饪经验的谭女士在纽约市中心开了一家新的高级餐厅。

0915 **16.** 比较 难度标识 难 正确答案 (B)

由于空格后有 than，前面应为比较级，因此副词 fast（快速地）的比较级（B）faster 为正确答案。

翻译 由于顾客需求激增，Camel 家具店必须找到比以往更迅速的货物配送方式。

0916 **17.** 词性 难度标识 难 正确答案 (A)

空格后的 works（作品）是名词，也是本句的主语。空格处应填**形容词**，来**修饰名词**，因此（A）Authentic（真正的）为正确答案。不能只看空格部分就判断 works 是动词的一般现在时第三人称单数形式。要拓宽视野，从全句结构出发，先判断出 works S are V 这个结构。

翻译 著名画家的真迹正在圣约翰宫的“舞蹈大师”展览中展出。

注释 □ celebrated：形 著名的

0917 **18.** 其他 难度标识 难 正确答案 (A)

本句为倒装句，为 **so do**[does/did] S 结构，表示和前述内容相同，后接“**S 也是如此**”，句首应为（A）so。此时，主语 S 指 the two that followed it（接下来的两张专辑），did 表示“卖出了超过 100 万张”。

翻译 泰迪 · 贝利在三年前发售的首张专辑销售超过 100 万张，之后发售的两张专辑销量也超过了 100 万张。

0918 **19.** 动词 难度标识 难 正确答案 (C)

until 后的从句谓语动词是 revealed（揭露），为**过去式**，表示这家公司在这个时候还没有认识到网络的价值。因此，表示到过去的某个时间点为止一直在持续做 / 已做完某事的**过去完成时**，即（C）had not recognized 为正确答案。（B）是被动语态，不符合题意。（A）（D）时态不正确。

翻译 直到调查显示网站对公司业务起到重大作用之前，梦幻玩具公司一直没有意识到其价值所在。

注释 □ reveal：动 揭示，显示

0919 **20.** 词性 难度标识 难 正确答案 (C)

空格处应填be动词was的**补语**，因此**形容词**（C）influential（有很大影响的）为正确答案。名词（A）“影响”也可以用作补语，但与主语<人>不匹配，无法使句子通顺。动词influence（对……起作用）为及物动词，其现在分词（B）后需要加名词来作为宾语。

翻译 Teiopei Takami 曾经是 Max 汽车公司的先进技术车辆执行工程师，对 Max Elite Sedan 的开发起到了重要作用。

注释 □ influential：形 有很大影响的

在 TOEIC L&R 考试所设计的背景中，经常出现快递延迟送达或者配送失误的情况。另外，有些公司在邮寄时还会擅自给顾客选比常规快递更贵的速达服务，因此经常收到投诉。

0920 **21.** 数量　难度标识　难　正确答案 (A)

空格处应填**形容词，修饰其后名词 company**。选项中只有（A）（C）是形容词，其中（A）any other 可修饰**可数名词单数形式**。than any other *X* 意为“比任何一个X都……”。（C）all 可修饰可数名词复数形式和不可数名词。（B）（D）是代词。

翻译 比起泰国的其他公司，东方纺织公司雇用并培训了更多缺乏工作经验的年轻人。

注释 □ inexperienced：形 缺乏经验的

0921 **22.** 其他　难度标识　难　正确答案 (D)

（D）off 与空格前的动词 turn 组合成词组 **turn off**（切断电脑 / 电视 / 灯具等的电源），为正确答案。turn off 也有“关水龙头、关煤气”的意思。“打开电源”用的是 turn on。turn 用在开关、水龙头这类词上，还有“转动（以此来开或关）”的意思。

翻译 为了节省能源成本，总裁要求所有员工下班前切断电脑的电源。

0922 **23.** 词性　难度标识　难　正确答案 (A)

形容词在冠词与名词之间，可修饰名词，因此形容词（A）potential（潜在的、可能的）修饰空格后的名词 successor（继任者），为正确答案。potential 作为名词“可能性”的用法在考试中也频繁出现。（B）“潜在地”是副词。（C）“可能性”是名词，（D）是其复数形式。

翻译 许多人认为斯米尔诺夫先生是现任首席执行官安德烈·莫罗佐夫的潜在继任者。

注释 □ successor：名 继任者

0923 **24.** 介词 / 连词　难度标识　难　正确答案 (B)

空格应填连词，连接逗号前后的分句。只有表示原因的（B）since（**因为**）能连接“S 中人很多”和“位于商业街中心”两个部分，并使句子通顺。（C）“当……的时候”也是连词，但填入后意思不通顺。（A）（D）用作连词时，分别表示“在……之后”“在……地方”，都不符合题意。

翻译 拉贝拉·费拉拉餐厅由于位于繁华商业街中心，因此午餐时间会有许多公司职员和领导层来用餐，十分拥挤。

注释 □ bustling：形 繁忙的，熙熙攘攘的

0924 **25.** 词性　难度标识　难　正确答案 (C)

空格前的**动词 communicate（与……交流）需要用副词来修饰**，因此副词（C）efficiently（高效地）为正确答案。空格后的连词 and 也是一个线索，and 前后语法结构必须相同，从 and 后的副词结构 in a timely manner（及时地）来看，空格也应选副词。

翻译 候选人必须能够有效且及时地与医疗保健团队的所有成员沟通。

注释 □ in a timely manner：及时地

0925 **26.** 比较 难度标识 难 正确答案 (C)

形容词位于冠词和名词之间，并修饰名词 response。在形容词 great 的比较级（A）与最高级（C）之中，**最高级**（C）greatest 符合题意。比较级（A）在比较二者时，需要加 the，例如 the greater of the two（两个之中比较大的那个）。

翻译 石黑和子最新发表的小说在全球引起了轰动，其中反应最大的是日本，这本书在日本成了畅销书。

注释 □ make a splash：引起轰动

0926 **27.** 词汇 难度标识 难 正确答案 (B)

只有（B）improvement（改善）或（C）rise（上升）填在“手机市场显示出____的征兆”中，可使句子通顺。由于空格前**没有冠词**，所以**不可数名词**（B）为正确答案。（C）是可数名词，需要在前面加冠词 a。选（A）则意为“（燃气、电力等）公共事业”。（D）“转移”不符合题意。

翻译 一些行业分析家预测，全球手机市场将在今年年底显示出改善的迹象。

0927 **28.** 词性 难度标识 难 正确答案 (D)

即使去掉空格，S have been improving 也是一个完整的现在完成进行时句子，空格处应填修饰语。只有**副词**可加在进行时语句中的 be 动词与现在分词之间，**修饰前后的动词部分**，因此（D）consistently（一贯地、始终如一地）为正确答案。（A）“始终如一的”是形容词。（B）“一致性”是名词，（C）是其复数形式。

翻译 自从去年发售了更轻、更快的款式以来，便携式打印机的销量一直在稳定提高。

注释 □ consistently：副 一贯地，始终如一地

0928 **29.** 关系词 难度标识 难 正确答案 (B)

先把先行词 businesses 换成代词所有格 their 放到空格后，可知 their lease will expire 是一个正确的句子，因此**所有格关系代词**（B）whose 为正确答案。关系代词（A）（C）（D）后面可以接缺主语或宾语的从句，但此处都不缺，所以不能选。

翻译 由于业主打算对这座大楼进行改建，因此并不打算跟租约到期的企业续约。

0929 **30.** 词汇 难度标识 难 正确答案 (B)

介词 to 前面的动词应为**不及物动词**，因此（B）donated 为正确答案，可构成词组 donate to *X*（捐助给 X）。其他选项都是及物动词，后面直接接宾语，如 support *X*（支持 X）、dedicate *X* to *Y*（把 X 献给 Y）、purchase *X*（购买 X）等。

翻译 为樱花基金会捐款的人，名字会被刻在纪念碑上。

注释 □ inscribe：动 题字，刻 □ plaque：名 匾牌

语法模拟测试卷 9　正确答案一览

◉学习记录◉

回数	学习日期	所需时间	正确答案数
第 1 回	月　　日	分　　秒	/ 30
第 2 回	月　　日	分　　秒	/ 30

◉正确答案◉

No.	ANSWER				No.	ANSWER				No.	ANSWER			
	A	B	C	D		A	B	C	D		A	B	C	D
001			●		011				●	021	●			
002				●	012	●				022				●
003			●		013		●			023	●			
004			●		014			●		024		●		
005			●		015				●	025			●	
006	●				016		●			026			●	
007	●				017	●				027		●		
008		●			018	●				028				●
009				●	019			●		029		●		
010			●		020			●		030		●		

语法模拟测试卷

10

限时

10 分钟

题目数

30 题

题目编号

0930 ~ 0959

□ **1.** Before purchasing a used guitar, buyers should _____ inspect
□ the front, back, and sides of the guitar's body for damage.

(A) thorough
(B) more thorough
(C) thoroughly
(D) thoroughness

□ **2.** _____ a large international company, Horizon Ltd. started as a
□ small business in South Melbourne.

(A) Now
(B) Become
(C) After
(D) Prior

□ **3.** Townsend Corporation continuously looks _____ new ways to
□ save money while protecting the environment.

(A) like
(B) around
(C) for
(D) inside

□ **4.** Independent tests by several respected magazines confirmed the
□ outstanding _____ of Colombo Motors' newest sedan.

(A) rely
(B) reliable
(C) reliably
(D) reliability

□ **5.** Sunrise Financial Advisers relies mostly on word-of-mouth
□ publicity which means it saves a lot of money on _____ its
services.

(A) advertise
(B) advertised
(C) advertising
(D) advertisements

☐ **6.** Student loan applications will be _____ promptly in chronological order according to the date on the receipt.
☐

(A) processed
(B) process
(C) processes
(D) processing

☐ **7.** _____ the motivational speaker addressed new staff members, a technician recorded her presentation.
☐

(A) While
(B) Rather than
(C) Yet
(D) As if

☐ **8.** After a three-month delay, Olivia Evans is _____ ready to launch a sequel to her popular debut novel.
☐

(A) final
(B) finally
(C) finalizing
(D) finals

☐ **9.** Please forward any _____ additions to the agenda by noon on Monday before the meeting.
☐

(A) suggest
(B) suggests
(C) suggested
(D) suggestions

☐ **10.** Items in the canned food section should be stacked with _____ to avoid any damage from accidental bumps and scrapes.
☐

(A) care
(B) careful
(C) carefully
(D) cared

□ **11.** Mr. Park will be posted to the customer service department _____ he has been trained for three weeks under Ms. Williams.
□
(A) after
(B) while
(C) then
(D) that

□ **12** Barriers have been placed at certain points around the building to restrict people _____ entering areas under construction.
□
(A) of
(B) out
(C) from
(D) than

□ **13.** Factory supervisors are responsible for _____ that all employees are updated on safety regulations.
□
(A) ensure
(B) ensuring
(C) ensures
(D) ensured

□ **14.** The cap on the gas tank should be _____ tightened before starting the engine.
□
(A) firm
(B) firmer
(C) firmness
(D) firmly

□ **15.** While Sophia Gonzalez's promotion to the director position took place a month ago, her previous position is _____ to be filled.
□
(A) even
(B) recent
(C) like
(D) yet

☐ **16.** The administrative assistant was required by her supervisor to
☐ restock the shelves with office _____.

(A) supply
(B) supplied
(C) supplier
(D) supplies

☐ **17.** Joe Oliver, the British celebrity chef, has made it his mission in
☐ recent years, to break people's _____ on fast food.

(A) dependent
(B) depends
(C) dependence
(D) dependently

☐ **18.** Participants will receive copies of all materials used _____ the
☐ workshop sessions and will be encouraged to use them at their workplaces.

(A) during
(B) while
(C) when
(D) once

☐ **19.** Senior sales representatives can obtain _____ access to
☐ their team's sales figures using one of the computers in the administration office.

(A) secure
(B) securely
(C) secures
(D) securing

☐ **20.** The company director _____ that she would be out of town when
☐ the decision was made about the location of the new offices.

(A) assured
(B) pointed
(C) offered
(D) indicated

☐ **21.** The Mansfield Domestic Airport built just six years ago has _____ been expanded to accommodate international flights.
☐
(A) soon
(B) yet
(C) since
(D) after

☐ **22.** Unless George's Appliances _____ a more aggressive business plan immediately, it will lose market share to new rivals.
☐
(A) adopts
(B) coincides
(C) proceeds
(D) agrees

☐ **23.** Applications for business trips must have a manager's signed _____ before they are submitted to administration.
☐
(A) approve
(B) approved
(C) approves
(D) approval

☐ **24.** Quick Communication's newest mobile phone is far smaller _____ the palm of a typical user.
☐
(A) at
(B) with
(C) than
(D) when

☐ **25.** If the copy machine is out of paper, add _____ from the storage cupboard located beside the door to the kitchen.
☐
(A) other
(B) more
(C) few
(D) one

☐ **26.** Considering her exceptional work at the regional office, we believe Ms. Gupta is _____ a qualified candidate for general manager.

(A) sure
(B) surely
(C) surest
(D) sureness

☐ **27.** The parking area near the front entrance of the main office _____ for outside visitors.

(A) to be allocated
(B) has been allocated
(C) allocates
(D) was allocating

☐ **28.** Angela Ocampo attended last Tuesday's seminar on business ___ and learned how to reduce costs and increase profits.

(A) finance
(B) financial
(C) financially
(D) financed

☐ **29.** Most industry experts expect prices _____ relatively constant for the next five years.

(A) remain
(B) to remain
(C) remaining
(D) remains

☐ **30.** Any reasonable expenses incurred in holding business meetings will be reimbursed _____ the company.

(A) by
(B) after
(C) on
(D) with

正确答案一览→ P.452

0930 **1.** 词性 难度标识 难 正确答案 (C)

即使去掉空格，句子也成立，所以填入空格的应是修饰语。修饰空格前后动词部分 should inspect 的是副词（C）thoroughly（彻底地）。**在助动词和原形动词之间**填入**副词**，是词性问题中的正确答案之一。（A）"彻底的"是形容词，（B）是其比较级。（D）"彻底性"是名词。

翻译 在购买二手吉他之前，买家应该彻底查看吉他正面、背面和侧面是否有损坏。

0931 **2.** 其他 难度标识 难 正确答案 (A)

因为空格后到逗号是名词短语，所以可以试着把唯一的介词（C）After 填入空格。但是这样句意不通。因此，可**判断句首的分词 Being 是被省略**的分词结构。在从句 Although it is now a large international company 中，考虑到连词、主语 it、is 的分词 being 被省略，**留下 Now** 的形式，应选择副词（A）。

翻译 虽然现在是一家大型国际公司，但 Horizon 有限公司是以南墨尔本的一家小公司起家的。

0932 **3.** 介词 难度标识 难 正确答案 (C)

选择连接空格前不及物动词 look 和宾语 new ways 的介词。**look for** 表示"寻找"，(C) 是正确答案。其他的选项与 look 结合，分别是（A）"看起来像"，（B）"环视"，（D）"看……里面"，但是会使句意不通，不恰当。

翻译 Townsend 公司在保护环境的同时，还在继续寻找节约开支的新方法。

注释 □ continuously：副 继续地

0933 **4.** 词性 难度标识 难 正确答案 (D)

填入 <**冠词** + **形容词** ________ **介词**> 的空格处的应是**名词**，所以选择词尾为 -ty 的（D）reliability（可靠性）。（A）"依赖"是动词。（B）"可靠的"是形容词。（C）"确实地"是副词。在 TOEIC L&R 的世界里，"信赖""成功"这些词很受欢迎，所以它们的派生词也频繁出现。

翻译 几家知名杂志根据独立测试证实了 Colombo 汽车最新款轿车极佳的可靠性。

0934 **5.** 词汇 难度标识 难 正确答案 (C)

动名词（C）advertising 与空格后名词 its services 结合，构成作为介词 on 宾语的**名词短语**"广告服务"。（A）"广告"是动词，（B）是其过去式 / 过去分词。（D）"广告"是名词的复数形式，如果没有 its services 则为正确答案。

翻译 Sunrise 财务咨询公司主要依靠口头宣传，这意味着它在广告服务方面节省了大量的费用。

注释 □ rely on *X*：依靠 X

0935 **6.** 动词 难度标识 难 正确答案 (A)

主语 Student loan applications（助学贷款的申请材料）和谓语动词 process（处理）之间存在“申请材料被处理”的**被动关系**。因此，与空格前面的 be 动词结合构成被动语态的过去分词（A）是正确答案。将（B）（C）作为名词和补语来考虑的话，句意不通。

翻译 学生贷款申请将根据收据上的日期按时间顺序迅速处理。

注释 □ chronological: 形 按时间顺序的

0936 **7.** 介词 / 连词 难度标识 难 正确答案 (A)

由于逗号前后分别是包含 SV 的分句，所以选择连接分句的连词。能将前半部分“演讲者进行了演讲”和后半部分“技术人员录制了她的演讲”从逻辑上连接起来的（A）“当……时”是正确答案。（D）“好像”也是连词，但句意不通。（C）表示“但是”，作连词时，用于S V yet S V. 的形式，不放在句首。（B）“不如说”，不能连接分句。

翻译 当这位鼓舞人心的演讲者向新员工讲话时，一名技术人员录下了她的讲话。

注释 □ motivational: 形 动机的，激发性的 □ address: 动 向……发表演说

0937 **8.** 词性 难度标识 难 正确答案 (B)

因为有作空格前 be 动词 is 补语的形容词 ready，所以填入空格的应是修饰语。**修饰**空格后**形容词的是副词**（B）finally（终于）。（A）是形容词“最后的”或名词“决赛、期末考试”。（C）是动词 finalize（最终决定）的现在分词 / 动名词。（D）是名词的复数形式。

翻译 在推迟了三个月之后，奥利维亚 · 埃文斯终于准备推出其热门处女作的续集。

注释 □ sequel: 名 续集

0938 **9.** 词性 难度标识 难 正确答案 (C)

空格前及物动词 forward（转送）的宾语名词 additions（追加事项）在空格后，所以填入空格的应是**修饰名词的形容词**。选项中，作为形容词发挥作用的是动词 suggest（提出）的过去分词（C）suggested（提出）。（A）（B）是动词。（D）是名词。

翻译 请在会议开始前的星期一中午之前将议程上的任何补充内容提交给我们。

注释 □ agenda：名 议题，会议事项

0939 **10.** 词性 难度标识 难 正确答案 (A)

应填入空格处的是空格前介词 with 的宾语，所以名词（A）“注意”是正确答案。with care 的意思是“小心地”（= carefully）。（B）“谨慎的”为形容词，（C）“慎重地”为副词。care 中也有作为动词的用法（担心），（D）是过去式 / 过去分词。

翻译 罐头卖场的商品应仔细堆放，以避免意外碰撞或摩擦造成损坏。

注释 □ stack：动 堆积 □ bump：名 撞击 □ scrape：名 擦痕

0940 **11.** 介词 / 连词 难度标识 难 正确答案 (A)

空格前后都是分句，空格处需要**连词**。注意时态和句意，空格前是“将来的分配”，空格后是“之前的培训”，所以（A）after（在……之后）是正确答案。（B）“与……同时”也是连词，但句意不通。（C）“然后”是副词。（D）作连词时，引导名词性从句。

翻译 帕克先生在威廉姆斯女士的指导下接受了三周的培训后，将被分配到客户服务部。

注释 □ post：动 配置，分配

0941 **12.** 介词 难度标识 难 正确答案 (C)

与空格前动词 restrict 组合，构成 restrict *X* from doing（限制 X 做……）的表达（C）是正确答案。from 从 <**起点**> 的基本含义中派生出，具有“远离某一行为→禁止、妨碍”的意思。作为用法相同的动词，prevent（妨碍）也很重要。

翻译 为了限制人们进入正在施工的区域，这座建筑物周围的几个地点设置了围栏。

注释 □ restrict：动 限制

0942 **13.** 动词 难度标识 难 正确答案 (B)

空格前面的介词 for 后面必须有作宾语的**名词或动名词**。因此，接 that 从句的动名词（B）（保证）是正确答案。**be responsible for doing**（对做……负责任）和 ensure that S V（S 保证 V）都是重要表达。

翻译 工厂主管负责确保所有员工都掌握安全规则的最新信息。

0943 **14.** 词性 难度标识 难 正确答案 (D)

即使除去空格，S should be tightened... 的被动语态句子也成立，所以填入空格处的应是修饰语。可**修饰**前后**动词部分的是副词**（D）firmly（坚固地）。（A）是形容词“坚硬的”/ 名词“公司”/ 动词“加固”。（B）是形容词的比较级。（C）“硬度”是名词。

翻译 汽油油箱盖应在发动引擎前盖紧。

注释 □ tighten：动（使）变紧

0944 **15.** 其他 难度标识 难 正确答案 (D)

对于“一个月前晋升为主管”的 While 从句，正确答案是“还没有决定她的继任者”根据语境应选副词（D）yet（还没有）。**be yet to do** 的意思是“仍然没有……”。（A）“甚至”，（B）“最近的”，（C）“像……那样的”，句意不通。

翻译 虽然索菲亚 · 冈萨雷斯一个月前晋升为主管，但她之前的职位尚未确定继任者。

0945 **16.** 词性 难度标识 难 正确答案 (D)

与空格前的名词 office 组合，构成 **office supplies**（办公用品）这一 TOEIC L&R 频繁出现的**复合名词**的（D）supplies 是正确答案。因为表示“必要的物品、用品”时是可数名词，所以单数形式的（A）需要冠词（“办公用品”这一含义通常是复数形式）。（C）“供货商”，句意不通。

翻译 行政助理被主管要求补充书架上的办公用品。

注释 □ restock：动 补充

0946 **17.** 词性 难度标识 难 正确答案 (C)

因为空格前有 people's（人们的）所有格，所以填入空格的应是名词（C）dependence（依赖）。（A）“依赖的”是形容词，**be dependent on X**（依赖 X）是重要表达。（D）“依赖地”是副词。（B）是动词 depend（依赖）的第三人称单数现在时。

翻译 英国名厨乔·奥利弗近年来一直以杜绝人们对快餐的依赖为己任。

0947 **18.** 介词 / 连词 难度标识 难 正确答案 (A)

从空格前的过去分词 used 到空格后的名词 the workshop sessions 都是名词 materials 的修饰语。如果在空格处填入介词（A）during（在……之间），则与“研讨会期间被使用的→资料”前后衔接，句意顺畅。其他选项全部作为连词或副词发挥作用，不接名词。

翻译 与会者将收到研讨会期间使用的所有材料的复印件，并被鼓励在工作场所使用这些材料。

0948 **19.** 词性 难度标识 难 正确答案 (A)

因为空格前有及物动词 obtain，所以空格后的 access 不是动词而是名词（宾语）。空格处需要**修饰该名词的形容词**，所以正确答案是（A）secure（安全的）。如果把（D）作为动词 secure（确保）的现在分词填入空格处的话，则表示“确保访问权”，句意不通。

翻译 高级销售代表可以通过管理办公室的计算机获得对团队销售数据的安全访问权限。

0949 **20.** 词汇 难度标识 难 正确答案 (D)

接 that 从句的（D）indicated（暗示）是正确答案。（A）除了 assure *X* that（保证对 X……）的用法外，近年来直接接 that 从句的用法也得到了认可，但句意不通。（B）以 point out that（指出……）的形式出现，需要 out。（C）不接 that 从句。

翻译 公司负责人表示，在决定新办公室的位置时，她出差去了。

0950 **21.** 其他 难度标识 难 正确答案 (C)

在完成时态中使用，表示“**从那以后**”的副词是（C）since。（A）“马上”，通常不在完成时态中使用。（B）“还没有”，主要用于疑问句和否定句的完成时态。（D）不能单独作为副词使用。

since 给人的印象是连词自“从……以来，因为……”、介词自从“……以来”，作为副词的用法也有出题的例子，请记住它。

翻译 六年前刚刚建成的曼斯菲尔德国内机场此后将被扩建，以容纳国际航班。

0951 **22.** 词汇 难度标识 难 正确答案 (A)

选项中，**紧随**空格后**宾语 a business plan 的及物动词**只有（A）adopts（采用）。其他选项为不及物动词，如 coincide with *X*（与 X 同时发生），proceed with *X*（推进 X），agree with *X*（同意 X），与宾语之间需要介词。

翻译 除非乔治电器公司立即采取更积极的商业计划，否则它将失去市场份额，输给新的对手。

0952 **23.** 词性 难度标识 难 正确答案 (D)

谓语动词为 have，a manager' s signed ____ 为其宾语。因为空格处需要**作宾语的名词**，所以（D）approval（批准）是正确答案。去掉过去式 / 过去分词（B）的 ed，就是动词原形（A），（C）是带有“三单现 s”的动词，因此本题可以用排除法来解答。

翻译 出差申请在向行政处提交前需要经理签字批准。

0953 **24.** 比较 难度标识 难 正确答案 (C)

因为空格前有形容词的比较级 smaller，所以和比较级组合使用的（C）than 是正确答案。比较了 newest mobile phone（最新手机）和 the palm（手掌）的大小。(A)（B）是介词。（D）是连词。

题目中增强比较级的 far（远远地）的用法也很重要。另外，much 和 even 同样可以强调比较级。

翻译 Quick Communication 公司的最新手机比普通用户的手掌还要小得多。

注释 □ palm：名 手掌

0954 **25.** 其他 难度标识 难 正确答案 (B)

可作为空格前及物动词 add 的**宾语**发挥作用且使句意通顺的**代词**是（B）more。（A）单独作为形容词修饰名词。（C）（D）均作为代词发挥作用，但都是代替可数名词使用的，作为替代不可数名词 paper 的代词不合适。

翻译 如果复印机没有纸了，就从厨房门旁边的储存柜里拿纸补充。

0955 **26.** 词性 难度标识 难 正确答案 (B)

即使没有空格，因为和Ⓢ is a qualified candidate 前后相连，所以填入空格的应是修饰语。用在 be 动词 is 和补语 a qualified candidate 之间，**修饰 is 的副词**(B)surely(确实)是正确答案。(A)是形容词，(C)是其最高级。(D)是名词。

翻译 鉴于吉普塔女士在地区办事处的出色工作，我们相信她是总经理职位的合适人选。

0956 **27.** 动词 难度标识 难 正确答案 (B)

主语是 The parking area，空格处必须有相应的谓语动词。备选项为(B)(C)(D)。空格后**没有作为**及物动词 allocate(分配)**宾语的名词**，停车场是“被分配”的一方，所以被动语态比较合适。因此正确答案是(B)。(C)(D)语态不合适。

翻译 总部前门入口附近的停车场被分配给了外来访客。

0957 **28.** 词性 难度标识 难 正确答案 (A)

空格前的句子是完整的，把副词(C)“财政上”填入空格，句意不通。因此，如果填入名词(A)finance(财务)，构成 business finance(企业财务)这一复合名词，句意就通顺了。(B)是形容词。(D)是动词 finance(贷款给)的过去式/过去分词。

翻译 安吉拉·奥坎波参加了上周二的企业财务研讨会，学习了如何减少开支和提高利润。

0958 **29.** 动词 难度标识 难 正确答案 (B)

动词 expect 采用 expect Ⓞ to *do*(期待 O 做……)的形式，所以**不定式**(B)to remain 是正确答案。宾语(O)作主语的 be expected to do(被期望做……)的形式也频繁出现。像 expect 这样表示“将来意愿”的动词常接不定式。

翻译 许多业内专家预期，物价在下一个五年将继续保持相对稳定。

注释 □ **relatively**：副 相对地 □ **constant**：形 不变的

0959 **30.** 介词 难度标识 难 正确答案 (A)

整体来看，Any expenses will be reimbursed ____ the company 这一被动语态句子是基本形式。空格后的 the company 是“报销(reimburse)经费(expenses)”**这一行为的主动方**。因此，表示被动语态动作 **<行为人>** 的介词(A)by 是正确答案。

翻译 召开商务会议产生的任何正当经费都将由公司报销。

注释 □ **reasonable**：形 妥当的，合理的 □ **incur**：动 招致(支出、负债等)

□ **reimburse**：动 偿还，报销

语法模拟测试卷 10　正确答案一览

◉学习记录◉

回数	学习日期	所需时间	正确答案
第 1 回	月　　日	分　　秒	/ 30
第 2 回	月　　日	分　　秒	/ 30

◉正确答案◉

No.	ANSWER	No.	ANSWER	No.	ANSWER
001	C	011	A	021	C
002	A	012	C	022	A
003	C	013	B	023	D
004	D	014	D	024	C
005	C	015	D	025	B
006	A	016	D	026	B
007	A	017	C	027	B
008	B	018	A	028	A
009	C	019	A	029	B
010	A	020	D	030	A

语法模拟测试卷

11

限时

10 分钟

题目数

30 题

题目编号

0960 ~ 0989

☐ **1.** Using public _____ in countries that you visit is the most cost-efficient way to travel.
☐

(A) transportable
(B) transporting
(C) transportation
(D) transported

☐ **2.** Over the weekend, either Ms. Parker _____ Mr. Scott will be in the office to answer customer calls.
☐

(A) or
(B) unless
(C) then
(D) and

☐ **3.** A spokesperson for City Metro Radio said it planned to run a Sunday schedule on national holidays, _____ its regular weekday service.
☐

(A) provided that
(B) in the event of
(C) instead of
(D) as much as

☐ **4.** The detailed terms and conditions of your employment are set forth in the _____ employment agreement.
☐

(A) enclose
(B) enclosed
(C) enclosing
(D) encloses

☐ **5.** The CEO said a suburban location would be more convenient and less expensive _____ the current corporate headquarters in downtown New York.
☐

(A) than
(B) and
(C) but
(D) while

☐ 6. Meridian Town was already participating in Bigmart's same-day _____ program, which began in select markets last fall.
☐
(A) deliver
(B) delivered
(C) delivers
(D) delivery

☐ 7. The Drover's Bookshop carries a large _____ of books signed by their authors, in addition to rare first editions and hard-to-find books.
☐
(A) stock
(B) stocks
(C) stocked
(D) stocking

☐ 8. Tourist information and brochures can be found _____ the front desk in the lobby.
☐
(A) at
(B) after
(C) into
(D) between

☐ 9. FutureNet _____ announced on Monday that it had acquired Next Networks, a Web video production company based in San Francisco.
☐
(A) formal
(B) formality
(C) formally
(D) formalize

☐ 10. Melware Corporation reserves the right _____ service to users who do not abide by the terms of the contract.
☐
(A) cancel
(B) canceling
(C) canceled
(D) to cancel

☐ **11.** The Laurent Museum in Paris is home to the world's largest _____ of impressionist paintings.
☐
(A) collect
(B) collected
(C) collects
(D) collection

☐ **12.** The company will _____ be organizing a nationwide campaign for its new line of mobile phones in April.
☐
(A) want
(B) most likely
(C) the one
(D) to

☐ **13.** In order for an employee to register for a seminar, all application forms must be filled in _____ and signed.
☐
(A) complete
(B) completes
(C) completing
(D) completely

☐ **14.** Mr. Cooper's proposal for street rejuvenation was met _____ enthusiasm by local residents who had put up with potholes for decades.
☐
(A) with
(B) in
(C) at
(D) through

☐ **15.** For preventive maintenance of your car, visit one of our _____ dealers at least once every six months.
☐
(A) authority
(B) authorize
(C) authorized
(D) authorization

☐ **16.** Before signing an agreement, _____ lease terms, especially in
☐ regard to the fees required.

(A) examines
(B) examine
(C) examined
(D) examining

☐ **17.** The Wellington Bus Service operates between City Airport and
☐ Central Train Station _____ two hours during the day, seven days a week.

(A) many
(B) every
(C) few
(D) both

☐ **18.** Summerville town officials are currently developing a plan to
☐ reduce the _____ number of cars using Route 15.

(A) increase
(B) increases
(C) increasing
(D) increasingly

☐ **19.** To enter the building you must swipe your employee card through
☐ the reader firmly, but not so firmly _____ damage the machine.

(A) so that
(B) as to
(C) if only
(D) in case

☐ **20.** Fresh Mart _____ the help of its suppliers to cut down on
☐ packaging and its impact on the environment.

(A) was enlisted
(B) enlisting
(C) is enlisting
(D) has been enlisted

☐ **21.** Tenants are usually required to inform their landlords at least 30
☐ days in _____ if they wish to move out.

(A) advance
(B) advanced
(C) advancement
(D) advancing

☐ **22.** Wave Instruments is now under _____ to produce watches that
☐ can display apps and notify wearers of incoming messages from social media.

(A) pressure
(B) burden
(C) weight
(D) rule

☐ **23.** Despite _____ requests from wholesalers and retailers, Orange
☐ Appliance has yet to develop a new refrigerator.

(A) numerous
(B) numerously
(C) numbering
(D) numbered

☐ **24.** Dr. Mitchell has shown compassion for _____ patients over the
☐ past thirty years.

(A) she
(B) her
(C) hers
(D) herself

☐ **25.** Hoffman Corporation's annual meeting _____ shareholders will
☐ be held on Wednesday, December 22 at 1:00 P.M.

(A) into
(B) for
(C) from
(D) throughout

☐ **26.** When sending staff members overseas, it is essential that
☐ companies take _____ measures to ensure their employees' health.

(A) prevent
(B) prevents
(C) preventive
(D) prevented

☐ **27.** The CEO will review the third-quarter sales reports _____ they
☐ are submitted to the auditing firm.

(A) upon
(B) before
(C) around
(D) from

☐ **28.** The manufacturer _____ set its prices below cost in an effort to
☐ drive out a competitor.

(A) deliberate
(B) deliberated
(C) deliberately
(D) deliberation

☐ **29.** Popular jazz singer Olivia Price will be holding two concerts in
☐ Tokyo in April, _____ an announcement on her Web site.

(A) if only
(B) provided that
(C) according to
(D) even though

☐ **30.** The company _____ that the national advertising campaign had
☐ not generated the expected results.

(A) was concluded
(B) have concluded
(C) concluding
(D) concluded

正确答案一览→ P.466

0960 **1.** 词性 难度标识 难 正确答案 (C)

空格处需要与形容词public一起**作**动名词Using**宾语的名词**，因此（C）transportation是正确答案。public transportation （公共交通）是TOEIC L&R里的高频词。（A）“可运输的”是形容词。（B）是动词transport（运送）的现在分词/动名词，（D）是其过去式/过去分词。

翻译 在游览国家使用公共交通工具是最经济实惠的旅行方式。

0961 **2.** 固定搭配 难度标识 难 正确答案 (A)

可与句中either搭配使用的是（A）or。either *X* or *Y*（X或Y）虽然出题频率有减少的倾向，但经常在Part 5中出现，是TOEIC L&R中的固定搭配。要和both *X* and *Y*（X和Y都有），neither *X* nor *Y*（X和Y都没有）一起掌握。

翻译 周末，帕克女士或斯科特先生会在办公室接听客户的电话。

0962 **3.** 介词 / 连词 难度标识 难 正确答案 (C)

空格处需要将空格前句子与空格后**名词相连接的介词**，因此备选项为（B）（C）。使句意通顺的是（C）instead of（代替，而不是）。（B）“在……的情况下”，句意不通。（A）“在……的条件下”是接从句的连词。（D）主要用于数词之前，强调数量之多。

翻译 City Metro电台发言人表示，将在公共假期播出周日的日程安排，而不是在正常工作日播出。

0963 **4.** 动词 难度标识 难 正确答案 (B)

空格前是冠词the，后面是（复合）名词employment agreement，所以填入空格的应是**形容词**。选项中，作为形容词发挥作用的是分词（B）或（C）。合同是“被附在一起”，所以过去分词（B）enclosed是正确答案。现在分词（C）表示“合同附在一起”，意思不通。

翻译 您的详细雇用合同条款注明在随附的雇用合同中。

注释 ☐ **terms and conditions:**（合同的）条款 ☐ **set forth:** 陈述，阐明

0964 **5.** 比较 难度标识 难 正确答案 (A)

与空格前的more convenient and less expensive组合，构成总公司两个位置的**比较的**（A）than是正确答案。在本考试中，也会出现反选空格处与than搭配的比较级题目。不要只盯着空格，要仔细地看完句子。

翻译 这位首席执行官表示，与目前位于纽约市中心的总部相比，选址在郊区将更加便利和便宜。

注释 ☐ **suburban :** 形 郊外的

0965 **6.** 词性 难度标识 难 正确答案 (D)

作为修饰空格后名词 program 的形容词，如果把过去分词（B）填入空格处，就会变成“当日被送达的计划”，意思不通。因此，如果填入名词（D），构成**复合名词** same-day delivery program（当日送达计划），则句意通顺。（A）是动词。（C）是第三人称单数现在时。

翻译 Meridian 镇已经参加了 Bigmart 公司的当日送达计划，该计划于去年秋天在选定的市场开始实施。

0966 **7.** 词性 难度标识 难 正确答案 (A)

在 <**冠词** + **形容词** _____ **介词**> 的空格处填入**名词**，是解决词性问题的常用模式之一。因为带有不定冠词 a，所以单数形式（A）stock 是正确答案，在此处作为谓语动词 carries 的宾语发挥作用。（C）是动词 stock（库存）的过去式 / 过去分词。（D）是现在分词 / 动名词。

翻译 Drover 书店除了稀有的初版书和难以买到的书外，还有大量的作者签名书库存。

0967 **8.** 介词 难度标识 难 正确答案 (A)

如果在空格处填入表示 <**地点**> 的介词（A）at，就可以正确地表达 at the front desk（在前台）和主语 Tourist information and brochures 的位置关系。（D）以 between *X* and *Y*（在 X 和 Y 之间）的形式来表示位置关系。

翻译 游客信息和宣传册可以在大堂的前台找到。

0968 **9.** 词性 难度标识 难 正确答案 (C)

填入 FutureNet Ⓢ _____ announced Ⓥ 的空白处应是**修饰**其后**动词 announced 的副词**（C）formally（正式地）。（A）“正式的”是形容词。（B）“形式性”是名词，如果把它当作主语的话，则句意不通顺。（D）“将……形式化”是动词。

翻译 FutureNet 公司周一正式宣布收购了 Next Networks 公司，后者是一家位于旧金山的网络视频制作公司。

0969 **10.** 动词 难度标识 难 正确答案 (D)

空格前的 right 是表示“权利”的名词，是动词 reserves 的宾语。空格前 SVO 完整，所以空格处及之后是修饰语。如果把**不定式**（D）to cancel 填入空格处，则与其后的名词 service 一起**修饰**空格前的**名词 the right**，构成“取消服务的→权利”，句意通顺。**the right to do**（有权利做……）是重要的表达。

翻译 Melware 公司保留取消不遵守合同条款用户的服务的权利。

注释 □ **reserve**：动 保留（权利等） □ **abide by *X***：遵守 X（规则等）

0970 **11.** 词性　难度标识　难　正确答案 (D)

空格前是形容词 large 的最高级 largest，再之前是所有格 world's，所以空格处需要填入**名词**（作前面介词 to 的宾语）。选项中，名词只有（D）collection（藏品、收藏品）。（A）是动词"收集"，（B）是它的过去式 / 过去分词，（C）是第三人称单数现在时。

翻译 巴黎劳伦特美术馆收藏了世界上最多的印象派绘画藏品。

注释 □ impressionist：形 印象派的

0971 **12.** 其他　难度标识　难　正确答案 (B)

即使没有空格，句子前后也是衔接的，所以填入空格处的应是修饰语。在助动词和动词原形之间**修饰动词的是副词**，所以正确答案为（B）most likely（很可能）。（A）为 will want to be...，（C）为 will be the one...，（D）为 will be to do...。

翻译 该公司很可能会在 4 月份举行一次全国范围内的新手机宣传活动。

0972 **13.** 词性　难度标识　难　正确答案 (D)

S must be filled in，空格前的被动语态句是完整的，所以填入空格处的应是修饰语。**修饰**前面**动词部分 must be filled in 的是副词**（D）completely（完全地）。（A）是动词"完成"，或形容词"完整的"。（B）是动词的第三人称单数现在时。（C）是现在分词 / 动名词。

翻译 为了让员工登记参加研讨会，所有的申请表必须填写完整并签名。

0973 **14.** 介词　难度标识　难　正确答案 (A)

meet with *X* 表示"得到 X 的结果、反应"，介词（A）with 是正确答案。be met with enthusiasm 表示"得到热烈的欢迎"。X 部分还可用 approval（承认），opposition（反对），success（成功）等单词。

翻译 库珀先生的街道修复建议得到了当地居民的热烈欢迎，他们已经忍受了几十年的道路坑洼。

注释 □ rejuvenation：名 复原，再生　□ put up with *X*：忍受 X

□ pothole：名 道路的坑洞

0974 **15.** 词性　难度标识　难　正确答案 (C)

填入 < **所有格** ____ **名词** > 空格处的应是**修饰**其后**名词 dealers 的形容词**。选项中，作为形容词发挥作用的是**动词 authorize（认可）的过去分词**（C）authorized（认可的，公认的）。（A）"专家、权限"是名词。（B）是动词。（D）"认可"是名词。

翻译 为了对您的汽车进行预防性维护，请至少每六个月到我们的授权经销商那里去一次。

0975 **16.** 动词 难度标识 难 正确答案 (B)

两个逗号之间的 _____ lease terms 部分是这个句子的核心。考虑到这是一个省略了主语 you 的命令句，把动词 examine（调查）的原形（B）填入空格处，句子成立。（A）第三人称单数现在时和（C）过去时都需要主语。（D）现在分词 / 动名词不作谓语动词。

翻译 在签订合同之前，请仔细检查租赁条款，特别是关于必要费用的部分。

注释 □ in regard to *X*：关于 X（= with regard to *X*）

0976 **17.** 数量 难度标识 难 正确答案 (B)

这是一道选择空格后**名词 two hours** 正确修饰语的题。every two hours 表示“每 2 小时”，（B）是正确答案。every 通常修饰可数名词的单数形式，但 **<every+ 数量 + 复数名词>** 表示“每一”。（A）（C）不能修饰 2 小时这一特定时间，（D）填入后句意不通。

翻译 惠灵顿巴士服务每周 7 天，白天每 2 小时在城市机场和中央车站之间运行一次。

0977 **18.** 词性 难度标识 难 正确答案 (C)

在 < 冠词 _____ 名词 > 的空格处应填入修饰名词 number 的**形容词**。选项中，作为形容词发挥作用的是**动词 increase（增加）的现在分词**（C）increasing（越来越多的）。（A）是动词或名词，（B）是第三人称单数现在时或名词复数形式，（D）“越来越多地”是副词。

翻译 萨默维尔镇的官员目前正在制订一项计划，以减少 15 号公路日益增长的汽车数量。

0978 **19.** 固定搭配 难度标识 难 正确答案 (B)

选项中，**能够接动词原形 damage 的**只有（B）as to。<so+ 形容词 / 副词 +as to do> 形式，“如此 ~ 以至于”，是表示程度的不定式惯用表达。（A）“因此”，（C)“只要”，（D）“万一”都是接从句的连词。

翻译 要进入大楼，你必须在读卡器上用力地刷你的员工卡，但不要太用力，以免损坏机器。

注释 □ swipe：动 在解码器上刷（卡） □ firmly：副 坚定地，用力地

0979 **20.** 动词 难度标识 难 正确答案 (C)

空格处需要与主语 Fresh Mart 对应的**谓语动词**。（A）（C）（D）是备选项。由于空格后有名词 the help，因此选将其**作为宾语的主动语态**比较恰当。因此，（C）is enlisting（要求）是正确答案。（A）（D）都是被动语态，语态不一致。（B）是现在分词 / 动名词。

翻译 Fresh Mart 要求供应商合作精简包装，以减少对环境的影响。

0980 **21.** 词性 难度标识 难 正确答案 (A)

空格处需要**作前面介词 in 宾语的名词**。在名词（A）（C）中，如果把（A）advance 填入空格处，in advance（提前，事先）这一 TOEIC L&R 中频繁出现的表达就完整了，句意通顺。（C）“晋升、进步”，句意不通。（B）“前进的，高级的”和（D）“前进着的”是形容词。

翻译 房客如果想搬走，通常被要求至少提前 30 天通知房主。

注释 □ landlord：名 房东，地主

0981 **22.** 词汇 难度标识 难 正确答案 (A)

虽然有多个符合句意的名词，但由于**空格前没有冠词**，所以**不可数名词**（A）是正确答案。under pressure 是“重压之下”的意思。（B）（D）是可数名词，如 under the burden of *X*（承担 X 的负担），under the rule of *X*（按照 X 的规则），需要冠词。

翻译 Wave Instruments 公司迫切需要生产一款手表，该手表可以显示应用程序，并向佩戴者告知从社交媒体收到的信息。

0982 **23.** 词性 难度标识 难 正确答案 (A)

空格后是介词 Despite 的宾语名词 requests。因此，填入空格处的应是**修饰名词的形容词**（A）numerous（大量的）。（B）为副词。（C）是动词 number（给……编号）的现在分词 / 动名词，（D）是其过去式 / 过去分词。把分词填到空格处，句意就不通了。

翻译 尽管批发商和零售商提出了许多要求，但 Orange Appliance 公司还没有开发出新的冰箱。

注释 □ wholesaler：名 批发商

0983 **24.** 代词 难度标识 难 正确答案 (B)

因为是代词格的问题，所以要确认以空格前后为中心的句子结构。因为空格后是介词 for 的宾语名词 patients，所以填入空格处的应是**所有格**（B）her（她的）。（A）是作主语的主格。（C）是名词性物主代词。（D）是反身代词，当主语和宾语相同时，用作宾语或表示强调。

翻译 米切尔医生 30 年来一直表现出了对患者的同情。

注释 □ compassion：名 怜悯，同情

0984 **25.** 介词 难度标识 难 正确答案 (B)

如果在空格处填入（B）for（为了），“为了股东的年会”这一表达就完整了。for 的基本含义是表示 <**方向**>，而会议是面向股东召开的。

翻译 霍夫曼公司年度股东大会将于 12 月 22 日周三下午 1 点召开。

在 TOEIC L&R 的世界里，虽然偶尔会召开以股东为对象的会议，但绝对不会因为业绩不佳、丑闻等原因而使会议陷入大混乱。

0985 **26.** 词性 难度标识 难 正确答案 (C)

空格前有及物动词 take，空格后有其宾语名词 measures（对策），所以填入空格处的应是**修饰名词的形容词**（C）preventive（预防的）。（A）“防止”是动词，（B）是其第三人称单数现在时。把（D）看作过去分词，填入空格处，就变成了“被预防的手段”，句意不通。

翻译 当派遣员工出国时，公司必须采取预防措施来确保员工的健康。

注释 □ measure：名 措施，手段

0986 **27.** 介词 / 连词 难度标识 难 正确答案 (B)

因为空格前后都是分句，所以填入空格处的是连接两个分句的**连词**。选项中，只有（B）before用作连词。如，before the submission to *X*（提交给X前）的介词用法也很重要。（A）（C）（D）都是介词，后面接名词而不接句子。

翻译 首席执行官将在第三季度销售报告提交给审计公司之前对其进行审查。

注释 □ auditing firm：审计公司

0987 **28.** 词性 难度标识 难 正确答案 (C)

The manufacturer Ⓢ ____ set Ⓥ 中间的空格处应是修饰动词 (V) 的副词，所以正确答案是（C）deliberately（故意地）。（A）“故意的，慎重的”是形容词，或作动词表示“慎重考虑”。（B）是该动词的过去式 / 过去分词，（D）“深思熟虑”是名词。

翻译 制造商故意把价格定在原价以下，以赶走竞争对手。

注释 □ in an effort to do：努力（做）…… □ drive out *X*：逐出 X

0988 **29.** 介词 / 连词 难度标识 难 正确答案 (C)

连接空格前句子和空格后名词 an announcement 的是**介词**。选项中，只有（C）according to（根据，依据）是介词。（A）“只要”，（B）“在……的条件下”，（D）“虽然”都是连词，后面不接名词，而接 <主语 + 动词> 形式的从句。

翻译 人气爵士乐歌手奥利维亚 · 普莱斯在网上发布消息称，她将于 4 月在东京举行两场演唱会。

0989 **30.** 动词 难度标识 难 正确答案 (D)

主语是 The company，空格处需要谓语动词。备选项是（A）、（B）和（D）。**单数形式**的主语和主谓一致的是（A）（D）。紧随空格后的是**作宾语的 that 从句**，所以主动语态（D）concluded 是正确答案。被动语态（A）不接 that 从句。（B）应为 has concluded。

翻译 该公司得出结论，全国性的广告活动没有产生预期的效果。

语法模拟测试卷 11　正确答案一览

◉学习记录◉

回数	学习日期	所需时间	正确答案数
第 1 回	月　　日	分　　秒	/ 30
第 2 回	月　　日	分　　秒	/ 30

◉正确答案◉

No.	ANSWER	No.	ANSWER	No.	ANSWER
001	C	011	D	021	A
002	A	012	B	022	A
003	C	013	D	023	A
004	B	014	A	024	B
005	A	015	C	025	B
006	D	016	B	026	C
007	A	017	B	027	B
008	A	018	C	028	C
009	C	019	B	029	C
010	D	020	C	030	D

语法模拟测试卷

12

题目数
30 题

题目编号

0990 ~ 1019

☐ **1.** The meeting this afternoon will be held in the conference room
☐ on the fourth floor at 3 P.M. _____.

(A) precise
(B) most precise
(C) more precisely
(D) precisely

☐ **2.** Applicants for the position are expected to be _____ in English,
☐ although no certificate is required.

(A) proficient
(B) proficiently
(C) proficiency
(D) more proficiently

☐ **3.** We ask that you _____ your mobile phone during the
☐ performance as a matter of courtesy to other audience members.

(A) silences
(B) silenced
(C) silence
(D) silencing

☐ **4.** The language school boasts that over 80 percent of its students
☐ make significant _____ in both listening and speaking after three months of tuition.

(A) progressive
(B) progress
(C) progressively
(D) progressed

☐ **5.** Marketing department staff members are invited to tour the plant
☐ to see _____ the quality control procedures are implemented.

(A) during
(B) how
(C) about
(D) whom

☐ **6.** Brad Jessen presented an _____ to the City Council for heating
☐ and air conditioning at the new convention center.

(A) estimate
(B) estimated
(C) estimating
(D) estimates

☐ **7.** Through a translator, Ms. Ivanov spoke with _____ by phone
☐ from Moscow about her role in the new film.

(A) we
(B) our
(C) us
(D) ourselves

☐ **8.** Baliwood Hotel _____ conducts guest surveys to gather
☐ information that will help it find what areas of its services need improvement.

(A) regularize
(B) regularizing
(C) regularity
(D) regularly

☐ **9.** During the conference, a _____ meal will be served from 3:00 P.M.
☐ to 3:30 P.M. in the Tower Café located on the fifth floor.

(A) lightness
(B) lightly
(C) light
(D) lightest

☐ **10.** The company has expanded suddenly, _____ a move to larger
☐ premises with a dedicated parking lot.

(A) necessitate
(B) necessitating
(C) necessitated
(D) necessitates

□ **11.** Gilbert Public Schools' technology department already has plans
□ to replace the _____ computers this summer.

(A) outdate
(B) outdated
(C) outdates
(D) outdating

□ **12.** While traditional manufacturing is still ideal for high-volume
□ production of metallic parts, 3D printing offers the option to _____ produce low-volume mock-ups.

(A) speed
(B) speeded
(C) speedy
(D) speedily

□ **13.** Aya Hernandez was one of the top five finalists of the piano
□ competition, _____ whom audience members will choose a winner.

(A) around
(B) during
(C) from
(D) above

□ **14.** _____ she has a previous engagement with her client, Louise
□ Simon will not be in attendance at today's meeting.

(A) Nevertheless
(B) Rather
(C) Because
(D) Whether

□ **15.** Next year, Bernier Corporation's major objective is to establish
□ even _____ ties between its domestic and international divisions.

(A) strong
(B) stronger
(C) strongly
(D) strongest

16. Successful candidates should possess a university degree in marketing or another _____ field.

(A) rely
(B) relying
(C) relevant
(D) relevancy

17. Ms. Kim is considering relocating to Evergreen Town because _____ would be more convenient to her base of clients.

(A) it
(B) she
(C) which
(D) some

18. Every room of the hotel has an _____ view of Lake Tahoma and Millwood Mountain.

(A) expand
(B) expansive
(C) expansively
(D) expansion

19. Experts are predicting that the market for mobile phones _____ by over 5 percent over the next five years.

(A) are growing
(B) will grow
(C) have grown
(D) had grown

20. The main lobby of the Grace Hotel is _____ decorated with ceramic tiles, crystal chandeliers, and a lighted water fountain.

(A) beauty
(B) beautiful
(C) beautifully
(D) beautified

☐ **21.** Many of the suppliers have ______ to submit invoices for services
☐ received in December.

(A) yet
(B) already
(C) after
(D) until

☐ **22.** The Voyage Savor jams are made ______ locally grown, organic
☐ ingredients from the Drome region.

(A) from
(B) below
(C) to
(D) into

☐ **23.** The factory foreman conducts ______ inspections of the facility to
☐ ensure that all the machinery is working efficiently.

(A) frequent
(B) frequently
(C) frequency
(D) frequencies

☐ **24.** After returning to Florence in 1985, Mr. Moretti produced a
☐ number of paintings, ______ of which are housed in Moretti Memorial Museum.

(A) other
(B) several
(C) that
(D) anything

☐ **25.** ______ the annual company banquet, Mr. Garcia and his team
☐ volunteered to work in the cloakroom.

(A) When
(B) While
(C) Instead
(D) During

☐ **26.** Our certified technicians provide a full range of services _____ vehicles such as oil changes, scheduled maintenance, and brake upgrades.
☐

(A) by
(B) for
(C) from
(D) in

☐ **27.** The Real Estate Show will offer an excellent opportunity for home owners to acquaint _____ with the latest trends in home furnishings.
☐

(A) they
(B) their
(C) them
(D) themselves

☐ **28.** The renowned architect Stuart Silk _____ to design nine custom homes near Shanghai with no restrictions on style or budget.
☐

(A) was commissioning
(B) be commissioning
(C) will have commissioned
(D) has been commissioned

☐ **29.** Mr. Lyle was asked to contact the human resources department to arrange a follow-up _____ for the accounting position.
☐

(A) interviewed
(B) interview
(C) interviewing
(D) interviews

☐ **30.** The museum announced today that Alan Cooper has been _____ director and chief executive officer.
☐

(A) returned
(B) appointed
(C) regarded
(D) promoted

正确答案一览→ P.480

0990 **1.** 词性 难度标识 难 正确答案 (D)

空格前是完整的一句话，因此空格中应当填入修饰语。修饰空格前的状语 at 3 P.M. 且表示“正好 3 点”的**副词**是（D）precisely。也可以写作 at precisely 3 P.M. 比较级（C）与句子意思不符。（A）“精确的”是形容词，（B）是它的最高级。

翻译 今天的会议将于下午 3 点将准时在四楼会议室召开。

0991 **2.** 词性 难度标识 难 正确答案 (A)

正确答案是**作前面 be 动词补语的形容词**（A）proficient（熟练的）。be proficient in [at] *X* 表示“精通 X”。名词（C）“熟练”也可以作补语，但无法对应主语 Applicants（申请人），与句子意思不符。（B）是副词，（D）是它的比较级。

翻译 这个职位的申请人，虽然不需要证书，但要求精通英语。

注释 □ proficient：形 熟练的，精通的

0992 **3.** 动词 难度标识 难 正确答案 (C)

空格所在从句的主语是 you，空格中需要填入**谓语动词**。题目的内容是一般注意事项，因此选择**现在时**（C）silence（使安静）。第三人称单数现在时（A）与主语不匹配。过去式（B）与时态不符。（D）是现在分词 / 动名词，不能作谓语动词。

翻译 出于对其他观众的礼貌，请您在观看演出时将手机调成静音。

注释 □ courtesy：名 礼貌 □ silence：动 使安静

0993 **4.** 词性 难度标识 难 正确答案 (B)

空格中需要填入作前面及物动词 make **宾语的名词**，因此正确答案是（B）progress（进步）。make progress 意为“取得进步”。（A）是形容词“进步的”或名词“进步人士”，但作名词时不符合句子意思。（C）“持续稳定地”是副词。（D）是动词 progress（进步）的过去式 / 过去分词。

翻译 这所语言学校非常自豪地声称，上课三个月后，超过 80% 的学生听力和口语都有了显著的进步。

注释 □ boast：动 自夸 □ tuition：名 教学

0994 **5.** 其他 难度标识 难 正确答案 (B)

接**成分完整的句子**、引导**作及物动词 see 宾语的名词性从句**的是疑问词（B）how。句意为“了解质量管理程序是如何执行的”，这部分为间接疑问句。（A）（C）是介词，需要接名词，不能接句子。关系代词（D）的先行词是“人”，缺少相应的宾语。

翻译 市场部员工被邀请参观工厂，以了解质量管理程序是如何执行的。

0995 **6.** 词性 难度标识 难 正确答案 (A)

冠词和介词之间的空格处应当填入**名词**，因此正确答案是（A）estimate（报价）。作动词时表示“估价”，也经常出现。（B）“大致的、推测的”是形容词。（C）作动名词时，用于 estimating the number（估算数量），需要接宾语，也不使用冠词 an。

翻译 布拉德·杰森向市议会提交了关于新会议中心空调系统的报价。

0996 **7.** 代词 难度标识 难 正确答案 (C)

正确答案是作空格前**介词 with 宾语的**宾格（C）us。（A）“我们”是作主语的主格。（B）“我们的”是在名词前面表示所有者的所有格。（D）“我们自己”是反身代词，当主语和宾语相同时用作宾语，但题目中的主语是 Ms. Ivanov，宾语是我们，因此不符合句意。

翻译 关于伊万诺夫女士在新电影中的角色，她从莫斯科通过翻译与我们通了电话。

0997 **8.** 词性 难度标识 难 正确答案 (D)

即使没有空格，Baliwood Hotel conducts... 这句话也是成立的，因此空格中填入的是修饰语。修饰后面的**谓语动词 conducts（进行）的应当是副词**，因此正确答案是（D）regularly（定期地）。（A）是动词。（B）是现在分词 / 动名词。（C）是名词。

翻译 巴利伍德酒店为了收集用于了解需要对哪些方面的服务进行改善的信息，会定期对客人进行调查。

0998 **9.** 词性 难度标识 难 正确答案 (C)

冠词 a 与名词 meal 之间填入的应当是可以**修饰名词的形容词**（C）light（轻的）。a light meal（便餐）是 refreshments（小食）的另一种说法。（A）“轻”是名词。（B）“轻轻地”是副词。（D）“最轻的”是形容词的最高级，冠词需要用 the，不能用 a。

翻译 会议期间，五层的塔楼咖啡厅会从下午 3:00 到 3:30 提供便餐。

0999 **10.** 动词 难度标识 难 正确答案 (B)

空格前已经有 has expanded 这一谓语动词，因此空格中应当填入分词（B）或（C）。**空格后也有作宾语的名词 a move**，应当使用主动语态。所以正确答案是及物动词 necessitate（使……成为必要）的**现在分词**（B）。过去分词（C）表示被动，不能接名词。

翻译 这家公司突然扩大了规模，不得不搬到有专用停车场的大场地。

注释 □ premises：名 场地 □ dedicated：形 专用的，专门的

1000 **11.** 词性　　难度标识 难　　正确答案 (B)

〈冠词 ______ 名词〉的空格中需要填入修饰后面名词 computers 的**形容词**，所以正确答案是（B）outdated（过时的）。而动词 outdate（使过时）的现在分词（D）表示"让电脑过时"不符合逻辑。（C）是动词的第三人称单数现在时。

翻译 吉尔伯特公立学校的技术部门已计划在今年夏天更换过时的旧电脑。

1001 **12.** 词性　　难度标识 难　　正确答案 (D)

即使去掉空格 the option to produce... 也可以和前后内容衔接，因此空格中填入的是修饰语。**修饰后面动词 produce 的是副词**，所以正确答案是（D）speedily（迅速地）。这种在 to 和动词原形之间插入副词的形式叫作**〈分离不定式〉**，在考试中也作为考题出现过。

翻译 虽然传统制造方式仍然是金属零件大批量生产的理想选择，但是 3D 打印也成了快速制造少量模型的选择之一。

注释 □ mock-up：名 实体模型

1002 **13.** 介词　　难度标识 难　　正确答案 (C)

空格后的 whom 是宾格关系代词，先行词是 the top five finalists。先将先行词放回宾语从句的宾语位置，分成两部分来看。填入 audience members will choose a winner ______ the top five finalists 的空格中并使句子意思通顺的介词是（C）from。

翻译 阿雅·埃尔南德斯是进入钢琴比赛决赛的前五名选手之一，观众将从中选出一名优胜者。

1003 **14.** 介词 / 连词　　难度标识 难　　正确答案 (C)

空格中需要填入**连接逗号前后两个句子的连词**。在连词（C）（D）中，能够正确连接"和客户有约"以及"不出席今天的会议"这一"原因—结果"关系的是（C）Because（因为）。（D）"是……还是……"。如果以 Whether...or not, Ⓢ Ⓥ. 的形式出现，那么就有可能正确。（A）（B）都是副词。

翻译 因为路易斯·西蒙和客户有约在先，所以她没办法出席今天的会议。

注释 □ engagement：名（与工作有关的）约定

1004 **15.** 比较　　难度标识 难　　正确答案 (B)

空格前 even 有"比……更"的**强调比较级的用法**，因此正确答案是（B）stronger。表示"（一直以来都很强），但将确立更强的关系"。形容词原级（A）表示"甚至很强的关系"，在意思上不通。（C）是副词。（D）是形容词最高级，但 even 不能用于强调最高级。

翻译 明年伯尼尔公司的主要目标是在其国内部门和国际部门之间建立更强的联系。

注释 □ objective：名 目标

1005 **16.** 词性 难度标识 难 正确答案 (C)

即使去掉空格，another field（其他领域）和上下文也是衔接的，因此空格中应当填入的是修饰语。**修饰后面名词field的是形容词**，所以正确答案是（C）relevant（相关的）。（A）“依赖”是动词。现在分词（B）表示“可靠的领域”，意思不通。（D）“相关性”是名词。

翻译 被录用的求职者需要有市场营销或其他相关领域的大学学位。

1006 **17.** 代词 难度标识 难 正确答案 (A)

空格中需要填入because从句谓语动词would be的**主语**。从句子意思来看，“……对客户来说更方便”的空格部分指的是relocating to Evergreen Town。因此可以将这句话换一种表达方式的（A）it是正确答案。（B）（D）都不符合句子意思。（C）不能作主语。

翻译 金女士为了使自己的客户更方便，正在考虑搬到常青镇。

注释 □ **base**：名（支持的）来源，基础

1007 **18.** 词性 难度标识 难 正确答案 (B)

冠词和名词之间的空格中需要填入修饰后面名词view（景色）的**形容词**，所以正确答案是（B）expansive（广阔的）。（A）“扩大”是动词。（C）“辽阔地”是副词。名词（D）“扩张、扩大”，经常出现在expansion into Japan（向日本扩张）这种用法中。

翻译 这家酒店的每间客房都能看到塔荷马湖和米尔伍德山的广阔景色。

1008 **19.** 动词 难度标识 难 正确答案 (B)

句尾有over the next five years（未来五年）这一表示**〈将来的时间〉**的词组，因此（A）（B）有可能正确。而填入空格的谓语动词应当对应主语the market这一**单数名词**，（A）与主语不一致。正确答案是（B）will grow。

翻译 专家预测移动电话市场未来5年将增长超过5%。

1009 **20.** 词性 难度标识 难 正确答案 (C)

即使去掉空格，S is decorated with *X*这一被动句型也是成立的，因此空格中需要填入的是修饰语。在被动语态中**修饰前后动词部分的是副词**（C）beautifully（漂亮地）。（A）是名词。（B）是形容词。（D）是beautify（美化）的过去式/过去分词。

翻译 格蕾丝酒店的大堂被瓷砖、水晶吊灯和一个点亮的喷泉装饰得很漂亮。

1010 **21.** 其他 难度标识 难 正确答案 (A)

空格中填入副词（A）yet 后，可将 **have [has] yet to do**（尚未做……）这一表达方式补充完整。yet 经常用于否定句或疑问句中，但题目中的句型也是在考题中出现过的重要用法。（D）的（have until+ 期限 + to do）（做……的 [期限] 前还有……时间）的用法也需要掌握。

翻译 很多供应商还没有提交 12 月的服务费用发票。

1011 **22.** 介词 难度标识 难 正确答案 (A)

空格后的 locally grown, organic ingredients（当地产的有机食材）是果酱的“原材料”，因此正确答案是表示**〈原料〉**的介词（A）from（从……）。（D）可用于 make *X* into *Y*（将 X 变为 Y）句型，但“将果酱变成原材料”不符合逻辑。

翻译 “航海风味”果酱是由 Drome 当地生产的有机食材制作而成的。

1012 **23.** 词性 难度标识 难 正确答案 (A)

空格后有作及物动词 conducts（进行）**宾语的名词 inspections（检查）**。因此空格中需要填入的是**修饰这个名词的形容词**（A）frequent（频繁的）。（B）“频繁地”是副词，如果空格在 conducts 前则可以使用。（C）“频率”是名词，（D）是它的复数形式。

翻译 工厂领班为了确保所有设备的有效运行，会对设备进行频繁的检查。

注释 □ foreman：名 领班

1013 **24.** 代词 难度标识 难 正确答案 (B)

空格前是句子，空格后是作为 a number of paintings 补充信息的定语从句。空格中需要填入对应谓语动词 are housed 的**表示复数的主语**，因此正确答案是代词（B）several，意为“画作中的一些”，意思通顺。而（A）是形容词。（C）（D）都表示单数，和谓语不一致。

翻译 莫雷蒂先生 1985 年回到佛罗伦萨后创作了很多画作，其中几幅被收藏在莫雷蒂纪念馆。

1014 **25.** 介词 / 连词 难度标识 难 正确答案 (D)

可以连接空格后名词 the annual company banquet（每年一次的公司宴会）和逗号后句子的是介词，因此正确答案是（D）During（在……期间）。（A）（B）都是连接句子的连词。（C）“代替”是副词，instead of *X*（代替 X）是介词短语。

翻译 在一年一次的公司宴会期间，加西亚先生和他的团队自愿到衣帽存放处工作。

注释 □ volunteer：动 自愿做 □ cloakroom：名 衣帽存放处

1015 **26.** 介词 难度标识 难 正确答案 (B)

空格前是a full range of services（全方位的服务），后面是服务对象vehicles（车辆），因此正确答案是（B）for（为了）。题目考查provide *X* for *Y*（向Y提供X）结构。相关用法provide *X* with *Y*（向X提供Y）也很重要。

翻译 我们的技术人员拥有专业的资格证，可以提供更换机油、定期维修、刹车改良等全方位的服务。

注释 □certified：形 有专业资格的，公认的

1016 **27.** 代词 难度标识 难 正确答案 (D)

可以作前面**及物动词acquaint（使了解）宾语**的是宾格（C）或反身代词（D）。从上下文意思来看，acquaint的主语home owners和宾语是**相同的人**，因此正确答案是（D）themselves。acquaint oneself with *X*（使了解X）是重要的表达方式。

翻译 房地产展会将为业主提供一个让他们了解最新家居趋势的绝佳机会。

注释 □acquaint：动 使了解

1017 **28.** 动词 难度标识 难 正确答案 (D)

空格中需要填入句子的谓语动词。**空格后**没有作及物动词commission（委托）**宾语的名词**，而是接的不定式。因此可判断题目是宾语出现在主语位置的**被动句**，选择（D）has been commissioned。而（A）（C）都是主动语态，不合适。

翻译 著名建筑师斯图尔特·思尔克受到委托，要在上海附近设计九栋没有风格和预算限制的定制住宅。

1018 **29.** 词性 难度标识 难 正确答案 (B)

〈**冠词a + 形容词 ______ 介词**〉的空格中需要填入**单数名词**，因此正确答案是（B）interview（面试）。follow-up interview意为"后续面试"。follow-up除了表示"重复的、补充的"的形容词用法之外，还用作名词表示"补充、后续行动"，但题目中如果是名词，那么意思就不通顺了。

翻译 莱尔先生被要求与人力资源部联系，安排会计职位的后续面试。

1019 **30.** 词汇 难度标识 难 正确答案 (B)

本题是被动语态，空格后还有名词，因此需要选择可以用于SVOO或SVOC句型中的动词。（B）appointed有后者的用法，appoint Ⓞ Ⓒ意为"任命O为C"。题目是被动语态，宾语Alan Cooper出现在主语位置，director and chief executive officer是补语。而（D）需要接介词to使用，has been promoted to *X*（升职为X）。

Ⓢ **has appointed** Alan Cooper [O] director and chief executive officer [C]

↓转换成被动语态后……

Alan Cooper **has been appointed** director and chief executive officer

※ 补语出现在动词后面

翻译 该博物馆今天宣布已任命艾伦·库珀为馆长兼首席执行官。

语法模拟测试卷 12　正确答案一览

◉学习记录◉

回数	学习日期	所需时间	正确答案数
第 1 回	月　　日	分　　秒	/ 30
第 2 回	月　　日	分　　秒	/ 30

◉正确答案◉

No.	ANSWER				No.	ANSWER				No.	ANSWER			
	A	B	C	D		A	B	C	D		A	B	C	D
001	○	○	○	●	011	○	●	○	○	021	●	○	○	○
002	●	○	○	○	012	○	○	○	●	022	●	○	○	○
003	○	○	●	○	013	○	○	●	○	023	●	○	○	○
004	○	●	○	○	014	○	○	●	○	024	○	●	○	○
005	○	●	○	○	015	○	●	○	○	025	○	○	○	●
006	●	○	○	○	016	○	○	●	○	026	○	●	○	○
007	○	○	●	○	017	●	○	○	○	027	○	○	○	●
008	○	○	○	●	018	○	●	○	○	028	○	○	○	●
009	○	○	●	○	019	○	●	○	○	029	○	●	○	○
010	○	●	○	○	020	○	○	●	○	030	○	●	○	○

语法模拟测试卷

13

限时

10分钟

题目数

30题

题目编号

1020~1049

☐ **1.** *Common Questions & Answers About Investment* is a _____
☐ written book that is easy to use.

(A) thought
(B) thoughtful
(C) thoughtfully
(D) thoughtfulness

☐ **2.** Amenities at Palm Tree Hotel _____ modern convenience and
☐ old-world elegance.

(A) exemplify
(B) exemplifying
(C) exemplifies
(D) exemplification

☐ **3.** Tickets for the train tour of Fort Worth can be purchased _____
☐ the station or online.

(A) with
(B) upon
(C) between
(D) inside

☐ **4.** Should you wish to terminate the lease, you need to give _____
☐ two months' notice before leaving the apartment.

(A) we
(B) our
(C) us
(D) ours

☐ **5.** Laptop Stand Pro comes equipped with a flat base and rubber
☐ pads to keep your laptop computer _____ on your desk.

(A) stable
(B) stabilization
(C) stabilize
(D) stabilizer

6. Ms. Brown has been teaching at Skyline University _____ the day it was built 25 years ago.

(A) as soon as
(B) then
(C) until
(D) ever since

7. The device conforms to the current safety regulations and is subjected to _____ testing before shipment.

(A) extend
(B) extensive
(C) extensively
(D) extension

8. The fund-raising event has always attracted corporate donations, and this year's organizers have _____ managed to secure funds from local businesses.

(A) enough
(B) likewise
(C) quite
(D) much

9. For decades, wristwatches have been endorsed by _____ such as movie stars and professional athletes.

(A) celebration
(B) celebrate
(C) celebrating
(D) celebrities

10. Ozaki Law Firm in downtown Kyoto has an opening for an administrative assistant _____ April 1.

(A) start
(B) started
(C) starting
(D) starts

☐ **11.** In a news release, the mayor announced plans to replace most
☐ street lights with _____ ones to improve visibility.

(A) brightly
(B) brighter
(C) brightest
(D) brightness

☐ **12.** All staff members are required to wear the new uniforms that
☐ were provided _____ the meeting last week.

(A) with
(B) at
(C) on
(D) of

☐ **13.** In addition to high salaries, the real estate agency offers
☐ outstanding opportunities for professional _____.

(A) developer
(B) develop
(C) developed
(D) development

☐ **14.** With the launch date only weeks away, the advertising director
☐ _____ has not decided on a name for the product line.

(A) very
(B) yet
(C) recent
(D) still

☐ **15.** Before leaving Howell University last year, Mr. Kaufman had _____
☐ to the position of director of physics.

(A) advanced
(B) identified
(C) recommended
(D) promoted

☐ **16.** _____ promising, the research findings are still tentative and
☐ need further investigation.

(A) Despite
(B) Because
(C) Though
(D) Therefore

☐ **17.** While standard orders usually ship within two business days,
☐ express delivery is available for an additional _____.

(A) charge
(B) pay
(C) money
(D) admission

☐ **18.** The interviewers created a set of technical questions to help ____
☐ between candidates for the position.

(A) different
(B) differently
(C) difference
(D) differentiate

☐ **19.** The one-week summer program is for university students who
☐ aspire to become leaders _____ their peers.

(A) during
(B) under
(C) among
(D) from

☐ **20.** Ms. Valois has applied for a supervisor position that will allow her
☐ to demonstrate her management _____.

(A) expertise
(B) expertly
(C) expertized
(D) expert

□ **21.** The new order-tracking system will highlight outstanding orders
□ that need to be _____.

(A) expedite
(B) expediting
(C) expedited
(D) expedites

□ **22.** _____ starting their own business, Mr. Amano and Mr. Akazaki
□ had been classmates at Kamakura Institute of Technology.

(A) By means of
(B) In order to
(C) Former
(D) Prior to

□ **23.** Over the past 20 years, Vertelli Apparel has developed an _____
□ reputation as a leader in the fashion industry.

(A) envy
(B) envying
(C) enviable
(D) enviably

□ **24.** Please note that the conference venue may change _____ the
□ registered attendees number more than 100.

(A) despite
(B) if
(C) due to
(D) consequently

□ **25.** Staff members are advised that any technology developed while
□ in the _____ of Grandocom belongs exclusively to the company.

(A) employ
(B) employed
(C) employing
(D) employer

☐ **26.** The Sunnyside Inn offers spacious rooms ______ afford beautiful views of the Still River Valley throughout the seasons.
☐

(A) and
(B) that
(C) then
(D) when

☐ **27.** Ken Gupta's latest novel, *Listen to the Song of the Wind*, certainly lends ______ to being adapted for film.
☐

(A) them
(B) it
(C) themselves
(D) itself

☐ **28.** Situated near the city center, Dolphin Hotel is ______ enough to reach on foot from Central Station.
☐

(A) close
(B) closely
(C) closed
(D) closure

☐ **29.** Factory workers are required to wear protective clothing ______ that fire, electrical, or chemical hazards exist.
☐

(A) when
(B) because of
(C) anywhere
(D) even if

☐ **30.** A few board members expressed concerns about expansion into China, but ______ are looking forward to investing in the area.
☐

(A) most
(B) much
(C) another
(D) other

正确答案一览→ P.494

1020 **1.** 词性 难度标识 难 正确答案 (C)

即使去掉空格，这个句子也是完整的 SVC 结构，因此空格处应填**修饰语**。空格处填**副词**（C）thoughtfully（若有所思地、沉思地），修饰过去分词 written，意为“经过深思熟虑写出的书”，符合题意。填形容词（B），意为“深思熟虑的、写出的书”，语句不通顺。（A）为动词 think 的过去式/过去分词，或名词“想法”。（D）“思虑”为名词。

翻译 《投资常见问题与解答》是一本经过精心编写、易于实践的书。

注释 □ thoughtfully：副 若有所思地，沉思地

1021 **2.** 动词 难度标识 难 正确答案 (A)

空格处应填**谓语动词**，对应**复数形式的主语** Amenities（设施）。正确答案是（A）exemplify（是……的典范）。（C）也可作谓语动词，但对应的主语应为第三人称单数形式。（B）是现在分词/动名词。（D）“范例”是名词。这种词汇难度较大的动词问题需要注意主语的单复数形式。

翻译 棕榈树酒店的设施很好地体现了现代的便捷与复古的优雅。

注释 □ amenities：名 生活福利设施，便利设施 □ exemplify：动 是……的典范

1022 **3.** 介词 难度标识 难 正确答案 (D)

空格前的内容意为“可以买______的车票”，空格后的 the station 表示地点。空格处填（D）选项可正确表达**买票的地点**，即 **inside the station**（在车站里）。（A）虽然构成句型 *X* can be purchased with *Y*（X 可以和 Y 一起购买），但意思“车票和车站一起购买”，不符合现实情况。（B）upon doing *X*（做了 X，就……），这个搭配也常考到。

翻译 沃斯堡的铁路游套票可以在车站或网上购买。

1023 **4.** 词性 难度标识 难 正确答案 (C)

空格前动词 give 与空格前后组成 SVO_1O_2（把 O_2 给 O_1）句式，动词后可连续接两个宾语，所以空格处填**宾格**（C）us，意为“提前两个月通知我们”，符合题意。所有格（B）和名词性物主代词（D）从语法上都说得通，但不符合题意。（A）是作主语的主格。

翻译 如果想终止租赁合约，请在搬离公寓的两个月前通知我们。

注释 □ terminate：动 终止

1024 **5.** 词性 难度标识 难 正确答案 (A)

动词 keep 可以用于句型 keep Ⓞ Ⓒ（使 O 保持 C 的状态）。空格处于补语的位置，填入**形容词**（A）stable（稳定的）可组成一个正确的句子，即 keep your laptop computer Ⓞ stable Ⓒ。（C）“使稳定”是动词。（B）“稳定化”和（D）“稳定剂”是名词。

翻译 Laptop Stand Pro 配备了一个平坦的底座和橡胶垫，使笔记本电脑在桌面上保持稳定。

注释 □ stable：形 稳定的

1025 **6.** 介词 / 连词 难度标识 难 正确答案 (D)

由于关系副词 when 被省略，句子显得比较难理解，空格后其实是 the day (when) it was built..., it 及之后部分是修饰 the day 的**定语从句。介词置于名词之前**，因此 (D) ever since（自……以来）是正确答案。介词 (C) 不能接时间的〈起点〉而应该接〈终点〉。(C)(D) 作为连词的用法也很重要。(A) 是接从句 (SV) 的连词。(B) 是副词。

翻译 布朗女士自 25 年前，Skyline 大学创立那天起就一直在教书了。

1026 **7.** 词性 难度标识 难 正确答案 (B)

be to subjected to *X*（成为 X 的对象）中的 to 并非不定式，而是介词。空格后的 testing 是其宾语，即**名词"检查"**（如果 testing 是动名词的话则需要加宾语，如 testing the device）。因此，空格应填**形容词** (B) extensive（广泛的）来**修饰名词**。(A)"使延长"是动词。(C)"广泛地"是副词。(D)"延长"是名词。

翻译 该设备符合现行的安全规定，在出货前接受了大量的测试。

注释 □ conform：动 遵守（规则），顺应 □ to subjected to *X*：成为 X 的对象

1027 **8.** 词性 难度标识 难 正确答案 (B)

本题的四个选项都可用作副词，但只有 (B) likewise（同样地）能修饰之后的动词（这里是 managed）。(A)"充分地"用作副词时，需要放在动词之后。副词 (C)"相当"一般不修饰动词，而是修饰形容词或副词。(D) 作为副词时，需要以 very much 的形式置于动词之后。

翻译 这项募捐活动每年都收到了企业的捐款，今年主办方也希望可以从当地企业筹集到资金。

注释 □ fund-raising：形 募集资金的

1028 **9.** 词性 难度标识 难 正确答案 (D)

除了动词原形 (B)"庆祝"之外，(A)(C)(D) 都可以作**介词 by 的宾语**。空格后用 such as 列举了"电影明星"和"职业运动员"，能与这些例子保持一致的名词只有复数名词 (D) celebrities（名人）。名词 (A)"庆典"和动名词 (C)"庆祝"都不符合题意。

翻译 几十年来，手表一直由电影明星或职业运动员这样的知名人士代言。

注释 □ endorse：动 宣传，代言 □ celebrity：名 名人，名流

1029 **10.** 动词 难度标识 难 正确答案 (C)

空格前的句子元素齐全，如果把 (C) **starting** 填入空格中，相当于补充一个开始工作的日期。**starting on April 1** 的 on 被省略，starting 变为介词。(A) 作动词"开始"或名词"开端"。(D) 是动词的一般现在时第三人称单数形式。(B) 作过去分词时，表示被动的含义，不与日期同用。

翻译 位于京都市中心的 Ozaki 律师事务所从 4 月 1 日起招聘一名行政助理。

1030 **11.** 词性　难度标识 难　正确答案(B)

空格处应填形容词，修饰其后的代词 ones（= lights）。在选项里的形容词（B）（C）中，如果选**比较级**（B）brighter（更亮的），意为“比以前那些更亮的”，符合题意。最高级（C）需要定冠词，如 the brightest ones。（A）“明亮地”是副词。（D）“亮度”是名词。

翻译 在新闻发布会上，市长宣布为改善街道的能见度，计划将大部分路灯换成比以前更亮的。

1031 **12.** 介词　难度标识 难　正确答案(B)

空格后的 the meeting（会议）是提供制服的 <**场所**>，所以表示 <**地点**> 的介词 at 为正确答案。（A）with 有 <provide+ 人 +with+ 物> 的用法，意为“为 <人> 提供 <物>”，但如果选这个，意思会变成“制服提供会议”，句意不通。

翻译 所有工作人员都必须穿在上周会议上分发的新制服。

1032 **13.** 词性　难度标识 难　正确答案(D)

填入空格处的词既需要是前面形容词 professional 可以修饰的**名词**，又需要作为介词 for 的宾语，因此（A）（D）是备选项，从句意上看两者皆可，因此需要从语法角度来考虑。由于**没有冠词**，所以可断定**不可数名词**（D）development（发展）为正确答案。（A）“开发商”是可数名词，以单数形式出现时需要在前面加冠词。（B）是动词“开发、发展”，（C）是其过去式 / 过去分词。

翻译 除了薪酬高以外，房地产中介还提供利于职业发展的好机会。

注释 □ real estate agency：房地产中介

1033 **14.** 其他　难度标识 难　正确答案(D)

副词（D）**still** 用在 **not 之前**，意为“**尚未**”。将此词填入空格后意为“尚未确定名称”，符合题意。如果空格位置变换，has still not decided 也成立。如果调整 not yet 的语序，改成 has not yet decided，则（B）yet 也可以表达同样的意思。（A）通常作为副词，修饰形容词与副词。（C）“最近的”为形容词。

翻译 距离发售日期只有几周了，但广告部主管尚未确定该产品线的名称。

1034 **15.** 其他　难度标识 难　正确答案(A)

从“**〈晋升为〉**物理学院院长”之意出发，（A）（D）为备选项。及物动词（D）promote（使晋升）如为主动形式，需加宾语。但空格之后并非名词宾语，而是**介词 to**。因此，**不及物动词**（A）advanced “发展、进步”为正确答案。（B）意为“确认”，（C）意为“推荐”，均为及物动词。

翻译 在去年离开豪厄尔大学之前，考夫曼教授已经晋升为物理学院院长。

注释 □ physics：名 物理学

1035 **16.** 介词 / 连词 难度标识 难 正确答案 (C)

连词（C）Though 连接两个相同的主语从句（SV）时，其后的 < **主语 +be 动词** > **可以省略**。本题句首部分原本为 Though（they are）promising（they 指 the research findings）。连词（B）则不会有如此省略，需要接句子要素齐全的从句。（A）为介词，接名词。若把空格后的 promising 看作动词，虽符合语法规则，但不符合题意。（D）为副词。

翻译 虽然有希望，但研究结果仍是暂时性的，需要进一步的调查。

注释 □ findings：名（通过调查、研究）得出的结果，发现 □ tentative：形 不确定的

1036 **17.** 其他 难度标识 难 正确答案 (A)

首先从题意可知“额外 < **收费** >”，因此（A）（C）为备选项。接着从语法角度出发，空格前为不定冠词 an，因此**可数名词**（A）charge（收费）为正确答案。（C）money 为不可数名词。（B）“工资”虽为可数名词，但不符合题意。如是 payment（支付），则可为正确答案。（D）作“入场费”用时为不可数名词，也不符合题意。

翻译 标准订单通常在两个工作日内发货，如需速运则额外收费。

1037 **18.** 词性 难度标识 难 正确答案 (D)

help 的固定搭配为 help(to)*do*，即后接 to 不定式或动词原形，意为“**对……有帮助**”。因此，后接**动词原形**（D）differentiate（区分），意为“有助于区分职位的候选人”，符合题意。中间加宾语的搭配也需掌握，如 help *X*（to）do（对 X 做……有帮助）。（A）为形容词“不同的”。（B）为副词“不同地”。（C）为名词“不同点、差异”。

翻译 面试官创建了一套专业的问题，以帮助区分职位的候选人。

注释 □ differentiate：动 区别，区别对待

1038 **19.** 介词 难度标识 难 正确答案 (C)

空格前为 leaders（领导者），空格后是团队里的 peers（同龄人、同辈）。（C）among 表示“**在一群人或物之中**”，可作为连接上述两种人的介词。（A）“在……期间”，表示一段时间，如 during the summer。（B）一般为“在下面”，（D）一般为“起点”。

翻译 这个为期一周的暑期项目是为那些渴望成为同龄人中的领导者的大学生准备的。

注释 □ aspire：动 渴望 □ peer：名（年龄 / 职业等）同等的人

1039 **20.** 词性 难度标识 难 正确答案 (A)

把名词（A）填入空格，可构成**复合名词 management expertise**（管理特长），符合题意。副词（B）“巧妙地”与名词（D）“专家”在语法层面都正确，但意为“巧妙地发挥她的管理”和“发挥她的管理的专家”，意思不通。（C）为动词 expertize（提出专门性意见）的过去式 / 过去分词。

翻译 瓦洛伊斯女士申请了一个管理职位，可发挥自己的管理专长。

注释 □ demonstrate：动 体现（能力等）

1040 **21.** 动词 难度标识 难 正确答案 (C)

空格处填入的动词 expedite（加速配送），与主语 outstanding orders（未出货的订单）之间为**被动关系**，即“需要被加速配送”。因此**过去分词**（C）expedited 为正确答案。现在分词（B）体现主动关系，不符合题意，且因为及物动词需加宾语。（D）为一般现在时第三人称单数形式。

翻译 新的订单跟踪系统将突出显示需要加速处理的未完成订单。

注释 □ outstanding：形 未完成的 □ expedite：动 加速

1041 **22.** 其他 难度标识 难 正确答案 (D)

只有**介词**（A）（D）可**搭配动名词结构** starting their own business（开始他们的事业）。再从连接逗号后的内容考虑，（D）Prior to（在……以前）符合题意。（A）By means of（依靠~方式）不符合题意。（B）“为了”后接动词原形或不定式。（C）“之前的”为形容词，修饰名词。

翻译 在开始自己的事业之前，天野之弥先生和赤崎峻先生是镰仓理工学院的同学。

1042 **23.** 词性 难度标识 难 正确答案 (C)

形容词位于冠词与名词之间，因此（B）（C）为备选项。（C）enviable（令人羡慕的）可修饰空格后的 reputation（名声），并且符合题意。（B）为 envy（羡慕）的现在分词/动名词，若为现在分词，可用作形容词。但名词 reputation 并非“羡慕”的对象，因此意思不通。（A）为动词。（D）“羡慕地”为副词。

翻译 在过去的 20 年中，Vertelli Apparel 公司已经发展成了一个令其他公司景仰的时尚行业领导者。

1043 **24.** 介词 / 连词 难度标识 难 正确答案 (B)

后半句中的 number 并非名词，而是动词，意为“**达到……的数量**”。空格前后各为一个分句，中间需要**连词**连接。因此（B）if（如果）为正确答案。（A）“即使”和（C）“因此”都是介词，用于连接名词（结构）而非从句。（D）“所以”为副词，无连词功能。

翻译 请注意，如果注册与会者超过 100 人，会议地点可能会改变。

注释 □ number：动 总计，共计

1044 **25.** 词性 难度标识 难 正确答案 (A)

名词位于冠词与介词之间，但选（D）意为“Grandocom 的雇主”，选（C）意为“雇用 Grandocom”，均不符合题意。因此选（A）employ，虽然一般作动词，但在固定搭配 in the employ of *X*（被 X 雇用）中，employ 用作名词。（B）为动词的过去式/过去分词。

翻译 工作人员被告知，在 Grandocom 工作期间开发的任何技术都归公司独家所有。

注释 □ in the employ of *X*：被 X 雇用 □ belong to *X*：属于 X、为 X 所有

1045 **26.** 关系词 难度标识 难 正确答案 (B)

若在空格填表示**主格的关系代词**（B）that，则动词 afford（提供）之后的内容为对先行词 spacious rooms（复数名词）的补充说明。连词（A）若在Ⓢ offers...and affords... 结构中，则其后动词应为一般现在时的第三人称单数形式。（C）为副词。（D）为连词，接从句（SV）。

翻译 Sunnyside 酒店提供宽敞的房间，可以享受 Still River 河谷四季变化的美景。

1046 **27.** 代词 难度标识 难 正确答案 (D)

本题所有的选项均为代词，都可成为动词 lend 的宾语，因此需明确空格所指内容。根据句首到空格之间的内容可知，没有（A）（C）可与之对应的复数名词，除主语（novel）以外，也没有单数名词可代表主语。因此，从**主语与宾语一致**的角度出发，选择**反身代词**（D）itself。lend oneself to *X* 意为“适宜 X”，为固定搭配。

翻译 肯 · 古普塔的最新小说《听风之歌》确实很适合被改编为电影。

注释 □ **lend oneself to *X***：适宜 X

1047 **28.** 词性 难度标识 难 正确答案 (A)

形容词（A）close（近的）为 be 动词 is 的补语，为正确答案。副词 enough（充分地）位于形容词 / 动词 / 副词的后面，起修饰作用。副词（B）一般修饰动词，如 look closely enough（足够仔细地观察）。（C）“封闭”，不符合空格后的句意。（D）“关闭”为名词。

翻译 Dolphin 酒店位于市中心附近，从中央车站步行即可到达。

注释 □ **on foot**：徒步

1048 **29.** 其他 难度标识 难 正确答案 (C)

空格前后皆为分句（SV），若选连词（A）或（D），则空格后的 that 为指示代词，但会导致 that 所指内容不明确，句意不通。因此应把 **that 看作关系副词，fire 后的内容为补充信息**，选择（C）anywhere（任何地方）为先行词，如此可组成正确的句子。（B）为介词，不接句子（SV）。

翻译 工厂工人被要求处于任何存在火灾、电气或化学危险的地方时，都必须穿上防护服。

注释 □ **hazard**：名 危险因素

1049 **30.** 其他 难度标识 难 正确答案 (A)

but 之后的分句缺少主语，谓语动词为 are looking...，因此应选**复数形式的主语**。符合该条件的只有代词（A）most（大多数），这里表示 most members。（B）“许多”，作代词时为单数形式，表示量多或程度高。（C）“另一个”作代名词时也为单数形式。（D）用于修饰名词，如 other members。

翻译 少数董事会成员对进军中国市场表示担忧，但大多数人对在该地区投资表示期待。

注释 □ **expansion**：名 扩张，发展 □ **invest**：动 投资

1049 题已全部完成！辛苦了！！

语法模拟测试卷 13 正确答案一览

◉学习记录◉

回数	学习日期	所需时间	正确答案数
第 1 回	月 日	分 秒	/ 30
第 2 回	月 日	分 秒	/ 30

◉正确答案◉

No.	ANSWER				No.	ANSWER				No.	ANSWER			
	A	B	C	D		A	B	C	D		A	B	C	D
001	Ⓐ	Ⓑ	●	Ⓓ	011	Ⓐ	●	Ⓒ	Ⓓ	021	Ⓐ	Ⓑ	●	Ⓓ
002	●	Ⓑ	Ⓒ	Ⓓ	012	Ⓐ	●	Ⓒ	Ⓓ	022	Ⓐ	Ⓑ	Ⓒ	●
003	Ⓐ	Ⓑ	Ⓒ	●	013	Ⓐ	Ⓑ	Ⓒ	●	023	Ⓐ	Ⓑ	●	Ⓓ
004	Ⓐ	Ⓑ	●	Ⓓ	014	Ⓐ	Ⓑ	Ⓒ	●	024	Ⓐ	●	Ⓒ	Ⓓ
005	●	Ⓑ	Ⓒ	Ⓓ	015	●	Ⓑ	Ⓒ	Ⓓ	025	●	Ⓑ	Ⓒ	Ⓓ
006	Ⓐ	Ⓑ	Ⓒ	●	016	Ⓐ	Ⓑ	●	Ⓓ	026	Ⓐ	●	Ⓒ	Ⓓ
007	Ⓐ	●	Ⓒ	Ⓓ	017	●	Ⓑ	Ⓒ	Ⓓ	027	Ⓐ	Ⓑ	Ⓒ	●
008	Ⓐ	●	Ⓒ	Ⓓ	018	Ⓐ	Ⓑ	Ⓒ	●	028	●	Ⓑ	Ⓒ	Ⓓ
009	Ⓐ	Ⓑ	Ⓒ	●	019	Ⓐ	Ⓑ	●	Ⓓ	029	Ⓐ	Ⓑ	●	Ⓓ
010	Ⓐ	Ⓑ	●	Ⓓ	020	●	Ⓑ	Ⓒ	Ⓓ	030	●	Ⓑ	Ⓒ	Ⓓ

剪切

语法模拟测试卷 □

（学习日期：　　月　　日／所需时间：　　分　　秒）

No.	ANSWER				No.	ANSWER				No.	ANSWER			
	A	B	C	D		A	B	C	D		A	B	C	D
001	Ⓐ	Ⓑ	Ⓒ	Ⓓ	011	Ⓐ	Ⓑ	Ⓒ	Ⓓ	021	Ⓐ	Ⓑ	Ⓒ	Ⓓ
002	Ⓐ	Ⓑ	Ⓒ	Ⓓ	012	Ⓐ	Ⓑ	Ⓒ	Ⓓ	022	Ⓐ	Ⓑ	Ⓒ	Ⓓ
003	Ⓐ	Ⓑ	Ⓒ	Ⓓ	013	Ⓐ	Ⓑ	Ⓒ	Ⓓ	023	Ⓐ	Ⓑ	Ⓒ	Ⓓ
004	Ⓐ	Ⓑ	Ⓒ	Ⓓ	014	Ⓐ	Ⓑ	Ⓒ	Ⓓ	024	Ⓐ	Ⓑ	Ⓒ	Ⓓ
005	Ⓐ	Ⓑ	Ⓒ	Ⓓ	015	Ⓐ	Ⓑ	Ⓒ	Ⓓ	025	Ⓐ	Ⓑ	Ⓒ	Ⓓ
006	Ⓐ	Ⓑ	Ⓒ	Ⓓ	016	Ⓐ	Ⓑ	Ⓒ	Ⓓ	026	Ⓐ	Ⓑ	Ⓒ	Ⓓ
007	Ⓐ	Ⓑ	Ⓒ	Ⓓ	017	Ⓐ	Ⓑ	Ⓒ	Ⓓ	027	Ⓐ	Ⓑ	Ⓒ	Ⓓ
008	Ⓐ	Ⓑ	Ⓒ	Ⓓ	018	Ⓐ	Ⓑ	Ⓒ	Ⓓ	028	Ⓐ	Ⓑ	Ⓒ	Ⓓ
009	Ⓐ	Ⓑ	Ⓒ	Ⓓ	019	Ⓐ	Ⓑ	Ⓒ	Ⓓ	029	Ⓐ	Ⓑ	Ⓒ	Ⓓ
010	Ⓐ	Ⓑ	Ⓒ	Ⓓ	020	Ⓐ	Ⓑ	Ⓒ	Ⓓ	030	Ⓐ	Ⓑ	Ⓒ	Ⓓ

语法模拟测试卷 □

（学习日期：　　月　　日／所需时间：　　分　　秒）

No.	ANSWER				No.	ANSWER				No.	ANSWER			
	A	B	C	D		A	B	C	D		A	B	C	D
001	Ⓐ	Ⓑ	Ⓒ	Ⓓ	011	Ⓐ	Ⓑ	Ⓒ	Ⓓ	021	Ⓐ	Ⓑ	Ⓒ	Ⓓ
002	Ⓐ	Ⓑ	Ⓒ	Ⓓ	012	Ⓐ	Ⓑ	Ⓒ	Ⓓ	022	Ⓐ	Ⓑ	Ⓒ	Ⓓ
003	Ⓐ	Ⓑ	Ⓒ	Ⓓ	013	Ⓐ	Ⓑ	Ⓒ	Ⓓ	023	Ⓐ	Ⓑ	Ⓒ	Ⓓ
004	Ⓐ	Ⓑ	Ⓒ	Ⓓ	014	Ⓐ	Ⓑ	Ⓒ	Ⓓ	024	Ⓐ	Ⓑ	Ⓒ	Ⓓ
005	Ⓐ	Ⓑ	Ⓒ	Ⓓ	015	Ⓐ	Ⓑ	Ⓒ	Ⓓ	025	Ⓐ	Ⓑ	Ⓒ	Ⓓ
006	Ⓐ	Ⓑ	Ⓒ	Ⓓ	016	Ⓐ	Ⓑ	Ⓒ	Ⓓ	026	Ⓐ	Ⓑ	Ⓒ	Ⓓ
007	Ⓐ	Ⓑ	Ⓒ	Ⓓ	017	Ⓐ	Ⓑ	Ⓒ	Ⓓ	027	Ⓐ	Ⓑ	Ⓒ	Ⓓ
008	Ⓐ	Ⓑ	Ⓒ	Ⓓ	018	Ⓐ	Ⓑ	Ⓒ	Ⓓ	028	Ⓐ	Ⓑ	Ⓒ	Ⓓ
009	Ⓐ	Ⓑ	Ⓒ	Ⓓ	019	Ⓐ	Ⓑ	Ⓒ	Ⓓ	029	Ⓐ	Ⓑ	Ⓒ	Ⓓ
010	Ⓐ	Ⓑ	Ⓒ	Ⓓ	020	Ⓐ	Ⓑ	Ⓒ	Ⓓ	030	Ⓐ	Ⓑ	Ⓒ	Ⓓ

剪切

语法模拟测试卷 ☐

（学习日期：　　　月　　　日 / 所需时间：　　　分　　　秒）

No.	ANSWER				No.	ANSWER				No.	ANSWER			
	A	B	C	D		A	B	C	D		A	B	C	D
001	Ⓐ	Ⓑ	Ⓒ	Ⓓ	011	Ⓐ	Ⓑ	Ⓒ	Ⓓ	021	Ⓐ	Ⓑ	Ⓒ	Ⓓ
002	Ⓐ	Ⓑ	Ⓒ	Ⓓ	012	Ⓐ	Ⓑ	Ⓒ	Ⓓ	022	Ⓐ	Ⓑ	Ⓒ	Ⓓ
003	Ⓐ	Ⓑ	Ⓒ	Ⓓ	013	Ⓐ	Ⓑ	Ⓒ	Ⓓ	023	Ⓐ	Ⓑ	Ⓒ	Ⓓ
004	Ⓐ	Ⓑ	Ⓒ	Ⓓ	014	Ⓐ	Ⓑ	Ⓒ	Ⓓ	024	Ⓐ	Ⓑ	Ⓒ	Ⓓ
005	Ⓐ	Ⓑ	Ⓒ	Ⓓ	015	Ⓐ	Ⓑ	Ⓒ	Ⓓ	025	Ⓐ	Ⓑ	Ⓒ	Ⓓ
006	Ⓐ	Ⓑ	Ⓒ	Ⓓ	016	Ⓐ	Ⓑ	Ⓒ	Ⓓ	026	Ⓐ	Ⓑ	Ⓒ	Ⓓ
007	Ⓐ	Ⓑ	Ⓒ	Ⓓ	017	Ⓐ	Ⓑ	Ⓒ	Ⓓ	027	Ⓐ	Ⓑ	Ⓒ	Ⓓ
008	Ⓐ	Ⓑ	Ⓒ	Ⓓ	018	Ⓐ	Ⓑ	Ⓒ	Ⓓ	028	Ⓐ	Ⓑ	Ⓒ	Ⓓ
009	Ⓐ	Ⓑ	Ⓒ	Ⓓ	019	Ⓐ	Ⓑ	Ⓒ	Ⓓ	029	Ⓐ	Ⓑ	Ⓒ	Ⓓ
010	Ⓐ	Ⓑ	Ⓒ	Ⓓ	020	Ⓐ	Ⓑ	Ⓒ	Ⓓ	030	Ⓐ	Ⓑ	Ⓒ	Ⓓ

语法模拟测试卷 ☐

（学习日期：　　　月　　　日 / 所需时间：　　　分　　　秒）

No.	ANSWER				No.	ANSWER				No.	ANSWER			
	A	B	C	D		A	B	C	D		A	B	C	D
001	Ⓐ	Ⓑ	Ⓒ	Ⓓ	011	Ⓐ	Ⓑ	Ⓒ	Ⓓ	021	Ⓐ	Ⓑ	Ⓒ	Ⓓ
002	Ⓐ	Ⓑ	Ⓒ	Ⓓ	012	Ⓐ	Ⓑ	Ⓒ	Ⓓ	022	Ⓐ	Ⓑ	Ⓒ	Ⓓ
003	Ⓐ	Ⓑ	Ⓒ	Ⓓ	013	Ⓐ	Ⓑ	Ⓒ	Ⓓ	023	Ⓐ	Ⓑ	Ⓒ	Ⓓ
004	Ⓐ	Ⓑ	Ⓒ	Ⓓ	014	Ⓐ	Ⓑ	Ⓒ	Ⓓ	024	Ⓐ	Ⓑ	Ⓒ	Ⓓ
005	Ⓐ	Ⓑ	Ⓒ	Ⓓ	015	Ⓐ	Ⓑ	Ⓒ	Ⓓ	025	Ⓐ	Ⓑ	Ⓒ	Ⓓ
006	Ⓐ	Ⓑ	Ⓒ	Ⓓ	016	Ⓐ	Ⓑ	Ⓒ	Ⓓ	026	Ⓐ	Ⓑ	Ⓒ	Ⓓ
007	Ⓐ	Ⓑ	Ⓒ	Ⓓ	017	Ⓐ	Ⓑ	Ⓒ	Ⓓ	027	Ⓐ	Ⓑ	Ⓒ	Ⓓ
008	Ⓐ	Ⓑ	Ⓒ	Ⓓ	018	Ⓐ	Ⓑ	Ⓒ	Ⓓ	028	Ⓐ	Ⓑ	Ⓒ	Ⓓ
009	Ⓐ	Ⓑ	Ⓒ	Ⓓ	019	Ⓐ	Ⓑ	Ⓒ	Ⓓ	029	Ⓐ	Ⓑ	Ⓒ	Ⓓ
010	Ⓐ	Ⓑ	Ⓒ	Ⓓ	020	Ⓐ	Ⓑ	Ⓒ	Ⓓ	030	Ⓐ	Ⓑ	Ⓒ	Ⓓ

剪切

语法模拟测试卷 □

（学习日期：　　月　　日 / 所需时间：　　分　　秒）

No.	ANSWER				No.	ANSWER				No.	ANSWER			
	A	B	C	D		A	B	C	D		A	B	C	D
001	Ⓐ	Ⓑ	Ⓒ	Ⓓ	011	Ⓐ	Ⓑ	Ⓒ	Ⓓ	021	Ⓐ	Ⓑ	Ⓒ	Ⓓ
002	Ⓐ	Ⓑ	Ⓒ	Ⓓ	012	Ⓐ	Ⓑ	Ⓒ	Ⓓ	022	Ⓐ	Ⓑ	Ⓒ	Ⓓ
003	Ⓐ	Ⓑ	Ⓒ	Ⓓ	013	Ⓐ	Ⓑ	Ⓒ	Ⓓ	023	Ⓐ	Ⓑ	Ⓒ	Ⓓ
004	Ⓐ	Ⓑ	Ⓒ	Ⓓ	014	Ⓐ	Ⓑ	Ⓒ	Ⓓ	024	Ⓐ	Ⓑ	Ⓒ	Ⓓ
005	Ⓐ	Ⓑ	Ⓒ	Ⓓ	015	Ⓐ	Ⓑ	Ⓒ	Ⓓ	025	Ⓐ	Ⓑ	Ⓒ	Ⓓ
006	Ⓐ	Ⓑ	Ⓒ	Ⓓ	016	Ⓐ	Ⓑ	Ⓒ	Ⓓ	026	Ⓐ	Ⓑ	Ⓒ	Ⓓ
007	Ⓐ	Ⓑ	Ⓒ	Ⓓ	017	Ⓐ	Ⓑ	Ⓒ	Ⓓ	027	Ⓐ	Ⓑ	Ⓒ	Ⓓ
008	Ⓐ	Ⓑ	Ⓒ	Ⓓ	018	Ⓐ	Ⓑ	Ⓒ	Ⓓ	028	Ⓐ	Ⓑ	Ⓒ	Ⓓ
009	Ⓐ	Ⓑ	Ⓒ	Ⓓ	019	Ⓐ	Ⓑ	Ⓒ	Ⓓ	029	Ⓐ	Ⓑ	Ⓒ	Ⓓ
010	Ⓐ	Ⓑ	Ⓒ	Ⓓ	020	Ⓐ	Ⓑ	Ⓒ	Ⓓ	030	Ⓐ	Ⓑ	Ⓒ	Ⓓ

语法模拟测试卷 □

（学习日期：　　月　　日 / 所需时间：　　分　　秒）

No.	ANSWER				No.	ANSWER				No.	ANSWER			
	A	B	C	D		A	B	C	D		A	B	C	D
001	Ⓐ	Ⓑ	Ⓒ	Ⓓ	011	Ⓐ	Ⓑ	Ⓒ	Ⓓ	021	Ⓐ	Ⓑ	Ⓒ	Ⓓ
002	Ⓐ	Ⓑ	Ⓒ	Ⓓ	012	Ⓐ	Ⓑ	Ⓒ	Ⓓ	022	Ⓐ	Ⓑ	Ⓒ	Ⓓ
003	Ⓐ	Ⓑ	Ⓒ	Ⓓ	013	Ⓐ	Ⓑ	Ⓒ	Ⓓ	023	Ⓐ	Ⓑ	Ⓒ	Ⓓ
004	Ⓐ	Ⓑ	Ⓒ	Ⓓ	014	Ⓐ	Ⓑ	Ⓒ	Ⓓ	024	Ⓐ	Ⓑ	Ⓒ	Ⓓ
005	Ⓐ	Ⓑ	Ⓒ	Ⓓ	015	Ⓐ	Ⓑ	Ⓒ	Ⓓ	025	Ⓐ	Ⓑ	Ⓒ	Ⓓ
006	Ⓐ	Ⓑ	Ⓒ	Ⓓ	016	Ⓐ	Ⓑ	Ⓒ	Ⓓ	026	Ⓐ	Ⓑ	Ⓒ	Ⓓ
007	Ⓐ	Ⓑ	Ⓒ	Ⓓ	017	Ⓐ	Ⓑ	Ⓒ	Ⓓ	027	Ⓐ	Ⓑ	Ⓒ	Ⓓ
008	Ⓐ	Ⓑ	Ⓒ	Ⓓ	018	Ⓐ	Ⓑ	Ⓒ	Ⓓ	028	Ⓐ	Ⓑ	Ⓒ	Ⓓ
009	Ⓐ	Ⓑ	Ⓒ	Ⓓ	019	Ⓐ	Ⓑ	Ⓒ	Ⓓ	029	Ⓐ	Ⓑ	Ⓒ	Ⓓ
010	Ⓐ	Ⓑ	Ⓒ	Ⓓ	020	Ⓐ	Ⓑ	Ⓒ	Ⓓ	030	Ⓐ	Ⓑ	Ⓒ	Ⓓ

剪切

语法模拟测试卷 □

（学习日期：　　月　　日 / 所需时间：　　分　　秒）

No.	ANSWER				No.	ANSWER				No.	ANSWER			
	A	B	C	D		A	B	C	D		A	B	C	D
001	Ⓐ	Ⓑ	Ⓒ	Ⓓ	011	Ⓐ	Ⓑ	Ⓒ	Ⓓ	021	Ⓐ	Ⓑ	Ⓒ	Ⓓ
002	Ⓐ	Ⓑ	Ⓒ	Ⓓ	012	Ⓐ	Ⓑ	Ⓒ	Ⓓ	022	Ⓐ	Ⓑ	Ⓒ	Ⓓ
003	Ⓐ	Ⓑ	Ⓒ	Ⓓ	013	Ⓐ	Ⓑ	Ⓒ	Ⓓ	023	Ⓐ	Ⓑ	Ⓒ	Ⓓ
004	Ⓐ	Ⓑ	Ⓒ	Ⓓ	014	Ⓐ	Ⓑ	Ⓒ	Ⓓ	024	Ⓐ	Ⓑ	Ⓒ	Ⓓ
005	Ⓐ	Ⓑ	Ⓒ	Ⓓ	015	Ⓐ	Ⓑ	Ⓒ	Ⓓ	025	Ⓐ	Ⓑ	Ⓒ	Ⓓ
006	Ⓐ	Ⓑ	Ⓒ	Ⓓ	016	Ⓐ	Ⓑ	Ⓒ	Ⓓ	026	Ⓐ	Ⓑ	Ⓒ	Ⓓ
007	Ⓐ	Ⓑ	Ⓒ	Ⓓ	017	Ⓐ	Ⓑ	Ⓒ	Ⓓ	027	Ⓐ	Ⓑ	Ⓒ	Ⓓ
008	Ⓐ	Ⓑ	Ⓒ	Ⓓ	018	Ⓐ	Ⓑ	Ⓒ	Ⓓ	028	Ⓐ	Ⓑ	Ⓒ	Ⓓ
009	Ⓐ	Ⓑ	Ⓒ	Ⓓ	019	Ⓐ	Ⓑ	Ⓒ	Ⓓ	029	Ⓐ	Ⓑ	Ⓒ	Ⓓ
010	Ⓐ	Ⓑ	Ⓒ	Ⓓ	020	Ⓐ	Ⓑ	Ⓒ	Ⓓ	030	Ⓐ	Ⓑ	Ⓒ	Ⓓ

语法模拟测试卷 □

（学习日期：　　月　　日 / 所需时间：　　分　　秒）

No.	ANSWER				No.	ANSWER				No.	ANSWER			
	A	B	C	D		A	B	C	D		A	B	C	D
001	Ⓐ	Ⓑ	Ⓒ	Ⓓ	011	Ⓐ	Ⓑ	Ⓒ	Ⓓ	021	Ⓐ	Ⓑ	Ⓒ	Ⓓ
002	Ⓐ	Ⓑ	Ⓒ	Ⓓ	012	Ⓐ	Ⓑ	Ⓒ	Ⓓ	022	Ⓐ	Ⓑ	Ⓒ	Ⓓ
003	Ⓐ	Ⓑ	Ⓒ	Ⓓ	013	Ⓐ	Ⓑ	Ⓒ	Ⓓ	023	Ⓐ	Ⓑ	Ⓒ	Ⓓ
004	Ⓐ	Ⓑ	Ⓒ	Ⓓ	014	Ⓐ	Ⓑ	Ⓒ	Ⓓ	024	Ⓐ	Ⓑ	Ⓒ	Ⓓ
005	Ⓐ	Ⓑ	Ⓒ	Ⓓ	015	Ⓐ	Ⓑ	Ⓒ	Ⓓ	025	Ⓐ	Ⓑ	Ⓒ	Ⓓ
006	Ⓐ	Ⓑ	Ⓒ	Ⓓ	016	Ⓐ	Ⓑ	Ⓒ	Ⓓ	026	Ⓐ	Ⓑ	Ⓒ	Ⓓ
007	Ⓐ	Ⓑ	Ⓒ	Ⓓ	017	Ⓐ	Ⓑ	Ⓒ	Ⓓ	027	Ⓐ	Ⓑ	Ⓒ	Ⓓ
008	Ⓐ	Ⓑ	Ⓒ	Ⓓ	018	Ⓐ	Ⓑ	Ⓒ	Ⓓ	028	Ⓐ	Ⓑ	Ⓒ	Ⓓ
009	Ⓐ	Ⓑ	Ⓒ	Ⓓ	019	Ⓐ	Ⓑ	Ⓒ	Ⓓ	029	Ⓐ	Ⓑ	Ⓒ	Ⓓ
010	Ⓐ	Ⓑ	Ⓒ	Ⓓ	020	Ⓐ	Ⓑ	Ⓒ	Ⓓ	030	Ⓐ	Ⓑ	Ⓒ	Ⓓ

剪切

语法模拟测试卷 □

（学习日期：　　月　　日／所需时间：　　分　　秒）

No.	ANSWER				No.	ANSWER				No.	ANSWER			
	A	B	C	D		A	B	C	D		A	B	C	D
001	Ⓐ	Ⓑ	Ⓒ	Ⓓ	011	Ⓐ	Ⓑ	Ⓒ	Ⓓ	021	Ⓐ	Ⓑ	Ⓒ	Ⓓ
002	Ⓐ	Ⓑ	Ⓒ	Ⓓ	012	Ⓐ	Ⓑ	Ⓒ	Ⓓ	022	Ⓐ	Ⓑ	Ⓒ	Ⓓ
003	Ⓐ	Ⓑ	Ⓒ	Ⓓ	013	Ⓐ	Ⓑ	Ⓒ	Ⓓ	023	Ⓐ	Ⓑ	Ⓒ	Ⓓ
004	Ⓐ	Ⓑ	Ⓒ	Ⓓ	014	Ⓐ	Ⓑ	Ⓒ	Ⓓ	024	Ⓐ	Ⓑ	Ⓒ	Ⓓ
005	Ⓐ	Ⓑ	Ⓒ	Ⓓ	015	Ⓐ	Ⓑ	Ⓒ	Ⓓ	025	Ⓐ	Ⓑ	Ⓒ	Ⓓ
006	Ⓐ	Ⓑ	Ⓒ	Ⓓ	016	Ⓐ	Ⓑ	Ⓒ	Ⓓ	026	Ⓐ	Ⓑ	Ⓒ	Ⓓ
007	Ⓐ	Ⓑ	Ⓒ	Ⓓ	017	Ⓐ	Ⓑ	Ⓒ	Ⓓ	027	Ⓐ	Ⓑ	Ⓒ	Ⓓ
008	Ⓐ	Ⓑ	Ⓒ	Ⓓ	018	Ⓐ	Ⓑ	Ⓒ	Ⓓ	028	Ⓐ	Ⓑ	Ⓒ	Ⓓ
009	Ⓐ	Ⓑ	Ⓒ	Ⓓ	019	Ⓐ	Ⓑ	Ⓒ	Ⓓ	029	Ⓐ	Ⓑ	Ⓒ	Ⓓ
010	Ⓐ	Ⓑ	Ⓒ	Ⓓ	020	Ⓐ	Ⓑ	Ⓒ	Ⓓ	030	Ⓐ	Ⓑ	Ⓒ	Ⓓ

语法模拟测试卷 □

（学习日期：　　月　　日／所需时间：　　分　　秒）

No.	ANSWER				No.	ANSWER				No.	ANSWER			
	A	B	C	D		A	B	C	D		A	B	C	D
001	Ⓐ	Ⓑ	Ⓒ	Ⓓ	011	Ⓐ	Ⓑ	Ⓒ	Ⓓ	021	Ⓐ	Ⓑ	Ⓒ	Ⓓ
002	Ⓐ	Ⓑ	Ⓒ	Ⓓ	012	Ⓐ	Ⓑ	Ⓒ	Ⓓ	022	Ⓐ	Ⓑ	Ⓒ	Ⓓ
003	Ⓐ	Ⓑ	Ⓒ	Ⓓ	013	Ⓐ	Ⓑ	Ⓒ	Ⓓ	023	Ⓐ	Ⓑ	Ⓒ	Ⓓ
004	Ⓐ	Ⓑ	Ⓒ	Ⓓ	014	Ⓐ	Ⓑ	Ⓒ	Ⓓ	024	Ⓐ	Ⓑ	Ⓒ	Ⓓ
005	Ⓐ	Ⓑ	Ⓒ	Ⓓ	015	Ⓐ	Ⓑ	Ⓒ	Ⓓ	025	Ⓐ	Ⓑ	Ⓒ	Ⓓ
006	Ⓐ	Ⓑ	Ⓒ	Ⓓ	016	Ⓐ	Ⓑ	Ⓒ	Ⓓ	026	Ⓐ	Ⓑ	Ⓒ	Ⓓ
007	Ⓐ	Ⓑ	Ⓒ	Ⓓ	017	Ⓐ	Ⓑ	Ⓒ	Ⓓ	027	Ⓐ	Ⓑ	Ⓒ	Ⓓ
008	Ⓐ	Ⓑ	Ⓒ	Ⓓ	018	Ⓐ	Ⓑ	Ⓒ	Ⓓ	028	Ⓐ	Ⓑ	Ⓒ	Ⓓ
009	Ⓐ	Ⓑ	Ⓒ	Ⓓ	019	Ⓐ	Ⓑ	Ⓒ	Ⓓ	029	Ⓐ	Ⓑ	Ⓒ	Ⓓ
010	Ⓐ	Ⓑ	Ⓒ	Ⓓ	020	Ⓐ	Ⓑ	Ⓒ	Ⓓ	030	Ⓐ	Ⓑ	Ⓒ	Ⓓ

语法模拟测试卷 □

（学习日期：　　月　　日 / 所需时间：　　分　　秒）

No.	ANSWER				No.	ANSWER				No.	ANSWER			
	A	B	C	D		A	B	C	D		A	B	C	D
001	Ⓐ	Ⓑ	Ⓒ	Ⓓ	011	Ⓐ	Ⓑ	Ⓒ	Ⓓ	021	Ⓐ	Ⓑ	Ⓒ	Ⓓ
002	Ⓐ	Ⓑ	Ⓒ	Ⓓ	012	Ⓐ	Ⓑ	Ⓒ	Ⓓ	022	Ⓐ	Ⓑ	Ⓒ	Ⓓ
003	Ⓐ	Ⓑ	Ⓒ	Ⓓ	013	Ⓐ	Ⓑ	Ⓒ	Ⓓ	023	Ⓐ	Ⓑ	Ⓒ	Ⓓ
004	Ⓐ	Ⓑ	Ⓒ	Ⓓ	014	Ⓐ	Ⓑ	Ⓒ	Ⓓ	024	Ⓐ	Ⓑ	Ⓒ	Ⓓ
005	Ⓐ	Ⓑ	Ⓒ	Ⓓ	015	Ⓐ	Ⓑ	Ⓒ	Ⓓ	025	Ⓐ	Ⓑ	Ⓒ	Ⓓ
006	Ⓐ	Ⓑ	Ⓒ	Ⓓ	016	Ⓐ	Ⓑ	Ⓒ	Ⓓ	026	Ⓐ	Ⓑ	Ⓒ	Ⓓ
007	Ⓐ	Ⓑ	Ⓒ	Ⓓ	017	Ⓐ	Ⓑ	Ⓒ	Ⓓ	027	Ⓐ	Ⓑ	Ⓒ	Ⓓ
008	Ⓐ	Ⓑ	Ⓒ	Ⓓ	018	Ⓐ	Ⓑ	Ⓒ	Ⓓ	028	Ⓐ	Ⓑ	Ⓒ	Ⓓ
009	Ⓐ	Ⓑ	Ⓒ	Ⓓ	019	Ⓐ	Ⓑ	Ⓒ	Ⓓ	029	Ⓐ	Ⓑ	Ⓒ	Ⓓ
010	Ⓐ	Ⓑ	Ⓒ	Ⓓ	020	Ⓐ	Ⓑ	Ⓒ	Ⓓ	030	Ⓐ	Ⓑ	Ⓒ	Ⓓ

语法模拟测试卷 □

（学习日期：　　月　　日 / 所需时间：　　分　　秒）

No.	ANSWER				No.	ANSWER				No.	ANSWER			
	A	B	C	D		A	B	C	D		A	B	C	D
001	Ⓐ	Ⓑ	Ⓒ	Ⓓ	011	Ⓐ	Ⓑ	Ⓒ	Ⓓ	021	Ⓐ	Ⓑ	Ⓒ	Ⓓ
002	Ⓐ	Ⓑ	Ⓒ	Ⓓ	012	Ⓐ	Ⓑ	Ⓒ	Ⓓ	022	Ⓐ	Ⓑ	Ⓒ	Ⓓ
003	Ⓐ	Ⓑ	Ⓒ	Ⓓ	013	Ⓐ	Ⓑ	Ⓒ	Ⓓ	023	Ⓐ	Ⓑ	Ⓒ	Ⓓ
004	Ⓐ	Ⓑ	Ⓒ	Ⓓ	014	Ⓐ	Ⓑ	Ⓒ	Ⓓ	024	Ⓐ	Ⓑ	Ⓒ	Ⓓ
005	Ⓐ	Ⓑ	Ⓒ	Ⓓ	015	Ⓐ	Ⓑ	Ⓒ	Ⓓ	025	Ⓐ	Ⓑ	Ⓒ	Ⓓ
006	Ⓐ	Ⓑ	Ⓒ	Ⓓ	016	Ⓐ	Ⓑ	Ⓒ	Ⓓ	026	Ⓐ	Ⓑ	Ⓒ	Ⓓ
007	Ⓐ	Ⓑ	Ⓒ	Ⓓ	017	Ⓐ	Ⓑ	Ⓒ	Ⓓ	027	Ⓐ	Ⓑ	Ⓒ	Ⓓ
008	Ⓐ	Ⓑ	Ⓒ	Ⓓ	018	Ⓐ	Ⓑ	Ⓒ	Ⓓ	028	Ⓐ	Ⓑ	Ⓒ	Ⓓ
009	Ⓐ	Ⓑ	Ⓒ	Ⓓ	019	Ⓐ	Ⓑ	Ⓒ	Ⓓ	029	Ⓐ	Ⓑ	Ⓒ	Ⓓ
010	Ⓐ	Ⓑ	Ⓒ	Ⓓ	020	Ⓐ	Ⓑ	Ⓒ	Ⓓ	030	Ⓐ	Ⓑ	Ⓒ	Ⓓ

剪切

剪切

语法模拟测试卷 □

（学习日期：　　月　　日 / 所需时间：　　分　　秒）

No.	ANSWER				No.	ANSWER				No.	ANSWER			
	A	B	C	D		A	B	C	D		A	B	C	D
001	Ⓐ	Ⓑ	Ⓒ	Ⓓ	011	Ⓐ	Ⓑ	Ⓒ	Ⓓ	021	Ⓐ	Ⓑ	Ⓒ	Ⓓ
002	Ⓐ	Ⓑ	Ⓒ	Ⓓ	012	Ⓐ	Ⓑ	Ⓒ	Ⓓ	022	Ⓐ	Ⓑ	Ⓒ	Ⓓ
003	Ⓐ	Ⓑ	Ⓒ	Ⓓ	013	Ⓐ	Ⓑ	Ⓒ	Ⓓ	023	Ⓐ	Ⓑ	Ⓒ	Ⓓ
004	Ⓐ	Ⓑ	Ⓒ	Ⓓ	014	Ⓐ	Ⓑ	Ⓒ	Ⓓ	024	Ⓐ	Ⓑ	Ⓒ	Ⓓ
005	Ⓐ	Ⓑ	Ⓒ	Ⓓ	015	Ⓐ	Ⓑ	Ⓒ	Ⓓ	025	Ⓐ	Ⓑ	Ⓒ	Ⓓ
006	Ⓐ	Ⓑ	Ⓒ	Ⓓ	016	Ⓐ	Ⓑ	Ⓒ	Ⓓ	026	Ⓐ	Ⓑ	Ⓒ	Ⓓ
007	Ⓐ	Ⓑ	Ⓒ	Ⓓ	017	Ⓐ	Ⓑ	Ⓒ	Ⓓ	027	Ⓐ	Ⓑ	Ⓒ	Ⓓ
008	Ⓐ	Ⓑ	Ⓒ	Ⓓ	018	Ⓐ	Ⓑ	Ⓒ	Ⓓ	028	Ⓐ	Ⓑ	Ⓒ	Ⓓ
009	Ⓐ	Ⓑ	Ⓒ	Ⓓ	019	Ⓐ	Ⓑ	Ⓒ	Ⓓ	029	Ⓐ	Ⓑ	Ⓒ	Ⓓ
010	Ⓐ	Ⓑ	Ⓒ	Ⓓ	020	Ⓐ	Ⓑ	Ⓒ	Ⓓ	030	Ⓐ	Ⓑ	Ⓒ	Ⓓ

免费赠送 TOEIC 在线模拟题系统中的【实力测定标准模拟题】一套

领取方法

❶ 登录以下网址注册一个账号：https://ask-online.net/student/normal/purchase-package?purchase_package_id=181&entry_point=AI

❷ 收到来自系统注册成功的邮件通知后，点击邮件下方的【Verify】可进入系统。

❸ 进入系统后，点击【免费体验】可领取 TOEIC 在线模拟题系统的试用版（含【实力测定标准模拟题】一套）。

❹ 领取结束后，即可体验 TOEIC 在线模拟题系统的试用版。试用版的有效期为两周。

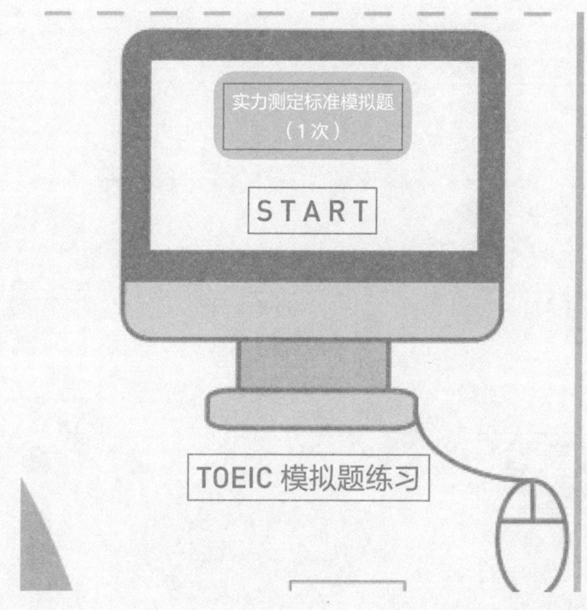

* 如有兴趣了解完整版 TOEIC 在线模拟题系统，请参照 TOEIC 在线模拟题系统简介。

TOEIC 在线模拟题系统的正式版将于 2022 年 1 月 1 日起在中国大陆公开发售。敬请期待。TOEIC 在线模拟题系统的使用方法详情，请购买后参照系统内的使用说明。

TOEIC 在线模拟题系统简介

该系统是由日本 ASK 出版股份有限公司研发制作的一套 TOEIC 在线模拟题系统。它由一套实力测定标准模拟题、各 part 训练式模拟题和一套效果测定标准模拟题组成。

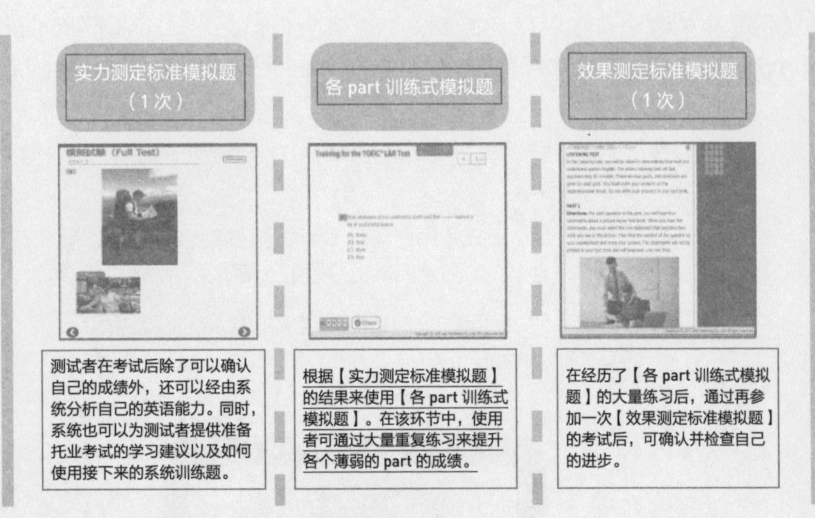

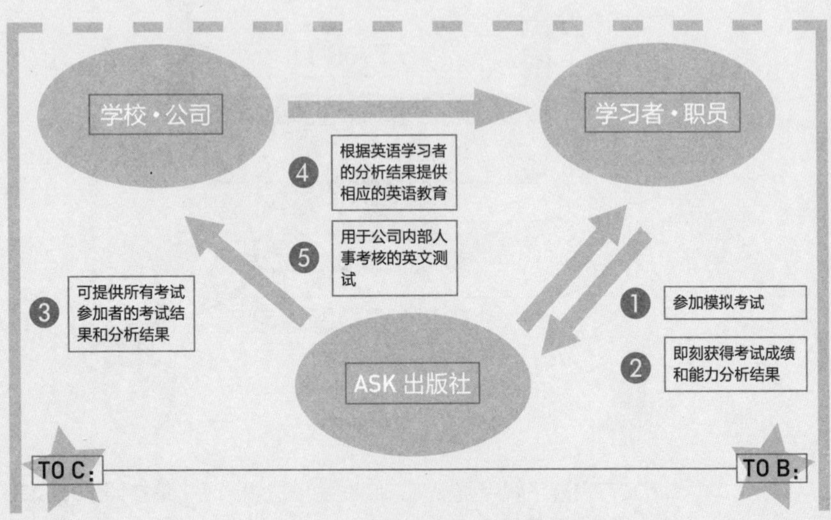

学校或培训机构等团购客户可联系机械工业出版社，该系统使用价格和期限可个别商谈，联系电话：010-88379366。

语法问题突破
1000题

TOEIC

《语法问题突破1000题》的使用方法

此附录分册为将本书收录的所有题目打乱顺序随机排列成册。可以在想连续刷题的时候，或是想在外出的闲暇时间里学习时使用。附录中并未收录解析，需要参考解析时，可按照题目编号在书中查找。

□□□

0028. Everyone in the finance division _____ staff members working on special projects is expected to attend the meeting tomorrow afternoon.
0472 P. 215
(A) apart (B) even though (C) also (D) except for

0029. _____ its production rates at an all-time low, Kenner Manufacturing decided to renovate its manufacturing facilities.
0592 P. 275
(A) Except (B) Until (C) With (D) Into

0030. Cherry Bank plans to upgrade its core processing system within a year _____ the quality of its service.
0397 P. 177
(A) enhance (B) has enhanced
(C) will enhance (D) to enhance

0031. While Fire Art's new video games have already been launched in Asia, they will not be available _____ anytime soon.
0189 P. 083
(A) globe (B) global (C) globally (D) globalization

0032. Frank Rich, a theater critic and columnist at *Mongolia Times*, _____ the paper to join *Darkhan City* magazine.
0715 P. 339
(A) leave (B) has been left (C) is leaving (D) leaving

0033. Creek County approved _____ to create a transportation council, which will coordinate the planning of new roads and tunnels.
0005 P. 009
(A) legislation (B) legislate (C) legislated (D) legislates

0034. A professional _____ is one of the key elements of a successful job interview.
0079 P. 039
(A) appearance (B) appear (C) appeared (D) appears

0035. Dream Painting Ltd. is a painting contractor with a solid reputation for _____ completing projects by tight deadlines.
0021 P. 015
(A) success (B) successful (C) successfully (D) succeed

0036. Keep up-to-date with the latest information about special offers and discounts at Wagner Clothing Stores _____ subscribing to our newsletter.
0578 P. 269
(A) at (B) in (C) by (D) as

004 0028 (D) 0029 (C) 0030 (D) 0031 (C) 0032 (C) 0033 (A) 0034 (A) 0035 (C) 0036 (C)

一站一页

每一页设置了 9 道题目，如果以 1 道题 20 秒钟的速度解答的话，那么完成 1 页正好需要 3 分钟。

通常地铁每两站间隔 2~3 分钟。上下班、上下学的时候，请试着以“一站一页”的速度解题。

正确答案

每页最下方显示该页题目的正确答案。可以迅速核对答案。

□□□ 学习记录

学完的页码在这里标记一下。每页的题目要反复练习，直到滚瓜烂熟为止。

□□□

☐ 0019. Before Lucia Gomez and Daniel White moved to their offices on the first floor, both of _____ had been working on the second floor.
0523 P. 241
(A) they (B) their (C) them (D) theirs

☐ 0020. Executives at Carlton Department Store are excited _____ the fresh perspective that the new CEO is expected to bring to the organization.
0711 P. 338
(A) about (B) to (C) from (D) between

☐ 0021. Mr. Song was recently awarded a prestigious research grant, which should come as no surprise to anyone _____ with his work.
0146 P. 067
(A) familiar (B) familiarize (C) familiarizing (D) familiarity

☐ 0022. Oriental Textiles employs and trains more inexperienced young people than _____ company in Thailand.
0920 P. 436
(A) any other (B) others (C) all (D) each other

☐ 0023. Sales figures from the Shinjuku, Shibuya, and Yokohama stores showed a _____ rise in the volume of winter clothing sold during September and October.
0131 P. 061
(A) notice (B) noticing (C) noticeable (D) noticeably

☐ 0024. The results of recent water quality monitoring in the area verify that community health and safety concerns have been _____ addressed.
0101 P. 049
(A) effect (B) effective (C) effectively (D) effectiveness

☐ 0025. The newly appointed president has already _____ to resign if the company does not reach profitability by the end of the year.
0359 P. 161
(A) promise (B) promised (C) promises (D) promising

☐ 0026. The highly anticipated second album of William Roy is _____ from the first but no less remarkable.
0165 P. 075
(A) distinct (B) distinguish (C) distinction (D) distinctly

☐ 0027. Please view the written _____ of the product online before contacting a company representative with a question.
0051 P. 029
(A) describe (B) describes (C) described (D) description

0019 (C) 0020 (A) 0021 (A) 0022 (A) 0023 (C) 0024 (C) 0025 (B) 0026 (A) 0027 (D)

003

☐ 错题检查小方格

做错了的题目在这里标记一下。反复出错的题目就是你的弱点所在。再次解答这页的题目之前，请先重做一遍错题，并参考一下答案解析。

0001 题目编号及页码

根据题目编号和页码，可迅速在书中查找到该题的答案解析。

☐ 0001. Aya Hernandez was one of the top five finalists of the piano competition, ______ whom audience members will choose a winner.
1002
P. 476

(A) around (B) during (C) from (D) above

☐ 0002. All staff members are required to wear the new uniforms that were provided ______ the meeting last week.
1031
P. 490

(A) with (B) at (C) on (D) of

☐ 0003. ______ to the Queensland Museum from local residents and corporations are welcome but entirely optional.
0001
P. 002

(A) Donate (B) Donating (C) Donated (D) Donations

☐ 0004. Please be aware that information is automatically exchanged between your computer and our server ______ you access our Web site.
0736
P. 351

(A) as soon as (B) on the other hand
(C) as well as (D) instead of

☐ 0005. The new range of McGinty silicon mobile phone covers are fashionable and ______ priced.
0289
P. 123

(A) afford (B) affordable (C) affordably (D) affordability

☐ 0006. All baggage must be tagged by a customer service agent before being ______ onto the aircraft.
0901
P. 432

(A) reached (B) proceeded (C) arrived (D) loaded

☐ 0007. EG Equipment provides customers with the highest quality materials, competitive prices, and ______ service.
0879
P. 419

(A) depend (B) depending (C) dependable (D) dependably

☐ 0008. All workers are required to read and observe the safety instructions posted ______ the factory entrance.
0585
P. 271

(A) for (B) beside (C) into (D) off

☐ 0009. The company director ______ that she would be out of town when the decision was made about the location of the new offices.
0949
P. 449

(A) assured (B) pointed (C) offered (D) indicated

0001 (C) 0002 (B) 0003 (D) 0004 (A) 0005 (C) 0006 (D) 0007 (C) 0008 (B) 0009 (D)

0010. _____ the difficulties he faced, Mr. Chang managed to complete his master's degree at the University of Abeno last year.

0485
P. 219

(A) Although (B) Despite (C) However (D) Whereas

0011. The seminar started about 30 minutes later than _____ scheduled, as many of those who had signed up were delayed by the weather.

0292
P. 125

(A) original (B) originally (C) originate (D) origin

0012. As a successful business person, Mr. O'Neill has been very effective in advising college students about _____ course options to pursue.

0824
P. 382

(A) that (B) how (C) where (D) which

0013. Pacific Home Designs has been a reliable _____ of home furnishings for more than 30 years.

0197
P. 087

(A) manufacture (B) manufactures
(C) manufacturing (D) manufacturer

0014. The demand for electric automobiles has increased by _____ 50 percent over the past 10 years in Australia.

0029
P. 019

(A) nears (B) nearly (C) nearing (D) nearness

0015. Among all the applicants, Mr. Vincent seems to be the _____ qualified for the engineering manager position.

0652
P. 309

(A) more (B) many (C) much (D) most

0016. Some industry analysts predict that the worldwide mobile phone market will show signs of _____ toward the end of the year.

0926
P. 437

(A) utility (B) improvement (C) rise (D) relocation

0017. Mr. Sanders won this quarter's Best Employee award for his _____ service to clients and early achievement of his yearly sales target.

0039
P. 023

(A) except (B) exceptional (C) exceptionally (D) exceptions

0018. A recent survey showed that 14 percent of respondents feel company management only promotes people who _____ work late.

0820
P. 392

(A) habit (B) habitual (C) habitually (D) habitation

0010 (B) 0011 (B) 0012 (D) 0013 (D) 0014 (B) 0015 (D) 0016 (B) 0017 (B) 0018 (C)

☐ ☐ ☐

0019. Before Lucia Gomez and Daniel White moved to their offices on the first floor, both of _____ had been working on the second floor.
0523
P. 241
(A) they (B) their (C) them (D) theirs

0020. Executives at Carlton Department Store are excited _____ the fresh perspective that the new CEO is expected to bring to the organization.
0711
P. 338
(A) about (B) to (C) from (D) between

0021. Mr. Song was recently awarded a prestigious research grant, which should come as no surprise to anyone _____ with his work.
0146
P. 067
(A) familiar (B) familiarize (C) familiarizing (D) familiarity

0022. Oriental Textiles employs and trains more inexperienced young people than _____ company in Thailand.
0920
P. 436
(A) any other (B) others (C) all (D) each other

0023. Sales figures from the Shinjuku, Shibuya, and Yokohama stores showed a _____ rise in the volume of winter clothing sold during September and October.
0131
P. 061
(A) notice (B) noticing (C) noticeable (D) noticeably

0024. The results of recent water quality monitoring in the area verify that community health and safety concerns have been _____ addressed.
0101
P. 049
(A) effect (B) effective (C) effectively (D) effectiveness

0025. The newly appointed president has already _____ to resign if the company does not reach profitability by the end of the year.
0359
P. 161
(A) promise (B) promised (C) promises (D) promising

0026. The highly anticipated second album of William Roy is _____ from the first but no less remarkable.
0165
P. 075
(A) distinct (B) distinguish (C) distinction (D) distinctly

0027. Please view the written _____ of the product online before contacting a company representative with a question.
0051
P. 029
(A) describe (B) describes (C) described (D) description

0019 (C) 0020 (A) 0021 (A) 0022 (A) 0023 (C) 0024 (C) 0025 (B) 0026 (A) 0027 (D)

☐☐☐

☑ 0028. Everyone in the finance division _____ staff members working on special projects is expected to attend the meeting tomorrow afternoon.
0472
P. 215
(A) apart (B) even though (C) also (D) except for

☑ 0029. _____ its production rates at an all-time low, Kenner Manufacturing decided to renovate its manufacturing facilities.
0592
P. 275
(A) Except (B) Until (C) With (D) Into

☑ 0030. Cherry Bank plans to upgrade its core processing system within a year _____ the quality of its service.
0397
P. 177
(A) enhance (B) has enhanced
(C) will enhance (D) to enhance

☑ 0031. While Fire Art's new video games have already been launched in Asia, they will not be available _____ anytime soon.
0189
P. 083
(A) globe (B) global (C) globally (D) globalization

☑ 0032. Frank Rich, a theater critic and columnist at *Mongolia Times*, _____ the paper to join *Darkhan City* magazine.
0715
P. 339
(A) leave (B) has been left (C) is leaving (D) leaving

☑ 0033. Creek County approved _____ to create a transportation council, which will coordinate the planning of new roads and tunnels.
0005
P. 009
(A) legislation (B) legislate (C) legislated (D) legislates

☑ 0034. A professional _____ is one of the key elements of a successful job interview.
0079
P. 039
(A) appearance (B) appear (C) appeared (D) appears

☑ 0035. Dream Painting Ltd. is a painting contractor with a solid reputation for _____ completing projects by tight deadlines.
0021
P. 015
(A) success (B) successful (C) successfully (D) succeed

☑ 0036. Keep up-to-date with the latest information about special offers and discounts at Wagner Clothing Stores _____ subscribing to our newsletter.
0578
P. 269
(A) at (B) in (C) by (D) as

0028 (D) 0029 (C) 0030 (D) 0031 (C) 0032 (C) 0033 (A) 0034 (A) 0035 (C) 0036 (C)

☐ 0037. Using public _____ in countries that you visit is the most cost-efficient way to travel.
0960
P. 460

(A) transportable (B) transporting
(C) transportation (D) transported

☐ 0038. Eastbound Highway 66 was shut down Monday morning _____ icy road conditions.
0458
P. 209

(A) while (B) in order to (C) now that (D) due to

☐ 0039. Tex Corporation's success over the years is based _____ on its reputation for high product quality and service levels.
0772
P. 366

(A) large (B) largely (C) larger (D) largeness

☐ 0040. _____ recent changes made to the schedule, employees are to be given an additional day off next Friday.
0502
P. 227

(A) Because (B) As far as (C) In light of (D) Except for

☐ 0041. Small manufacturers operating using a limited workforce with _____ skills have recently been on the rise.
0207
P. 091

(A) specialize (B) specialized (C) specializing (D) specialization

☐ 0042. During yesterday's press conference, Mr. Shimura _____ denied that the company would acquire Seattle-based White Corporation.
0010
P. 011

(A) emphasized (B) emphatic (C) emphatically (D) emphasis

☐ 0043. Senior management has required that department heads check with each other before _____ any major events.
0837
P. 395

(A) scheduling (B) scheduled (C) schedule (D) schedules

☐ 0044. Only one year after its _____, Denton Publishing was awarded the Prize for Exceptional Creativity at an international competition in Vienna.
0185
P. 083

(A) found (B) foundations (C) founded (D) foundation

☐ 0045. Ms. Adams _____ office supplies on the third Friday of each month, so you should contact her if you need any.
0361
P. 161

(A) order (B) ordered (C) orders (D) to order

0037 (C) 0038 (D) 0039 (B) 0040 (C) 0041 (B) 0042 (C) 0043 (A) 0044 (D) 0045 (C)

☐☐☐

☑ 0046. Mr. Anderson suggested that the presenter give a demonstration _____ the new products at the press conference.
0582
P. 271
(A) along (B) of (C) during (D) into

☑ 0047. Please let us know _____ you prefer to be notified by e-mail or telephone in case we have to reschedule your appointment.
0494
P. 223
(A) than (B) whereas (C) whether (D) such

☑ 0048. Diego Martinez is going to appear on a prime-time news program as a _____ for the anchor, David Lee.
0217
P. 095
(A) substitute (B) substitutive (C) substitutions (D) substitutes

☑ 0049. Situated near the city center, Dolphin Hotel is _____ enough to reach on foot from Central Station.
1047
P. 493
(A) close (B) closely (C) closed (D) closure

☑ 0050. All of the negotiations that had been held between the two companies became _____ after ownership changed hands this month.
0298
P. 127
(A) point (B) pointing (C) pointed (D) pointless

☑ 0051. Novelist Elizabeth Noguchi was her own _____ critic, inspecting every word and phrase with an eye toward possible improvement.
0751
P. 362
(A) harsher (B) harshest (C) harshly (D) harshness

☑ 0052. Mr. Hasegawa decided to purchase the movie tickets early _____ he would not have to wait in line at the box office.
0492
P. 223
(A) so that (B) in order (C) as if (D) even yet

☑ 0053. The new order-tracking system will highlight outstanding orders that need to be _____.
1040
P. 492
(A) expedite (B) expediting (C) expedited (D) expedites

☑ 0054. Dream Toys _____ the value of its Web site until a survey revealed that it was responsible for much of its business.
0918
P. 435
(A) does not recognize (B) were not recognized
(C) had not recognized (D) will not recognize

0046 (B) 0047 (C) 0048 (A) 0049 (A) 0050 (D) 0051 (B) 0052 (A) 0053 (C) 0054 (C)

☐ 0055. One of the requirements is that job applications should be _____ than four pages including the cover letter and résumé.
0622
P. 297

(A) short (B) shorter (C) shortest (D) shortage

☐ 0056. Advance Telecommunications announced that the cause of yesterday's network disruption is still _____ investigation.
0566
P. 263

(A) over (B) with (C) among (D) under

☐ 0057. _____ she can spend more time with her family, Emily Gomez decided to change her job.
0462
P. 211

(A) Apart from (B) So that (C) Because of (D) Rather than

☐ 0058. As an administrative assistant, Ms. Maeyama is in charge of _____ office supplies.
0629
P. 299

(A) stating (B) inquiring (C) ordering (D) searching

☐ 0059. An _____ large number of our customers now make reservations online rather than by phone.
0201
P. 089

(A) increase (B) increases (C) increasing (D) increasingly

☐ 0060. No seats for the concert are guaranteed unless you make _____ and payments in advance.
0059
P. 031

(A) reserve (B) reserves (C) reserved (D) reservations

☐ 0061. Travelpal Luggage is the perfect choice for travelers whether they are traveling on business or for _____.
0071
P. 037

(A) pleased (B) pleasant (C) pleasure (D) please

☐ 0062. If requested, Hanz Confectionary _____ an extended leave of absence for employees who have worked at the company for longer than five years.
0868
P. 409

(A) arrange (B) has arranged (C) arranging (D) will arrange

☐ 0063. At *Metal Rock Magazine*, rules regarding the submission deadlines for articles are applied _____ than at other publications.
0306
P. 131

(A) stringent (B) stringently
(C) more stringent (D) more stringently

0055 (B) 0056 (D) 0057 (B) 0058 (C) 0059 (D) 0060 (D) 0061 (C) 0062 (D) 0063 (D)

☐☐☐

☐ 0064. Roux Corporation conducted an _____ analysis on its new product by surveying its customers.
0002
P. 004
(A) extend (B) extensive (C) extensively (D) extension

☐ 0065. Employees should speak to their department _____ for information about the new shift schedule.
0908
P. 433
(A) manages (B) managed (C) managing (D) manager

☐ 0066. In all Unique Design Clothing stores, spring clothing will be sold at _____ prices to make room for new inventory.
0692
P. 334
(A) reduce (B) reduced (C) reduces (D) reduction

☐ 0067. Alpha Taxi plans to relocate since the current _____ does not have sufficient room to accommodate the growing number of vehicles it operates.
0874
P. 418
(A) locate (B) located (C) locates (D) location

☐ 0068. The Flagstaff city council is committed to _____ the environment and has approved a plan to encourage more residents to commute by bicycle.
0288
P. 123
(A) preserve (B) preserved (C) preserving (D) preserves

☐ 0069. Adrian Pennino, _____ has recently been transferred to Mexico City, will visit the New York branch next Thursday.
0597
P. 278
(A) who (B) which (C) where (D) he

☐ 0070. _____ interested in attending the seminar should register early because there is a limited number of seats.
0883
P. 420
(A) Whoever (B) Anyone (C) Other (D) Whom

☐ 0071. The president requested that all employees turn _____ their computers at the end of each business day to save on energy costs.
0921
P. 436
(A) onto (B) out (C) at (D) off

☐ 0072. The parking area near the front entrance of the main office _____ for outside visitors.
0956
P. 451
(A) to be allocated (B) has been allocated
(C) allocates (D) was allocating

0064 (B) 0065 (D) 0066 (B) 0067 (D) 0068 (C) 0069 (A) 0070 (B) 0071 (D) 0072 (B)

☐ 0073. Reviews in several magazines are reporting that the newest laptops from Hyper Technologies are more _____ than were earlier models.
0777
P. 367
(A) depends (B) dependably (C) dependence (D) dependable

☐ 0074. Mr. Watts will _____ a new advertising manager to replace Ms. Takahashi, who is going to retire at the end of this year.
0633
P. 301
(A) appoint (B) conclude (C) agree (D) search

☐ 0075. David Brown sent a letter from his new office to thank all _____ former colleagues for their support over the years.
0504
P. 230
(A) he (B) his (C) him (D) himself

☐ 0076. The information that you requested will be _____ to your e-mail address within 24 hours.
0367
P. 165
(A) send (B) sending (C) sent (D) sends

☐ 0077. The strategic partnership agreement with a leading Canadian business publisher will enable Bear Publishing to reach a _____ group of readers.
0127
P. 059
(A) diverse (B) diversity (C) diversely (D) diversify

☐ 0078. Tests have shown that the quality _____ locally produced cars is somewhat higher than that of imported vehicles.
0898
P. 423
(A) from (B) of (C) about (D) without

☐ 0079. To spread the workload more _____ within the organization, the project team has decided to assign roles to specific individuals.
0199
P. 087
(A) even (B) evens (C) evening (D) evenly

☐ 0080. Ms. Grace would like to extend her _____ to everyone for not being able to attend the award ceremony in person.
0718
P. 339
(A) apologize (B) apologies (C) apologetic (D) apologized

☐ 0081. Unless you _____ mention that you want to remain anonymous, your user name and question may be posted online to help other customers.
0690
P. 334
(A) specify (B) specific (C) specification (D) specifically

0073 (D) 0074 (A) 0075 (B) 0076 (C) 0077 (A) 0078 (B) 0079 (D) 0080 (B) 0081 (D)

☐☐☐

☐ 0082. Personnel at the manufacturing facility are required to have identification cards with _____ at all times.
0512
P. 237

(A) they (B) their (C) them (D) theirs

☐ 0083. The furniture on display in our main showroom is not _____ exposed to sunlight.
0755
P. 363

(A) direct (B) directly (C) direction (D) directory

☐ 0084. A reviewer who attended the opening night of Max Cabernet's new musical reported that it was exciting and _____.
0061
P. 033

(A) memory (B) memorable (C) memorize (D) memorably

☐ 0085. The Web site contains _____ reviews of classic movies as well as the latest movies and documentaries.
0876
P. 419

(A) count (B) countless (C) counting (D) counts

☐ 0086. In a news release, the mayor announced plans to replace most street lights with _____ ones to improve visibility.
1030
P. 490

(A) brightly (B) brighter (C) brightest (D) brightness

☐ 0087. The company will _____ be organizing a nationwide campaign for its new line of mobile phones in April.
0971
P. 462

(A) want (B) most likely (C) the one (D) to

☐ 0088. A passenger criticized the travel agency for _____ to respond quickly to her request for discount tickets.
0351
P. 157

(A) failing (B) was failing (C) has failed (D) fails

☐ 0089. The global project manager's challenge is to create a team _____ members work well together although they see each other infrequently.
0822
P. 392

(A) whose (B) its (C) that (D) which

☐ 0090. By the time Ms. Eriksson returns from her vacation in Stockholm, the workers _____ the renovations to her house.
0742
P. 352

(A) completes (B) had completed
(C) were completing (D) will have completed

0082 (C) 0083 (B) 0084 (B) 0085 (B) 0086 (B) 0087 (B) 0088 (A) 0089 (A) 0090 (D)

☐ 0091. Kazuko Ishiguro's latest novel made quite a splash worldwide, but the _____ response came from Japan, where it became a best seller.
0925
P. 437

(A) greater (B) greatly (C) greatest (D) greatness

☐ 0092. Max Wilson has negotiated _____ a local sporting team to have players wear his company's logo on their uniforms.
0663
P. 320

(A) upon (B) toward (C) into (D) with

☐ 0093. Unless George's Appliances _____ a more aggressive business plan immediately, it will lose market share to new rivals.
0951
P. 450

(A) adopts (B) coincides (C) proceeds (D) agrees

☐ 0094. For a short time, Greg Smith lived in the Village of Caronport before _____ to Vancouver Island at the age of eighteen.
0341
P. 153

(A) move (B) moves (C) moving (D) movement

☐ 0095. Sunrise Financial Advisers relies mostly on word-of-mouth publicity which means it saves a lot of money on _____ its services.
0934
P. 446

(A) advertise (B) advertised
(C) advertising (D) advertisements

☐ 0096. Should you have any questions _____ access to Global Research Center, please direct your inquiry to rep@globalresearch.com.
0576
P. 267

(A) between (B) next (C) onto (D) regarding

☐ 0097. Please direct _____ questions about the new travel expense reimbursement procedure to the accounting manager.
0645
P. 307

(A) each (B) anything (C) all (D) others

☐ 0098. _____ she has a previous engagement with her client, Louise Simon will not be in attendance at today's meeting.
1003
P. 476

(A) Nevertheless (B) Rather (C) Because (D) Whether

☐ 0099. During the workshop, small business owners will learn how to develop _____ business relationships with their clients.
0213
P. 093

(A) prosper (B) prosperity (C) prosperous (D) prospered

0091 (C) 0092 (D) 0093 (A) 0094 (C) 0095 (C) 0096 (D) 0097 (C) 0098 (C) 0099 (C)

☐☐☐

☐ 0100. *California Travel Magazine* named Hugo Bertrand the best travel writer _____ five consecutive years.
0572
P. 267
(A) at (B) for (C) from (D) before

☐ 0101. Members of the finance _____ have been in deliberations since 10 A.M., discussing the proposed budget cuts.
0148
P. 067
(A) committed (B) committing (C) commitment (D) committee

☐ 0102. Local residents are _____ that Wilcox Castle's 500-year heritage will be preserved for years to come thanks to a generous federal grant.
0665
P. 321
(A) delight (B) delighted (C) delighting (D) delightful

☐ 0103. Factory workers are required to wear protective clothing _____ that fire, electrical, or chemical hazards exist.
1048
P. 493
(A) when (B) because of (C) anywhere (D) even if

☐ 0104. Breakthrough Business School is rated highly among students as its teachers _____ engage in discussions with students before and after classes.
0299
P. 127
(A) active (B) actively (C) activate (D) activity

☐ 0105. In addition to signing up for our free daily newsletter, be sure to visit our TechInfo blog for updates _____ the day.
0564
P. 263
(A) throughout (B) over (C) at (D) within

☐ 0106. For decades, wristwatches have been endorsed by _____ such as movie stars and professional athletes.
1028
P. 489
(A) celebration (B) celebrate (C) celebrating (D) celebrities

☐ 0107. Experts _____ that new building insulation regulations will reduce the state's dependency on fossil fuels.
0063
P. 033
(A) predict (B) predicting (C) predictable (D) prediction

☐ 0108. Sales of portable printers have been _____ improving since the lighter, faster models were released last year.
0927
P. 437
(A) consistent (B) consistency
(C) consistencies (D) consistently

0100 (B) 0101 (D) 0102 (B) 0103 (C) 0104 (B) 0105 (A) 0106 (D) 0107 (A) 0108 (D)

0109. The TexPhone was found to be unattractive to consumers due to weaknesses in terms of color, design, and _____ of use.
0062
P. 033

(A) easy (B) easily (C) ease (D) easier

0110. Mountain Electronics, one of the leading manufacturers of consumer electronics, announced a major _____ today.
0763
P. 364

(A) reorganize (B) reorganized
(C) reorganizational (D) reorganization

0111. The tables at the banquet were prepared in a style that was _____ yet elegant.
0150
P. 069

(A) simple (B) simply (C) simplify (D) simplification

0112. It is important that the materials used for the building be _____ for the climate of the area.
0049
P. 027

(A) suit (B) suitable (C) suitably (D) suitability

0113. An intriguing new study suggests that _____ really draws people to rich desserts is not fat, but primarily sugar.
0806
P. 381

(A) who (B) what (C) where (D) why

0114. Increased sales of new cars and improved tourism statistics are promising signs of a _____ economy.
0673
P. 322

(A) strength (B) strengthen
(C) strengthening (D) strengths

0115. Tickets for the train tour of Fort Worth can be purchased _____ the station or online.
1022
P. 488

(A) with (B) upon (C) between (D) inside

0116. Mr. Clark's flight was delayed for _____ three hours because of a mechanical problem.
0735
P. 351

(A) within (B) more than (C) still (D) now that

0117. Restoration work on the Marysville Museum is _____ much slower than residents had hoped.
0031
P. 021

(A) regret (B) regretful (C) regrettable (D) regrettably

0109 (C) 0110 (D) 0111 (A) 0112 (B) 0113 (B) 0114 (C) 0115 (D) 0116 (B) 0117 (D)

☐☐☐

☐ 0118. With time running out before the busy season, the board _____ approved a plan to hire temporary factory workers until production targets were met.
0225
P. 099

(A) swiftly (B) swift (C) swiftness (D) swifts

☐ 0119. Nippon Noodle sells most of its products online, but some of them can also _____ at Asian grocery stores.
0371
P. 165

(A) buy (B) buying (C) to buy (D) be bought

☐ 0120. Tracy Hahn is a _____ trained pastry chef who has been working professionally with chocolate for over 10 years.
0227
P. 099

(A) formal (B) formally (C) formalize (D) formality

☐ 0121. James Nichol has been _____ in obtaining a loan to the museum of an exhibit from the Royal French Historical Society.
0867
P. 409

(A) instrument (B) instrumental
(C) instrumentally (D) instruments

☐ 0122. The purchasing division is responsible for _____ with suppliers for raw materials.
0709
P. 337

(A) negotiate (B) negotiated (C) negotiating (D) negotiates

☐ 0123. Angela Ocampo attended last Tuesday's seminar on business _____ and learned how to reduce costs and increase profits.
0957
P. 451

(A) finance (B) financial (C) financially (D) financed

☐ 0124. The supermarket chain has had a very successful year under the _____ of its new CEO, Aditya Kumar.
0058
P. 031

(A) direct (B) direction (C) directed (D) directly

☐ 0125. Business owners in Stonehaven may advertise _____ our Web site at an affordable price.
0588
P. 273

(A) of (B) up (C) on (D) as

☐ 0126. Tullox Shoes are constructed in South East Asia according to the _____ standards for durability and comfort.
0164
P. 073

(A) strictly (B) more strictly (C) strictest (D) strictness

0118 (A) 0119 (D) 0120 (B) 0121 (B) 0122 (C) 0123 (A) 0124 (B) 0125 (C) 0126 (C)

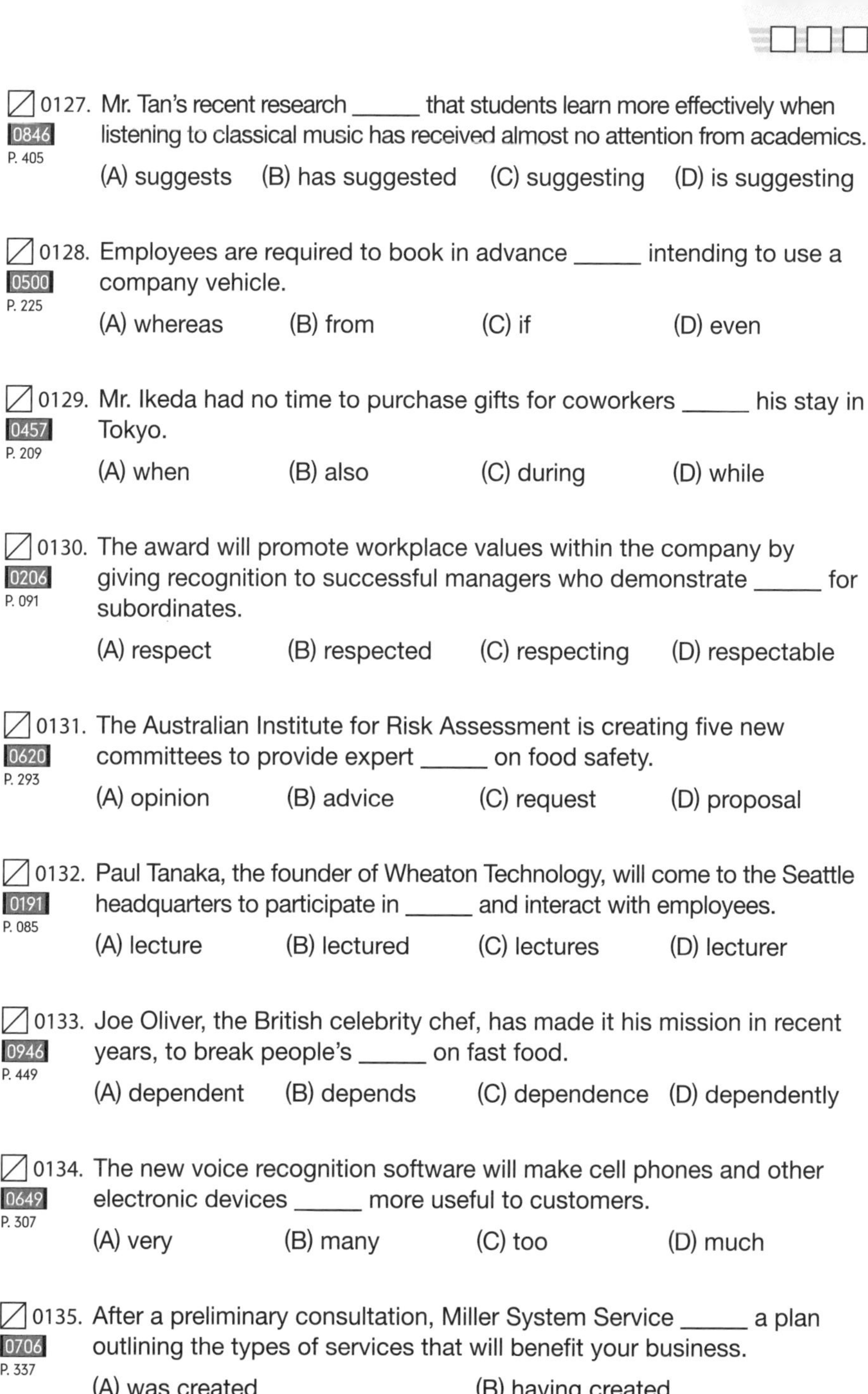

0127. Mr. Tan's recent research _____ that students learn more effectively when listening to classical music has received almost no attention from academics.
0846
P. 405

(A) suggests (B) has suggested (C) suggesting (D) is suggesting

0128. Employees are required to book in advance _____ intending to use a company vehicle.
0500
P. 225

(A) whereas (B) from (C) if (D) even

0129. Mr. Ikeda had no time to purchase gifts for coworkers _____ his stay in Tokyo.
0457
P. 209

(A) when (B) also (C) during (D) while

0130. The award will promote workplace values within the company by giving recognition to successful managers who demonstrate _____ for subordinates.
0206
P. 091

(A) respect (B) respected (C) respecting (D) respectable

0131. The Australian Institute for Risk Assessment is creating five new committees to provide expert _____ on food safety.
0620
P. 293

(A) opinion (B) advice (C) request (D) proposal

0132. Paul Tanaka, the founder of Wheaton Technology, will come to the Seattle headquarters to participate in _____ and interact with employees.
0191
P. 085

(A) lecture (B) lectured (C) lectures (D) lecturer

0133. Joe Oliver, the British celebrity chef, has made it his mission in recent years, to break people's _____ on fast food.
0946
P. 449

(A) dependent (B) depends (C) dependence (D) dependently

0134. The new voice recognition software will make cell phones and other electronic devices _____ more useful to customers.
0649
P. 307

(A) very (B) many (C) too (D) much

0135. After a preliminary consultation, Miller System Service _____ a plan outlining the types of services that will benefit your business.
0706
P. 337

(A) was created (B) having created
(C) had been created (D) will create

0127 (C) 0128 (C) 0129 (C) 0130 (A) 0131 (B) 0132 (C) 0133 (C) 0134 (D) 0135 (D)

☐☐☐

☐ 0136. Some contractors use special _____ tools to help pinpoint the source of common home problems.
0162
P. 073
(A) diagnose (B) diagnosed (C) diagnostic (D) diagnostically

☐ 0137. _____ a typical Saturday night, the restaurant serves as many as 300 patrons between the hours of 6 P.M. and 10 P.M.
0562
P. 263
(A) At (B) On (C) In (D) Over

☐ 0138. Beyond the dwindling supply, the multinational oil giant is facing a growing number of risks that could _____ its future.
0355
P. 159
(A) jeopardize (B) jeopardized (C) jeopardizing (D) will jeopardize

☐ 0139. According to a recent survey, real estate agencies remain cautiously _____ about the housing market in Miami.
0273
P. 117
(A) optimistic (B) optimize (C) optimistically (D) optimism

☐ 0140. Career consultant Louise Bennett, _____ latest book was published last week, will be speaking at the workshop this afternoon.
0598
P. 283
(A) whatever (B) whom (C) what (D) whose

☐ 0141. A recent survey indicates _____ 47 percent of travelers do not get enough sleep on business trips.
0444
P. 203
(A) that (B) what (C) which (D) those

☐ 0142. The board of directors agrees with Mr. Gray that _____ deserves most of the credit for the successful advertising campaign.
0767
P. 365
(A) he (B) him (C) himself (D) his

☐ 0143. As Ms. Smith has already received a permit from the city, she looks forward to _____ construction of her driveway soon.
0348
P. 157
(A) begin (B) began (C) begins (D) beginning

☐ 0144. The device conforms to the current safety regulations and is subjected to _____ testing before shipment.
1026
P. 489
(A) extend (B) extensive (C) extensively (D) extension

0136 (C) 0137 (B) 0138 (A) 0139 (A) 0140 (D) 0141 (A) 0142 (A) 0143 (D) 0144 (B)

0145. Mr. Nowak complimented his assistant for _____ organizing the employee appreciation dinner.

0910 P. 434

(A) expert (B) expertise (C) expertness (D) expertly

0146. Ms. Narita is best suited for the position, because she is well _____ with China and speaks fluent Mandarin.

0733 P. 350

(A) acquaint (B) acquainting (C) acquainted (D) acquaintance

0147. Any information about the impending merger with Sakura First Bank should be kept strictly _____.

0236 P. 103

(A) confide (B) confides (C) confidential (D) confidentially

0148. Hassan Engineering hopes to make partnerships with the contractors _____ than they have been to maintain its competitive pricing strategy.

0861 P. 408

(A) stronger (B) strongest (C) more strongly (D) most strongly

0149. _____ retiring from Smith Computer Technologies two years ago, Bill Smith has been devoting more time to charity events.

0501 P. 227

(A) When (B) Since (C) Already (D) From

0150. One of the top criteria used to rank universities is the _____ of the education, including tuition rates and financial aid options.

0813 P. 390

(A) afford (B) affordable (C) affordably (D) affordability

0151. The lounges on the third floor _____ for business and first-class passengers with a same-day return ticket.

0345 P. 155

(A) reserved (B) have been reserving
(C) reserving (D) are reserved

0152. Just six months _____ a career with Cooper Advertising, Mr. Harlan was offered the branch manager position.

0548 P. 257

(A) into (B) throughout (C) since (D) over

0153. The CEO said a suburban location would be more convenient and less expensive _____ the current corporate headquarters in downtown New York.

0964 P. 460

(A) than (B) and (C) but (D) while

0145 (D) 0146 (C) 0147 (C) 0148 (A) 0149 (B) 0150 (D) 0151 (D) 0152 (A) 0153 (A)

☐ 0154. The TBR Health Organization yesterday marked its 10th anniversary with a luncheon ______ its founding members.
0393
P. 175

(A) honor (B) honors (C) honored (D) honoring

☐ 0155. The candidate must be able to communicate ______ and in a timely manner with all members of the health care team.
0924
P. 436

(A) efficient (B) efficiency (C) efficiently (D) more efficient

☐ 0156. Seaside Hotel is now ______ a manager for their newly opened branch in Urayasu.
0338
P. 153

(A) recruit (B) recruits (C) recruiting (D) recruitment

☐ 0157. Tenants are usually required to inform their landlords at least 30 days in ______ if they wish to move out.
0980
P. 464

(A) advance (B) advanced (C) advancement (D) advancing

☐ 0158. If the company had not merged with Vandelay Enterprises when it did, it ______ such dramatic growth in such a short period of time.
0803
P. 380

(A) would not have seen (B) did not see
(C) is not seeing (D) will not see

☐ 0159. Unfortunately, the factory's completion has been postponed by ______ two weeks due to trouble obtaining building materials.
0761
P. 364

(A) another (B) several (C) much (D) other

☐ 0160. Please show ______ for other guests by refraining from conversing during the performance.
0129
P. 059

(A) consider (B) considerate (C) consideration (D) considerably

☐ 0161. Ogawara Electronics is going to relocate its corporate headquarters to a larger facility in order to accommodate the ______ of a legal department.
0008
P. 011

(A) additive (B) addition (C) added (D) add

☐ 0162. Because her restaurant has been unexpectedly busy, owner Paula Lopez has decided ______ at least five additional people within the month.
0618
P. 293

(A) hire (B) hired (C) hiring (D) to hire

0154 (D) 0155 (C) 0156 (C) 0157 (A) 0158 (A) 0159 (A) 0160 (C) 0161 (B) 0162 (D)

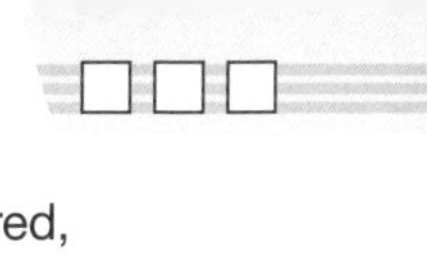

☐ 0163. Over the past few years as the domestic market has matured, manufacturers in Japan have ______ turned to overseas markets.
0022
P. 017
(A) increase (B) increases (C) increasing (D) increasingly

☐ 0164. Ridgeway Associates agreed to pay an early completion bonus ______ construction of their new headquarters was completed by March 30.
0484
P. 219
(A) in spite of (B) as long as (C) since then (D) due to

☐ 0165. Neither the workers ______ the supervisors are in favor of the new production procedures.
0680
P. 324
(A) yet (B) and (C) nor (D) but

☐ 0166. All requests for personal time off must be submitted for ______ using the appropriate request form.
0195
P. 087
(A) approve (B) approved (C) approval (D) approvingly

☐ 0167. The new supervisor ______ an open-door policy for staff to come in and talk about their concerns with day-to-day operations.
0335
P. 145
(A) institute (B) is instituting
(C) to institute (D) have instituted

☐ 0168. The CEO will review the third-quarter sales reports ______ they are submitted to the auditing firm.
0986
P. 465
(A) upon (B) before (C) around (D) from

☐ 0169. The toy manufacturer announced today that despite the major product recall, new deliveries would begin to reach stores ______ October.
0845
P. 405
(A) as early as (B) at an early (C) if early (D) the earliest

☐ 0170. Construction of the new city museum will begin shortly after the contractor ______ by the city council.
0880
P. 420
(A) has been authorized (B) has authorized
(C) will authorize (D) authorized

☐ 0171. Townsend Corporation continuously looks ______ new ways to save money while protecting the environment.
0932
P. 446
(A) like (B) around (C) for (D) inside

0163 (D) 0164 (B) 0165 (C) 0166 (C) 0167 (B) 0168 (B) 0169 (A) 0170 (A) 0171 (C)

0172. Participants will receive copies of all materials used _____ the workshop sessions and will be encouraged to use them at their workplaces.
0947 P. 449

(A) during (B) while (C) when (D) once

0173. _____ other staff members who took part in the teambuilding workshop, Mr. Jones' productivity has improved markedly.
0811 P. 390

(A) Altogether (B) Like (C) Although (D) However

0174. The Independent School Association has welcomed some of the _____ lecturers, authors, and performing artists in California.
0160 P. 073

(A) more prominent (B) most prominent
(C) more prominently (D) most prominently

0175. Although the meeting did not start on time, there was still sufficient time to _____ all the issues on the agenda before 5:00 P.M.
0617 P. 293

(A) proceed (B) respond (C) address (D) inquire

0176. Before working as a reporter for KTLA, Christopher Parker was one of the _____ of *The Chicago Times*.
0726 P. 349

(A) corresponds (B) corresponding
(C) correspondingly (D) correspondents

0177. The book, *A Comprehensive Guide for Job Interviews*, can be useful to people who are unsure of _____.
0866 P. 409

(A) them (B) themselves (C) us (D) ourselves

0178. Barrow Construction is committed to providing the highest quality service to our customers in a _____ and efficient fashion.
0294 P. 125

(A) time (B) timely (C) timing (D) timeliness

0179. Any reasonable expenses incurred in holding business meetings will be reimbursed _____ the company.
0959 P. 451

(A) by (B) after (C) on (D) with

0180. Iznik, the site of the ancient Greek Council of Nicaea, has _____ been an important center for ceramics production.
0118 P. 055

(A) history (B) historian (C) historical (D) historically

0172 (A) 0173 (B) 0174 (B) 0175 (C) 0176 (D) 0177 (B) 0178 (B) 0179 (A) 0180 (D)

☐ 0181. First State Bank has streamlined its procedures for business clients, _____ on simplifying the process for obtaining short-term loans.
0374
P. 167

(A) focus (B) focusing (C) focused (D) focuses

☐ 0182. Most users agree that the new smartphone has a _____ better picture and sound quality.
0188
P. 083

(A) notice (B) noticeable (C) noticeably (D) noticing

☐ 0183. All inquiries _____ the Orange Appliance returns policy should be directed to the e-mail address provided on the warranty form.
0296
P. 127

(A) regard (B) regarding (C) regarded (D) regards

☐ 0184. Meridian Town was already participating in Bigmart's same-day _____ program, which began in select markets last fall.
0965
P. 461

(A) deliver (B) delivered (C) delivers (D) delivery

☐ 0185. Located near the Dallas Convention Center, Hotel Camel is the perfect choice for convention _____ who want accommodations close to the venue.
0183
P. 081

(A) attendance (B) attendees (C) attend (D) attended

☐ 0186. Even though tenants are usually expected to give one month's notice _ moving out, alternative arrangements are sometimes negotiated.
0683
P. 324

(A) before (B) throughout (C) to (D) around

☐ 0187. OnePhone is getting ready to send a software update to its customers that will allow the device to more _____ display signal reception.
0321
P. 137

(A) accurate (B) accurately (C) accuracy (D) accuracies

☐ 0188. Walter Kling, an accomplished fashion _____, has been hired by the company to create images for the May catalog.
0232
P. 101

(A) photograph (B) photography (C) photographic (D) photographer

☐ 0189. Computer software is used to analyze the amount of time staff members spend _____ each stage of the project.
0872
P. 418

(A) on (B) from (C) of (D) as

0181 (B) 0182 (C) 0183 (B) 0184 (D) 0185 (B) 0186 (A) 0187 (B) 0188 (D) 0189 (A)

☐☐☐

☑ 0190. Laptop Stand Pro comes equipped with a flat base and rubber pads to keep your laptop computer _____ on your desk.
1024
P. 488

(A) stable (B) stabilization (C) stabilize (D) stabilizer

☑ 0191. Dolphin Hotel is conveniently located _____ the Sherwood Central Station and a short walk from the heart of the city center.
0748
P. 353

(A) opposite (B) across (C) next (D) nearby

☑ 0192. Due to the forecast of rain, the concert will be held in Joe Louis Arena _____ the outdoor stage at Comerica Park.
0558
P. 261

(A) rather (B) despite (C) instead of (D) aside from

☑ 0193. Producers of the children's animation series *Team Power* shortened the program by two minutes, _____ meeting the requirements of broadcasters.
0499
P. 225

(A) thereby (B) because (C) whenever (D) during

☑ 0194. In determining whether or not to open an office overseas, the CEO had to consider all of the _____.
0790
P. 378

(A) implicate (B) implicated (C) implicitly (D) implications

☑ 0195. _____ employee of Brown Chemicals should attend the company's annual general meeting on April 10.
0621
P. 295

(A) Every (B) Few (C) Most (D) All

☑ 0196. The application deadline for Speedsoft's summer internship program is drawing _____, so interested students should contact the office by April 30.
0285
P. 123

(A) near (B) nearly (C) nears (D) nearby

☑ 0197. _____ the motivational speaker addressed new staff members, a technician recorded her presentation.
0936
P. 447

(A) While (B) Rather than (C) Yet (D) As if

☑ 0198. Successful candidates should possess a university degree in marketing or another _____ field.
1005
P. 477

(A) rely (B) relying (C) relevant (D) relevancy

0190 (A) 0191 (A) 0192 (C) 0193 (A) 0194 (D) 0195 (A) 0196 (A) 0197 (A) 0198 (C)

☐☐☐

☐ 0199. The popular online service is gaining new subscribers _____ the rate of about one million every two months.
0555
P. 259

(A) from (B) on (C) into (D) at

☐ 0200. Ozaki Law Firm in downtown Kyoto has an opening for an administrative assistant _____ April 1.
1029
P. 489

(A) start (B) started (C) starting (D) starts

☐ 0201. The airline staff told Mr. Palmer that the flight to Boston would leave _____ Gate 15 instead of Gate 18.
0791
P. 378

(A) from (B) on (C) until (D) to

☐ 0202. Julia Torres, the chief choreographer for the Paul Cooper Dance Theater, is to _____ a lecture and demonstration today at 5:30 P.M.
0641
P. 305

(A) talk (B) present (C) listen (D) engage

☐ 0203. The jewelry box is covered in a thin layer of hand-stitched black leather stretched _____ around the frame.
0176
P. 079

(A) tightening (B) tightly (C) tighten (D) tightness

☐ 0204. Wave Instruments is now under _____ to produce watches that can display apps and notify wearers of incoming messages from social media.
0981
P. 464

(A) pressure (B) burden (C) weight (D) rule

☐ 0205. To check the status of your recent _____, please enter your customer number and the date of purchase.
0697
P. 335

(A) order (B) ordered (C) ordering (D) to order

☐ 0206. For more information on scheduling a _____ of the glass factory, contact David Wilson, the Associate Director of Operations.
0681
P. 324

(A) tour (B) touring (C) toured (D) tourist

☐ 0207. Currently, the Tokyo Central Bank has overseas branches in the UK, the US, _____ China.
0446
P. 205

(A) and (B) if (C) such (D) but

0199 (D) 0200 (C) 0201 (A) 0202 (B) 0203 (B) 0204 (A) 0205 (A) 0206 (A) 0207 (A)

0208. Teddy Bailey's first solo album, released three years ago, sold more than a million copies, and ______ did the two that followed it.
0917 P. 435

(A) so (B) but (C) both (D) each

0209. The newspaper recently employed an interior designer to match the drapes and wallpaper ______ with the antique desk in the editor's office.
0318 P. 135

(A) perfect (B) perfected (C) perfectly (D) perfection

0210. The building owner does not intend to allow businesses ______ lease will expire to get an extension because he plans to rebuild it.
0928 P. 437

(A) which (B) whose (C) what (D) who

0211. New ______ are eligible for a 30 day free trial period and will receive one free song download upon signing up.
0172 P. 077

(A) subscribe (B) subscriptions (C) subscribed (D) subscribers

0212. The Mizuno Auto Company has signed up about 300 of its ______ customers for a program using its newest electric cars.
0784 P. 376

(A) reside (B) resided (C) residence (D) residential

0213. The event organizer announced that those who had bought tickets for the canceled performance would have their money ______.
0431 P. 189

(A) refunded (B) refund (C) refunding (D) to refund

0214. As of tomorrow, new security procedures will ______ to minimize the number of staff with access to confidential data files.
0411 P. 181

(A) be implemented (B) implementing
(C) implements (D) have implemented

0215. Ms. Sherman says her new apartment on Central Park South does not have ______ space to store all her books.
0792 P. 378

(A) adequacy (B) adequateness (C) adequate (D) adequately

0216. If all single rooms are already booked, guests will be offered a double room for single use at a ______ higher rate.
0156 P. 071

(A) correspond (B) corresponding
(C) correspondingly (D) correspondence

0208 (A) 0209 (C) 0210 (B) 0211 (D) 0212 (D) 0213 (A) 0214 (A) 0215 (C) 0216 (C)

☐ 0217. Like most similar institutions, Hakata Museum of Arts _____ photography on the premises.
0913
P. 434
(A) prohibit (B) prohibiting (C) prohibits (D) is prohibited

☐ 0218. Should you require _____ with your selection of tools, please talk to one of our experienced advisors.
0169
P. 075
(A) assist (B) assisted (C) assistance (D) assists

☐ 0219. _____ you finish writing your report, please e-mail it to Ms. Garcia, one of the seminar instructors.
0439
P. 201
(A) As well as (B) In addition to (C) As soon as (D) In regard to

☐ 0220. A change in the price of _____ is expected by the end of the year.
0043
P. 025
(A) electrify (B) electrical (C) electrically (D) electricity

☐ 0221. Several convenient technologies have become available and it is necessary to update the Web site _____ to maintain client satisfaction.
0719
P. 339
(A) accord (B) according (C) accordingly (D) accordance

☐ 0222. Please note that breakfast and dinner are included in the price of the room, _____ that lunch costs extra.
0490
P. 221
(A) either (B) but (C) or (D) then

☐ 0223. Swan Air has received approval _____ daily flights between St. Petersburg and Brussels starting in May.
0383
P. 171
(A) perform (B) to perform (C) performing (D) performance

☐ 0224. _____, the conference was attended by over a thousand people from the leisure industry.
0693
P. 334
(A) Altogether (B) Largely (C) Always (D) Completely

☐ 0225. Customers of our online store who spend more than $50 will qualify ___ free shipping.
0574
P. 267
(A) to (B) in (C) after (D) for

0217 (C) 0218 (C) 0219 (C) 0220 (D) 0221 (C) 0222 (B) 0223 (B) 0224 (A) 0225 (D)

☐☐☐

☐ 0226. It was decided to post the important safety video on the Internet to ensure that it reached the _____ possible audience.
0261
P. 113
(A) broadest (B) broad (C) broadly (D) broaden

☐ 0227. Managing _____ business, Ms. Martinez will rely on the experience she gained during several years as bridal consultant.
0723
P. 348
(A) she (B) hers (C) herself (D) her own

☐ 0228. The Archeological Museum of New York is an inexpensive attraction that is not listed in major guidebooks but well _____ a visit.
0237
P. 103
(A) worth (B) worthy (C) worthwhile (D) worthless

☐ 0229. During the company banquet last night, Ms. Bailey _____ for her 30 years of service as a customer service representative.
0757
P. 363
(A) honored (B) had honored
(C) to be honored (D) was honored

☐ 0230. Attending courses at a community college can help employees _____ their skills in many fields.
0778
P. 367
(A) improve (B) improved (C) improving (D) improves

☐ 0231. Tim Rothschild has a number of important qualifications as a market researcher _____ his experience at Bridgeport Advertising.
0491
P. 223
(A) while (B) only if (C) moreover (D) aside from

☐ 0232. No more vacancies are available for morning consultations so please consider coming _____ the afternoon.
0725
P. 349
(A) on (B) in (C) as (D) with

☐ 0233. Koppel Online neither recommends any linked content, _____ does it accept any liability for losses caused by the linked Web site.
0738
P. 351
(A) and (B) which (C) nor (D) whether

☐ 0234. The new quality control procedures have proven _____ more successful than previous methods.
0658
P. 311
(A) far (B) very (C) too (D) right

0226 (A) 0227 (D) 0228 (A) 0229 (D) 0230 (A) 0231 (D) 0232 (B) 0233 (C) 0234 (A)

☐ 0235. The curtains, designed by Elaine Hutton, are ______ by such distinctive motifs as tulips, stylized birds, and other animals.
0102
P. 049
(A) identify (B) identifies (C) identity (D) identifiable

☐ 0236. ______ of the exhibits at the aquarium include fish commonly found along rocky Hawaiian shorelines.
0536
P. 247
(A) One (B) Theirs (C) Some (D) They

☐ 0237. Mr. Dubois turned the company around by utilizing customer feedback in a highly ______ manner.
0889
P. 421
(A) effect (B) effects (C) effective (D) effectively

☐ 0238. Following the final class, ______ attendee will be asked to fill out a survey form to evaluate the course material and instructors.
0644
P. 305
(A) many (B) each (C) most (D) few

☐ 0239. Barriers have been placed at certain points around the building to restrict people ______ entering areas under construction.
0941
P. 448
(A) of (B) out (C) from (D) than

☐ 0240. Some analysts warn that the value of shares in Mandarin Corporation is poised ______ due to this quarter's expected drop in sales.
0630
P. 301
(A) fall (B) to fall (C) falling (D) fell

☐ 0241. ______ several local companies have recently advertised job openings indicates that the economic situation is on the mend.
0847
P. 405
(A) The fact that (B) There are (C) Now (D) In addition to

☐ 0242. As the seminar was understaffed, Ms. Tahara offered to distribute the documents ______ in order to save time.
0513
P. 237
(A) she (B) her (C) hers (D) herself

☐ 0243. Due to positive reviews and popular demand, the theatrical production will continue for an ______ period of time.
0109
P. 051
(A) extend (B) extended (C) extensively (D) extension

0235 (D) 0236 (C) 0237 (C) 0238 (B) 0239 (C) 0240 (B) 0241 (A) 0242 (D) 0243 (B)

☐☐☐

☑ 0244. Tokyo Airlines offers a flight plan called "Choice A" that allows customers to change reservations at _____ extra cost.
0672
P. 322

(A) none (B) no (C) nothing (D) nowhere

☑ 0245. The Axis 3000, a new energy-efficient hybrid car, has extraordinary _____ for global sales, said automotive writer, Alex Tokudaiji.
0276
P. 119

(A) potent (B) potential (C) potentially (D) potentiality

☑ 0246. According to a recent survey, 30 percent of Japanese executives think their business will benefit _____ from Tokyo's hosting of the Olympic Games.
0900
P. 432

(A) substantialize (B) substantial (C) substantially (D) substance

☑ 0247. Mr. Smirnov is widely considered a _____ successor to the current CEO, Andrei Morozov.
0922
P. 436

(A) potential (B) potentially (C) potentiality (D) potentialities

☑ 0248. Employees are reminded to record their vacation days _____ on their time sheets.
0044
P. 025

(A) careful (B) more careful (C) carefully (D) carefulness

☑ 0249. Naturally, the _____ of the advertising budget includes research and travel related expenses.
0891
P. 422

(A) allocate (B) allocated (C) allocates (D) allocation

☑ 0250. All of the artwork used in the short film was painted by John English, a local animation _____.
0302
P. 129

(A) enthusiastic (B) enthusiastically
(C) enthusiasm (D) enthusiast

☑ 0251. Yearly utility costs for the new energy efficient headquarters will be about 50% lower than those of _____ designed buildings.
0019
P. 015

(A) conventionally (B) convention (C) conventions (D) conventional

☑ 0252. Mr. Schulz said that results in the first half of the fiscal year were not always _____ of outcomes for the full year.
0316
P. 135

(A) indicate (B) indicative (C) indicated (D) indication

0244 (B) 0245 (B) 0246 (C) 0247 (A) 0248 (C) 0249 (D) 0250 (D) 0251 (A) 0252 (B)

☐ 0253. In order to secure the contract, Roland Manufacturing has ______ to reduce the price of its proposal by ten percent.
0635
P. 303

(A) announced (B) offered (C) allowed (D) discussed

☐ 0254. Nishiwaki Corporation has been acquired by Blue Ocean Electronics in a deal ______ at 1 billion yen.
0246
P. 107

(A) value (B) valued (C) valuation (D) values

☐ 0255. Because it is a growing company, with sales topping $1 billion last year, Bruno Building always has a construction project ______ progress.
0551
P. 257

(A) on (B) from (C) during (D) in

☐ 0256. Under a sublet agreement, the original tenant is still responsible for complying with the ______ in the lease.
0893
P. 422

(A) provide (B) provided (C) provider (D) provisions

☐ 0257. ______ promising, the research findings are still tentative and need further investigation.
1035
P. 491

(A) Despite (B) Because (C) Though (D) Therefore

☐ 0258. Meetings to discuss the status of the latest construction project ______ due to an unforeseen delay caused by the weather.
0839
P. 395

(A) was rescheduled (B) will reschedule
(C) rescheduled (D) have been rescheduled

☐ 0259. Any errors in programming are ______ to be found by the team of part-time software testers.
0807
P. 381

(A) expecting (B) expected (C) expectation (D) expectantly

☐ 0260. Over one hundred guests have been invited to the Royal Hotel ______ the reception after the medical conference next week.
0550
P. 257

(A) on (B) from (C) for (D) across

☐ 0261. The Mansfield Domestic Airport built just six years ago has ______ been expanded to accommodate international flights.
0950
P. 450

(A) soon (B) yet (C) since (D) after

0253 (B) 0254 (B) 0255 (D) 0256 (D) 0257 (C) 0258 (D) 0259 (B) 0260 (C) 0261 (C)

☐☐☐

0262. All physicians should find the time to bring themselves up-to-date with new drugs, no matter _____ busy they are.
0796
P. 379

(A) if (B) how (C) so (D) where

0263. Cloud Publishing turned down the manuscript _____ the plot was considered too predictable.
0817
P. 391

(A) because (B) so that (C) however (D) due to

0264. A snowstorm in New York caused flight delays that prevented Ms. Jimenez _____ arriving until yesterday.
0563
P. 263

(A) from (B) on (C) into (D) at

0265. One of the programs instituted by the new company director is to assign mentors to _____ to provide access to advice from more experienced employees.
0830
P. 394

(A) recruit (B) recruits (C) recruited (D) recruitment

0266. *Common Questions & Answers About Investment* is a _____ written book that is easy to use.
1020
P. 488

(A) thought (B) thoughtful (C) thoughtfully (D) thoughtfulness

0267. Yesterday morning, the district supervisor _____ by a local store for her monthly visit.
0362
P. 163

(A) drop (B) will drop (C) dropped (D) was dropped

0268. Before _____ to the factory, each component is carefully checked for imperfections by quality control staff hired by the supplier.
0432
P. 191

(A) deliver (B) being delivered
(C) delivered (D) having delivered

0269. The manager hired additional employees _____ in the store during the busy summer months.
0354
P. 159

(A) assist (B) assisted (C) assists (D) to assist

0270. Before signing an agreement, _____ lease terms, especially in regard to the fees required.
0975
P. 463

(A) examines (B) examine (C) examined (D) examining

0262 (B) 0263 (A) 0264 (A) 0265 (B) 0266 (C) 0267 (C) 0268 (B) 0269 (D) 0270 (B)

☐ 0271. Shipping costs will be calculated _____ at the sales counter based on the product weight, size, and destination.
0014
P. 013
(A) automatic (B) automatically (C) automation (D) automated

☐ 0272. All of the statistics published in the report _____ by experts from the University of Hartford.
0418
P. 185
(A) were verified (B) has verified (C) verifying (D) verified

☐ 0273. Only applications from candidates who meet all eligibility _____ will be replied to.
0251
P. 109
(A) require (B) requirement (C) requirements (D) requires

☐ 0274. The client's files must be arranged _____ rather than by date to allow for easier searching.
0073
P. 037
(A) alphabet (B) alphabets (C) alphabetical (D) alphabetically

☐ 0275. A spokesperson for City Metro Radio said it planned to run a Sunday schedule on national holidays, _____ its regular weekday service.
0962
P. 460
(A) provided that (B) in the event of
(C) instead of (D) as much as

☐ 0276. Peter Hardy guided visitors around the company _____ while his secretary prepared refreshments in the cafeteria.
0508
P. 235
(A) he (B) his (C) him (D) himself

☐ 0277. The head of the tourism committee was praised for expertly _____ the relationships between visitors and local residents.
0637
P. 303
(A) dealing (B) proceeding (C) notifying (D) managing

☐ 0278. The board of directors will proceed with negotiations _____ because the terms of the merger require thorough examination.
0797
P. 379
(A) caution (B) cautious (C) cautioning (D) cautiously

☐ 0279. Store representatives who greet customers at the front of the store should be _____ polite and helpful at all times.
0906
P. 433
(A) both (B) either (C) neither (D) but

0271 (B) 0272 (A) 0273 (C) 0274 (D) 0275 (C) 0276 (D) 0277 (D) 0278 (D) 0279 (A)

0280. Grape Computers is known for running _____ commercials to promote its innovative electronic devices.
0186
P. 083

(A) imaginative (B) imagination (C) imagine (D) imaginary

0281. Mr. Murphy has requested that the second seminar be held tomorrow _____ having him return next week.
0488
P. 221

(A) even though (B) rather than (C) as soon as (D) so that

0282. The National Business Travel Association expects corporate car rental rates to increase _____ two percent this year.
0552
P. 259

(A) in (B) by (C) on (D) with

0283. Experts are predicting that the market for mobile phones _____ by over 5 percent over the next five years.
1008
P. 477

(A) are growing (B) will grow (C) have grown (D) had grown

0284. Lucky Corporation often receives interest from the most promising applicants because of the _____ package it offers to its staff.
0052
P. 029

(A) attract (B) attractive (C) attractively (D) attraction

0285. Fujiyama Restaurant offers a variety of dishes made from fresh seasonal and _____ grown vegetables.
0149
P. 067

(A) local (B) locally (C) locality (D) localize

0286. When sending staff members overseas, it is essential that companies take _____ measures to ensure their employees' health.
0985
P. 465

(A) prevent (B) prevents (C) preventive (D) prevented

0287. First-time patients should arrive 15 minutes prior to their scheduled appointment in order to fill out the _____ medical paperwork.
0705
P. 337

(A) necessity (B) necessitate (C) necessary (D) necessarily

0288. When Mr. Kim downloaded and used the X90 software, he _____ noticed any differences between it and the previous editions.
0816
P. 391

(A) bare (B) barer (C) barely (D) barest

0280 (A) 0281 (B) 0282 (B) 0283 (B) 0284 (B) 0285 (B) 0286 (C) 0287 (C) 0288 (C)

☑ 0289. The Green Scholars Program offers undergraduate students who have a ______ interest in environmental issues an opportunity to attend the Oslo Green Forum.

0240
P. 105

(A) demonstrate (B) demonstrated
(C) demonstrating (D) demonstration

☑ 0290. ______ international branch managers should attend the company's annual strategic conference at the headquarters in Tokyo next April.

0853
P. 406

(A) Neither (B) Every (C) Each (D) All

☑ 0291. Mr. Larsen's name, which appeared in the original movie, was mistakenly removed from the ______ version.

0184
P. 081

(A) edit (B) edited (C) editing (D) edits

☑ 0292. All students who wish to be considered for financial aid for the fall semester should file their ______ by May 30.

0138
P. 063

(A) applications (B) applicants (C) applicability (D) applies

☑ 0293. The shareholders meeting will begin ______ at 2 P.M. so all presenters should be well prepared by that time.

0009
P. 011

(A) prompt (B) prompted (C) promptly (D) promptness

☑ 0294. The new city regulation ______ only to companies with 100 or more employees.

0339
P. 153

(A) pertinent (B) pertains (C) pertaining (D) pertain

☑ 0295. Tanton City is known for its emphasis on social welfare and a strong ______ to environment protection.

0801
P. 380

(A) commit (B) committing (C) committed (D) commitment

☑ 0296. The Tokyo Eye is one of the newest landmarks in the capital, and is already ______ the most popular tourist destinations.

0547
P. 257

(A) from (B) into (C) among (D) throughout

☑ 0297. Although last week's rain provided short-term ______, the showers had no significant impact on the overall drought in Australia.

0809
P. 381

(A) tendencies (B) break (C) levels (D) relief

0289 (B) 0290 (D) 0291 (B) 0292 (A) 0293 (C) 0294 (B) 0295 (D) 0296 (C) 0297 (D)

0298. An extremely _____ research project was carried out to assess the viability of expanding the firm internationally.

0833 P. 394

(A) costs (B) costing (C) costly (D) cost

0299. Expert System 990 provides its customers with key competitive advantages, such as improved energy efficiency, process reliability _____ overall productivity.

0765 P. 365

(A) whether (B) even though (C) in order to (D) as well as

0300. Mr. Matsuhashi submitted his travel report immediately _____ arrival at the company headquarters.

0567 P. 265

(A) upon (B) in (C) to (D) from

0301. _____ two years, the Kyoto Airport conducts a study of the passengers to learn how to better attend to their needs.

0875 P. 419

(A) Every (B) Within (C) For (D) Before

0302. Under the new recycling regulations, manufacturers are required to accept old equipment for disposal _____ a customer is purchasing a new item.

0459 P. 209

(A) if (B) likewise (C) nevertheless (D) besides

0303. The residents of Jamestown and Tomasville _____ approved the construction of a highway to connect the two cities.

0083 P. 041

(A) overwhelm (B) overwhelming
(C) overwhelmingly (D) overwhelmed

0304. With the exception of a few pavilions, all are slated for removal or demolition _____ the trade show closes on October 31.

0450 P. 205

(A) after (B) either (C) due to (D) during

0305. Smile Fitness Center, an exclusive fitness club in Seoul, is _____ seeking full-time personal trainers.

0122 P. 057

(A) urgent (B) most urgent (C) urgency (D) urgently

0306. The acknowledgements section of a book usually appears on the page _____ the table of contents.

0331 P. 141

(A) follow (B) following (C) follows (D) follower

0298 (C) 0299 (D) 0300 (A) 0301 (A) 0302 (A) 0303 (C) 0304 (A) 0305 (D) 0306 (B)

☐ 0307. Mr. Griffin called all the hotels near the convention venue, ______ find that they were all fully booked.
0703
P. 336
(A) so as (B) even though (C) in order that (D) only to

☐ 0308. Over the past two decades Dreams Peak has ______ one of the leading marketing agencies for the gaming industry.
0745
P. 353
(A) turned (B) become (C) risen (D) proceeded

☐ 0309. ______ the book may be understood by non-specialists, the first two chapters provide a detailed introduction.
0477
P. 217
(A) In regard to (B) Because of (C) However (D) In order that

☐ 0310. We thank you for your order ______ regret to advise that it cannot be processed because the items are currently out of stock.
0440
P. 201
(A) or (B) but (C) whether (D) either

☐ 0311. InfoTech, a leading provider of management service technology, announced a 20 percent revenue increase last year despite unfavorable market ______.
0664
P. 320
(A) conditions (B) conditioned (C) conditionally (D) conditional

☐ 0312. Big Bear Room Solutions specializes in designing, creating, and installing room ______ to add a touch of elegance to your room.
0774
P. 366
(A) divider (B) divide (C) divided (D) dividers

☐ 0313. ______ of the customers at Philips Grill have complimented the chef for his professionalism and the wonderful gourmet experience provided.
0540
P. 247
(A) Whomever (B) Several (C) Someone (D) Everybody

☐ 0314. The detailed terms and conditions of your employment are set forth in the ______ employment agreement.
0963
P. 460
(A) enclose (B) enclosed (C) enclosing (D) encloses

☐ 0315. The factory foreman conducts ______ inspections of the facility to ensure that all the machinery is working efficiently.
1012
P. 478
(A) frequent (B) frequently (C) frequency (D) frequencies

0307 (D) 0308 (B) 0309 (D) 0310 (B) 0311 (A) 0312 (D) 0313 (B) 0314 (B) 0315 (A)

0316. This _____ should only be taken as directed by a qualified physician.
0175
P. 079
(A) medication (B) medically (C) medicated (D) medications

0317. Happy Department Store is relocating to a building _____ from its current location on Madison Avenue to address its growing storage needs.
0829
P. 393
(A) between (B) around (C) to (D) across

0318. As children will be taking part in the parade, please make sure that they are dressed _____ for the weather.
0702
P. 336
(A) appropriate (B) appropriately
(C) appropriateness (D) more appropriate

0319. The Thomas Walker Comic Fair's director of public relations said that he was surprised at how _____ the tickets had been sold.
0307
P. 131
(A) quicker (B) quickly (C) quickness (D) quickest

0320. All city residents must obtain a construction permit from the city _____ building a driveway.
0481
P. 219
(A) prior to (B) because (C) soon (D) so that

0321. The factory received a perfect score on safety and waste management when _____ reviewed by council inspectors.
0805
P. 381
(A) last (B) recent (C) soon (D) previous

0322. _____ company policy, Max Weinberg obtained permission from a supervisor before requesting a technician to fix the air-conditioning.
0779
P. 367
(A) In accordance with (B) As far as
(C) On the condition that (D) In addition

0323. The tour group left for Osaka, _____ they had not received their complete itinerary from the travel agency.
0495
P. 223
(A) in spite of (B) because of (C) even though (D) so that

0324. The Glasgow Glass Factory recently issued important updates to its _____ regulations for employees.
0313
P. 133
(A) safe (B) safely (C) safety (D) safes

0316 (A) 0317 (D) 0318 (B) 0319 (B) 0320 (A) 0321 (A) 0322 (A) 0323 (C) 0324 (C)

☐ 0325. Ms. Kim is considering relocating to Evergreen Town because _____ would be more convenient to her base of clients.
1006
P. 477

(A) it (B) she (C) which (D) some

☐ 0326. It is a good idea to limit your cover letter to a single page _____ that is not specifically indicated in the job advertisement.
0455
P. 207

(A) even if (B) as though (C) rather than (D) so that

☐ 0327. The new low-cost projectors allow purchasers to enjoy movies on a big screen in the comfort of _____ homes.
0532
P. 245

(A) they (B) their own (C) them (D) it

☐ 0328. Increased competition with national chains could be to blame for the _____ in sales at family-owned stores.
0741
P. 352

(A) decreasingly (B) to decrease (C) decreased (D) decrease

☐ 0329. After returning to Florence in 1985, Mr. Moretti produced a number of paintings, _____ of which are housed in Moretti Memorial Museum.
1013
P. 478

(A) other (B) several (C) that (D) anything

☐ 0330. Mr. Murphy sent a letter of complaint to the manufacturer, as two of the garden lamps he received were _____ and did not operate properly.
0372
P. 167

(A) broken (B) breaker (C) breaks (D) breaking

☐ 0331. The retirement party for Mr. Chen will be held at a newly _____ hotel where we held the annual shareholder meeting previously.
0823
P. 392

(A) renovate (B) renovating (C) renovation (D) renovated

☐ 0332. International companies such as _____ often need to hire financial specialists because of the different regulations that exist in various countries.
0529
P. 243

(A) it (B) itself (C) ours (D) we

☐ 0333. Companies are eager _____ what consumers search for on the Internet, what terms they use, and what they ultimately buy.
0878
P. 419

(A) know (B) knew (C) to know (D) knowing

0325 (A) 0326 (A) 0327 (B) 0328 (D) 0329 (B) 0330 (A) 0331 (D) 0332 (C) 0333 (C)

☐☐☐

☐ 0334. _____ to gain approval for construction of a new retail outlet in the city center prompted the developers to look elsewhere for suitable locations.
0731
P. 350

(A) Failure (B) To have failed
(C) Fails (D) By failing

☐ 0335. Ms. Watanabe's new coffee tumbler, which cost over 30 dollars, is stylish as well as _____.
0178
P. 079

(A) function (B) functioned (C) functional (D) functionally

☐ 0336. Donations to the school's art department are strictly _____ and contributions are only accepted anonymously.
0303
P. 129

(A) voluntary (B) volunteer (C) volunteering (D) volunteered

☐ 0337. The board conducted a second round of _____ with the four selected candidates for the position on Tuesday.
0136
P. 063

(A) interview (B) interviews (C) interviewed (D) interviewer

☐ 0338. Green Airways recommends that passengers arrive at the airport no later than two hours _____ the scheduled departure time.
0886
P. 421

(A) previously (B) advanced (C) prior to (D) in addition to

☐ 0339. All restaurants in Breeze Town must undergo a health _____ every three months.
0835
P. 395

(A) inspect (B) inspecting (C) inspector (D) inspection

☐ 0340. The food for the annual company banquet was prepared by Bradenton Kitchen, an _____ catering business in Springfield.
0825
P. 393

(A) excel (B) excels (C) excellent (D) excellently

☐ 0341. A driver has been sent to pick up Ms. Walters when she _____ at the airport this evening.
0634
P. 301

(A) invites (B) requests (C) arrives (D) visits

☐ 0342. Repairs on Highway 12 are likely to cause _____ in the delivery of supplies to local restaurants.
0133
P. 061

(A) delays (B) delayed (C) to delay (D) be delayed

0334 (A) 0335 (C) 0336 (A) 0337 (B) 0338 (C) 0339 (D) 0340 (C) 0341 (C) 0342 (A)

☐ 0343. The office staff is encouraged to rely on e-mail and scheduling software _____ we can conserve paper.
0773
P. 366
(A) not only (B) on behalf of (C) while (D) so that

☐ 0344. The purpose of the survey is to collect information from our customers in order to make our operations more efficient and _____.
0023
P. 017
(A) rely (B) reliable (C) reliably (D) reliance

☐ 0345. This book contains 15 tips to help improve _____ morale and boost productivity within an organization.
0271
P. 117
(A) employ (B) employed (C) employs (D) employee

☐ 0346. Please refer to the product identification _____, which is printed in the upper right hand corner of the warranty.
0234
P. 101
(A) number (B) numbers (C) numbered (D) numbering

☐ 0347. Ms. Moreau in the PR department worked diligently to ensure that the new portable audio player was well _____.
0661
P. 320
(A) publicly (B) publicized (C) publicizing (D) publicity

☐ 0348. Many companies use pens as a giveaway instead of _____ promotional items although they are often considered a corporate cliché.
0827
P. 393
(A) another (B) another one (C) each other (D) other

☐ 0349. The company concluded that renovating the existing facilities would be a _____ choice than relocating the business.
0800
P. 380
(A) wise (B) more wisely (C) most wisely (D) wiser

☐ 0350. Take classes at Brighton College of Computing and _____ learn the skills needed to become a well-paid programmer.
0768
P. 365
(A) rapid (B) rapidly (C) more rapid (D) rapidity

☐ 0351. The employee handbook has simple, step-by-step instructions that provide _____ ways of disposing of various types of garbage.
0787
P. 377
(A) approve (B) approved (C) approves (D) approval

0343 (D) 0344 (B) 0345 (D) 0346 (A) 0347 (B) 0348 (D) 0349 (D) 0350 (B) 0351 (B)

☐☐☐

☐ 0352. With the launch date only weeks away, the advertising director _____ has not decided on a name for the product line.
1033
P. 490

(A) very (B) yet (C) recent (D) still

☐ 0353. All city bus passengers should exit through the rear door, _____ passengers with small children and strollers.
0445
P. 203

(A) even though (B) furthermore (C) in spite of (D) except

☐ 0354. Tickets for the concert are $15 in advance, $20 at the door, and there are _____ rates for groups of 10 or more.
0750
P. 362

(A) specialize (B) special (C) specially (D) specialty

☐ 0355. Because of its cool climate, the eastern region of Hokkaido is _____ for dairy farming.
0144
P. 065

(A) ideal (B) idea (C) ideally (D) idealistic

☐ 0356. Professor Santiago is _____ that he can find a qualified assistant by the end of the month.
0293
P. 125

(A) doubt (B) doubted (C) doubtful (D) doubtfully

☐ 0357. The parks department has plans for three new inner city parks and has made the information _____ accessible from its Web site.
0262
P. 113

(A) readily (B) ready (C) readying (D) readiness

☐ 0358. To receive the following month's issue, subscriptions should be sent in by the 15th of each month _____ submitted electronically or by mail.
0473
P. 215

(A) whether (B) because (C) since (D) therefore

☐ 0359. Workers can leave the factory early _____ they have received permission to do so from a supervisor.
0474
P. 215

(A) otherwise (B) except for (C) in spite of (D) provided that

☐ 0360. A committee has been created to _____ new strategies to alleviate crowding on arterial roads during the rush hour.
0716
P. 339

(A) deal (B) proceed (C) identify (D) agree

0352 (D) 0353 (D) 0354 (B) 0355 (A) 0356 (C) 0357 (A) 0358 (A) 0359 (D) 0360 (C)

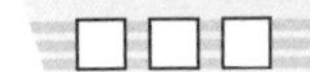

☐0361. Dr. Matthews has received a _____ large number of calls in response to her lectures at medical schools nationwide.
0065
P. 035

(A) surprise (B) surprised (C) surprisingly (D) surprises

☐0362. The company _____ that the national advertising campaign had not generated the expected results.
0989
P. 465

(A) was concluded (B) have concluded
(C) concluding (D) concluded

☐0363. _____ about 20 kilometers from the city center is the Benin City Airport.
0436
P. 191

(A) Situates (B) Situated (C) Situating (D) Situation

☐0364. The _____ in the produce section of the Freshone Supermarket will feature exotic fruit from Australia.
0134
P. 061

(A) display (B) displaying (C) displayed (D) displayable

☐0365. Ms. Torres told her team members to submit the progress report on the promotional campaign _____ Thursday afternoon.
0542
P. 255

(A) with (B) at (C) by (D) between

☐0366. Before leaving Howell University last year, Mr. Kaufman had _____ to the position of director of physics.
1034
P. 490

(A) advanced (B) identified
(C) recommended (D) promoted

☐0367. Factory supervisors are responsible for _____ that all employees are updated on safety regulations.
0942
P. 448

(A) ensure (B) ensuring (C) ensures (D) ensured

☐0368. Half of the board members of Bell Corporation are appointed on a _____ two-year basis.
0030
P. 019

(A) rotate (B) rotates (C) rotating (D) rotation

☐0369. Tanton City passed legislation requiring all drivers age 75 and older to pass a vision test _____ renewing their driver's license.
0476
P. 217

(A) although (B) before (C) and (D) from

0361 (C) 0362 (D) 0363 (B) 0364 (A) 0365 (C) 0366 (A) 0367 (B) 0368 (C) 0369 (B)

☐☐☐

☐ 0370. The T&T Cooling Pad fits neatly _____ most laptops and may extend the life of your computer's components.
0762
P. 364

(A) toward (B) underneath (C) away (D) from

☐ 0371. Destruction of the artwork _____ if the museum curator had taken some simple precautions.
0684
P. 324

(A) will be avoided (B) could avoid
(C) could have been avoided (D) has avoided

☐ 0372. For most individuals, a home represents the _____ largest investment they will make in their lives.
0808
P. 381

(A) single (B) singly (C) singled (D) singles

☐ 0373. As part of the marketing study, customers were given samples of three different fruit juices with brand labels _____ concealed.
0283
P. 121

(A) purposeless (B) purpose (C) purposeful (D) purposely

☐ 0374. In the first quarter, the company managed to expand its market share slightly _____ its closest competitor suffered major drop in sales.
0464
P. 211

(A) throughout (B) whereas (C) that (D) despite

☐ 0375. To maintain a quiet reading environment, visitors are required to _____ from using their mobile phones while in the Kanda Library.
0659
P. 311

(A) avoid (B) wait (C) prevent (D) refrain

☐ 0376. A great _____ of employees use public transport to get to work because of the cost of parking in the city.
0085
P. 043

(A) major (B) majority (C) majors (D) majoring

☐ 0377. In the hotel lobby, there are many exhibits that participants can visit ___ attending the conference.
0469
P. 213

(A) then (B) while (C) because (D) near

☐ 0378. Employees are provided a safety helmet which they should keep _____ the length of their employment at Kramer Industries.
0869
P. 409

(A) until (B) and (C) then (D) for

0370 (B) 0371 (C) 0372 (A) 0373 (D) 0374 (B) 0375 (D) 0376 (B) 0377 (B) 0378 (D)

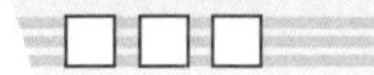

☐ 0379. Applicants for the position must be able to lift heavy items and move _____ to and from various locations.
0517
P. 239

(A) they (B) their (C) them (D) themselves

☐ 0380. Employees must shut down their computers, printers, and other electronic devices when _____ the office for the day.
0434
P. 191

(A) leave (B) leaves (C) left (D) leaving

☐ 0381. Happy Wholesale is the main _____ of Wonder Toys' products including toys, video games, and kids' PCs.
0208
P. 091

(A) distributor (B) distributing (C) distribute (D) distribution

☐ 0382. Fast & Falls is a Dallas-based interior design firm, known for _____ service and a sophisticated style.
0174
P. 077

(A) personalized (B) personalize (C) personalizes (D) personalizing

☐ 0383. The exact re-opening date of the Leopard Resort depends on the _____ arrival of newly ordered furniture and equipment.
0844
P. 404

(A) time (B) timing (C) timely (D) timeliness

☐ 0384. Turner Hospital has established a good reputation and has been highly _____ for the professional conduct of its employees.
0423
P. 187

(A) recommend (B) recommends
(C) recommended (D) recommending

☐ 0385. The assembly line supervisor is working on the work schedule and will forward it to all of _____ by the end of the week.
0519
P. 239

(A) us (B) our (C) we (D) ourselves

☐ 0386. The advertising campaigns Mr. Weyden had developed before he left were _____ implemented by his colleagues.
0203
P. 089

(A) subsequent (B) most subsequent
(C) subsequently (D) subsequence

☐ 0387. The Wellington Bus Service operates between City Airport and Central Train Station _____ two hours during the day, seven days a week.
0976
P. 463

(A) many (B) every (C) few (D) both

0379 (C) 0380 (D) 0381 (A) 0382 (A) 0383 (C) 0384 (C) 0385 (A) 0386 (C) 0387 (B)

0388. _____ has been said about the painter's outstanding technique, but few people comment on the subjects of her paintings.
0732
P. 350

(A) Much (B) Other (C) Several (D) Nobody

0389. Travelers are advised to carry their passports at all times while _____ some foreign countries.
0589
P. 273

(A) through (B) with (C) along (D) in

0390. Dr. Cornelia Turner informed the program coordinator that she was _____ to accept the invitation to address the students on May 25.
0852
P. 406

(A) please (B) pleased (C) pleasing (D) pleasure

0391. Modigliani Motors plans to release its new model sports car not only in Europe, but in the USA _____.
0771
P. 366

(A) except for (B) as well (C) due to (D) in case

0392. Best Electronics has introduced a new range of portable appliances designed for customers who _____ in small apartments.
0600
P. 283

(A) reside (B) residing (C) resident (D) residence

0393. Hospital staff members are not permitted to share patients' _____ details with outside parties without written consent.
0087
P. 043

(A) private (B) privatize (C) privately (D) privatization

0394. The mission of the university store is to provide a wide range of _____ priced merchandise to students and faculty members.
0166
P. 075

(A) compete (B) competitive (C) competitively (D) competition

0395. You may renew your driver's license 60 days in advance of the date of _____.
0660
P. 320

(A) expire (B) expired (C) expiring (D) expiration

0396. Some business leaders believe increasing the size of their organizations will lead to corporate _____.
0284
P. 121

(A) prosperity (B) prosperous (C) prosperously (D) prospered

0388 (A) 0389 (D) 0390 (B) 0391 (B) 0392 (A) 0393 (A) 0394 (C) 0395 (D) 0396 (A)

☐☐☐

☐ 0397. The best way to help people reduce their _____ on non-renewable energy sources is to educate consumers about the potential of solar energy.
0048
P. 027

(A) dependent (B) dependently (C) dependable (D) dependence

☐ 0398. Candidates for the position need to be able to work efficiently on _____ as well as in a team.
0858
P. 407

(A) they (B) their (C) themselves (D) their own

☐ 0399. Some Sydney suburbs recorded more _____ three inches of rain in the early hours of yesterday morning.
0815
P. 391

(A) over (B) above (C) than (D) from

☐ 0400. Mail carriers _____ to wear comfortable shoes as their work involves considerable walking.
0352
P. 159

(A) encourage (B) encouraging
(C) are encouraged (D) have encouraged

☐ 0401. Students from the biology class _____ on a field trip to the botanical gardens last Friday.
0819
P. 391

(A) studied (B) went (C) chose (D) completed

☐ 0402. Mr. Roy called to ask if the deadline for submission for the draft could be postponed _____ after midnight.
0496
P. 225

(A) during (B) until (C) since (D) when

☐ 0403. Mr. Hamilton pointed out that most clerical errors are _____, and suggested a system of checks to resolve the problem.
0097
P. 047

(A) preventable (B) prevent (C) preventing (D) prevention

☐ 0404. All staff members agree that Ms. Smith's dedication to the company _____ her promotion to the position of vice president.
0399
P. 177

(A) justify (B) justifying (C) justifies (D) justification

☐ 0405. Attendees will be asked to complete a _____ survey at the beginning and end of the training program.
0096
P. 047

(A) brief (B) briefed (C) briefest (D) briefly

0397 (D) 0398 (D) 0399 (C) 0400 (C) 0401 (B) 0402 (B) 0403 (A) 0404 (C) 0405 (A)

☑ 0406. There are blankets and pillows in the overhead compartments for the passengers' _____ during the flight.
0050
P. 029

(A) comfortable (B) comforted (C) comfortably (D) comfort

☑ 0407. Strong Steels Inc. is _____ regarded as one of the leading steel engineering companies in Asia.
0116
P. 055

(A) wider (B) widened (C) widening (D) widely

☑ 0408. Passengers should be aware that Orange Airlines has strict size and weight _____ for checked and carry-on luggage.
0881
P. 420

(A) limits (B) limit (C) limited (D) limitedly

☑ 0409. A _____ variety of amenities and services are provided by the newly opened Oakridge Hotel.
0091
P. 045

(A) broad (B) breadth (C) broaden (D) broadly

☑ 0410. Join the workshop and learn from master painter Claudia Morales as she _____ acrylic landscape painting on November 12.
0405
P. 179

(A) demonstrating (B) demonstrated
(C) demonstrate (D) demonstrates

☑ 0411. Frank Jones has transformed Beansflavor Coffee _____ a start-up business to a market leader in the high-end coffee market in Willamette.
0577
P. 269

(A) about (B) from (C) since (D) after

☑ 0412. The Indiana Mineral Association has secured a room rate of $109 per night _____ taxes at the Marion Hotel during the annual convention.
0257
P. 111

(A) exclude (B) excluded (C) excluding (D) excludes

☑ 0413. It looks _____ there will be enough participants for the intensive English course this summer.
0753
P. 362

(A) as (B) if (C) as if (D) so as

☑ 0414. On the day of the audition, entrants need to arrive at the Northern Star Playhouse _____ 7:00 A.M.
0549
P. 257

(A) early (B) ahead (C) before (D) prior

0406 (D) 0407 (D) 0408 (A) 0409 (A) 0410 (D) 0411 (B) 0412 (C) 0413 (C) 0414 (C)

□□□

☐ 0415. La Bella Ferrara is crowded with dozens of office workers and executives during lunch hours, _____ it is situated in the heart of a bustling business district.
0923
P. 436

(A) after (B) since (C) when (D) where

☐ 0416. Many businesses use online documents, which can be _____ from anywhere by employees, who are given usernames and passwords.
0425
P. 187

(A) access (B) accessed (C) accessibly (D) accessing

☐ 0417. At Coral Reef Hotel, special meals are available upon request for _____ with dietary restrictions.
0888
P. 421

(A) them (B) those (C) which (D) whose

☐ 0418. Lion Construction reported yesterday that its net income had increased by nearly 20 percent in the second quarter, mainly because of _____ market conditions.
0224
P. 097

(A) improve (B) improved (C) improves (D) improvement

☐ 0419. In addition to its sleek and modern design, the new laptop from Cool Electronics is highly _____.
0850
P. 406

(A) economically (B) economy (C) economical (D) economist

☐ 0420. Venture capital firms are considering contests that offer competing entrepreneurs multimillion-dollar prizes if they come up with _____ technologies.
0120
P. 057

(A) innovate (B) innovative (C) innovates (D) innovatively

☐ 0421. Items in the canned food section should be stacked with _____ to avoid any damage from accidental bumps and scrapes.
0939
P. 447

(A) care (B) careful (C) carefully (D) cared

☐ 0422. Nelson College of Marketing will take on a more _____ strategy to attract participants for its training workshops.
0221
P. 097

(A) aggressive (B) aggressively (C) aggression (D) aggressor

☐ 0423. The company has expanded suddenly, _____ a move to larger premises with a dedicated parking lot.
0999
P. 475

(A) necessitate (B) necessitating (C) necessitated (D) necessitates

0415 (B) 0416 (B) 0417 (B) 0418 (B) 0419 (C) 0420 (B) 0421 (A) 0422 (A) 0423 (B)

0424. The new sedan was _____ supposed to be available from June, but is now scheduled for release in August.
0912
P. 434
(A) initial (B) initially (C) initials (D) initialization

0425. All vacation time should be at a time agreeable to both the staff member and the supervisor and _____ well in advance.
0398
P. 177
(A) request (B) requesting (C) requested (D) requests

0426. _____ all technical issues associated with the new product have been resolved, the marketing plan will be finalized.
0468
P. 213
(A) Rather (B) Once (C) Moreover (D) Meanwhile

0427. Next year, Bernier Corporation's major objective is to establish even _____ ties between its domestic and international divisions.
1004
P. 476
(A) strong (B) stronger (C) strongly (D) strongest

0428. Big Buy, an appliance _____ serving New Jersey, has recently opened a new store on Route 17 in Paramus.
0229
P. 099
(A) retailer (B) retail (C) retailed (D) retailers

0429. With regard to home delivery, TRT Delivery Service treats all weekdays as _____ business days regardless of national holidays.
0905
P. 433
(A) normal (B) normally (C) normalize (D) normality

0430. Scientists at Warsaw's Central Laboratory have been trying to find cleaner ways of _____ coal.
0243
P. 105
(A) burn (B) burned (C) burning (D) burns

0431. Although Andrea Martin started her career as a fiction writer only three years ago, she has _____ published nearly 20 works.
0895
P. 423
(A) after (B) until (C) already (D) yet

0432. Later this month, Mr. Schmidt will travel to Hamburg, where his schedule _____ a client meeting, a news conference, and dinner with the mayor.
0406
P. 179
(A) include (B) is included (C) including (D) includes

0424 (B) 0425 (C) 0426 (B) 0427 (B) 0428 (A) 0429 (A) 0430 (C) 0431 (C) 0432 (D)

☐0433. The Sunnyside Inn offers spacious rooms _____ afford beautiful views of the Still River Valley throughout the seasons.
1045
P. 493
(A) and (B) that (C) then (D) when

☐0434. Under the management of Paula Garcia, the company _____ developed a reputation as a leader in e-commerce.
0685
P. 325
(A) quick (B) quicker (C) quickly (D) quickness

☐0435. The Laurent Museum in Paris is home to the world's largest _____ of impressionist paintings.
0970
P. 462
(A) collect (B) collected (C) collects (D) collection

☐0436. Mr. Cooper's proposal for street rejuvenation was met _____ enthusiasm by local residents who had put up with potholes for decades.
0973
P. 462
(A) with (B) in (C) at (D) through

☐0437. Ms. Valois has applied for a supervisor position that will allow her to demonstrate her management _____.
1039
P. 491
(A) expertise (B) expertly (C) expertized (D) expert

☐0438. The school has an integrated communication system that _____ all the classrooms.
0701
P. 336
(A) links (B) linkage (C) link (D) linking

☐0439. _____ so many people registered for his seminar, Mr. Kato decided to have his handouts printed by a professional printing company.
0804
P. 380
(A) With (B) Until (C) Through (D) Unless

☐0440. Superior Design Company has held _____ among its employees to create its new company logo.
0282
P. 121
(A) competes (B) competing (C) competitions (D) competitively

☐0441. Johnson Memorial Hospital requires the therapists to _____ to work 15 minutes before the start of their shifts.
0689
P. 325
(A) report (B) inform (C) assist (D) complete

0433 (B) 0434 (C) 0435 (D) 0436 (A) 0437 (A) 0438 (A) 0439 (A) 0440 (C) 0441 (A)

☐☐☐

☐ 0442. Interns at Harbor Publishing may choose to assist with ongoing research projects, or design one of _____, with an opportunity to publish their results.
0821
P. 392

(A) they (B) their (C) themselves (D) their own

☐ 0443. Every business owner knows that quality of service is a top _____ to attract and retain customers.
0223
P. 097

(A) prior (B) priority (C) prioritize (D) prioritized

☐ 0444. Some delays can be expected during the _____ of the Southeast Freeway from two lanes to four.
0327
P. 139

(A) widening (B) wide (C) widely (D) width

☐ 0445. Under _____ and CEO Jack Thompson, Thompson Legal has become a successful law firm within a relatively short span of time.
0204
P. 089

(A) foundation (B) founder (C) found (D) founded

☐ 0446. Designers at Star Electronics are _____ about the prospect of winning the prestigious award.
0365
P. 163

(A) excite (B) excited (C) exciting (D) excitement

☐ 0447. Easy to handle, light, maneuverable, and powerful, the lawnmower is perfectly _____ to small lawns of up to 2,000 square feet.
0167
P. 075

(A) suit (B) suited (C) suiting (D) suits

☐ 0448. Senior sales representatives can obtain _____ access to their team's sales figures using one of the computers in the administration office.
0948
P. 449

(A) secure (B) securely (C) secures (D) securing

☐ 0449. Besides scientists from several organizations, the team _____ researchers from more than a dozen universities in India.
0729
P. 349

(A) includes (B) consists (C) discusses (D) relies

☐ 0450. R&D managers must _____ find a way to reduce the production cost of the new portable computer.
0110
P. 053

(A) quick (B) quicker (C) quickest (D) quickly

0442 (D) 0443 (B) 0444 (A) 0445 (B) 0446 (B) 0447 (B) 0448 (A) 0449 (A) 0450 (D)

☐☐☐

☐ 0451. Thanks to favorable wind conditions, Kangaroo Airlines Flight 990 arrived at Wang Tao International Airport one hour _____ schedule.
0587
P. 273

(A) down (B) next to (C) following (D) ahead of

☐ 0452. Employees should use the elevators at the rear entrance while the ones in the lobby _____.
0429
P. 189

(A) fixes (B) are fixing
(C) have fixed (D) are being fixed

☐ 0453. Rubber _____ are working hard to fill orders from the automobile industry which is expecting to sell record numbers of vehicles this year.
0173
P. 077

(A) produce (B) produces (C) productions (D) producers

☐ 0454. Once the document is inserted and the envelope affixed to a box, the envelope has to be cut _____ to retrieve its contents.
0859
P. 407

(A) open (B) opens (C) opener (D) opening

☐ 0455. Ms. Kelly was able to solve the issues with the new software _____ after consulting Mr. Lee in the technical support department.
0016
P. 013

(A) easily (B) easy (C) eased (D) ease

☐ 0456. Working for a publisher in Mumbai and later for _____ company, Tiger Books, Mr. Singh translated scores of major Indian novels into English.
0526
P. 243

(A) he (B) him (C) himself (D) his own

☐ 0457. Mr. Cox credited his business success to _____ advice from a mentor 20 years earlier.
0776
P. 367

(A) help (B) helpful (C) helpfully (D) helper

☐ 0458. The DroidPhone 9000 is built for durability and should _____ being dropped from heights of up to seven meters.
0353
P. 159

(A) withstand (B) withstood (C) withstanding (D) withstands

☐ 0459. Colorado Café will introduce a new line of coffee with a free _____ at Braxton Supermarket on Thursday, June 16, from 2 P.M.
0268
P. 115

(A) tasting (B) tasty (C) tasted (D) taste

0451 (D) 0452 (D) 0453 (D) 0454 (A) 0455 (A) 0456 (D) 0457 (B) 0458 (A) 0459 (A)

☐☐☐

☐ 0460. Kaseguma Design has brightly colored meeting spaces, which are
0074 intended to help employees think _____.
P. 037
(A) create (B) creative (C) creatively (D) creation

☐ 0461. Teppei Takami was formerly the executive engineer for advanced
0919 technology vehicles at Max Motors and was _____ in developing the
P. 435 Max Elite Sedan.
(A) influence (B) influencing (C) influential (D) influentially

☐ 0462. _____ a short rainy period from March to May, the climate in Red
0460 Desert is mostly hot and dry.
P. 209
(A) Although (B) However (C) Except for (D) Even if

☐ 0463. Ms. Brown has been teaching at Skyline University _____ the day it
1025 was built 25 years ago.
P. 489
(A) as soon as (B) then (C) until (D) ever since

☐ 0464. If the copy machine is out of paper, add _____ from the storage
0954 cupboard located beside the door to the kitchen.
P. 450
(A) other (B) more (C) few (D) one

☐ 0465. _____ periodic maintenance is carried out according to the
0493 manufacturers specifications, the TD24 paper folder will continue to
P. 223 function for a good many years.
(A) For (B) Therefore (C) Providing (D) Over

☐ 0466. Mr. Santos, who joined Wood Eco Institute just three months ago, has
0036 already proved himself to be a _____ employee.
P. 023
(A) value (B) valuable (C) valuing (D) valuation

☐ 0467. A contract valued at $30 million will be awarded to the bidder _____
0604 proposal is deemed the most attractive.
P. 285
(A) who (B) whom (C) whoever (D) whose

☐ 0468. There has been a huge negative reaction to a recently _____ plan to
0758 build high-rise hotels along the shoreline of George's Beach.
P. 363
(A) adopt (B) adopts (C) adopting (D) adopted

0460 (C) 0461 (C) 0462 (C) 0463 (D) 0464 (B) 0465 (C) 0466 (B) 0467 (D) 0468 (D)

☐☐☐

☐ 0469. Philips Pharmaceuticals announced to _____ that its sales revenue in the fourth quarter is likely to exceed expectations.
0332
P. 141
(A) invest (B) investments (C) investors (D) investing

☐ 0470. Tex Kato is working on a new TOEIC preparation book, which he _____ will be ready for publication in April.
0611
P. 287
(A) hopes (B) hoping (C) to hope (D) hopeful

☐ 0471. The walls of the main dining room were decorated with a pattern _____ different from the other dining areas to create a sense of exclusivity.
0319
P. 135
(A) distinct (B) distinctly (C) distinguish (D) distinction

☐ 0472. Amenities at Palm Tree Hotel _____ modern convenience and old-world elegance.
1021
P. 488
(A) exemplify (B) exemplifying
(C) exemplifies (D) exemplification

☐ 0473. Your completed online application form will be _____ to our hiring committee for consideration.
0775
P. 367
(A) forward (B) forwards (C) forwarded (D) forwarding

☐ 0474. Seaside Resort Hotel is offering _____ of up to 40 percent on all stays until September 30 as long as they are booked by July 1.
0279
P. 119
(A) discounts (B) discount (C) discounter (D) discounting

☐ 0475. The policy that late fees are charged for books returned after the due date is stated quite _____ in the agreement.
0163
P. 073
(A) clear (B) clearly (C) clarity (D) clearer

☐ 0476. BioTech's corporate structure and financial information are _____ accessible to customers on the Web site at www.biotech.com.
0066
P. 035
(A) ready (B) readying (C) readily (D) readiness

☐ 0477. Many new business opportunities have been discovered as a result of _____ research.
0646
P. 307
(A) this (B) it (C) these (D) those

0469 (C) 0470 (A) 0471 (B) 0472 (A) 0473 (C) 0474 (A) 0475 (B) 0476 (C) 0477 (A)

0478. The addition of a new dish to the menu, featuring local food, _____ in favorable feedback from customers.
0368
P. 165

(A) resulted (B) resulting (C) was resulted (D) have resulted

0479. Crown Corporation has been the leading _____ of innovative fabrics for over 25 years.
0155
P. 071

(A) produce (B) produced (C) production (D) producer

0480. Ms. Wong _____ guests to the restaurant that the ingredients were all fresh.
0619
P. 293

(A) interpreted (B) recommended
(C) permitted (D) assured

0481. FastLine Computers opened 10 call centers last year and plans to add another 10 this year as part of its growth _____.
0249
P. 107

(A) initial (B) initially (C) initiative (D) initialization

0482. As you go down the street, you will see the City Public Library _____ the left.
0595
P. 275

(A) on (B) for (C) into (D) with

0483. Icon Air confirmed today that it plans to resume aircraft _____ at its factory in Kerrville in January after a five-year absence from the market.
0253
P. 109

(A) product (B) produced (C) produce (D) production

0484. Compared with other fast-food chains, Hungry Burgers places _____ emphasis on employee education.
0826
P. 393

(A) greater (B) greatly (C) more greatly (D) as great as

0485. The staff members at Woodland Hotel are very _____ and helpful, which makes the guests feel comfortable.
0831
P. 394

(A) cooperation (B) cooperators (C) cooperative (D) cooperatively

0486. Hiring managers _____ prefer applicants who either have experience in a related field or show great enthusiasm.
0700
P. 336

(A) normal (B) normalize (C) normality (D) normally

0478 (A) 0479 (D) 0480 (D) 0481 (C) 0482 (A) 0483 (D) 0484 (A) 0485 (C) 0486 (D)

☐ ☐ ☐

☐ 0487. Orion Corporation has decided _____ building a new headquarters in Tokyo and will instead expand its existing facilities in Chiba.
0843
P. 404

(A) against (B) except (C) within (D) during

☐ 0488. Due to excessive requests for support, GeoMax Technologies has decided to remove a map application from its mobile phones, _____ the product's popularity.
0480
P. 217

(A) although (B) notwithstanding
(C) however (D) even

☐ 0489. For the interview, applicants are requested to come to our main office, _____ is located two blocks from Chewy Subway station.
0599
P. 283

(A) when (B) what (C) which (D) why

☐ 0490. _____ all the dishes served at the Little Bird Café, the Chef's Special Pizza is the most popular.
0573
P. 267

(A) At (B) Through (C) Over (D) Of

☐ 0491. Lighting engineers have managed _____ most of the street lights in the community with brighter, longer lasting ones.
0391
P. 173

(A) replaced (B) replacement (C) had replaced (D) to replace

☐ 0492. A survey estimated that 43 percent of households in Britain have _____ a garage nor a driveway, forcing vehicle owners to park on the street.
0877
P. 419

(A) every (B) neither (C) all (D) either

☐ 0493. More than half of the respondents said television was more _____ than any other form of advertising.
0137
P. 063

(A) memory (B) memorize (C) memorable (D) memorably

☐ 0494. _____ the past ten years, Mikan Motors has been serving the automobile repair needs of the Kawasaki area.
0545
P. 255

(A) Over (B) Along (C) Within (D) Still

☐ 0495. Employees wishing to exchange their computers must return the old ones to the company _____ two weeks.
0570
P. 265

(A) while (B) before (C) within (D) over

0487 (A) 0488 (B) 0489 (C) 0490 (D) 0491 (D) 0492 (B) 0493 (C) 0494 (A) 0495 (C)

□□□

0496. The new novel by Daniel Weber will be available in bookstores nationwide a week _____ today.
0593
P. 275
(A) from (B) on (C) for (D) than

0497. To ease traffic congestion on James River Freeway, a new 300-meter-long tunnel has been _____.
0834
P. 394
(A) construction (B) constructing (C) construct (D) constructed

0498. A new local regulation requires that equipment at city playgrounds be inspected _____ for safety concerns.
0902
P. 432
(A) period (B) periodical (C) periodically (D) periodicals

0499. According to traffic updates, all flights _____ from Haneda have been delayed due to the inclement weather.
0422
P. 187
(A) originating (B) are originating
(C) originate (D) will originate

0500. Tomioka Solar Panels provides _____ solutions for home and industrial electricity needs.
0857
P. 407
(A) optimal (B) optimally (C) optimize (D) optimizes

0501. All contract documents should be sent to our legal office _____ priority mail.
0556
P. 259
(A) to (B) by (C) against (D) outside

0502. Sunflower Media will issue a formal statement this afternoon confirming _____ acquisition of the *Tokyo Daily*.
0520
P. 239
(A) itself (B) its (C) ours (D) us

0503. The final chapter is the most _____ part of *Amazing Ads*, in which the author provides reviews, remarks, and analyses of a number of advertising strategies.
0042
P. 025
(A) essence (B) essential (C) essentially (D) essentiality

0504. Crystal Ocean is a non-profit organization which has been committed to _____ of the Greek seas and islands.
0631
P. 301
(A) conservation (B) piece (C) suggestion (D) cure

0496 (A) 0497 (D) 0498 (C) 0499 (A) 0500 (A) 0501 (B) 0502 (B) 0503 (B) 0504 (A)

☐ 0505. A team of animators was employed to create _____ unique animated logos for the company's television advertisements.
0233
P. 101

(A) visualize (B) visuals (C) visually (D) visualizes

☐ 0506. Once the board of directors approves the plan, construction of the new _____ will begin.
0115
P. 055

(A) build (B) builder (C) to build (D) building

☐ 0507. A customer placing an order through our Web site should receive a _____ within 24 hours.
0037
P. 023

(A) response (B) respond (C) responded (D) responding

☐ 0508. Customers must show proof of identification _____ opening a new account with the Banana Bank.
0441
P. 201

(A) when (B) because (C) then (D) so that

☐ 0509. Of all the _____ in the museum, the landscape painting by Susan Owen is by far the most famous.
0333
P. 141

(A) work (B) works (C) working (D) worked

☐ 0510. Of the four downtown parks, Squirrel Green Park is the _____ to the central business district.
0648
P. 307

(A) closer (B) close (C) closest (D) closely

☐ 0511. An _____ from Ms. Nielsen's award-winning novel, *Number the Stars* was printed in today's *Copenhagen Times*.
0315
P. 135

(A) extract (B) extractable (C) extracted (D) extractability

☐ 0512. Before purchasing a used guitar, buyers should _____ inspect the front, back, and sides of the guitar's body for damage.
0930
P. 446

(A) thorough (B) more thorough
(C) thoroughly (D) thoroughness

☐ 0513. To enter the building you must swipe your employee card through the reader firmly, but not so firmly _____ damage the machine.
0978
P. 463

(A) so that (B) as to (C) if only (D) in case

0505 (C) 0506 (D) 0507 (A) 0508 (A) 0509 (B) 0510 (C) 0511 (A) 0512 (C) 0513 (B)

☐☐☐

☐ 0514. The apparel catalog is divided into _____ by clothing type so that customers can easily locate the items they wish to purchase.
0266
P. 115

(A) section (B) sections (C) sectioning (D) sectioned

☐ 0515. Thanks to clear skies and careful _____, the seventh annual Greenfield Road Race saw its biggest turnout yet, with approximately 500 runners.
0275
P. 119

(A) plan (B) planned (C) planning (D) planner

☐ 0516. The quarterly results, announced on Wednesday, exceeded _____, and Victoria Department Store raised its yearly sales forecast.
0840
P. 404

(A) expect (B) expected (C) expectations (D) expectedly

☐ 0517. The new software provides users with an option _____ higher quality prints although it takes substantially longer.
0381
P. 169

(A) request (B) to request (C) requested (D) requesting

☐ 0518. The manager makes a point of testing all food _____ at the restaurant to ensure quality.
0426
P. 187

(A) serve (B) serves (C) serving (D) served

☐ 0519. Far more calls were received from disappointed fans than _____ after the concerts by Jack Chan were canceled.
0256
P. 111

(A) anticipate (B) anticipation (C) anticipating (D) anticipated

☐ 0520. The age of its components and the cost of repair can indicate whether or not it is _____ to purchase a new computer.
0113
P. 053

(A) necessitate (B) necessity (C) necessary (D) necessarily

☐ 0521. Mr. Park will be posted to the customer service department _____ he has been trained for three weeks under Ms. Williams.
0940
P. 448

(A) after (B) while (C) then (D) that

☐ 0522. At least one staff member must work in the office _____ 6 P.M. each night to take any last-minute orders from stores.
0730
P. 350

(A) by (B) until (C) at (D) since

0514 (B) 0515 (C) 0516 (C) 0517 (B) 0518 (D) 0519 (D) 0520 (C) 0521 (A) 0522 (B)

0523. Public health inspectors monitor pools _____ to ensure that they meet specific guidelines and local laws.
0041
P. 025
(A) regular (B) regulate (C) regularly (D) regularity

0524. Employees interested in working overseas should attend both the morning _____ afternoon sessions of the seminar.
0614
P. 291
(A) and (B) or (C) but (D) so

0525. Customers can place an order _____ the telephone or online, and the company will deliver it within 30 minutes.
0654
P. 309
(A) either (B) over (C) both (D) but

0526. Reproduction of any images on this Web site _____ written consent from the photographer is strictly prohibited.
0670
P. 322
(A) into (B) throughout (C) above (D) without

0527. In order to be closer to her family, Ms. Robinson will be _____ to a regional office in Colorado.
0798
P. 379
(A) visiting (B) examining (C) transferring (D) requesting

0528. The photographs featured on our Web site may be purchased _____ from the photographers using the links provided below.
0095
P. 047
(A) direction (B) directing (C) directed (D) directly

0529. _____ is selected as the team leader will be required to provide regular motivational talks.
0602
P. 283
(A) Whoever (B) What (C) Where (D) Whenever

0530. Department managers are required to ensure all the staff members they supervise have a _____ understanding of the company mission.
0018
P. 015
(A) clear (B) clearly (C) clarity (D) clears

0531. During her summer break, Ms. Zhao wants to _____ a course on digital marketing at a local university.
0639
P. 303
(A) register (B) take (C) look (D) enroll

0523 (C) 0524 (A) 0525 (B) 0526 (D) 0527 (C) 0528 (D) 0529 (A) 0530 (A) 0531 (B)

☐☐☐

☑ 0532. The Louisville Museum will be open _____ the public on Sunday, following nearly two years of renovation.
0904
P. 432
(A) with (B) from (C) to (D) of

☑ 0533. Conference organizers made arrangements for all _____ guests to be presented with an information package.
0151
P. 069
(A) arrive (B) arrives (C) arrival (D) arriving

☑ 0534. Factory workers were _____ of the company for its failure to keep them informed about the shutdown plans.
0248
P. 107
(A) critical (B) critic (C) criticized (D) criticism

☑ 0535. All _____ must be picked up from the storage room at least one hour before the store opens.
0244
P. 105
(A) delivery (B) deliveries (C) delivers (D) delivering

☑ 0536. Please forward any _____ additions to the agenda by noon on Monday before the meeting.
0938
P. 447
(A) suggest (B) suggests (C) suggested (D) suggestions

☑ 0537. No matter what type of heating system you choose, it needs to be professionally _____ for optimal performance.
0404
P. 179
(A) install (B) installing (C) installation (D) installed

☑ 0538. Located approximately 150 miles south of Rome, Deer Island can _____ be reached by plane from Napoli Airport.
0112
P. 053
(A) easily (B) easy (C) ease (D) easiness

☑ 0539. Guests at Royal Hotel may have _____ complimentary buffet breakfast or, for an extra charge, dishes from the menu.
0786
P. 377
(A) either (B) both (C) and (D) as

☑ 0540. The fun run will be postponed until March 23 _____ the weather clears up by Friday.
0479
P. 217
(A) unless (B) however (C) because of (D) so that

0532 (C) 0533 (D) 0534 (A) 0535 (B) 0536 (C) 0537 (D) 0538 (A) 0539 (A) 0540 (A)

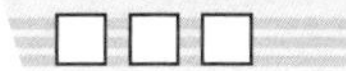

☐ 0541. All successful candidates _____ a letter of acceptance within a week of their interview.
0413
P. 183
(A) sent (B) sending (C) will be sent (D) have sent

☐ 0542. After a three-month delay, Olivia Evans is _____ ready to launch a sequel to her popular debut novel.
0937
P. 447
(A) final (B) finally (C) finalizing (D) finals

☐ 0543. Shares of Wellington Depot rose _____ after the retailer reported record sales in December.
0078
P. 039
(A) sharp (B) sharpen (C) sharply (D) sharpness

☐ 0544. _____ of your order will be sent within 24 hours to the e-mail address you have provided.
0123
P. 057
(A) Confirmation (B) Confirms (C) Confirmed (D) Confirming

☐ 0545. Copies of Mr. Sato's presentation materials _____ to all department staff by the end of this week.
0388
P. 173
(A) have been distributed (B) will distribute
(C) are distributing (D) will be distributed

☐ 0546. New and transferred employees must become _____ with company policies and procedures in order to perform their jobs safely and efficiently.
0020
P. 015
(A) familiar (B) familiarize (C) familiarizing (D) familiarization

☐ 0547. Apple Hills residents are encouraged to renew their driver's licenses online _____ they have already expired.
0447
P. 205
(A) whether (B) so (C) unless (D) due to

☐ 0548. The use of recyclable materials has expanded _____ in the last few years, thanks to the conscientious effort of manufacturers.
0099
P. 047
(A) consider (B) considerate (C) considerable (D) considerably

☐ 0549. Due to routine maintenance of the equipment, production _____ from March 31 to April 7.
0390
P. 173
(A) halt (B) will be halted
(C) to halt (D) have been halted

0541 (C) 0542 (B) 0543 (C) 0544 (A) 0545 (D) 0546 (A) 0547 (C) 0548 (D) 0549 (B)

0550. Canberra Community College offers classes on nutrition _____ both beginners and experts.
0546
P. 255

(A) by (B) from (C) to (D) with

0551. Ms. Kim received a _____ just three months after being hired as a sales representative at Wilson Manufacturing.
0107
P. 051

(A) promote (B) promoting (C) promotion (D) promoted

0552. For _____ interested in flower arrangement, Maya Li will be providing an introductory course in the first week of May.
0531
P. 245

(A) they (B) their (C) them (D) those

0553. The most recently completed section of the water tunnel is considered to be the largest _____ project ever undertaken in Nagasaki.
0024
P. 017

(A) construct (B) constructed (C) constructs (D) construction

0554. Sales of Taylor Electronics have increased substantially over the past year, a result that some analysts _____ to the CEO's strong leadership.
0650
P. 309

(A) accused (B) presented (C) attributed (D) disapproved

0555. A few board members expressed concerns about expansion into China, but _____ are looking forward to investing in the area.
1049
P. 493

(A) most (B) much (C) another (D) other

0556. The ideal candidate for the position will require at least 10 years of work experience in human resources at a _____ level.
0241
P. 105

(A) manage (B) manageable (C) manageably (D) managerial

0557. When making an online flight booking, passengers are requested to specify their meal _____.
0311
P. 133

(A) preferable (B) preferred (C) preferably (D) preferences

0558. Rock singer Tina Wagner has been _____ welcomed by many designers as a new icon for American fashion.
0712
P. 338

(A) enthusiastic (B) enthusiastically
(C) most enthusiastic (D) enthusiasm

0550 (C) 0551 (C) 0552 (D) 0553 (D) 0554 (C) 0555 (A) 0556 (D) 0557 (D) 0558 (B)

☐ 0559. On weekends, Fernando's Restaurant is _____ crowded that patrons often have to wait for more than 30 minutes to get in.
0615
P. 291
(A) so (B) such (C) highly (D) very

☐ 0560. At the dawn of the Internet, a _____ venture called Next Net was founded to create one of the first search engines.
0090
P. 045
(A) cooperate (B) cooperatively (C) cooperatives (D) cooperative

☐ 0561. _____ attending the International Toy Fair is asked to sign in at the entrance and wear a colored wristband according to their ticket type.
0509
P. 235
(A) Everyone (B) Whoever (C) They (D) Several

☐ 0562. On many _____ Ms. Humphrey sketched and painted until after midnight, when the only sound was the cooing of pigeons on the roof.
0032
P. 021
(A) occasionally (B) occasions (C) occasional (D) occasion

☐ 0563. Some of the _____ for employees at Sky Manufacturing include a company car and company stock options.
0025
P. 017
(A) benefit (B) benefits (C) beneficial (D) beneficially

☐ 0564. Applications for the chief librarian position should be sent _____ electronically or by mail to Brescia Library by February 2.
0613
P. 291
(A) both (B) either (C) neither (D) so

☐ 0565. Since its _____ 50 years ago, the Richmond Chamber of Commerce has worked tirelessly to build the local economy.
0278
P. 119
(A) establish (B) establishment
(C) establishments (D) established

☐ 0566. Richard Martinez spent over 20 years in the food service industry before deciding to open a restaurant on _____.
0528
P. 243
(A) he (B) him (C) himself (D) his own

☐ 0567. The Millar Corp glass scanner recognizes _____ the smallest defect in a piece of glass.
0688
P. 325
(A) over (B) even (C) some (D) with

0559 (A) 0560 (D) 0561 (A) 0562 (B) 0563 (B) 0564 (B) 0565 (B) 0566 (D) 0567 (B)

☐☐☐

0568. Applications for business trips must have a manager's signed _____ before they are submitted to administration.
0952
P. 450

(A) approve (B) approved (C) approves (D) approval

0569. The Westchester Philharmonic received a _____ award for its education program three years ago.
0053
P. 029

(A) nation (B) national (C) nationality (D) nationally

0570. Instead of purchasing _____, Mr. Filbert decided to lease photocopiers for his new office.
0515
P. 237

(A) them (B) themselves (C) their (D) theirs

0571. Mary Anderson was unable to finish her presentation materials, _____ the additional time she was given by her supervisor.
0682
P. 324

(A) since (B) even if (C) in spite of (D) as though

0572. Tropical Hotel's central location makes it _____ for business and leisure travelers who wish to stay in the hub of Melbourne.
0325
P. 139

(A) ideal (B) idealize (C) ideally (D) idealization

0573. All visitors to the hotel during the construction phase must wear _____ goggles and helmets at all times.
0072
P. 037

(A) protect (B) protects (C) protective (D) protectively

0574. Most of the employees _____ said that they would prefer to work longer hours every day if they could take Friday off.
0795
P. 379

(A) question (B) questioned (C) questions (D) questionnaire

0575. The learning program provides online exercises to help employees practice _____ is taught in the workshop.
0607
P. 285

(A) that (B) how (C) which (D) what

0576. All staff members of Premium Promotion have extensive experience in _____ or a related field.
0192
P. 085

(A) advertising (B) advertiser (C) advertised (D) advertises

0568 (D) 0569 (B) 0570 (A) 0571 (C) 0572 (A) 0573 (C) 0574 (B) 0575 (D) 0576 (A)

0577. The real-estate developer has decided to construct a large shopping mall _____ the city museum.
0565
P. 263

(A) throughout (B) near (C) into (D) upon

0578. Over the past 20 years, Vertelli Apparel has developed an _____ reputation as a leader in the fashion industry.
1042
P. 492

(A) envy (B) envying (C) enviable (D) enviably

0579. Steven Holloway's rendition of *Starry Night* at the open air concert was stellar, _____ the event organizers and audience members alike.
0428
P. 189

(A) delighting (B) delight (C) delighted (D) delights

0580. Mr. Garcia's _____ for updating the current inventory control system will be reviewed at the next board meeting.
0017
P. 015

(A) recommend (B) recommending
(C) recommendation (D) recommendable

0581. _____ works of art by celebrated painters are on display at the *Great Masters of Dance* show at the Saint-Jean Palace.
0916
P. 435

(A) Authentic (B) Authenticity (C) Authenticate (D) Authentically

0582. With its outstanding service, Nagisa Hotel recorded its _____ profits ever over the last year.
0721
P. 348

(A) higher (B) more highly (C) most highly (D) highest

0583. A week has been set aside in February for new and current staff to undergo employee _____.
0147
P. 067

(A) train (B) trainer (C) trainable (D) training

0584. Miles Smith used a projector set up _____ the conference room to deliver his report on the company's sales performance.
0561
P. 261

(A) on (B) to (C) in (D) of

0585. Members of the purchasing department should follow the current procedures for the issuing of purchase orders to vendors, unless _____ instructed by the manager.
0503
P. 227

(A) otherwise (B) furthermore (C) however (D) if

0577 (B) 0578 (C) 0579 (A) 0580 (C) 0581 (A) 0582 (D) 0583 (D) 0584 (C) 0585 (A)

☐☐☐

☑ 0586. There is an extensive library of books on marketing and sales in the office which can be borrowed _____ a monthly basis.

0559 P. 261

(A) at (B) in (C) on (D) with

☑ 0587. Emiko Brooks swiftly became the head of a major auction house _____ her lack of art expertise.

0782 P. 376

(A) even though (B) instead (C) furthermore (D) despite

☑ 0588. Buy one of our surfboards and get a free _____ to *Surfing Life* magazine.

0057 P. 031

(A) subscription (B) subscribe (C) subscribed (D) subscribing

☑ 0589. With regard to the performance review, project managers _____ accountable for both their personal and team achievements.

0717 P. 339

(A) had held (B) were held (C) were holding (D) was held

☑ 0590. Through a translator, Ms. Ivanov spoke with _____ by phone from Moscow about her role in the new film.

0996 P. 475

(A) we (B) our (C) us (D) ourselves

☑ 0591. _____ two decades of experience in Thai cuisine, Ms. Tan has opened a new high-class restaurant in downtown New York.

0914 P. 434

(A) Toward (B) Since (C) Behind (D) With

☑ 0592. Student loan applications will be _____ promptly in chronological order according to the date on the receipt.

0935 P. 447

(A) processed (B) process (C) processes (D) processing

☑ 0593. It is the job of flight attendants to make passengers feel as _____ as possible during the flight.

0034 P. 021

(A) comfortable (B) comfortably (C) comfort (D) comforting

☑ 0594. The interviewers created a set of technical questions to help _____ between candidates for the position.

1037 P. 491

(A) different (B) differently (C) difference (D) differentiate

0586 (C) 0587 (D) 0588 (A) 0589 (B) 0590 (C) 0591 (D) 0592 (A) 0593 (A) 0594 (D)

☐ 0595. The marketing department has been allocated a month in which to ____ a plan for the release of the new health equipment.
0643
P. 305

(A) develop (B) proceed (C) invite (D) agree

☐ 0596. Through her _____ negotiations with Wallaby Airways, the CEO of Kangaroo Air has removed a major obstacle in bringing the two airlines together.
0871
P. 418

(A) success (B) successful (C) successfully (D) succeed

☐ 0597. The award ceremony would not have been possible without _____ from several members, notably Mal Benjamin, who chairs the award committee.
0193
P. 085

(A) contribute (B) contributed (C) contributions (D) contributor

☐ 0598. The assistant office manager, Ms. Reed, will explain the _____ paper recycling policy at the next weekly meeting.
0196
P. 087

(A) revise (B) revised (C) revising (D) revision

☐ 0599. Although _____ have confirmed their participation in this year's International Jazz Festival, the tickets have already sold out.
0780
P. 376

(A) few (B) other (C) someone (D) everybody

☐ 0600. Gilbert Public Schools' technology department already has plans to replace the _____ computers this summer.
1000
P. 476

(A) outdate (B) outdated (C) outdates (D) outdating

☐ 0601. Anyone spending time outdoors _____ hot weather should drink at least four cups of water per hour.
0541
P. 250

(A) at (B) on (C) in (D) from

☐ 0602. The large drugstore includes a pharmacy with a doctor on hand for _____ during the week.
0088
P. 043

(A) consulted (B) consultation (C) consultant (D) to consult

☐ 0603. Members of the historical society _____ a budget proposal for the exhibition to the museum's curator.
0378
P. 169

(A) are submitted (B) have submitted
(C) submitting (D) would submit

0595 (A) 0596 (B) 0597 (C) 0598 (B) 0599 (A) 0600 (B) 0601 (C) 0602 (B) 0603 (B)

☐ 0604. People who _____ to the Sakura Fund had their names inscribed on a memorial plaque.
0929
P. 437
(A) supported (B) donated (C) dedicated (D) purchased

☐ 0605. Participants in last week's business trip _____ to submit the travel expense report as promptly as possible.
0375
P. 167
(A) have required (B) are requiring (C) will require (D) are required

☐ 0606. In the last decade, there has been a _____ rapid increase in the number of public locations for wireless Internet usage.
0211
P. 093
(A) remark (B) remarks (C) remarking (D) remarkably

☐ 0607. Mr. Wood predicts the construction cost for the new city library _____ the budget approved by the city.
0408
P. 181
(A) has surpassed (B) will surpass
(C) surpass (D) surpassing

☐ 0608. During the meeting last week, the advertising department discussed ways to improve _____ brand image among consumers.
0678
P. 323
(A) us (B) our (C) ours (D) ourselves

☐ 0609. The accounting department _____ travel reimbursement forms at the meeting next week.
0337
P. 147
(A) distributed (B) distributing
(C) was distributing (D) will distribute

☐ 0610. Mars Motors' new clamping system makes their vehicles _____ even during emergency braking.
0317
P. 135
(A) controlling (B) controllable (C) controllability (D) controls

☐ 0611. Speed Ltd. is a manufacturing company whose _____ extends to all areas of indoor and outdoor signage.
0608
P. 287
(A) expert (B) expertly (C) expertise (D) expertize

☐ 0612. Narayan Sharma's newest novel was popular _____ to be translated into six different languages.
0632
P. 301
(A) likely (B) enough (C) well (D) correctly

0604 (B) 0605 (D) 0606 (D) 0607 (B) 0608 (B) 0609 (D) 0610 (B) 0611 (C) 0612 (B)

☐ 0613. It is estimated that Coyote Oil's net profit last year was in _____ of 1 billion dollars.
0055
P. 031
(A) excessive (B) excess (C) excessively (D) exceed

☐ 0614. Passengers on Air Atlanta may cancel their _____ for a nominal fee, if the requests are filed one week in advance.
0015
P. 013
(A) book (B) booked (C) bookings (D) bookable

☐ 0615. Payroll procedure changed _____ the company merged with Olsson Corporation in July.
0452
P. 207
(A) when (B) soon (C) without (D) between

☐ 0616. You can purchase used pianos at a fraction of _____ retail value by attending a musical instrument auction in Whitehaven this weekend.
0533
P. 245
(A) its (B) my (C) their (D) our

☐ 0617. Several of the candidates were so highly qualified _____ it was difficult for the personnel director to decide which one to hire.
0627
P. 299
(A) unless (B) even (C) after (D) that

☐ 0618. In recent years, municipal governments have taken on _____ more responsibilities for social services and community development than in the past.
0300
P. 129
(A) considerable (B) consideration (C) considerate (D) considerably

☐ 0619. The weather conditions leading to the event's cancellation were _____ foreseeable by organizers nor avoidable at such short notice.
0625
P. 299
(A) if (B) both (C) neither (D) so

☐ 0620. Popular jazz singer Olivia Price will be holding two concerts in Tokyo in April, _____ an announcement on her Web site.
0988
P. 465
(A) if only (B) provided that (C) according to (D) even though

☐ 0621. The event organizer apologized to Mr. Hasegawa for failing to include his name on the guest list, saying the omission was not _____.
0752
P. 362
(A) deliberate (B) deliberation (C) deliberator (D) deliberately

0613 (B) 0614 (C) 0615 (A) 0616 (C) 0617 (D) 0618 (D) 0619 (C) 0620 (C) 0621 (A)

☐☐☐

☐ 0622. Although construction has already been approved, the city is still looking for an _____ to coordinate the project.
0158
P. 071

(A) architect (B) architecture (C) architectural (D) architecturally

☐ 0623. Green Net Corporation reported a net profit of 40 million dollars for the third quarter, _____ exceeding analysts' forecasts.
0214
P. 093

(A) easy (B) easing (C) ease (D) easily

☐ 0624. Swallow Airways Flight 990 arrived at HwangBo International Airport on time _____ the adverse weather conditions.
0453
P. 207

(A) because (B) even though (C) now that (D) despite

☐ 0625. There is ongoing debate among the city council members _____ whether or not to allow developers to renovate the historical building on Palm Street.
0855
P. 407

(A) up to (B) as to (C) out of (D) because

☐ 0626. The position of marketing director will be assigned to either Mr. Hanyu in the marketing department _____ Mr. Nishikori, who was interviewed on Monday.
0707
P. 337

(A) but (B) and (C) neither (D) or

☐ 0627. The latest novel by Hilda Clarke has a consistent _____ of focus and stays resolutely grounded in its characters until the very end.
0766
P. 365

(A) clear (B) clearly (C) clarity (D) clarifies

☐ 0628. Dr. Mitchell has shown compassion for _____ patients over the past thirty years.
0983
P. 464

(A) she (B) her (C) hers (D) herself

☐ 0629. Mr. Stallard has requested that sales representatives _____ their customers' telephone calls immediately and without fail.
0377
P. 169

(A) return (B) returned (C) returning (D) to return

☐ 0630. Our design consultants generate concepts combining visual impact, clear messages, and a high level of _____.
0068
P. 035

(A) create (B) creative (C) creatively (D) creativity

0622 (A) 0623 (D) 0624 (D) 0625 (B) 0626 (D) 0627 (C) 0628 (B) 0629 (A) 0630 (D)

☐ 0631. Fun Toys is pleased to announce two shipments of the popular game will arrive this month, the first of which should come _____.
0177
P. 079

(A) shortly (B) shorten (C) short (D) shortness

☐ 0632. According to industry experts, small companies benefit from the low-cost promotions through the Internet, helping them _____ in a rapidly changing market.
0657
P. 311

(A) proliferate (B) will proliferate
(C) proliferated (D) would proliferate

☐ 0633. Located in the heart of Manhattan, Gilford's café offers a large _____ of traditional and contemporary American, Japanese, and Chinese dishes.
0080
P. 041

(A) select (B) selection (C) selects (D) selecting

☐ 0634. The company performed well this year and _____ surpassed last year's profits.
0140
P. 065

(A) neared (B) nearly (C) nearest (D) nearness

☐ 0635. _____ supplement his income as an art teacher, Mr. Khatri illustrated children's books for various publishers.
0666
P. 321

(A) As long as (B) Provided that (C) Due to (D) In order to

☐ 0636. Mr. Okubo has arranged _____ Ms. Grace to speak at the meeting on his behalf because he has other obligations.
0698
P. 335

(A) upon (B) with (C) for (D) by

☐ 0637. _____ Dr. Martin expected his patients to take advantage of the extended office hours, but they actually preferred earlier appointments.
0443
P. 203

(A) Although (B) In light of (C) Despite (D) At first

☐ 0638. As a token of appreciation _____ her 20 years of hard work, Mary Wilson was given a gold watch as a parting gift.
0560
P. 261

(A) into (B) from (C) above (D) for

☐ 0639. Beaver Creek Resource Management is looking to hire three student interns _____ the summer to work on the Brett Gray Ranch in Colorado.
0557
P. 261

(A) for (B) at (C) to (D) as

0631 (A) 0632 (A) 0633 (B) 0634 (B) 0635 (D) 0636 (C) 0637 (D) 0638 (D) 0639 (A)

☐☐☐

☑ 0640. Presented by Whole Family Foods, the event will feature cooking _____ and activities for kids.
0190
P. 085
(A) demonstrations (B) demonstrates
(C) demonstrator (D) demonstrated

☑ 0641. At Stratford City Hotel, _____ of the guests is welcomed with complimentary coffee and a fruit platter in the main lobby.
0676
P. 323
(A) all (B) each (C) every (D) much

☑ 0642. The manufacturer _____ set its prices below cost in an effort to drive out a competitor.
0987
P. 465
(A) deliberate (B) deliberated (C) deliberately (D) deliberation

☑ 0643. Isabella Winkler became a beneficiary of a corporate policy that _____ employees a five-week paid vacation after five years of service.
0737
P. 351
(A) retrieves (B) grants (C) donates (D) requires

☑ 0644. As _____, Nobel Corporations' new advertising campaign has increased its sales substantially in the southern region of the country.
0305
P. 131
(A) predict (B) prediction (C) predictably (D) predicted

☑ 0645. The snowstorm left many airline passengers _____ at the airport because many hotels were already fully booked.
0828
P. 393
(A) strand (B) stranding (C) stranded (D) strands

☑ 0646. Not _____ did the company expand its warehouse, but BSC also plans to add five hundred employees this year.
0626
P. 299
(A) only (B) yet (C) still (D) well

☑ 0647. The museum announced today that Alan Cooper has been _____ director and chief executive officer.
1019
P. 479
(A) returned (B) appointed (C) regarded (D) promoted

☑ 0648. All boilers must be serviced _____, to ensure that they are working properly.
0739
P. 351
(A) regular (B) regulate (C) regularly (D) regulator

0640 (A) 0641 (B) 0642 (C) 0643 (B) 0644 (D) 0645 (C) 0646 (A) 0647 (B) 0648 (C)

0649. The store manager was concerned that his store did not have _____ products to meet customer demand.
0892 P. 422
(A) much (B) enough (C) every (D) almost

0650. Ms. Thomas is the author of *Small Business Survival*, a book _____ marketing strategies that help small businesses increase income.
0420 P. 185
(A) outline (B) outlining (C) outlined (D) outlines

0651. Charmody skin cream is only effective if applied _____ and immediately after the skin has been washed.
0222 P. 097
(A) correction (B) correctly (C) correcting (D) corrects

0652. Arnold Insurance is pleased to announce that the firm _____ with Drakes Ltd. by the end of the month.
0403 P. 179
(A) has merged (B) was merging
(C) will have merged (D) had been merging

0653. Future Software is a company that produces language learning materials for which it _____ numerous awards over the past ten years.
0344 P. 155
(A) receives (B) has received (C) is receiving (D) would receive

0654. The office manager is _____ for regularly checking the inventory of office supplies and placing orders if needed.
0077 P. 039
(A) responsibilities (B) responsibility (C) responsible (D) responsibly

0655. In celebration of Wonder Words Festival, the library _____ a traveling exhibit of miniature books at the beginning of next month.
0433 P. 191
(A) hosted (B) is hosting
(C) will be hosted (D) had been hosting

0656. _____ housed in a facility designed by a Swiss architecture firm, the Nagano Youth Museum reopened in October 2012.
0265 P. 115
(A) New (B) Newest (C) Newness (D) Newly

0657. The hotel is situated in a quiet residential area and was fully renovated _____ the guests' comfort last year.
0569 P. 265
(A) for (B) under (C) on (D) at

0649 (B) 0650 (B) 0651 (B) 0652 (C) 0653 (B) 0654 (C) 0655 (B) 0656 (D) 0657 (A)

□□□

0658. Ms. Smith's decision to resign in advance of her contract expiration next summer was _____ own rather than a request from the CEO.
0524
P. 241
(A) she (B) her (C) hers (D) herself

0659. The workshop is expected to be well attended _____ we recommend that you make reservations in advance.
0454
P. 207
(A) for (B) or (C) so (D) either

0660. Should you wish to terminate the lease, you need to give _____ two months' notice before leaving the apartment.
1023
P. 488
(A) we (B) our (C) us (D) ours

0661. Some industry experts predict that Sunrise Computers will continue to make _____ in computer technology.
0252
P. 109
(A) advance (B) advances (C) advancing (D) advanced

0662. Applicants for the position will be sent an acknowledgement letter _____ the Human Resources Department has received the applications.
0497
P. 225
(A) among (B) despite (C) unless (D) once

0663. Please note that the entrance to the visitor's parking lot _____ on Binkley Avenue adjacent to the Blanton Student Service Building.
0394
P. 175
(A) locates (B) locating (C) was locating (D) is located

0664. _____ Ms. Diaz leaves for Hong Kong, she wants to talk with Mr. Evans about the work arrangements during her absence.
0793
P. 378
(A) Before (B) Prior (C) Near (D) Past

0665. The ensemble's performance was _____ impressive because they decided to enter the contest at the last minute.
0007
P. 011
(A) particular (B) particularity (C) particulars (D) particularly

0666. Due to low _____ last year, it has been decided that this year's conference will be held in a smaller venue.
0324
P. 137
(A) attend (B) attendees (C) attendance (D) attending

0658 (B) 0659 (C) 0660 (C) 0661 (B) 0662 (D) 0663 (D) 0664 (A) 0665 (D) 0666 (C)

0667. The park restoration project is divided into three phases, the first of _____ will be to restore old wooden tables and benches.
0601
P. 283

(A) which (B) what (C) it (D) that

0668. For the agreement to be _____, you need to fill out the attached application form and submit it to the human resources manager.
0104
P. 049

(A) valid (B) validate (C) validity (D) validates

0669. The agreement that was reached _____ the company to continue selling products featuring the characters from a popular cartoon.
0409
P. 181

(A) allow (B) allowable (C) allowing (D) allowed

0670. Apple Airways announced that it will temporarily _____ the number of weekly flights to Bangkok from June 1.
0349
P. 157

(A) reduce (B) reduces (C) reduced (D) reducing

0671. According to a recent survey, a company's performance is _____ on employees' perceptions that they are receiving fair performance evaluations.
0314
P. 133

(A) depended (B) dependence (C) dependable (D) dependent

0672. _____ shopping for a mobile phone, customers tend to be drawn to the coolest design and the latest technology.
0890
P. 422

(A) Until (B) Because (C) Then (D) When

0673. Furniture _____ made online may be returned for any reason, so long as the packaging has not been removed.
0254
P. 109

(A) purchase (B) purchases (C) purchased (D) purchasing

0674. _____ the conclusion of the workshop, Mr. Brown handed out questionnaires to all participants.
0543
P. 255

(A) Through (B) Under (C) At (D) Into

0675. If you have not received an ID badge, please obtain _____ from the personnel department.
0537
P. 247

(A) one (B) each (C) any (D) either

0667 (A) 0668 (A) 0669 (D) 0670 (A) 0671 (D) 0672 (D) 0673 (B) 0674 (C) 0675 (A)

☐☐☐

☐ 0676. The new portable music players from Star Electronics are available _____ red, blue, and silver.
0581
P. 269
(A) at (B) in (C) of (D) to

☐ 0677. Before submitting a request, please _____ to the vacation policy printed in the employee manual.
0347
P. 157
(A) refer (B) referred (C) referring (D) to refer

☐ 0678. To apply for a patent, several countries still require that all documents _____ into their own languages.
0343
P. 155
(A) translate (B) are translating
(C) translated (D) be translated

☐ 0679. Smokey Joe's café has three _____ in Tokyo, including one recently opened in Aoyama.
0124
P. 057
(A) locate (B) locates (C) located (D) locations

☐ 0680. The new company _____ includes e-mail addresses and staff members' areas of expertise in addition to telephone numbers.
0746
P. 353
(A) direct (B) directly (C) directory (D) direction

☐ 0681. Before assembling the documents for Mr. Bennett's seminar, be sure to e-mail them to _____ for proofreading.
0691
P. 334
(A) he (B) his (C) him (D) himself

☐ 0682. Mr. Aiden Roy, an award-winning _____ at *Calgary Daily Press*, has agreed to chair an ad hoc committee on the newspaper's 75th anniversary.
0205
P. 091
(A) journal (B) journalism (C) journalist (D) journalistic

☐ 0683. _____ the Harbor Continental Hotel has been open for only two months, it has already become very popular among business travelers.
0437
P. 195
(A) Although (B) Despite (C) Nevertheless (D) Because

☐ 0684. During the conference, a _____ meal will be served from 3:00 P.M. to 3:30 P.M. in the Tower Café located on the fifth floor.
0998
P. 475
(A) lightness (B) lightly (C) light (D) lightest

0676 (B) 0677 (A) 0678 (D) 0679 (D) 0680 (C) 0681 (C) 0682 (C) 0683 (A) 0684 (C)

☐☐☐

☐ 0685. Mr. Yashima spoke _____ with the vice president about his decision to step down as CEO.
0046
P. 027
(A) exclusively (B) exclusive (C) exclusivity (D) exclusiveness

☐ 0686. At a company luncheon next week, Ms. Inoue will receive an award for her _____ contribution to Perfect Tools Inc.
0810
P. 390
(A) impress (B) impressive (C) impressed (D) impressively

☐ 0687. Uncle Joe's Café is one of the popular coffee chains _____ light meals in addition to coffees, teas, and other beverages.
0392
P. 175
(A) sell (B) selling (C) are selling (D) will sell

☐ 0688. At training workshops, it is often stated that _____ has to do their part to keep projects running smoothly.
0744
P. 352
(A) other (B) another (C) others (D) everyone

☐ 0689. Twenty one percent of those surveyed believe house prices in Richland by 10% or more in the next twelve months.
0364
P. 163
(A) be raised (B) will rise (C) rising (D) rose

☐ 0690. After their flight was canceled, the airline assured passengers that _____ had been made for them to stay at a hotel.
0231
P. 101
(A) arrange (B) arranges (C) arranging (D) arrangements

☐ 0691. Ms. Anderson is looking for a dress that is both _____ and comfortable to wear to her supervisor's retirement party.
0117
P. 055
(A) elegant (B) elegance
(C) elegantly (D) more elegantly

☐ 0692. Alan Chan was entrusted with a _____ and costly project due to the high degree of success he had been enjoying.
0264
P. 113
(A) challenge (B) challenged (C) challenging (D) challengingly

☐ 0693. The Employee of the Year Award _____ to Office Support Assistant, Joyce Perry for her outstanding work ethic.
0336
P. 146
(A) was presenting (B) has presented
(C) was presented (D) had been presenting

0685 (A) 0686 (B) 0687 (B) 0688 (D) 0689 (B) 0690 (D) 0691 (A) 0692 (C) 0693 (C)

☐☐☐

☑ 0694. To visit our store, follow Parry Road _____ the pharmacy and you will see it on your right.
0568 P. 265
(A) close (B) over (C) throughout (D) past

☑ 0695. Charlie Evans starts his day with a cup of coffee at Turner's Café _____ every morning.
0218 P. 095
(A) practical (B) practically (C) practice (D) practicing

☑ 0696. The advertising agency suggested that the packaging design _____ in order to improve the product image.
0389 P. 173
(A) be modified (B) is modifying
(C) were modified (D) will modify

☑ 0697. Ms. Gao requested that the department staff send _____ the final draft of the sales report before submitting it to management.
0522 P. 241
(A) she (B) her (C) hers (D) herself

☑ 0698. With its spas, saunas, massage rooms, and fitness center, Stallard Towers Hotel provides a _____ stay for business and leisure travelers alike.
0267 P. 115
(A) refresh (B) refreshed (C) refreshing (D) refreshments

☑ 0699. All products made by Trust Computers come with a user's manual that contains _____ for installation as well as operating procedures.
0212 P. 093
(A) explain (B) explanatory (C) explanations (D) explaining

☑ 0700. _____ the annual company banquet, Mr. Garcia and his team volunteered to work in the cloakroom.
1014 P. 478
(A) When (B) While (C) Instead (D) During

☑ 0701. Tiger Motors intentionally cut back on fleet sales, which are less _____ than sales to individual customers.
0215 P. 095
(A) profit (B) profitable (C) profitably (D) profits

☑ 0702. The product concept is derived from the Karaoke sing-along, a popular pastime in Japan that has been _____ successful in the U.S. as well.
0108 P. 051
(A) moderate (B) moderately (C) moderating (D) moderator

0694 (D) 0695 (B) 0696 (A) 0697 (B) 0698 (C) 0699 (C) 0700 (D) 0701 (B) 0702 (B)

☐ 0703. Classic Line perfume is the _____ of one of the most well-known fragrance designers in Asia.
0286
P. 123
(A) creation (B) creator (C) created (D) creating

☐ 0704. Hareyama Flowers provides the _____ arrangements for any occasion including anniversaries, graduations, and weddings.
0093
P. 045
(A) perfect (B) perfectly (C) perfects (D) perfection

☐ 0705. Diego Garcia is a fashion entrepreneur whose firm is known for _____ shoes well-suited to professional athletes.
0387
P. 173
(A) create (B) creation (C) creates (D) creating

☐ 0706. Our certified technicians provide a full range of services _____ vehicles such as oil changes, scheduled maintenance, and brake upgrades.
1015
P. 479
(A) by (B) for (C) from (D) in

☐ 0707. The power generators at Hinze Dam have been in operation _____ the mid-20th century, although they are often stopped for scheduled maintenance.
0590
P. 273
(A) since (B) toward (C) while (D) with

☐ 0708. When placing an order during holiday seasons, please note that it will take _____ five to seven days for the delivery.
0179
P. 079
(A) approximate (B) approximately (C) approximation (D) approximates

☐ 0709. The opening of the concert hall _____ until a thorough safety inspection has been carried out.
0435
P. 191
(A) delay (B) to delay
(C) has been delayed (D) will be delaying

☐ 0710. Now the owner of a large restaurant chain, Mr. Lim believes that persistence is a _____ of a successful entrepreneur.
0272
P. 117
(A) characterize (B) characters
(C) characteristic (D) characterization

☐ 0711. _____ booking flights and making accommodation reservations, Waterfall Travel agents arrange private tours for small groups.
0483
P. 219
(A) As much as (B) Moreover (C) Included in (D) In addition to

0703 (A) 0704 (A) 0705 (D) 0706 (B) 0707 (A) 0708 (B) 0709 (C) 0710 (C) 0711 (D)

□□□

0712. The mayor has issued a statement in support _____ expanding the main airport building within the next two years.
0799 P. 379
(A) to (B) toward (C) of (D) from

0713. The Human Resources department has received more than 20 résumés so far, but _____ are qualified for the position.
0510 P. 235
(A) nothing (B) few (C) someone (D) every

0714. Consumers tend to prefer domestic brands when buying _____ like milk, medicines, or diapers.
0092 P. 045
(A) necessitate (B) necessary (C) necessarily (D) necessities

0715. According to the event manager, it is important to complete urgent ___ in order of importance.
0027 P. 019
(A) task (B) tasked (C) tasking (D) tasks

0716. _____ scheduling vacation leave of one full week or more must obtain permission from their supervisors in advance.
0171 P. 077
(A) Employs (B) Employed (C) Employment (D) Employees

0717. We ask that you _____ your mobile phone during the performance as a matter of courtesy to other audience members.
0992 P. 474
(A) silences (B) silenced (C) silence (D) silencing

0718. The _____ use of office space and equipment in the Tokyo branch has been emulated by several of the other international branches.
0103 P. 049
(A) economize (B) economical (C) economy (D) economist

0719. Mr. Lyle was asked to contact the human resources department to arrange a follow-up _____ for the accounting position.
1018 P. 479
(A) interviewed (B) interview (C) interviewing (D) interviews

0720. The one-week summer program is for university students who aspire to become leaders _____ their peers.
1038 P. 491
(A) during (B) under (C) among (D) from

0712 (C) 0713 (B) 0714 (D) 0715 (D) 0716 (D) 0717 (C) 0718 (B) 0719 (B) 0720 (C)

☐☐☐

☐ 0721. The Entertainment Software Association represents companies that sell _____ video games.
0743
P. 352
(A) interact (B) interactive (C) interactively (D) interaction

☐ 0722. The priority of the fire department _____ the highest level of service to the citizens of Brewster and surrounding areas.
0419
P. 185
(A) provide (B) is provided
(C) is to provide (D) will have provided

☐ 0723. When Speednet.com requires a new employee, a significant amount of time is spent identifying and interviewing _____ candidates.
0842
P. 404
(A) promise (B) promises (C) promised (D) promising

☐ 0724. Mr. Morozov will complete the expense report and submit it to the accounting office _____ he returns from Shanghai.
0465
P. 211
(A) among (B) beside (C) after (D) within

☐ 0725. All applicants must have _____ qualifications and at least three years' classroom experience.
0720
P. 348
(A) professional (B) profess
(C) professionally (D) profession

☐ 0726. Most of the business travelers surveyed rated Starlight Hotel highly because of the _____ of the rooms and its convenient location.
0119
P. 055
(A) clean (B) cleanly (C) cleanliness (D) cleans

☐ 0727. Ms. Carter's presentation included a _____ explanation of the hiring practices leading companies use to find suitable candidates.
0130
P. 061
(A) length (B) lengthy (C) lengthily (D) lengthen

☐ 0728. Ms. Nakamura will place an order for office supplies, _____ copy paper at 10 A.M.
0679
P. 323
(A) includes (B) included (C) include (D) including

☐ 0729. Due to increasing fuel prices, Skyfloat Airways _____ its airfares by three percent.
0727
P. 349
(A) raise (B) raising (C) has raised (D) having raised

0721 (B) 0722 (C) 0723 (D) 0724 (C) 0725 (A) 0726 (C) 0727 (B) 0728 (D) 0729 (C)

☐☐☐

☐ 0730. Since the benefits seemed evident, Mr. Tucker was _____ that his proposal would be accepted by the board of directors.
0194
P. 085

(A) confident (B) confidential (C) confidently (D) confidence

☐ 0731. With thousands of visitors attending the Harbor Markets' events, all vendors must park their cars in the _____ area.
0308
P. 131

(A) designate (B) designated (C) designating (D) designation

☐ 0732. Residents of Noblesville have frequently complained that the city is too _____ with tourists these days.
0677
P. 323

(A) crowd (B) crowds (C) crowded (D) crowding

☐ 0733. The Real Estate Show will offer an excellent opportunity for home owners to acquaint _____ with the latest trends in home furnishings.
1016
P. 479

(A) they (B) their (C) them (D) themselves

☐ 0734. _____ a recent survey, the top characteristics of effective managers include adaptability and sensitivity.
0438
P. 201

(A) According to (B) When (C) In case (D) Since

☐ 0735. David Townsend is one of the most _____ experienced teachers at the university although he rarely promotes himself this way.
0848
P. 405

(A) high (B) higher (C) highest (D) highly

☐ 0736. Gary Anderson was honored by family and friends at a party _____ his retirement after nearly 35 years of service.
0342
P. 155

(A) celebrate (B) celebrating (C) celebrated (D) celebration

☐ 0737. After the six-month probationary period, new employees may be eligible for an _____ in salary.
0141
P. 065

(A) increase (B) increasing (C) increasingly (D) increased

☐ 0738. Less than 40 percent of all physicians in Wichita are employed as full-time staff by the hospitals where _____ practice.
0511
P. 237

(A) they (B) their (C) them (D) themselves

0730 (A) 0731 (B) 0732 (C) 0733 (D) 0734 (A) 0735 (D) 0736 (B) 0737 (A) 0738 (A)

☐☐☐

☐ 0739. Visitors to Iris Chemical Corporation are requested to observe the "No Food or Drink" signs posted _____ the laboratory.
0594
P. 275

(A) among (B) between (C) with (D) throughout

☐ 0740. Most of the vehicles our customers use are not _____ but cars and trucks from a rental company.
0873
P. 418

(A) they (B) their (C) them (D) theirs

☐ 0741. _____ secure a seat at the upcoming seminar, participants must submit an application form along with the $500 registration fee by September 15.
0710
P. 338

(A) In addition to (B) In order to (C) As soon as (D) With regard to

☐ 0742. Jackets are required for club members in the main dining room _____ casual dress is acceptable in all other areas of the club.
0448
P. 205

(A) during (B) what (C) such (D) while

☐ 0743. To ventilate your home during the summer, windows and internal doors should be left _____ overnight in a secure manner.
0242
P. 105

(A) open (B) opening (C) opener (D) opens

☐ 0744. The front door should be kept locked when reception is unattended _____ only a brief absence is anticipated.
0838
P. 395

(A) because (B) even if (C) despite (D) due to

☐ 0745. Tourist information and brochures can be found _____ the front desk in the lobby.
0967
P. 461

(A) at (B) after (C) into (D) between

☐ 0746. Research indicates that of all the customers _____ register a complaint, 60 percent will return if their complaint is resolved satisfactorily.
0885
P. 421

(A) who (B) whose (C) they (D) what

☐ 0747. The Seeger Hellenic Fund was established by David Bertrand 60 years ago _____ advance the understanding of the culture of ancient Greece.
0911
P. 434

(A) in order to (B) even if (C) because (D) even though

0739 (D) 0740 (D) 0741 (B) 0742 (D) 0743 (A) 0744 (B) 0745 (A) 0746 (A) 0747 (A)

☑ 0748. The new home improvement app has a free demo version so that you can gauge its value for _____ before purchasing the full package.
0534
P. 245
(A) you (B) your (C) yours (D) yourself

☑ 0749. The company will provide an _____ day of paid vacation when an annual leave day falls on a public holiday.
0070
P. 037
(A) add (B) additional (C) additionally (D) additive

☑ 0750. Professor James Nichol will be here next week to share his _____ of knowledge on document filing.
0695
P. 335
(A) wealth (B) wealthier (C) wealthy (D) wealthily

☑ 0751. Yamato Insurance Group has designed a new automobile insurance policy _____ to appeal to senior drivers.
0320
P. 137
(A) specify (B) specifying
(C) specifications (D) specifically

☑ 0752. A study published in February says that _____ few employees use their time as effectively as they could.
0667
P. 322
(A) little (B) none (C) very (D) neither

☑ 0753. While standard orders usually ship within two business days, express delivery is available for an additional _____.
1036
P. 491
(A) charge (B) pay (C) money (D) admission

☑ 0754. Many people who attend workshops underestimate how much they can learn from _____ participants.
0696
P. 335
(A) another (B) others (C) the other (D) one another

☑ 0755. Purchase two of Eric Schneider's popular rock 'n' roll CDs and get ____ free of charge.
0538
P. 247
(A) each other (B) another (C) other (D) one another

☑ 0756. Since Jack Taylor had outstanding professional _____, the hiring manager immediately decided to interview him.
0884
P. 420
(A) experience (B) experienced (C) experiencing (D) experiential

0748 (D) 0749 (B) 0750 (A) 0751 (D) 0752 (C) 0753 (A) 0754 (C) 0755 (B) 0756 (A)

☐ 0757. Mr. Kim opened a grocery store _____ sells imported food products from Korea and Japan.
0764
P. 364

(A) whose (B) it (C) that (D) what

☐ 0758. The company's annual strategy meeting was held at the headquarters on Tuesday to discuss steps to enhance _____ among the different departments.
0126
P. 059

(A) cooperate (B) cooperated (C) cooperative (D) cooperation

☐ 0759. The new copier installed in the Accounting Department works _____ than the previous machine did.
0624
P. 297

(A) most quiet (B) more quietly (C) most quietly (D) more quiet

☐ 0760. The spokesperson for Carter Robotics says its new room cleaning robot will _____ be revolutionary.
0076
P. 039

(A) assured (B) assuredness (C) more assured (D) assuredly

☐ 0761. Although Michael Young has been performing as a guitarist for many years, he is _____ unknown in the Japanese music industry.
0081
P. 041

(A) relative (B) relatively (C) relation (D) relate

☐ 0762. Mr. Gao _____ grants interviews and almost never allows journalists onto his company's campus.
0228
P. 099

(A) rare (B) rarely (C) rarity (D) rareness

☐ 0763. The amount of traffic the company Web site attracted before the product launch was an _____ sign for the marketing division.
0259
P. 111

(A) encourage (B) encouraged (C) encouraging (D) encourages

☐ 0764. Mr. Romano subscribes to *Urban Green Life*, a gardening magazine, and keeps each issue neatly filed _____ the top shelf of his bookcase.
0586
P. 271

(A) on (B) out (C) to (D) for

☐ 0765. Study results _____ earlier this year indicated that candidates with lower-pitched voices may have an edge in a job interview.
0386
P. 171

(A) will be published (B) were published
(C) published (D) publishing

0757 (C) 0758 (D) 0759 (B) 0760 (D) 0761 (B) 0762 (B) 0763 (C) 0764 (A) 0765 (C)

☐☐☐

☐ 0766. Mr. Wypych is going to _____ effective teaching methods for children in an online video to be available to subscribers from Friday this week.
0653
P. 309
(A) proceed (B) inform (C) remark (D) address

☐ 0767. The dark colors in many scenes of the film were used _____ to evoke certain emotions in the audience.
0789
P. 377
(A) intend (B) intentional (C) intentionally (D) intentions

☐ 0768. _____ the most important invention of the last 60 years, computers are used in almost every aspect of our lives.
0238
P. 103
(A) Argue (B) Arguing (C) Arguably (D) Argument

☐ 0769. Legrand Auto's new sports car is _____ with technologies designed to keep its occupants comfortable and safe.
0385
P. 171
(A) equip (B) equipped (C) equipping (D) equips

☐ 0770. Attracted by lower rent and convenient access to public transportation, Magic Media Company _____ to Tarrytown next spring.
0363
P. 163
(A) was relocated (B) to relocate
(C) will relocate (D) relocated

☐ 0771. Baliwood Hotel _____ conducts guest surveys to gather information that will help it find what areas of its services need improvement.
0997
P. 475
(A) regularize (B) regularizing (C) regularity (D) regularly

☐ 0772. Blue Sky Airways is _____ mechanics that are not only competent at repairs, but also in preventive maintenance.
0616
P. 293
(A) seeking (B) prohibiting (C) looking (D) escaping

☐ 0773. Current plant workers will be given hiring preference for the newly _____ jobs at the company's production facility in Kawasaki.
0209
P. 091
(A) creates (B) creating (C) created (D) creation

☐ 0774. Managers have been debating ways of evaluating employee _____ more effectively.
0694
P. 334
(A) perform (B) performs (C) performed (D) performance

0766 (D) 0767 (C) 0768 (C) 0769 (B) 0770 (C) 0771 (D) 0772 (A) 0773 (C) 0774 (D)

☐☐☐

0775. Once the new computers are installed, employees will be required to return _____ old machines to the rental company.
0794
P. 378
(A) they (B) them (C) their (D) theirs

0776. As everyone else on the sales team was out of the office, Mr. Bruno had to take care of all client calls _____.
0516
P. 239
(A) he (B) his own (C) his (D) himself

0777. Earlier this year, the International Wilderness Conservation Society _____ over 10,000 species for their ability to survive climate change.
0407
P. 181
(A) evaluates (B) evaluated
(C) has evaluated (D) will evaluate

0778. A team of the meteorologists led by Ms. Ida is _____ to providing accurate weather forecasts to the Kyoto area.
0421
P. 185
(A) dedication (B) dedicating (C) dedicated (D) dedicatedly

0779. _____ her extensive experience and past successes, Ms. Isohi is expected to be an invaluable asset to our company.
0478
P. 217
(A) So (B) That (C) Given (D) Since

0780. The main lobby of the Grace Hotel is _____ decorated with ceramic tiles, crystal chandeliers, and a lighted water fountain.
1009
P. 477
(A) beauty (B) beautiful (C) beautifully (D) beautified

0781. The Green Wood Hotel _____ diners a choice of two restaurants, the Vine Restaurant and the Cottage Kitchen.
0640
P. 305
(A) recommends (B) explains (C) offers (D) prepares

0782. _____ a lucrative contract, Mr. Plushenko was praised for achieving the highest yearly profit in Soft World's history.
0897
P. 423
(A) Secure (B) To secure
(C) Secured (D) Having secured

0783. The firm is going to hold a free workshop for _____ who are interested in working at its first Asian branch in Japan.
0505
P. 233
(A) them (B) those (C) everybody (D) anyone

0775 (C) 0776 (D) 0777 (B) 0778 (C) 0779 (C) 0780 (C) 0781 (C) 0782 (D) 0783 (B)

☐☐☐

☐ 0784. The company's recent rise in _____ can be attributed to the managerial acumen of the newly appointed CEO, Leonie Wagner.
0121
P. 057
(A) profitability (B) profitable (C) profited (D) to profit

☐ 0785. Mr. Reed was surprised at the _____ participation of the attendees at his business seminar.
0862
P. 408
(A) enthusiast (B) enthusiasm
(C) enthusiastic (D) enthusiastically

☐ 0786. For $3.99, all Eagle Online Books users can download a short story by Lucas King that will be exclusive to us for a _____ time.
0760
P. 364
(A) limit (B) limits (C) limited (D) limitation

☐ 0787. Ken Gupta's latest novel, *Listen to the Song of the Wind*, certainly lends _____ to being adapted for film.
1046
P. 493
(A) them (B) it (C) themselves (D) itself

☐ 0788. Some of the flights from Kobe Airport have been delayed due to heavy snow, but _____ were canceled throughout the day.
0756
P. 363
(A) nobody (B) none (C) nothing (D) no

☐ 0789. Organizers are _____ trying to find an alternative venue for the product launch but it may be too late.
0669
P. 321
(A) except (B) still (C) very (D) while

☐ 0790. If the City Council _____ the renovation plan for the airport, workers will begin construction late this year.
0064
P. 033
(A) approves (B) approvable (C) approval (D) approvingly

☐ 0791. The Drover's Bookshop carries a large _____ of books signed by their authors, in addition to rare first editions and hard-to-find books.
0966
P. 461
(A) stock (B) stocks (C) stocked (D) stocking

☐ 0792. The company picnic will be held on a beach, but the weather _____ is predicting heavy rain.
0135
P. 063
(A) forecast (B) forecasts (C) will forecast (D) to forecast

0784 (A) 0785 (C) 0786 (C) 0787 (D) 0788 (B) 0789 (B) 0790 (A) 0791 (A) 0792 (A)

☐ 0793. Please direct any concerns or questions to veterinary staff so we can help _____ a plan to keep your pets healthy.
0887
P. 421
(A) develop (B) develops (C) developed (D) developing

☐ 0794. City employees _____ endorsed the new benefits plan proposed by the city's Department of Health.
0054
P. 029
(A) enthusiastically (B) enthusiastic
(C) enthusiasm (D) enthuse

☐ 0795. Word-of-mouth _____ is considered highly effective, but remains a rarely studied phenomenon.
0033
P. 021
(A) advertise (B) advertised (C) advertising (D) advertisements

☐ 0796. _____ for the competition should be submitted by November 28 at the latest.
0004
P. 009
(A) Enter (B) Entered (C) Entering (D) Entries

☐ 0797. An _____ 10 percent discount is available to shoppers who show their loyalty card to staff at the register.
0291
P. 125
(A) additive (B) additional (C) additionally (D) addition

☐ 0798. The renowned architect Stuart Silk _____ to design nine custom homes near Shanghai with no restrictions on style or budget.
1017
P. 479
(A) was commissioning (B) be commissioning
(C) will have commissioned (D) has been commissioned

☐ 0799. As one of the fastest _____ distributors in the country, Falcon Supply Inc., is known for its commitment to quality.
0154
P. 069
(A) grow (B) grew (C) growing (D) growth

☐ 0800. When choosing a new president, the bank decided to promote from _____ the company, instead of hiring from outside.
0851
P. 406
(A) onto (B) within (C) above (D) between

☐ 0801. Ms. Patel's _____ novel, *Clipped Wings*, has been translated into 13 languages since it was first published.
0082
P. 041
(A) late (B) lately (C) latest (D) lateness

0793 (A) 0794 (A) 0795 (C) 0796 (D) 0797 (B) 0798 (D) 0799 (C) 0800 (B) 0801 (C)

□□□

☐ 0802. Huber Online Bookstore guarantees _____ of your order within two working days, provided you order before 4 P.M.

0105
P. 051

(A) deliver (B) delivers (C) delivering (D) delivery

☐ 0803. Harold's Ice Cream recently launched a newly _____ Web site that showcases its innovative ice-cream desserts.

0028
P. 019

(A) design (B) designs (C) designed (D) designing

☐ 0804. Quick Communication's newest mobile phone is far smaller _____ the palm of a typical user.

0953
P. 450

(A) at (B) with (C) than (D) when

☐ 0805. Situated in the center of Budapest, Royal Sky Hotel is easily _____ to business travelers using public transport.

0128
P. 059

(A) access (B) accesses (C) accessible (D) accessibility

☐ 0806. Marketing department staff members are invited to tour the plant to see _____ the quality control procedures are implemented.

0994
P. 474

(A) during (B) how (C) about (D) whom

☐ 0807. Because the warranty _____ already, the dealer will not be able to cover the repair cost.

0360
P. 161

(A) is expiring (B) has expired (C) will expire (D) expires

☐ 0808. Mr. Tomiyasu returned the _____ merchandise to the manufacturer at his own expense.

0035
P. 023

(A) defect (B) defective (C) defectively (D) defection

☐ 0809. As of February 1, the no-smoking policy at the Mountain Tower apartments will be more _____ enforced.

0210
P. 093

(A) strict (B) strictly (C) stricter (D) strictness

☐ 0810. News of Felix Schneider's retirement spread quickly as he had made many friends and _____ during his 20 years on the job.

0202
P. 089

(A) acquaint (B) acquainted
(C) acquaintance (D) acquaintances

0802 (D) 0803 (C) 0804 (C) 0805 (C) 0806 (B) 0807 (B) 0808 (B) 0809 (B) 0810 (D)

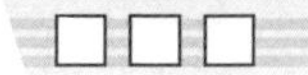

☐ 0811. Visitors who do not have access to the Internet from home can ask that documents _____ for them at the circulation desk.
0424
P. 187

(A) print (B) printed (C) be printed (D) printing

☐ 0812. The Darren Theater opened on Oct. 5, 1987, _____ eight years before Ms. Gonzalez was hired.
0181
P. 081

(A) precise (B) precision (C) precisely (D) preciseness

☐ 0813. _____ Isabella Hill has received a high rating on her evaluation, it is likely that her salary will increase next year.
0487
P. 221

(A) Besides (B) So that (C) As (D) Due to

☐ 0814. _____ Ms. Contreras began working as a sales representative, she has successfully expanded our client base.
0489
P. 221

(A) Since (B) When (C) Before (D) Whereas

☐ 0815. A survey shows that only an _____ 30 percent of the workforce in the textile industry is female.
0245
P. 107

(A) estimate (B) estimates (C) estimated (D) estimating

☐ 0816. When Yellow River Books _____ Edwin Press in September, several divisions of the two publishing companies will be combined.
0642
P. 305

(A) merges (B) remains (C) anticipates (D) acquires

☐ 0817. Each _____ is asked to fill out an evaluation form to provide comments and suggestions for improving the workshop.
0330
P. 141

(A) individual (B) individuals
(C) individualistic (D) individualism

☐ 0818. The Department of Transportation has _____ requested information about Mr. Becker's updated address.
0056
P. 031

(A) repeat (B) repeated (C) repeatedly (D) repeats

☐ 0819. _____ a large international company, Horizon Ltd. started as a small business in South Melbourne.
0931
P. 446

(A) Now (B) Become (C) After (D) Prior

0811 (C) 0812 (C) 0813 (C) 0814 (A) 0815 (C) 0816 (D) 0817 (A) 0818 (C) 0819 (A)

☐☐☐

☐ 0820. Ideally located in a quiet residential area of Hampstead, Sherwood Hotel is _____ walking distance of a subway station, restaurants, and a shopping center.
0769 P. 365

(A) above (B) next to (C) within (D) close by

☐ 0821. Leawood Hospital recognizes Emily Taylor as Employee of the Year for having worked the _____ of all the employees.
0623 P. 297

(A) hardly (B) harder (C) hard (D) hardest

☐ 0822. Once all entries have been submitted, Daniel Miller, the advertising director, _____ the winning slogan.
0410 P. 181

(A) choose (B) has chosen
(C) was choosing (D) will choose

☐ 0823. PUV Productions is looking into a method for _____ its distribution procedure.
0783 P. 376

(A) simplify (B) to simplify (C) simplifying (D) simplification

☐ 0824. The cap on the gas tank should be _____ tightened before starting the engine.
0943 P. 448

(A) firm (B) firmer (C) firmness (D) firmly

☐ 0825. _____ sales have been rising, Western Chemicals has been struggling to maintain a profit.
0456 P. 209

(A) If not (B) Such as (C) Even though (D) In case

☐ 0826. To _____ the press conference for the launch of the film, media representatives must submit their applications by March 31.
0849 P. 405

(A) reply (B) participate (C) meet (D) attend

☐ 0827. A number of major airlines are planning to offer Internet _____ to passengers on international flights for a fee.
0322 P. 137

(A) connect (B) connecting (C) connections (D) connects

☐ 0828. A recent survey found that more than a quarter of Japanese mobile broadband subscribers are _____ to renew their contracts.
0269 P. 115

(A) unlike (B) unlikable (C) unlikely (D) unlikeness

0820 (C) 0821 (D) 0822 (D) 0823 (C) 0824 (D) 0825 (C) 0826 (D) 0827 (C) 0828 (C)

0829. Mr. Lydon is an _____ musician who has performed with several of the world's most famous symphonic orchestras.
0323
P. 137

(A) accomplish (B) accomplished
(C) accomplishing (D) accomplishment

0830. There has been speculation that Techsoft's board is trying to find a _____ for its chief executive by the end of the year.
0067
P. 035

(A) replace (B) replaced (C) replacing (D) replacement

0831. _____ was most notable about Nathan Lee's newest film was its amazing special effects.
0674
P. 322

(A) How (B) Who (C) Where (D) What

0832. As a special benefit for conference attendees, complimentary Wi-Fi service will be available in hotel rooms _____ through this Web site.
0260
P. 113

(A) book (B) booked (C) books (D) booking

0833. Purchases of over $100 should not be made _____ authorization from department heads.
0463
P. 211

(A) even (B) despite (C) unless (D) without

0834. Mr. Hoffman, a company spokesperson, said on TV that Nile Electronics Ltd. has raised worker _____ through consistent training programs.
0277
P. 119

(A) productivity (B) produces (C) to produce (D) productively

0835. Many restaurants in the state have been selling their _____ cooking oil for use as an alternative fuel source.
0326
P. 139

(A) use (B) used (C) using (D) uses

0836. Many of the company's _____ clients have been leaving for cheaper alternatives in recent years.
0747
P. 353

(A) establish (B) established (C) establishing (D) establishes

0837. There is still some uncertainty among the employees as to how _____ the new advertising campaign will be in boosting sales.
0287
P. 123

(A) effect (B) effectively (C) to effect (D) effective

0829 (B) 0830 (D) 0831 (D) 0832 (B) 0833 (D) 0834 (A) 0835 (B) 0836 (B) 0837 (D)

☐☐☐

☐ 0838. The architect, _____ designed the Rainbow Historical Museum, received an award for the work.
0605
P. 285

(A) he (B) who (C) also (D) some

☐ 0839. Newly hired staff members are required to attend a three-day training course on airport _____.
0216
P. 095

(A) secure (B) secured (C) security (D) securely

☐ 0840. Residents of Yankton recently received a letter from the mayor _____ them to attend a community meeting on May 1.
0376
P. 167

(A) inviting (B) invite (C) invited (D) are invited

☐ 0841. The Voyage Savor jams are made _____ locally grown, organic ingredients from the Drome region.
1011
P. 478

(A) from (B) below (C) to (D) into

☐ 0842. To help us assist your business further, please _____ a customer satisfaction survey.
0356
P. 159

(A) complete (B) completed (C) completion (D) completely

☐ 0843. Mr. Jones announced his retirement yesterday _____ 20 years of outstanding service as CEO.
0584
P. 271

(A) within (B) on (C) after (D) along

☐ 0844. Speednet plans to release a new version of its best-selling software later this year _____ early next year.
0759
P. 363

(A) or (B) over (C) between (D) but

☐ 0845. The Tokyo Symphony Orchestra has been performing for over 20 years, having _____ more than 12 countries worldwide.
0379
P. 169

(A) tour (B) tours (C) toured (D) touring

☐ 0846. Jupiter Technology executives had _____ planned on selling at least 130,000 computers this year, but it now seems doubtful they will sell even 100,000.
0668
P. 321

(A) initial (B) initialize (C) initials (D) initially

0838 (B) 0839 (C) 0840 (A) 0841 (A) 0842 (A) 0843 (C) 0844 (A) 0845 (C) 0846 (D)

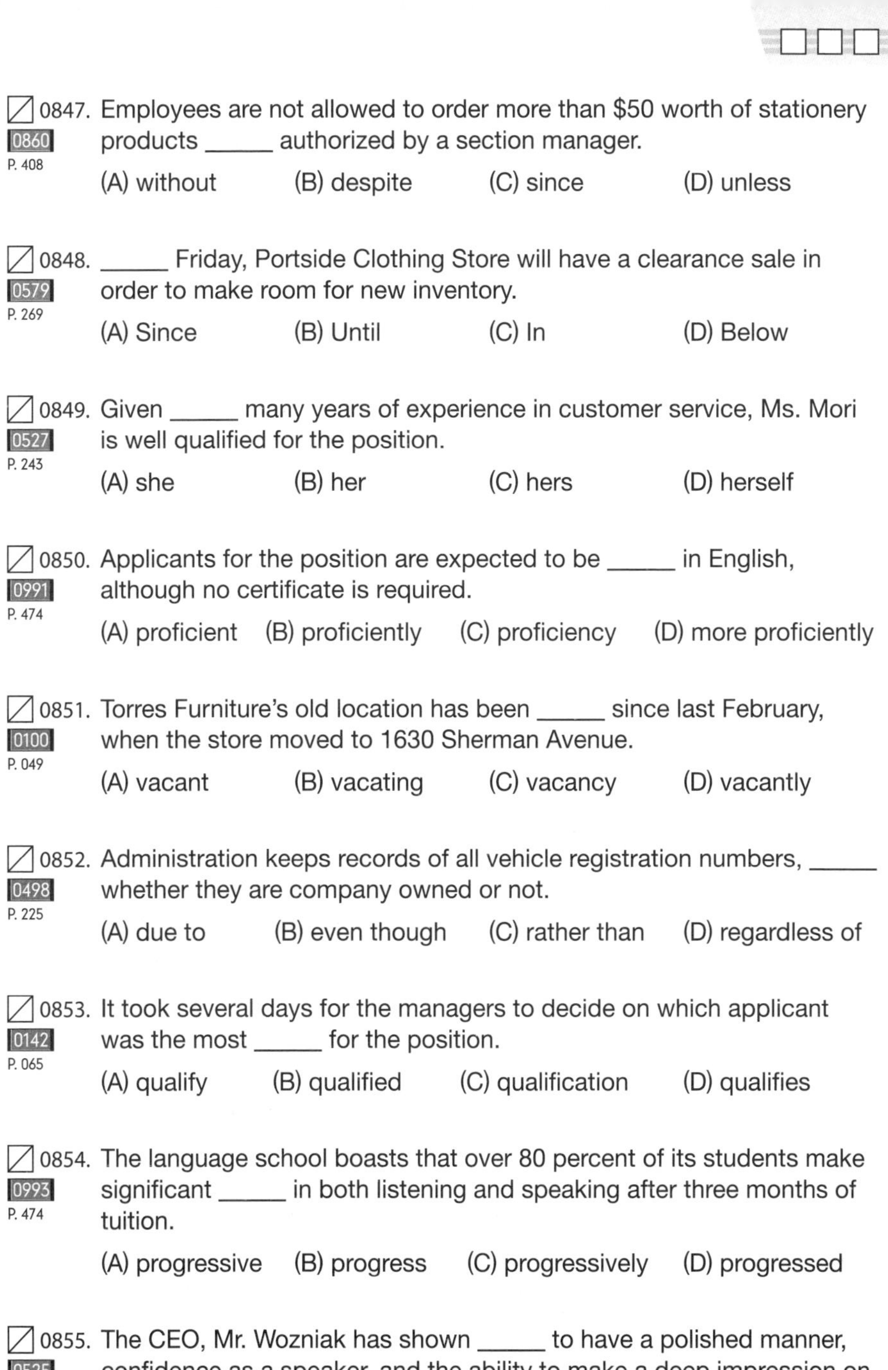

0847. Employees are not allowed to order more than $50 worth of stationery products ______ authorized by a section manager.

0860 P. 408

(A) without (B) despite (C) since (D) unless

0848. ______ Friday, Portside Clothing Store will have a clearance sale in order to make room for new inventory.

0579 P. 269

(A) Since (B) Until (C) In (D) Below

0849. Given ______ many years of experience in customer service, Ms. Mori is well qualified for the position.

0527 P. 243

(A) she (B) her (C) hers (D) herself

0850. Applicants for the position are expected to be ______ in English, although no certificate is required.

0991 P. 474

(A) proficient (B) proficiently (C) proficiency (D) more proficiently

0851. Torres Furniture's old location has been ______ since last February, when the store moved to 1630 Sherman Avenue.

0100 P. 049

(A) vacant (B) vacating (C) vacancy (D) vacantly

0852. Administration keeps records of all vehicle registration numbers, ______ whether they are company owned or not.

0498 P. 225

(A) due to (B) even though (C) rather than (D) regardless of

0853. It took several days for the managers to decide on which applicant was the most ______ for the position.

0142 P. 065

(A) qualify (B) qualified (C) qualification (D) qualifies

0854. The language school boasts that over 80 percent of its students make significant ______ in both listening and speaking after three months of tuition.

0993 P. 474

(A) progressive (B) progress (C) progressively (D) progressed

0855. The CEO, Mr. Wozniak has shown ______ to have a polished manner, confidence as a speaker, and the ability to make a deep impression on audiences.

0525 P. 241

(A) he (B) his (C) him (D) himself

0847 (D) 0848 (B) 0849 (B) 0850 (A) 0851 (A) 0852 (D) 0853 (B) 0854 (B) 0855 (D)

0856. Unlike their competitors, Wealth Furniture has been successful at _____ a position as a premium brand among wealthy customers.
0396 P. 175
(A) establish (B) establishes (C) establishing (D) established

0857. In December, toy stores usually receive lots of shipments and prices remain _____ until after the holidays.
0143 P. 065
(A) compete (B) competitive (C) competitively (D) competition

0858. Since his appointment as CEO, Nathan Lee has been running the company much _____ than his predecessor.
0159 P. 071
(A) efficient (B) efficiently
(C) more efficient (D) more efficiently

0859. Because personal computers _____ outdated so rapidly, many large companies are choosing to lease.
0358 P. 161
(A) become (B) becomes (C) is becoming (D) becoming

0860. _____ to the state from Europe consist of food and beverages despite the large farming industry that exists here.
0250 P. 109
(A) Imports (B) Importing (C) Importers (D) Imported

0861. With 80 rooms on nine floors, the Savoy Mountain Hotel offers the least _____ option in the vicinity of the Savoy National Park.
0724 P. 348
(A) expenses (B) expensively (C) expense (D) expensive

0862. Tullworth Stores provide refunds and exchanges only for items _____ by the original receipts.
0304 P. 129
(A) accompany (B) accompanies
(C) accompanying (D) accompanied

0863. The furniture they bought was too heavy for Mr. Baker and Ms. Roberts to move by _____.
0521 P. 241
(A) their (B) theirs (C) themselves (D) their own

0864. Arrow Airways _____ the profit increase to higher ticket prices and a return in travel demand.
0854 P. 406
(A) attributed (B) attributing (C) attribution (D) to attribute

0856 (C) 0857 (B) 0858 (D) 0859 (A) 0860 (A) 0861 (D) 0862 (D) 0863 (C) 0864 (A)

☐ 0865. Michael Hoffman is a venture capitalist who _____ writes opinion columns for local and international newspapers.
0781
P. 376

(A) frequent (B) frequently (C) frequency (D) frequencies

☐ 0866. Despite _____ requests from wholesalers and retailers, Orange Appliance has yet to develop a new refrigerator.
0982
P. 464

(A) numerous (B) numerously (C) numbering (D) numbered

☐ 0867. Brad Jessen presented an _____ to the City Council for heating and air conditioning at the new convention center.
0995
P. 475

(A) estimate (B) estimated (C) estimating (D) estimates

☐ 0868. Residents were concerned about increased traffic and _____ so, considering the size of the housing project approved for their suburb.
0235
P. 103

(A) understood
(B) understandable
(C) understandably
(D) understanding

☐ 0869. Your e-mail address and _____ contact information will be retained by Nilebooks.com in order to make future purchases more convenient.
0734
P. 350

(A) other (B) another (C) others (D) each other

☐ 0870. Melware Corporation reserves the right _____ service to users who do not abide by the terms of the contract.
0969
P. 461

(A) cancel (B) canceling (C) canceled (D) to cancel

☐ 0871. Dylan Clarke has been promoted to the position of marketing manager because he organized a national campaign _____.
0157
P. 071

(A) commend (B) commendable (C) commendably (D) commended

☐ 0872. The award ceremony _____ with a speech by the Chief Executive Officer, Harry Robinson.
0006
P. 009

(A) opening (B) to open (C) opener (D) opened

☐ 0873. Collectible items from the old stadium, including seats, signage, and benches will _____ online from 6 P.M. next Wednesday.
0401
P. 177

(A) be sold
(B) have been sold
(C) selling
(D) have been selling

0865 (B) 0866 (A) 0867 (A) 0868 (C) 0869 (A) 0870 (D) 0871 (C) 0872 (D) 0873 (A)

☐☐☐

☑ 0874. If you wish to enroll in the course, please complete the _____ application form and send it to us as quickly as possible.
0219
P. 095

(A) attach (B) attaching (C) attached (D) attachment

☑ 0875. Lucas Janssen has requested that the marketing department examine trends _____ when implementing promotional campaigns.
0329
P. 139

(A) attentive (B) attention
(C) most attentive (D) more attentively

☑ 0876. _____ she has already proved herself a versatile actress, Helen Kuroshima continues to study to develop her acting style.
0449
P. 205

(A) Not only (B) Although (C) Despite (D) Consequently

☑ 0877. Stronger customer demand has triggered several auto manufacturers to develop hybrid vehicles that are _____ economically efficient and environmentally friendly.
0863
P. 408

(A) as (B) both (C) if so (D) not only

☑ 0878. Return of any item for exchange or refund will be accepted _____ the item is in its original condition.
0713
P. 338

(A) in case (B) only if (C) so that (D) rather than

☑ 0879. Japanese cuisine has received a lot of attention in the last 10 years, and _____ has gained popularity all over the world.
0168
P. 075

(A) consequent (B) consequently (C) consequence (D) consequences

☑ 0880. Mr. Williams usually brings gifts to his colleagues _____ he returns from an overseas business trip.
0475
P. 215

(A) which (B) whenever (C) whether (D) what

☑ 0881. Please ensure that your submissions are _____ with the requirements of the Jules Mann Art Prize as outlined in the rulebook.
0334
P. 141

(A) complied (B) compliance (C) comply (D) compliant

☑ 0882. If time _____, visit the local train museum, where railway enthusiasts have constructed a model of the famous Japanese Bullet Train.
0402
P. 179

(A) allow (B) allows (C) allowed (D) allowing

0874 (C) 0875 (D) 0876 (B) 0877 (B) 0878 (B) 0879 (B) 0880 (B) 0881 (D) 0882 (B)

☐ 0883. An organizing committee was assembled to arrange a farewell party for Bruce Marshal, who is _____ in May.
0430
P. 189
(A) retired (B) retiree (C) retirement (D) to retire

☐ 0884. Emma Simon can arrange a factory tour for your clients if you let _____ know at least a week in advance.
0903
P. 432
(A) she (B) hers (C) her (D) herself

☐ 0885. Many of the suppliers have _____ to submit invoices for services received in December.
1010
P. 478
(A) yet (B) already (C) after (D) until

☐ 0886. The appearance of the CEO at the Beijing Motor Show was a _____ that his company is eager to expand into China.
0040
P. 025
(A) reminder (B) remind (C) reminded (D) reminding

☐ 0887. Riley Lee reminded other office staff that _____ the regulations, they were required to keep detailed records of all transactions.
0544
P. 255
(A) over (B) up (C) under (D) into

☐ 0888. Francesco Romano opened a new wellness _____ on the first floor of his house after quitting his job as a television repairman.
0026
P. 019
(A) facilitate (B) facility (C) facilitates (D) facilitation

☐ 0889. Urbandale City College provides several management courses that will improve your employment prospects and add to your _____.
0098
P. 047
(A) qualify (B) qualified (C) qualifications (D) qualifier

☐ 0890. When renovations are required, a completed building _____ form must be forwarded to the department head.
0281
P. 121
(A) modify (B) modifiable (C) to modify (D) modification

☐ 0891. All staff members are required to wear a hardhat while the manufacturing plant is in _____.
0687
P. 325
(A) operate (B) operating (C) operation (D) operator

0883 (D) 0884 (C) 0885 (A) 0886 (A) 0887 (C) 0888 (B) 0889 (C) 0890 (D) 0891 (C)

☐☐☐

☐ 0892. A well designed brochure with relevant information can help _____ the company's strengths to potential clients.
0636
P. 303
(A) convey (B) conveys (C) conveyed (D) conveyor

☐ 0893. Participants at the workshop will be served a complimentary lunch but will have to make dinner arrangements _____.
0518
P. 239
(A) itself (B) themselves (C) ourselves (D) yourself

☐ 0894. The artist's most notable _____ was being chosen to design the stained glass windows in the Westhaven chapel.
0896
P. 423
(A) achieve (B) achiever (C) achieving (D) achievement

☐ 0895. Mr. Harrison stated that he would donate any leftover funds _____ charity when the community center was complete.
0571
P. 265
(A) to (B) for (C) with (D) in

☐ 0896. Ms. Cho's _____ for oil painting is shown in a book she is writing about local artwork.
0671
P. 322
(A) enthusiastic (B) enthusiastically (C) enthusiast (D) enthusiasm

☐ 0897. Those who attended last week's workshop are encouraged to download the additional material that _____ the lecture.
0610
P. 287
(A) supplement (B) supplements
(C) supplementing (D) supplementation

☐ 0898. Crystal Records allows consumers to purchase music for use on both their mobile phones and computers, _____ most other mobile music download services.
0583
P. 271
(A) despite (B) aside (C) unlike (D) except

☐ 0899. Employees of Sports Plus were astounded that Medalwear Sports Store had plans to build an outlet _____.
0802
P. 380
(A) near (B) nearly (C) nearness (D) nearby

☐ 0900. Please save all of your work to an external drive so that old computers _____. over the weekend.
0400
P. 177
(A) replace (B) were replaced (C) can replace (D) can be replaced

0892 (A) 0893 (B) 0894 (D) 0895 (A) 0896 (D) 0897 (B) 0898 (C) 0899 (D) 0900 (D)

☐☐☐

☑ 0901. The number of orders for the month of May was estimated extremely _ resulting in a substantial reduction in waste.
0152
P. 069
(A) accurate (B) accurately (C) accuracy (D) accuracies

☑ 0902. Ms. Bruno is now looking for _____ a caterer and a florist for the upcoming annual company banquet.
0814
P. 390
(A) either (B) both (C) whether (D) never

☑ 0903. After 30 years of _____ to Johnson City, Donna Stover stepped down as mayor and council secretary.
0038
P. 023
(A) serve (B) served (C) serves (D) service

☑ 0904. In order for an employee to register for a seminar, all application forms must be filled in _____ and signed.
0972
P. 462
(A) complete (B) completes (C) completing (D) completely

☑ 0905. Mr. Ali _____ threw away the copies of his itinerary for his trip to Mumbai, so he had to have new ones printed.
0132
P. 061
(A) mistake (B) mistakenly (C) mistakes (D) mistook

☑ 0906. After having lived in a small town in Ohio for ten years, Ms. Wright wants to move to a more _____ city like New York.
0270
P. 117
(A) stimulate (B) stimulated (C) stimulates (D) stimulating

☑ 0907. The construction contract will be given to _____ team makes the best proposal by September 19.
0612
P. 287
(A) every (B) these (C) whichever (D) their

☑ 0908. The weather in Merizo is very _____ year-round, though there are showers almost daily from December through March.
0003
P. 009
(A) agreeable (B) agree (C) agreement (D) agreeably

☑ 0909. Maddox Butchers is a _____ source for quality meats and sauces in the Beaudesert Region.
0907
P. 433
(A) trusts (B) trusted (C) trusting (D) trustily

0901 (B) 0902 (B) 0903 (D) 0904 (D) 0905 (B) 0906 (D) 0907 (C) 0908 (A) 0909 (B)

☐☐☐

☑ 0910. While Sophia Gonzalez's promotion to the director position took place a month ago, her previous position is _____ to be filled.
0944
P. 448
(A) even (B) recent (C) like (D) yet

☑ 0911. A block of 100 _____ seats has been purchased by the sponsors of tomorrow night's football game.
0675
P. 323
(A) reserved (B) reserve (C) reserving (D) reserves

☑ 0912. The rules _____ employee use of company-owned mobile phones are outlined in the employee handbook.
0247
P. 107
(A) concerning (B) concern (C) concerns (D) concerned

☑ 0913. Harukichi Murakami had never written a book in his life, _____ did he have any intention of writing one in the future.
0785
P. 377
(A) but (B) and (C) yet (D) nor

☑ 0914. *The Tokyo Tribune* _____ 50 percent off home delivery for new readers when they sign up for a year's subscription.
0350
P. 157
(A) offer (B) is offering (C) offering (D) have offered

☑ 0915. Since Sunflower Corporation launched a new national advertising campaign this spring, its brand image has improved _____.
0722
P. 348
(A) significant (B) more significant
(C) significantly (D) significance

☑ 0916. First Choice Bank announced yesterday that its board of directors would meet next Monday to discuss _____ to proceed with the merger.
0836
P. 395
(A) prior (B) which (C) whether (D) furthermore

☑ 0917. Data centers are typically so automated that they create _____ new jobs.
0651
P. 309
(A) much (B) hardly (C) few (D) each

☑ 0918. Fresh Mart _____ the help of its suppliers to cut down on packaging and its impact on the environment.
0979
P. 463
(A) was enlisted (B) enlisting
(C) is enlisting (D) has been enlisted

0910 (D) 0911 (A) 0912 (A) 0913 (D) 0914 (B) 0915 (C) 0916 (C) 0917 (C) 0918 (C)

☐ 0919. Ms. Brooks suggested that she would be _____ staying in the company than leaving after her maternity leave.
0865
P. 409
(A) happy (B) happily (C) happiness (D) happier

☐ 0920. Job _____ will be posted on the college Web site and normally remain open for one to two weeks depending on the position.
0012
P. 013
(A) open (B) opens (C) opened (D) openings

☐ 0921. Local residents _____ shocked by the news that the town library would be closed by the end of the year.
0656
P. 311
(A) impressed (B) considered (C) seemed (D) showed

☐ 0922. GeoTex Software created a series of video games _____ feature a cute fox and a delightful baby bird.
0606
P. 285
(A) that (B) who (C) where (D) whose

☐ 0923. It is _____ for employees to eat lunch at their desks on the condition that they only eat during the designated lunch hour.
0841
P. 404
(A) reliable (B) capable (C) acceptable (D) legible

☐ 0924. The manager preferred Keisuke Honda over _____ qualified applicant, because he was fluent in both Japanese and English.
0655
P. 311
(A) other (B) the other (C) another one (D) each other

☐ 0925. Justin Moore's _____ jazz album from Spark Records combines modern rhythms with traditional elements.
0180
P. 081
(A) newer (B) newly (C) newest (D) newness

☐ 0926. Pearl Online will request information such as name, billing address, and credit card number _____ that we can process and fill your order.
0467
P. 213
(A) so (B) even (C) until (D) also

☐ 0927. The new sales manager has been putting an _____ on attracting new clients rather than just selling higher volumes.
0060
P. 033
(A) emphasize (B) emphasized (C) emphasis (D) emphasizes

0919 (D) 0920 (D) 0921 (C) 0922 (A) 0923 (C) 0924 (B) 0925 (C) 0926 (A) 0927 (C)

☐☐☐

☑ 0928. _____ with this letter is a survey, which should be returned using the self-addressed envelope also supplied.
0239
P. 103

(A) Enclosed (B) Enclose (C) Enclosing (D) Enclosure

☑ 0929. Seth Greene agreed to undertake the _____ task of redesigning the mining equipment.
0145
P. 067

(A) challenge (B) challenges (C) challenged (D) challenging

☑ 0930. At today's press conference, the CEO declined to comment _____ the possibility of a merger.
0554
P. 259

(A) of (B) on (C) from (D) at

☑ 0931. _____ Mr. Yaguchi retired ten years ago, companies still request his assistance in an advisory role.
0471
P. 215

(A) Although (B) Once (C) Despite (D) Until

☑ 0932. The communications manager from Golden Egg Appliances says the company is studying the _____ of retooling its factory in Ohio.
0086
P. 043

(A) feasible (B) more feasible (C) feasibility (D) feasibly

☑ 0933. Smooth Communication's Chairperson, Mr. Roberts said the board had no plans _____ its CEO because they had absolute confidence in his ability.
0380
P. 169

(A) replace (B) replaced (C) to replace (D) replacement

☑ 0934. Raccoon Publishing said sales of digital books had _____ than tripled, lifting overall revenue by six percent.
0647
P. 307

(A) more (B) most (C) much (D) already

☑ 0935. The delayed departure of the plane added a further _____ to Mr. Gonzalez's journey.
0220
P. 097

(A) complications (B) complicated
(C) complicating (D) complication

☑ 0936. The hiring committee have _____ decided that they will appoint Mr. Tremblay as the next CEO.
0226
P. 099

(A) seeming (B) seemingly (C) to seem (D) seems

0928 (A) 0929 (D) 0930 (B) 0931 (A) 0932 (C) 0933 (C) 0934 (A) 0935 (D) 0936 (B)

☐☐☐

☑ 0937. Considering her exceptional work at the regional office, we believe Ms. Gupta is _____ a qualified candidate for general manager.
0955
P. 451
(A) sure (B) surely (C) surest (D) sureness

☑ 0938. Employee training is _____ to running a smooth business and maintaining compliance with industry standards.
0114
P. 053
(A) vitalize (B) vitality (C) vital (D) vitally

☑ 0939. BookOn has reported that Oliver Harris, a senior vice president, is a _____ candidate to take over from Ms. Hoffmann as CEO.
0309
P. 131
(A) like (B) liking (C) likely (D) likeness

☑ 0940. The store display attracted a lot of attention from customers with its _____ colored packages and entertaining animated mannequins.
0153
P. 069
(A) brighten (B) brightly (C) brightened (D) brightness

☑ 0941. Your mailing and e-mail addresses are kept entirely _____ and used solely for the purpose of notifying you of upcoming shows at Roadside Theater.
0310
P. 133
(A) private (B) privatize (C) privatizing (D) privately

☑ 0942. _____ Mr. Bruno contributed significantly to the success of the advertising campaign, his promotion to the manager position is well deserved.
0486
P. 221
(A) If so (B) Rather than (C) Owing to (D) Given that

☑ 0943. Mr. Li should be available to meet with the newly hired employees this week as he has no _____ travel plans.
0198
P. 087
(A) schedule (B) scheduled (C) scheduling (D) scheduler

☑ 0944. In the survey, participants were asked which of the three fruit drinks _____ would like to buy.
0535
P. 245
(A) they (B) their (C) them (D) themselves

☑ 0945. A reminder about security was sent to staff after a document containing personal information _____ in a meeting room last week.
0412
P. 183
(A) left (B) is being left (C) was left (D) has left

0937 (B) 0938 (C) 0939 (C) 0940 (B) 0941 (A) 0942 (D) 0943 (B) 0944 (A) 0945 (C)

☐☐☐

0946. A wonderful antique chair was _____ to the museum by an anonymous donor.
0369
P. 165
(A) contribute (B) contributed (C) contributing (D) contributions

0947. The company has agreed to remedy the construction errors _____ of the cost.
0470
P. 213
(A) despite (B) even though (C) regardless (D) now that

0948. During the company banquet, David Thomas was presented with a watch in _____ of his thirty years of service.
0013
P. 013
(A) appreciate (B) appreciated (C) appreciating (D) appreciation

0949. A recent study has found that nearly half of Internet users are unsure _ the content they are accessing is accurate or even factual.
0708
P. 337
(A) whether (B) of (C) about (D) who

0950. Office supplies can be _____ at any time by staff members using the online order form provided on the supplier's Web site.
0638
P. 303
(A) applied (B) inquired (C) arrived (D) requested

0951. In her recent book, *Marketing Success*, the author claims that _____ targeting specific audiences are often the most successful.
0274
P. 117
(A) advertisements (B) advertised
(C) advertising (D) advertises

0952. Not only does the new sedan have an _____ design, but it also offers its passengers more luggage room.
0170
P. 077
(A) appeal (B) appealed (C) appealing (D) appealingly

0953. The company's stock, _____ rose steadily over several years to peak at around $140 early last year, closed Monday at $47.77.
0603
P. 285
(A) this (B) which (C) what (D) where

0954. The new CEO _____ by analysts and investors for quickly turning around his company's mobile phone business.
0417
P. 185
(A) praises (B) has praised
(C) has been praising (D) has been praised

0946 (B) 0947 (C) 0948 (D) 0949 (A) 0950 (D) 0951 (A) 0952 (C) 0953 (B) 0954 (D)

☑ 0955. Texas Carbide is looking for three marketing professionals who have work experience in the textile ______.

0139

P. 063

(A) industry (B) industrialize (C) industrial (D) industrialist

☑ 0956. It is recommended that customers ______ snow tires in November as stock is often quite limited by early December.

0382

P. 171

(A) purchase (B) purchased
(C) purchases (D) had purchased

☑ 0957. Presidents of both Bear Airways and Panda Airlines ______ comment about the rumor of the merger.

0770

P. 366

(A) to withhold (B) has withheld (C) withholding (D) withheld

☑ 0958. The online cooking course will teach you how to transform simple ingredients ______ a fine meal in minutes.

0596

P. 275

(A) at (B) over (C) on (D) into

☑ 0959. The effort of workers in the mail department is ______ valued to that of people working in advertising.

0812

P. 390

(A) equal (B) equally (C) equality (D) equalize

☑ 0960. Cairo Journal's revenues fell sharply last year, ______ it is expected to become profitable again in the next 12 months.

0728

P. 349

(A) nor (B) but (C) so (D) also

☑ 0961. FutureNet ______ announced on Monday that it had acquired Next Networks, a Web video production company based in San Francisco.

0968

P. 461

(A) formal (B) formality (C) formally (D) formalize

☑ 0962. Prospective students are required to complete the introductory course prior to ______ for Advanced Programming Theory.

0255

P. 111

(A) register (B) registered (C) registering (D) registrar

☑ 0963. The Skyway Bridge will be closed for roadwork on Friday, ______ commuters should consider other means of transportation.

0442

P. 203

(A) when (B) so (C) though (D) unless

0955 (A) 0956 (A) 0957 (D) 0958 (D) 0959 (B) 0960 (B) 0961 (C) 0962 (C) 0963 (B)

☐☐☐

☐ 0964. Staff members are advised that any technology developed while in the _____ of Grandocom belongs exclusively to the company.
1044
P. 492

(A) employ (B) employed (C) employing (D) employer

☐ 0965. TAA Airlines has a _____ dress code which all staff adhere to diligently.
0075
P. 039

(A) strict (B) strictly (C) strictness (D) strictest

☐ 0966. Golden Babylonia can translate Arabic into English _____ than any other software on the market.
0882
P. 420

(A) accurately (B) accurate
(C) more accurately (D) more accurate

☐ 0967. Dice Pizza announced Tuesday that Ms. Emily Martin will replace David Brandon _____ CEO in March with a three-year contract.
0580
P. 269

(A) as (B) like (C) out (D) about

☐ 0968. Independent tests by several respected magazines confirmed the outstanding _____ of Colombo Motors' newest sedan.
0933
P. 446

(A) rely (B) reliable (C) reliably (D) reliability

☐ 0969. Gooday Electronics recently hired Benjamin Fischer, an _____ in mobile phone technology.
0864
P. 408

(A) expert (B) expertise (C) expertize (D) expertized

☐ 0970. Mr. Bando was told by the building's owner that the monthly rent should be paid directly to _____.
0507
P. 235

(A) she (B) her (C) hers (D) herself

☐ 0971. The results of the survey were declared _____ when an error was found in the counting system.
0312
P. 133

(A) invalid (B) invalidly (C) invalidity (D) invalided

☐ 0972. Bookmart.com promises to make _____ to the Web site, and there could be an updated version as early as November.
0069
P. 035

(A) improve (B) improvements
(C) improves (D) improving

0964 (A) 0965 (A) 0966 (C) 0967 (A) 0968 (D) 0969 (A) 0970 (B) 0971 (A) 0972 (B)

0973. Audio One has been _____ this year despite the fact that personal music players are selling at record numbers.
0370
P. 165

(A) struggle (B) struggles (C) struggled (D) struggling

0974. All car batteries sold at Oil World come with a _____ two-year warranty.
0297
P. 127

(A) comprehensive (B) comprehensively
(C) more comprehensively (D) comprehensiveness

0975. For preventive maintenance of your car, visit one of our _____ dealers at least once every six months.
0974
P. 462

(A) authority (B) authorize (C) authorized (D) authorization

0976. The most imaginative _____ in the photography competition will receive a new laptop computer from Candy Computers.
0084
P. 041

(A) submission (B) submitted (C) submit (D) submitting

0977. *No Dice*, the production currently showing at Roux Theater of Oklahoma, consists of seven actors _____ acrobatic dances.
0909
P. 433

(A) performs (B) have been performing
(C) performing (D) to be performed

0978. Oriental Trade Co. imports and exports a wide variety _____ consumer and industrial goods, including software, electric motors, and clothes.
0575
P. 267

(A) across (B) of (C) into (D) toward

0979. _____ delays in the testing process, the pharmaceutical company had to postpone the launch of its new line of vitamin supplements.
0894
P. 422

(A) In case (B) Unless (C) Eventually (D) Because of

0980. Whether the tour members choose to visit nearby attractions _____ spend the day shopping, they have to return to the bus by 5:00 P.M.
0628
P. 299

(A) but (B) or (C) either (D) nor

0981. Over the weekend, either Ms. Parker _____ Mr. Scott will be in the office to answer customer calls.
0961
P. 460

(A) or (B) unless (C) then (D) and

0973 (D) 0974 (A) 0975 (C) 0976 (A) 0977 (C) 0978 (B) 0979 (D) 0980 (B) 0981 (A)

☐☐☐

0982. Max Davis's books are borrowed from the library so _____ that it has become necessary to purchase additional copies.
0290
P. 125

(A) frequent (B) frequency (C) frequencies (D) frequently

0983. _____ starting their own business, Mr. Amano and Mr. Akazaki had been classmates at Kamakura Institute of Technology.
1041
P. 492

(A) By means of (B) In order to (C) Former (D) Prior to

0984. Transcripts of all the presentations that were _____ during the conference can be found on the official Web site.
0366
P. 163

(A) give (B) gave (C) given (D) giving

0985. The administrative assistant was required by her supervisor to restock the shelves with office _____.
0945
P. 449

(A) supply (B) supplied (C) supplier (D) supplies

0986. Due to a rapid increase in customer demand, Camel Furniture must find ways to deliver their products _____ than before.
0915
P. 435

(A) fast (B) faster (C) too fast (D) so fast

0987. Eagle Joe's Pizza delivers to Mermaid Waters and _____ areas at no extra cost.
0263
P. 113

(A) surround (B) surrounding (C) surrounded (D) surrounds

0988. The Lewiston Football Team is _____ mostly through the generous donations of local residents and businesses.
0395
P. 175

(A) fund (B) funded (C) funding (D) funds

0989. _____ are nearly complete for the product demonstration at the press conference on Friday next week.
0200
P. 089

(A) Preparations (B) Prepare (C) Prepares (D) Preparers

0990. Seminar _____ who filled in the survey on the last day were awarded a pen marked with the logo of the organizers.
0328
P. 139

(A) participate (B) participant (C) participation (D) participants

0982 (D) 0983 (D) 0984 (C) 0985 (D) 0986 (B) 0987 (B) 0988 (B) 0989 (A) 0990 (D)

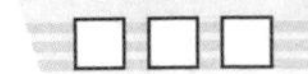

☐ 0991. Every room of the hotel has an ______ view of Lake Tahoma and Millwood Mountain.
1007
P. 477
(A) expand (B) expansive (C) expansively (D) expansion

☐ 0992. Management estimates that replacing all the copy machines with newer models will be ______ than continuing with the current ones.
0699
P. 335
(A) cheap (B) cheaper (C) cheapest (D) more cheaply

☐ 0993. Smile Cable Television offers a variety of movie channels ______ local news and sports.
0451
P. 207
(A) always (B) in case of (C) in addition to (D) next

☐ 0994. Janet Morris ______ declined an award for product design, as she felt others had contributed much more than her.
0230
P. 101
(A) respect (B) respectful (C) respectfully (D) respects

☐ 0995. European music lovers are eagerly ______ next month's Tallinn Music Week festival.
0754
P. 362
(A) performing (B) anticipating (C) displaying (D) hoping

☐ 0996. During the probationary period, all newly hired engineers of Thunder Engineering work very ______ with their supervisors.
0125
P. 059
(A) close (B) closely (C) closer (D) closest

☐ 0997. In today's market, the design of your Web site can be as important ______ the product or service you provide.
0686
P. 325
(A) for (B) or (C) neither (D) as

☐ 0998. The meeting this afternoon will be held in the conference room on the fourth floor at 3 P.M. ______.
0990
P. 474
(A) precise (B) most precise
(C) more precisely (D) precisely

☐ 0999. ______ who wishes to participate in the negotiation skills training course should contact Ms. Moore on extension 990 by this coming Friday.
0704
P. 336
(A) They (B) Anyone (C) Themselves (D) Other

0991 (B) 0992 (B) 0993 (C) 0994 (C) 0995 (B) 0996 (B) 0997 (D) 0998 (D) 0999 (B)

☐☐☐

1000. A proposal to upgrade the data security software will be considered at the next ______ scheduled meeting.
0011
P. 011

(A) regulating (B) regularly (C) regulate (D) regulation

1001. While traditional manufacturing is still ideal for high-volume production of metallic parts, 3D printing offers the option to ______ produce low-volume mock-ups.
1001
P. 476

(A) speed (B) speeded (C) speedy (D) speedily

1002. Premium Luxury Products experienced another year of strong growth, ______ its leadership in the cosmetics industry.
0357
P. 161

(A) confirms (B) confirmed (C) confirming (D) confirmation

1003. The lecture was given by Ms. Takahashi and Ms. Maeyama, both of ______ have worked in Europe and Asia.
0609
P. 287

(A) whose (B) which (C) whom (D) what

1004. A well-designed logo that is ______ recognizable makes a company seem more dependable.
0111
P. 053

(A) universe (B) universal (C) universally (D) universality

1005. E-Marketing Solutions is offering a two-week program for people who want to learn more ______ digital marketing.
0553
P. 259

(A) near (B) about (C) beyond (D) among

1006. If guests find noise from the renovation work ______, they may transfer to another local hotel after the first day.
0280
P. 121

(A) object (B) objected (C) objecting (D) objectionable

1007. Fountain Investment could possibly ______ the goal of a 30 percent reduction in operational costs for the year.
0340
P. 153

(A) achieve (B) achieving (C) achieves (D) achievable

1008. One of the ______ of the office manager is to identify volunteers for the emergency evacuation team.
0106
P. 051

(A) responsible (B) responsibly
(C) responsibility (D) responsibilities

1000 (B) 1001 (D) 1002 (C) 1003 (C) 1004 (C) 1005 (B) 1006 (D) 1007 (A) 1008 (D)

☐☐☐

☑ 1009. Tasty Beverage Co. has decided to give a more ______ title to Mr. Takahashi, who has led a successful national campaign.
0662
P. 320

(A) prestige (B) prestigious
(C) prestigiously (D) prestidigitation

☑ 1010. Summerville town officials are currently developing a plan to reduce the ______ number of cars using Route 15.
0977
P. 463

(A) increase (B) increases (C) increasing (D) increasingly

☑ 1011. The fund-raising event has always attracted corporate donations, and this year's organizers have ______ managed to secure funds from local businesses.
1027
P. 489

(A) enough (B) likewise (C) quite (D) much

☑ 1012. Mr. Fletcher, who was trained at Regent Music School in Boston, ______ and teaching for the past 20 years.
0899
P. 423

(A) having played (B) has played
(C) will be playing (D) has been playing

☑ 1013. The printing company provides a design service for catalogs and brochures that clients cannot fully develop ______.
0530
P. 243

(A) they (B) their (C) them (D) themselves

☑ 1014. In addition to high salaries, the real estate agency offers outstanding opportunities for professional ______.
1032
P. 490

(A) developer (B) develop (C) developed (D) development

☑ 1015. Sophie Reid, one of the professors at Glasgow College, ______ extensive research of historical sites in Scotland.
0384
P. 171

(A) have conducted (B) conducting
(C) will be conducted (D) has conducted

☑ 1016. The leadership workshop covers a range of topics, ______ career development, social networking, and recruiting new members.
0482
P. 219

(A) so that (B) as of (C) in that (D) such as

☑ 1017. It was a point of contention that Mr. Cox's research results were different from ______ of his colleagues.
0539
P. 247

(A) those (B) it (C) them (D) theirs

1009 (B) 1010 (C) 1011 (B) 1012 (D) 1013 (D) 1014 (D) 1015 (D) 1016 (D) 1017 (A)

☐☐☐

☐ 1018. Now that Alex Gupta has hired additional sales clerks for the store, he
0295 hopes that there will be fewer ______ from shoppers.
P. 127
(A) complains (B) complainer (C) complaining (D) complaints

☐ 1019. As our express delivery option is a guaranteed service, your order will
0591 definitely arrive ______ 8 A.M. and 1 P.M. the following day.
P. 273
(A) among (B) except (C) between (D) when

☐ 1020. The GHV Sahara earned the highest safety rating for any vehicle in its
0749 class ______ tested by writers from *Motors Magazine*.
P. 353
(A) this (B) are (C) when (D) from

☐ 1021. Kim's Oriental Restaurant ______ in the heart of Tokyo, within walking
0740 distance of Tokyo Sky Tower.
P. 352
(A) situate (B) situating (C) is situated (D) has situated

☐ 1022. Sun Watch Corporation offers ______ replacement batteries for all of its
0045 products.
P. 027
(A) free (B) freely (C) freeing (D) freedom

☐ 1023. Cooper House dental surgery recognizes that all members of the team
0258 have a legal and ethical duty to keep patient ______ confidential.
P. 111
(A) informed (B) informative (C) informatively (D) information

☐ 1024. Hoffman Corporation's annual meeting ______ shareholders will be held
0984 on Wednesday, December 22 at 1:00 P.M.
P. 464
(A) into (B) for (C) from (D) throughout

☐ 1025. Fuel consumption is one of the most important factors ______ choosing
0714 a new vehicle.
P. 338
(A) in (B) but (C) because (D) even

☐ 1026. ______ the result of the latest customer survey is presented, the
0856 national advertising campaign for Kimura Water will be postponed.
P. 407
(A) With (B) Even (C) Until (D) Whereas

1018 (D) 1019 (C) 1020 (C) 1021 (C) 1022 (A) 1023 (D) 1024 (B) 1025 (A) 1026 (C)

☐ 1027. Please note that the conference venue may change ______ the registered attendees number more than 100.
1043
P. 492

(A) despite (B) if (C) due to (D) consequently

☐ 1028. Most industry experts expect prices ______ relatively constant for the next five years.
0958
P. 451

(A) remain (B) to remain (C) remaining (D) remains

☐ 1029. According to a national survey, purchases of cars fell 0.2 percent, while money ______ on utilities was unchanged.
0373
P. 167

(A) spend (B) spends (C) spent (D) will spend

☐ 1030. Mr. Yokoyama received a letter from a customer who ______ with the service offered at his café.
0416
P. 183

(A) was satisfied (B) satisfies (C) has satisfied (D) satisfied

☐ 1031. ______ track work for street railways is taking longer than expected, temporary bus services will be available until the work is complete.
0461
P. 211

(A) Because (B) During (C) Should (D) Where

☐ 1032. The number of farms in the region has declined by 45 percent ______ the past 30 years.
0832
P. 394

(A) in (B) by (C) out (D) off

☐ 1033. ______ more than 1,000 people, Sunshine Manufacturing is one of the most important businesses in the town of Bicol.
0346
P. 155

(A) Employ (B) Employed (C) Employing (D) Employment

☐ 1034. Summaries of the ______ among the hiring committee will be distributed to board members by the end of the week.
0047
P. 027

(A) discuss (B) discussed (C) discusses (D) discussions

☐ 1035. The fashion chain announced that it expected to record a substantial ______ in the second quarter.
0089
P. 043

(A) lost (B) loss (C) lose (D) losing

1027 (B) 1028 (B) 1029 (C) 1030 (A) 1031 (A) 1032 (A) 1033 (C) 1034 (D) 1035 (B)

☐ 1036. The company announced the appointment of Mr. Ishikawa as the new CEO, hoping it _____ its falling share price.
0414
P. 183
(A) improve (B) would improve
(C) was improved (D) improving

☐ 1037. Highland Road has been closed for a week _____ repairs being made to the bridge over Douglas Creek.
0466
P. 213
(A) since (B) even though (C) while (D) because of

☐ 1038. The recruiting agency informed the restaurant owner that it had several candidates on file for the head chef position.
0818
P. 391
(A) qualified (B) qualifying (C) qualification (D) qualifies

☐ 1039. Mr. McConnell studied Japanese business culture and practices _____ before transferring to the Sendai branch.
0182
P. 081
(A) exhaustive (B) exhaustion (C) exhausting (D) exhaustively

☐ 1040. Hiring _____ for the new board members will be announced at the meeting this afternoon.
0094
P. 045
(A) deciding (B) decisions (C) decided (D) to decide

☐ 1041. A banquet will be organized for those who _____ in the project to celebrate its completion.
0415
P. 183
(A) involve (B) are involving
(C) are to involve (D) have been involved

☐ 1042. The City University offers masters programs in civil engineering, construction, project _____, and information technology.
0161
P. 073
(A) manage (B) managed (C) manageable (D) management

☐ 1043. Mr. Smith is _____ opening a second store in the downtown area as his first one has been so successful.
0788
P. 377
(A) considering (B) determining (C) agreeing (D) deciding

☐ 1044. Original copies of *Pirate Island* are _____ rare, with only 18 copies in existence, of which 12 are in private hands.
0187
P. 083
(A) excessive (B) exceed (C) excess (D) exceedingly

1036 (B) 1037 (D) 1038 (A) 1039 (D) 1040 (B) 1041 (D) 1042 (D) 1043 (A) 1044 (D)

1045. Lorenzo Rossi, the CEO of Rossi Cosmetics, announced his decision to appoint Ms. Moretti as vice-president, _____ next month.

0301
P. 129

(A) effective (B) effect (C) effects (D) effectively

1046. If you take office stationery from the storeroom, please contact Ms. Nelson so that _____ can keep an inventory of office supplies.

0506
P. 235

(A) she (B) her (C) hers (D) herself

1047. Ms. Zhao should _____ that she was required to speak at a training seminar, but only found out on the day.

0427
P. 189

(A) have informed
(B) being informed
(C) have been informed
(D) was informing

1048. Steady sales of the new digital camera have been attributed to _____ high picture quality.

0514
P. 237

(A) its (B) them (C) itself (D) theirs

1049. Attendance at County Stadium _____ at 50,000 on October 8, when the Osaka Panthers defended the Pacific Championship title.

0870
P. 418

(A) enlarged (B) attained (C) peaked (D) reached

1045 (A) 1046 (A) 1047 (C) 1048 (A) 1049 (C)

《攻克新托业考试语法 1000 题（原书第 2 版）》正文【注释】里出现的词条一览表。词条后标注的数字编号，前者为本附录分册中的题目编号，后者为正文中的题目编号。

A

□ abide by *X*	遵守（规则等）	0870 / 0969
□ acceptance	名 认可，接纳	0541 / 0413
□ accessible	形 可得到的，可使用的	0476 / 0066
□ accommodate	动 容纳	0161 / 0008
□ accommodation	名 住宿	0711 / 0483
□ accomplished	形 熟练的	0188 / 0232
□ according to *X*	根据 X	0126 / 0164
□ acknowledgement	名 收据	0662 / 0497
□ acknowledgements	名（作者的）致谢词	0306 / 0331
□ acquaint	动 使熟知，告知	0733 / 1016
□ acquaintance	名 熟人	0810 / 0202
□ acquire	动 取得	0042 / 0010
□ acquisition	名 收购，获得	0502 / 0520
□ acumen	名 洞察力，判断力	0784 / 0121
□ adaptability	名 适应性	0734 / 0438
□ addition	名 追加（分数）	0478 / 0368
□ additive	名（食品等的）添加物	0161 / 0008
□ address	动 对付，处理	0024 / 0101
	动 向……发表演说	0197 / 0936
	动 就……讲话	0766 / 0653
□ adhere to *X*	遵守 X	0965 / 0075
□ adjacent	形 邻近的	0663 / 0394
□ advance	动 促进	0747 / 0911
□ advantage	名 优势，有利条件	0299 / 0765
□ adverse	形 不利的	0624 / 0453
□ advisory	形 提供咨询的，顾问的	0931 / 0471
□ affordable	形（价格等）支付得起的	0125 / 0588
□ agenda	名 待议诸事项，会议事项	0536 / 0938
□ agreeable	形 一致的	0425 / 0398
	形 愉快的，愉悦的	0908 / 0003
□ aid	名 援助	0292 / 0138
□ alike	副 相似地	0698 / 0267
□ alleviate	动 减轻	0360 / 0716
□ allocate *X Y*	动 将 Y 分配给 X	0595 / 0643
□ alternative	形 替代的，其他的	0835 / 0326
	名 替换物	0836 / 0747
□ amenities	名 生活福利设施	0472 / 1021
□ anonymous	形 匿名的	0946 / 0369
□ anonymously	副 以匿名的方式	0336 / 0303
□ anticipate	动 预期	0744 / 0838
□ anticipated	形 预期的	0026 / 0165
□ appealing	形 吸引人的	0952 / 0170
□ appearance	名 外表	0034 / 0079
□ apply	动 适用	0063 / 0306

C

N

O

S

W